LES ESPIONS

Réalités et fantasmes

Constantin Melnik

ellipses

Du même auteur

- **Essais**

The House without Windows, France selects a President, en collaboration avec Nathan Leites, The Rand Corporation, Row, Peterson end Co, Evanston, Illinois, 1958.

La Troisième Rome, Expansion ou déclin de l'Empire communiste, Prix Henri-Martin de l'Académie française, Grasset, 1985.

Mille jours à Matignon, Raisons d'État sous de Gaulle, Grasset, 1988.

Politiquement incorrect, Plon, 1999.

- **Romans**

Des services très secrets, De Fallois, 1989, Livre de Poche, 1992.

L'Agence et le Comité, Jean-Claude Lattès, 1991.

La diagonale du double, Essai d'autofiction, commercialisé sous le titre *Un espion dans le siècle*, Plon, 1994.

La mort était leur mission, Plon, 1996.

Lettres à une jeune espionne, Plon, 1997.

Une affaire de trahison, Albin Michel, 2000 ; Etcetera, Moscou, 2004.

ISBN 978-2-7298-3825-6

www.editions-ellipses.fr

AVANT-PROPOS

« S'intéresser au renseignement relève d'une pathologie particulière », me déclarait Constantin Melnik lors d'une de nos premières rencontres. « En France, vous le savez, quasiment tout le monde s'en fout. Il faut donc être un peu masochiste pour nourrir une passion pour cette cause presque perdue ». En dépit de cette constatation désabusée, l'homme poursuit inlassablement son œuvre d'essayiste, de romancier et de pédagogue sur ce qu'il appelle « le Grand Jeu », en référence à Rudyard Kipling. Il tient en très haute estime ce « métier de seigneur » si décrié dans l'Hexagone : « Notre art — on peut parler d'art — consiste à capter le fait révélateur qui, caché par l'adversaire qui nous menace, permet d'appréhender le puzzle fascinant de l'Histoire[1] ».

Il est essentiel de rappeler, pour les plus jeunes lecteurs — et pour ceux qui liront cet ouvrage majeur longtemps après sa publication — quel personnage hors du commun est Constantin Melnik, acteur et témoin privilégié de l'évolution du renseignement et de la politique internationale depuis le milieu du XXe siècle.

Un singulier parcours

Constantin Melnik naît à Nice à la fin des années 1920. D'ascendance ukrainienne, il est le petit-fils de Ievgueni Botkine, médecin personnel du tsar Nicolas II, qui fut exécuté avec la famille impériale en juillet 1918. Son père, officier des tirailleurs sibériens, préféra émigrer que de vivre dans la Russie rouge, dont il combattit l'avènement les armes à la main.

Après de brillantes études secondaires — il obtient le Grand Prix du lycée de Nice en 1944 — le jeune Constantin entre à Sciences Po Paris. Il sort premier de sa promotion à vingt-et-un ans, mais décide de tourner le dos à l'ENA. Il entre alors au Sénat en tant que secrétaire du plus important groupe

1. Constantin Melnik, *Lettres à une jeune espionne*, Plon, 1997, p. 13-14.

politique de l'époque, celui de la Gauche démocratique, regroupant les radicaux, le centre-gauche et certains gaullistes. Il devient également le disciple et l'ami de Raymond Aron.

Brillant analyste de l'Union soviétique et du communisme international, Constantin Melnik fait profiter de son expertise, durant la Guerre froide, le Vatican, Charles Brune — ministre de l'Intérieur de la Quatrième République — (1951-1952) et le 2e Bureau de l'État-major général de la Défense nationale du maréchal Juin (1952-1953), avant de devenir conseiller stratégique de Michel Debré, le Premier ministre du général de Gaulle, avec lequel il entretient des relations d'amitiés. Parallèlement, en 1954, il devient le premier conseiller étranger de la Rand Corporation, pour laquelle il travaille régulièrement.

En 1959, alors qu'il s'apprête à partir rejoindre le *think tank* américain en Californie, Michel Debré lui propose le poste de coordinateur de l'ensemble des services de police et de renseignement civils en pleine guerre d'Algérie. Constantin Melnik accepte ; il est alors âgé de trente-deux ans. Il assumera cette fonction pendant les trois dernières années de la guerre d'Algérie (1959-1962), qui verront l'apogée du terrorisme FLN, puis de l'OAS.

En raison du désintérêt de Michel Debré pour la guerre secrète — et de la confiance qu'il accorde à Constantin Melnik — le conseiller technique du Premier ministre pour les questions de sécurité et de renseignement devient, de facto, un véritable vice-premier ministre en charge des services. Il est amené à lire tous leurs rapports et assure leur coordination et leur bon fonctionnement : Sûreté nationale, DST, Renseignements généraux, police judiciaire, SDECE et, dans une moindre mesure, de la Préfecture de police de Paris, tenue alors par Maurice Papon. Il est également, à Matignon, l'interlocuteur de Allen Dulles, le directeur de la CIA, et du général Reinhardt Gehlen, le créateur du BND, le service de renseignement ouest-allemand.

À trente-deux ans, Constantin Melnik occupe une fonction centrale pour la sécurité de notre pays et tout à fait unique dans l'histoire nationale. Un jour, un historien russe lui déclarera : « Il n'y a eu dans l'histoire de la France que deux hommes ayant eu un tel pouvoir : Fouché et vous ». Pierre Viansson-Ponté écrira également dans *Le Monde*, en 1961 : « Le premier des ministres fera appel avant tout aux lumières de son plus intime collaborateur, M. Constantin Melnik. Derrière ce patronyme slave et ce prénom impérial se trouve l'une des plus influentes personnalités de la Cinquième République. M. Melnik se soucie peu d'être inconnu du grand public [...], les initiés savent qu'il partage tous les secrets, connaît toutes les clefs, possède toute la confiance ».

Le secret et les pouvoirs occultes qu'on lui prête dérangent toujours dans la société française, peu au fait des questions de Renseignement. Constantin Melnik, alors totalement inconnu, fut ainsi projeté au cœur d'une petite tempête médiatique et politique. Son rôle exceptionnel, sa discrétion, son amour du secret lui valurent alors quelques surnoms mémorables. Le Quai d'Orsay le dénomma le « SDECE tartare ». La presse française qui se déchaînait contre lui en fit « le Serbo-Croate de service » (*Le Canard enchaîné*). Cela ira jusqu'à des inventions pures et simples, savamment orchestrées par Moscou, très inquiet qu'un analyste de cette qualité puisse lire dans son jeu avec tant d'aisance en raison de ses origines russes. Elles furent toutes relayées par une presse hexagonale crédule et avide de sensationnel, qui continue hélas à se nourrir de fantasmes qu'elle contribue à entretenir.

Au cours des trois années passées à coordonner l'action des services, Constantin Melnik ne rencontra jamais Charles de Gaulle, en dehors de quelques poignées de main échangées dans les réunions officielles. Le général ne le convoqua à aucune réunion de travail et ne lui donna jamais, pendant toute la durée de la guerre, aucune instruction quant à ses buts et objectifs. Dès la fin du conflit algérien, il fut brutalement écarté des affaires, sans aucune reconnaissance du chef de l'État.

Constantin Melnik entamera alors, avec succès, une nouvelle carrière dans l'édition. Il sera à l'origine de la découverte d'auteurs alors inconnus à qui il confiera des sujets à la mesure de leur talent : Gilles Perrault (*L'Orchestre rouge)*, Jean-François Steiner (*Treblinka)* ou Roger Borniche. Il devient également l'ami et le conseiller éditorial du colonel Remy[1] et de Marie-Madeleine Fourcade[2], deux figures exceptionnelles de la Résistance.

Son expérience à Matignon lui inspirera également de nombreux essais et romans. Il investira près d'un demi-siècle dans l'observation et l'étude du Renseignement, ce qui lui vaut d'être mondialement reconnu comme expert en la matière.

1. Gilbert Renault — alias colonel Remy — fut l'un des plus extraordinaires acteurs du renseignement allié au cours de la Seconde guerre mondiale. Dès 1940, il passe en Angleterre et rejoint les services secrets de la France libre. Il revient alors en France créer son propre réseau de renseignement, dénommé Confrérie Notre-Dame. Ce réseau fut l'un des plus importants de la zone occupée. Initialement centré sur la façade Atlantique, il finit par couvrir la France occupée et la Belgique. Il contribua, par ses efforts, au succès du débarquement de juin 1944.

2. Marie-Madeleine Fourcade devint responsable du réseau de résistance *Alliance* après l'arrestation de son fondateur, George Loustanau-Lacau. Elle le dirigera jusqu'à la capitulation allemande.

Cette courte biographie de Constantin Melnik permet de mieux comprendre le parcours et les compétences de l'homme qui nous livre aujourd'hui une réflexion unique sur le métier du Renseignement et son rôle dans l'histoire : il en a à la fois l'expérience et les qualités. Certes, comme il le reconnaît volontiers lui-même, il n'a jamais été membre d'un service de renseignement et n'a conduit aucune opération de terrain. C'est un analyste et un « politique », qui a toujours considéré le Renseignement du point de vue de l'utilisateur. Pour lui, « le renseignement n'est pas une fin en soi, mais un instrument de la décision politique[1] ». Le Renseignement ne l'intéresse que parce qu'il est un instrument du pouvoir.

Une vision lucide du Renseignement

Cet avocat convaincu du Renseignement n'en est pas moins d'une grande lucidité sur la plus vieille profession du monde et ses apports à l'histoire : « Si les services secrets sont un acteur important de l'Histoire, ils n'en sont pas le facteur unique. [...] Je ne connais d'ailleurs que de rares cas où l'action des services secrets ait joué un rôle véritablement décisif : lorsque les Alliés sont parvenus à fabriquer un double de la machine à coder de Hitler, permettant ainsi aux états-majors anglo-américains de lire à cœur ouvert dans les opérations militaires du IIIe Reich, ou lorsque les Soviétiques s'emparèrent des secrets de fabrication de la bombe atomique américaine, donnant ainsi la possibilité au Saint-Empire de disposer de l'arme nucléaire malgré son retard technologique en la matière[2] ».

Il n'a jamais cessé de plaider pour une meilleure connaissance du Renseignement et de tordre le cou à la mythologie grossière et aux fantasmes des amateurs « d'espionnage ». Celle-ci peut-être particulièrement dangereuse et néfaste, comme en témoignent les propos que lui tint Allen Dulles — qui dirigea la CIA de 1953 à 1961 — au cours d'une de leurs rencontres : « L'ennui de notre activité, [...] c'est que les hommes politiques nous prennent pour Dieu[3] ».

Constantin Melnik n'a jamais considéré que les services spéciaux pouvaient changer le monde. Ce serait leur prêter une puissance qu'ils n'ont pas. Ils ne

1. Constantin Melnik, *Un espion dans le siècle. La diagonale du double*, Plon, 1994, p. 207.
2. Constantin Melnik, *Politiquement incorrect*, Plon, 1999, p. 240.
3. C. Melnik, *Un espion dans le siècle...*, p. 291.

peuvent être « que le soutien et l'amplificateur de forces existant déjà[1] ». Leur rôle se limite à aider « l'histoire à accoucher de ce qu'elle port[e] en son sein. Ils n'[ont] pas à assouvir les rancunes et les fantasmes des hommes politiques[2] ».

Car les rapports entre le pouvoir et le Renseignement sont ambigus, particulièrement en France. « Plus le service est efficace, plus il sera ressenti comme dangereux par un personnel politique en la matière ignare et pusillanime. Un brillant causeur est toujours plus rassurant qu'un homme d'action et, pour faire carrière dans ce métier-là, une conférence réussie, une conversation colorée, la servilité souriante d'un garde-à-vous, un passé ayant su soigneusement éviter toute prise de décision ont été de tout temps, les exemples pullulent, préférables à un palmarès riche de trop d'opérations clandestines réussies[3] ».

Un regard critique sur le Renseignement français

Dans les pages qui suivent, le lecteur notera que jamais les services français ne servent d'exemples aux réflexions de Constantin Melnik. Le crédit qu'il leur accorde est bien mince : « Est-il utile de s'appesantir outre mesure sur les services secrets français ? Ils sont les moins performants du monde civilisé, à la disposition d'un pays qui — mis à part ses agissements, d'ailleurs douteux, en Afrique — ne joue dans la Realpolitik du XXe siècle finissant qu'un rôle découlant de l'idée qu'il se fait ou qu'on se fait de lui[4] ».

Ce ne sont pas les femmes et les hommes qui œuvrent dans l'ombre, au profit de notre sécurité, auxquels l'auteur adresse ses critiques. C'est à la classe politique qui est responsable d'un système sous-dimensionné, n'attirant jamais les élites de la nation, en raison du peu de prestige dont jouit cette fonction pourtant essentielle, mais jamais propice à la promotion personnelle.

Ce jugement sans concession est fondé sur une amère expérience. Melnik a pu constater que le général De Gaulle ne comprenait pas grand-chose aux services spéciaux modernes, dont les analyses ne pouvaient d'ailleurs qu'entrer en concurrence avec ses propres talents de visionnaire. Lorsqu'un membre des services lui présentait un exposé argumenté sur tel ou tel aspect de la situation

1. *Ibid*, p. 364.
2. *Idem.*
3. Constantin Melnik, *1 000 jours à Matignon*, Grasset, 1988, p. 253.
4. C. Melnik, *Politiquement incorrect…*, p. 264, appendice n° 2.

internationale, le général lui répondait souvent : « Vous avez peut-être raison, mais vous ne m'avez pas convaincu[1] » et il agissait selon son intuition.

Pourtant, durant la guerre d'Algérie, le SDECE rendit des services importants. « Malgré des moyens humains et financiers dérisoires et une conception désuète car trop militaire, [...] [le service] désorganisera le trafic d'armes, entamera les négociations désirées par de Gaulle, participera à la création de l'environnement international favorable à la politique du chef de l'État[2] ».

Mais à l'issue du conflit algérien, De Gaulle « se refusera à créer le grand service de renseignement politique de temps de paix que méritai[t] [la France] et que le général Grossin et moi réclamions, mollement soutenus par un Michel Debré assez néophyte en ces domaines-là[3] ». Constantin Melnik considère comme catastrophique la décision du général de Gaulle de rattacher les services spéciaux au ministère des Armées : « cette manifestation de gâtisme militaire transformera ce qui aurait dû être une organisation dynamique ouverte sur la société civile en une espèce de caserne assoupie, confiée à des généraux aux digestions heureuses, voire à des mégalomanes de haut vol, et « pénétrée » jusqu'à l'inconcevable par les services secrets soviétiques[4] ».

Le général n'était pas le seul à nourrir un tel désintérêt. « Pourquoi s'obstiner, dit un jour Georges Pompidou à Constantin Melnik, alors que ce dernier était venu le consulter à la banque Rothschild, à vouloir réformer ce qui est parfaitement inutile ? N'importe quel banquier en sait mille fois plus long sur les affaires du monde que votre ramassis d'adjudants-chefs, fussent-ils panachés de ratés de l'Université[5] ».

Voilà qui en dit long sur la considération qu'ont eu les dirigeants politiques de la Cinquième République pour le Renseignement. Dans notre pays, les hommes de pouvoir continuent « à considérer leurs services spéciaux avec la sympathie terrifiée qu'éprouvait pour son avenante création l'inventif docteur Frankenstein ».

1. C. Melnik, *Lettres à une jeune espionne...*, p. 69.
2. C. Melnik, *1 000 jours à Matignon...*, p. 252.
3. *Ibid*, p. 253.
4. Constantin Melnik, *La mort était leur mission*, Plon, 1996 p. 209.
5. C. Melnik, *1 000 jours à Matignon...*, p. 277.

L'Œil sur Moscou

Bien qu'il ait combattu le KGB pendant toute sa vie, Constantin Melnik se liera d'amitié, après la chute du communisme en Russie, avec les principaux chefs du renseignement extérieur de l'URSS. Grâce à ces contacts noués depuis 1991 et à sa parfaite connaissance de la langue russe, Constantin Melnik a pu accéder aux analyses des anciens des services soviétiques sur la Guerre froide et à certaines de leurs archives. Il a ainsi pu mesurer l'extrême professionnalisme de nos anciens adversaires et les moyens que leur accorda le Kremlin, sans comparaison avec les dérisoires capacités françaises.

Toutefois, son bilan est paradoxal. S'il nous révèle l'excellence de l'école du renseignement russe — laquelle dépasse à ses yeux la compétence des Britanniques —, servie par des conditions politiques favorables — l'engouement mondial pour la doctrine communiste — il constate que cet impressionnant dispositif de renseignement et de contre-espionnage n'a servi à rien, car il était au service d'une idéologie aberrante.

Son analyse des pratiques du renseignement développées dans le pays de ses ancêtres reste donc lucide et tempérée. Constantin Melnik reconnaît qu'en raison de la nature même du régime communiste, les services de renseignement soviétiques étaient incapables de comprendre le monde réel dans lequel ils agissaient. Ils « servaient [d]es postulats inébranlables qu'[ils] n'avaient pas pour mission de contester mais de confirmer[1] ». [...] « L'*agentura* démentielle du KGB ne servait à rien : elle procurait des sources de lumière à un aveugle[2] ».

Si, pendant la Guerre froide, dans les services occidentaux, 70 % du renseignement provenait de l'analyse, « cette proportion n'était que de 25 % au KGB tant les Grands Prêtres du communisme étaient confiants dans leur dogme et ne désiraient obtenir de leurs « organes » que des informations croustillantes sur leur adversaire capitaliste ou les juteux secrets de sa belle technologie[3] ».

Cela n'a toutefois pas empêché Moscou et ses agences de dominer d'une tête les services occidentaux. N'oublions jamais que les plus grands succès du contre-espionnage américain, britannique ou français, sont l'accueil de transfuges des services du Pacte de Varsovie et non des recrutements. « Je n'ai rien vécu de plus émouvant que l'*agentura* venue du Saint-Empire communiste. Je dis « venue » et non « recrutée », car la plupart de nos grands agents soviétiques

1. C. Melnik, *Lettres à une jeune espionne*..., p. 165.
2. *Idem.*
3. C. Melnik, *Politiquement incorrect*..., p. 101-102.

se sont spontanément présentés à nous[1] ». Les opérations offensives des services occidentaux n'ont connu que de très rares succès face au système policier soviétique. Sans le renseignement technique, qui fournit à l'OTAN 80 % des données sur l'Armée rouge, l'Occident serait resté aveugle et sourd face à l'URSS.

Loin de faire l'apologie de nos ennemis d'hier, Constantin Melnik démontre l'effet des miroirs déformants ayant existé entre les deux camps pendant la Guerre froide, faussant l'appréciation de la réalité et ayant donné naissance à la légende « *d'ogre satanique* » du KGB.

Une contribution essentielle à la culture française du Renseignement

La connaissance du Renseignement qu'a Constantin Melnik est exceptionnelle, au-delà de sa seule expérience. Depuis plus de cinquante ans, il n'a cessé de réfléchir, d'écrire et de confronter ses points de vue et analyses avec tous ceux qui, à l'Est comme à l'Ouest, ont participé au « Grand Jeu ». Ses lumières sont donc incomparables, d'autant qu'elles viennent combler un vide.

Jusqu'à une date très récente, les historiens français n'ont jamais pris en compte le Renseignement comme paramètre des relations internationales, ni les services comme des acteurs significatifs de celles-ci. D'où la relégation de cette discipline au niveau de l'anecdote et l'absence de productions sérieuses. Lorsque de rares universitaires se sont interrogés sur la contribution du Renseignement à l'histoire, leur méconnaissance du métier et leur incapacité à identifier les signes caractéristiques des opérations clandestines les ont conduits à déclarer qu'il n'existait aucune source en la matière. Or, rien n'est plus inexact, comme le démontre l'ouvrage de Constantin Melnik. Une histoire du Renseignement est bien possible, à condition de disposer d'une grille de lecture adéquate — afin de saisir et de mettre en lumière les manifestations du monde du secret — et d'un accès aux archives des services.

Les espions. Réalités et fantasmes est d'abord un remarquable livre d'histoire sur l'affrontement des services secrets au XXe siècle. Il retrace, corrige et évalue le rôle du renseignement humain au cours de la Seconde Guerre mondiale et de la Guerre froide. Les nombreuses révélations qu'apporte Constantin Melnik, grâce à l'exploitation des travaux des chercheurs américains et des archives de l'ancien KGB — documents inconnus jusqu'ici en Occident — projettent une

1. C. Melnik, *Lettres à une jeune espionne...*, p. 115.

lumière nouvelle sur de nombreux épisodes de la guerre secrète que se sont livrés les nations occidentales. Il remet en cause des « vérités » historiques considérées jusqu'alors comme certaines et rétablit les faits réels au sujet de certaines grandes affaires d'espionnage, notamment celle du célèbre « Orchestre rouge ».

Mais *Les espions. Réalités et fantasmes* est surtout une réflexion fondamentale sur l'essence même du Renseignement. Cet ouvrage est la première tentative sérieuse d'analyser la réalité de ce qu'il appelle les « *arts de la clandestinité* » dans le monde contemporain. Constantin Melnik rend fidèlement compte de la réalité du métier, jusque dans la sémantique et la description précise des tâches et de fonctions des différents aspects du Renseignement. C'est là une démarche tout à fait inédite.

Il nous offre également une analyse lumineuse et des réflexions personnelles d'une rare pertinence sur le rôle réel des services dans la politique internationale du XXe siècle et sur la portée de leurs opérations. Ce faisant, il met en évidence l'incompréhension constante des dirigeants politiques, d'où qu'ils viennent, pour la gestion de cet instrument de la raison d'État. « L'importance historique de l'espionnage dépend, en effet et en dernière analyse, d'un facteur qui ne relève pas seulement de l'efficacité des services de recherche sur le monde extérieur : un rôle essentiel est dévolu à la force ou à la faiblesse des États qui bénéficient d'une manne qui ne saurait être certaine et automatique[1] ».

À aucun moment Constantin Melnik ne sombre dans une admiration béate de ce monde « occulte » qui nourrit toujours, malgré lui, le fantasme. Son livre est une histoire critique du Renseignement qui, par certains aspects, relativise la discipline et la replace dans un contexte d'utilité qui permet de mieux percevoir sa nécessité.

Les espions. Réalités et fantasmes est un ouvrage essentiel pour tous ceux qui s'intéressent au Renseignement, car, comme C. Melnik l'a lui-même écrit, « l'espionnage n'imprime pas de manuels et ne professe pas de cours en dehors des hauts murs qui protègent ses Centrales[2] ». Sa lecture séduira les néophytes comme les professionnels, les chercheurs comme les politiques. Il offre une description sans concession des acteurs, de leurs pratiques et de leur influence sur les événements. Démystifiant de nombreuses idées reçues, il rend le Renseignement plus réaliste et accessible, mais aussi plus crédible, en mettant en lumière la rigueur de ses méthodes : « malgré ce qu'en pensent les esprits simples ou ignorants qui le déifient — ou le critiquent — à outrance, le Renseignement n'est pas une science exacte. Si néanmoins l'on dresse en

1. Cf. chapitre 13.
2. C. Melnik, *Lettres à une jeune espionne*..., p. 49.

parallèle la liste de ses impressionnants succès, on ne peut, quelle que soit la gravité de ses ratages et de ses ratés, qu'arriver à une conclusion plus optimiste : une erreur de calcul ne signifie en rien la fausseté des mathématiques[1] ».

L'ensemble de l'œuvre littéraire de Constantin Melnik est d'une importance majeure, que cela soit afin d'appréhender les affrontements secrets de la Guerre froide ou pour comprendre le Renseignement français et ses relations avec le pouvoir politique au cours de la seconde moitié du XXe siècle. L'ouvrage qu'il nous offre aujourd'hui l'est plus encore, car son regard embrasse un horizon plus vaste, qui, comme chez Arnold Toynbee ou Raymond Aron, touche à la philosophie même de la discipline décrite et analysée. Nous lui sommes infiniment reconnaissants de cette contribution majeure à la « connaissance objective » du plus vieux métier du monde.

Éric Denécé

Directeur du Centre Français de Recherche sur le Renseignement (CF2R)

1. Cf. chapitre 13.

Les meilleurs des espions sont les diamants
qui ornent la couronne de l'empereur.
Dicton de la Chine antique

Première Partie

TERRA INCOGNITA

CHAPITRE I

Une épopée souillée par un fantasme douteux

Le véritable Orchestre rouge

Qu'y a-t-il de plus exaltant que de risquer, pour une Cause qu'on estime juste, sa réputation, sa liberté, voire sa précieuse et unique vie ? Existe-t-il quelque chose de plus envoûtant que de jouer avec ses collègues et ses amis, sa patrie et ses valeurs, avec les autres pays et leurs puissants services secrets, les déesses lumineuses ou noires des Idéologies pour essayer de façonner l'Histoire « se faisant » comme aimait à dire mon premier maître en analyses, Raymond Aron ? L'espionnage est le jeu des jeux. « Le Grand Jeu ». Et son épisode le plus pur mais également le plus tragique est offert par le sublime Orchestre rouge ayant opéré en plein cœur de l'Allemagne nazie avant et durant le choc titanesque des États-nations pendant la Seconde Guerre mondiale mais, dont la véritable histoire reste, en dépit d'une riche et souvent remarquable littérature, toujours mal connue en Occident.

L'exceptionnelle aventure se noue avec la montée en puissance du nazisme lorsqu'un des plus brillants représentants de la société berlinoise, Arvid Harnack, haut fonctionnaire au ministère de l'Économie, regroupe un petit cercle d'amis afin de s'opposer à la lèpre brune qui ronge son pays. Harnack rencontre Boris Gordon, le chef de la *rezidentura*[1] « légale » de l'ambassade soviétique de l'avenue Unter den Linden. La mécanique de l'espionnage est

1. Le lecteur trouvera le sens des termes techniques propres à l'art du Renseignement en fin de volume dans l'annexe « Des techniques très spéciales ».

enclenchée et le légendaire responsable des services de renseignement extérieur bolchéviques, Artur Artuzov, donne son autorisation au recrutement d'Harnack malgré le fait qu'intellectuel passionné il ressemble moins à un « espion » classique, collecteur clandestin de renseignements secrets, qu'à un animateur d'un courant politique auquel on n'octroie pas encore le nom glorieux de « Résistance ».

Le premier drame s'abat sur le futur Orchestre rouge — l'appellation *Die Rote Kappele, Krasnaïa Kappela* en russe, n'apparaîtra que lorsque la Gestapo interceptera d'intenses émissions radio dans l'Europe occidentale qu'elle occupe — au cours de la seconde moitié des années trente. Hitler est installé au pouvoir, la terreur nazie s'abat sur le pays, le cercle de « résistants » s'étend autour d'Harnack. C'est le moment que choisit Staline pour lancer sa Grande Terreur et soumettre à une purge sanglante tant les révolutionnaires de la première heure que les éléments « cosmopolites » susceptibles d'être séduits par la « Révolution mondiale » prônée par l'abhorré Trotsky. Le compétent et dévoué Boris Gordon est rappelé à Moscou où il est exécuté, de même que le chef de la section allemande, Otto Chteinbück, ainsi qu'Artur Artuzov lui-même qui, au fond de sa cellule de la Loubianka, écrit, avec son propre sang, des notes désespérées, clamant, avec une vigueur toujours aussi émouvante quand on les lit trois quarts de siècle plus tard, qu'il n'est pas un « espion » allemand ou anglais[1].

La liaison avec Harnack et ses amis est coupée. Le successeur de Gordon ne désire pas s'occuper de questions aussi dangereuses et, lorsqu'il tombe malade, il ne sera même pas remplacé à la *rezidentura* de Berlin. Les hommes et les femmes regroupés dans la résistance allemande au nazisme — l'Américaine Mildred Harnack ou Libertas Schulze-Boyzen issue de la meilleure aristocratie allemande, courtisée à ce titre par le maréchal Goering en personne, sont aussi admirables que leurs maris — dépassent pourtant alors la soixantaine. Placés au cœur du IIIe Reich, ils connaissent ses secrets les mieux gardés et suivent au jour le jour la progression de la volonté hitlérienne d'envahir le Saint-Empire communiste.

1. On trouve une reproduction de ces lettres dans le luxueux album, *Lubianka 2, iz istorii otchestvennoï kontzrazvedki*, Moscou, sans mention de date ou d'éditeur, que les services de sécurité actuels du FSB de la Fédération de Russie ont consacré à l'histoire du contre-espionnage russe.

Qu'importe le silence russe ! Le désespoir n'envahit pas les résistants qui, sans être tous des communistes convaincus — la plupart, tel le philosophe Adam Kuckhoff, sont de sensibilité social-démocrate alors que le bras droit d'Harnack, l'époux de la belle Libertas au prénom prédestiné, officier affecté à l'état-major de l'Armée de l'Air allemande, Harro Schulze-Boyzen, petit-neveu du fondateur de la Marine prussienne, l'amiral Tirpitz, estime, en bon militaire, que seule la force des armes peut abattre le monstrueux Hitler —, se lancent dans un travail de propagande auquel ils ne renonceront jamais, imprimant des tracts ou collant des affiches dans la capitale du « Reich de mille ans » quadrillée par les SS et la Gestapo.

Les relations entre la résistance allemande et les services secrets de Staline ne seront renouées — ô honte ! ô aberration ! — que quatre mois avant la date funeste du 21 juin 1941 après que l'admirable agent soviétique « Breitenbach », haut dignitaire allemand de la Gestapo révulsé par les horreurs nazies — qui ne faisait pas partie du groupe d'Harnack mais avait été lui aussi, abandonné par le NKVD — eut lancé par-dessus le mur de l'ambassade russe un message angoissé, signalant le danger mortel planant sur la « patrie du socialisme ».

Tel Phénix, les services secrets communistes renaissaient perpétuellement de leurs cendres et les jeunes successeurs des fusillés de la Grande Terreur fouillent les archives, découvrent, stupéfaits, l'extraordinaire fiabilité de Breitenbach, apprennent l'existence d'Harnack et de ses amis. Après avoir interrogé dans leurs cellules les rares survivants de la sanglante purge, ils obtiennent enfin l'autorisation, devant la gravité de la situation signalée par le message tombé du ciel, d'implanter d'urgence à la *rezidentura* de Berlin un envoyé spécial chargé de tirer au clair la réalité de la menace pesant sur le Saint-Empire.

Ricanement de l'Histoire, la mission de rétablir la liaison avec les héroïques Harnack, Schulze-Boyzen, Kuckhoff revient au jeune Alexandre Korotkov, un protégé de l'initiateur et chef d'orchestre de la Grande Terreur, le sanglant Iejov. « Illégal » à Paris dans les années trente, Korotkov n'a pas hésité une seconde à exécuter les ordres de Staline et c'est de ses propres mains qu'il a tué un transfuge de la Guépéou, Agabekov, et le secrétaire parisien de Trotsky.

Les purs idéalistes du futur Orchestre rouge sont placés entre les pattes rougies de sang d'un assassin.

Enthousiaste et dynamique, modèle presque parfait de « l'homme nouveau » forgé par le stalinisme triomphant, Korotkov n'en effectue pas moins, une fois arrivé dans le Berlin de Hitler, un travail remarquable. Avec un rare courage, il déjoue les surveillances de la Gestapo tout en négligeant l'indifférence ou l'hostilité du *rezident* en titre qui, ami intime du chef du NKVD, Béria, n'écoute qu'un agent allemand miraculeux, sans soupçonner un instant que ce « double » est briefé par Hitler en personne lorsqu'il garantit à un Staline buvant du petit lait l'amitié indéfectible du Führer et la poursuite éternelle du pacte de non-agression germano-soviétique.

Se démenant avec l'énergie et la bravoure qui lui sont propres, Alexandre Korotkov — entré à ce titre dans la légende des services secrets russes — multiplie « rencontres conspiratives » sur « rencontres conspiratives » dans le Berlin nazi avec Harnack et Schulze-Boyzen, Kuckhoff ou Breitenbach. Terrifié par ce qu'il apprend des résistants à Hitler, il prend le risque — immense à l'époque — de résumer ses télégrammes continuels au Centre en un rapport de quatorze pages d'une dactylographie serrée à l'intention personnelle de Béria où il annonce, avec un luxe de détails sidérants car citant *plus d'une centaine* d'informations incontestables, l'invasion imminente du Saint-Empire communiste par les armées de Hitler. « Message du 16 juin 1941. Une source travaillant à l'état-major de l'aviation allemande communique — il s'agit de l'admirable Harro Schulze-Boyzen — : tous les préparatifs militaires relatifs à la préparation d'une agression militaire contre l'URSS sont pleinement terminés et on peut s'attendre à un coup à n'importe quel moment[1] ».

« À préciser davantage », marquera Staline sur cet extraordinaire document. Les résistants berlinois ont travaillé et risqué leur vie pour rien.

Le drame ne s'arrête pas là. Prisonniers de la volonté de Staline d'éviter toute « provocation » pouvant irriter Hitler, Korotkov et le « Centre » de Moscou ne peuvent prendre les mesures de précaution qui s'imposent. Ils ne remettent aux résistants que deux postes radio — dès le début probable

1. *Otcherki Istorii rossiïskoï vnechneï razvedki*, Moscou, Mejdunarodnye Otnochenia, 1991-2003, tome III, p. 430-31. Ces monumentales « Esquisses de l'Histoire du Renseignement extérieur russe » publiées en cinq tomes portent le copyright du SVR, le service de renseignement extérieur russe actuel. Enrichies par des documents exceptionnels, elles sont indispensables à tous ceux qui s'intéressent à l'espionnage mais elles n'ont pas, malheureusement, été traduites du russe ni aux États-Unis ni en Europe.

de la guerre, l'ambassade soviétique et sa *rezidentura* seront fermées —, ne forment pas les techniciens pour les manipuler, n'envoient pas à temps le livre de code.

Comble de malheur, lorsque les Panzers commencent à déferler dans les steppes russes, les résistants allemands, qui, bravant la Gestapo, ont bricolé d'eux-mêmes les appareils, n'émettent que dans le vide. Les radios remises par Korotkov n'avaient pas, en effet, de portée suffisante pour toucher une Armée rouge en pleine débâcle devant l'irrésistible poussée nazie. Confiant dans Hitler et dans son agent « double », se méfiant des « internationalistes » cosmopolites désireux de le brouiller avec le Reich pour éviter un débarquement en Angleterre, Staline a, en effet, malgré les avertissements de la résistance berlinoise, refusé à son état-major, d'ailleurs décimé lui aussi par la Grande Terreur, de modifier quoi que ce soit à son « ordre de bataille » ni, même, de placer ses troupes en état d'alerte.

La tragédie finale peut commencer. L'invasion du Saint-Empire a démontré toute la justesse des renseignements obtenus par les antifascistes de Berlin, mais comment rétablir la liaison avec des hommes qui apparaissent maintenant comme les riches détenteurs d'une véritable manne céleste ? Si Korotkov, après une dernière et héroïque « rencontre conspirative » avec Schulze-Boyzen le jour même de l'invasion de l'Union soviétique, a été expulsé avec toute l'Ambassade russe, les services de renseignements militaires du GRU de l'Armée rouge, chargés par la nature de leur mission de faire face à toute guerre même si elle n'est pas prévue par le « Guide », disposent dans l'Europe occupée par les nazis de deux *rezidentura* « illégales », dotées de moyens de transmissions puissants et modernes. Ordre est donné à l'un de leurs responsables en Belgique de profiter de son passeport d'une neutre Amérique latine pour se rendre d'urgence à Berlin.

Gourévitch, nom de code : « Petit Chef », rencontre ainsi Harro Schulze-Boyzen. Mais, de retour en Belgique, pour rendre compte des précieuses informations que l'officier d'état-major de la Luftwaffe lui a transmises sur l'état réel, après ses premières pertes, de l'Armée allemande qui se trouve maintenant devant Moscou, il fait émettre ses opérateurs de Bruxelles à un rythme effréné.

Ce qui devait arriver arriva : très performants, les services d'interception de la *Funk Abwehr* nazie localisent les postes soviétiques dans une petite maison de la rue des Attrebates. La Gestapo organise une descente de police, se saisit d'opérateurs radio russes qu'elle torture et, conséquence du manque d'expérience des jeunes Soviétiques, s'empare même de messages en clair qui n'ont pas été détruits sur le champ après avoir été lancés sur les ondes. Le décryptement peut commencer, qui va révéler à un « *kommando* » spécialement créé par les nazis les noms et les adresses berlinoises des résistants allemands désirant renverser Hitler et que Gourévitch — fausse identité : Sierra — devait rencontrer à Berlin.

La chasse à l'homme confine à l'horreur. Pendant que les chefs du GRU sauvent leurs vies en acceptant de participer à un « jeu-radio » avec Moscou, les résistants allemands sont, eux, torturés, jugés et mis à mort avec une rare sauvagerie. Les hommes sont pendus et les femmes guillotinées. Les admirables Mildred et Arvid Harnack, Libertas et Harro Schulze-Boyzen périssent, ainsi qu'une soixantaine de leurs compagnes et compagnons mais, avant leur dramatique chute, ils ont réussi un nouvel exploit hors du commun. Cette fois par l'intermédiaire d'un homme d'affaires envoyé à Berlin par la *rezidentura* « légale » de la neutre Suède, les héros allemands de l'Orchestre rouge sont parvenus à communiquer à Moscou un nouveau renseignement d'une importance littéralement vitale : après l'échec nazi devant la capitale soviétique, la prochaine offensive d'été de la Wehrmacht hitlérienne partira en 1942 non vers Moscou, sauvée l'hiver précédent grâce notamment à l'information de Richard Sorge selon laquelle le Japon ne prendrait pas l'URSS en tenaille tant qu'il n'aurait pas réglé son compte aux États-Unis, mais vers le Caucase et ses champs d'un pétrole dont le Reich a un besoin pressant.

On aurait voulu que le sacrifice ultime de l'Orchestre rouge ait été déterminant et, comme on aime l'affirmer aujourd'hui à Moscou, que leur mort héroïque ait permis la victoire de Stalingrad. Il semble hélas qu'il n'en a rien été : dernier rictus de l'Histoire, l'état-major russe, quoique convaincu de la « solidité » du renseignement, n'a pas osé prendre le risque, qui aurait été démentiel, de dégarnir la défense de la capitale du Saint-Empire submergé par la vague brune.

Après n'avoir pas été écoutés au printemps 1941, les héros de la résistance berlinoise ont sacrifié leur vie pour un mirage. Mise à part la Russie qui continue à les célébrer régulièrement, notamment par la projection d'un beau documentaire télévisé que j'ai eu le grand honneur de commenter avec Markus Wolf, leur mémoire n'est défendue que du bout des lèvres — incompréhension et rejet de « l'espionnage » — dans la nouvelle et, selon les vœux de ces sublimes héros, démocratique Allemagne.

La naissance d'un mythe

Je crains d'avoir, dès le début de cet ouvrage, pris à rebrousse-poil ceux de mes lecteurs qui, comme moi, ont admiré à juste titre le superbe livre de Gilles Perrault que, fasciné depuis toujours par cette épopée, j'ai initié en son temps, *L'Orchestre rouge*[1]. Comment ai-je osé, en effet, dépeindre le combat des services secrets soviétiques au cœur de l'orgueilleux « Reich de mille ans » sans hisser sur un piédestal le grand Leopold Trepper qui, de Paris, aurait, en dirigeant le merveilleux Orchestre rouge, gagné la guerre à lui tout seul ?

Si je n'ai même pas eu, dans mon récit pourtant fondé sur des documents russes incontestables, à citer le nom du héros de Gilles Perrault, c'est que la réponse est d'une aveuglante clarté : « L'affirmation selon laquelle les participants de l'Orchestre rouge en Allemagne étaient dirigés à partir d'un seul centre à l'étranger et que son responsable était, soi-disant, l'officier de Renseignement militaire Léopold Trepper constitue une erreur[2]. »

Or ce jugement en forme de couperet de guillotine ne provient pas d'un de ces « brûlots anticommunistes » que, star de toutes les gauches, Gilles Perrault aime dénoncer, mais de l'ouvrage officiel que j'ai déjà eu l'occasion de citer et que viennent de publier dans la Russie actuelle non des révisionnistes ignares et mal intentionnés mais les services de renseignements russes eux-mêmes, auxquels on reproche suffisamment de perpétuer et glorifier outre mesure les traditions et les pratiques de leur ancêtre du KGB soviétique.

Pourquoi donc ce fossé entre le chant lyrique de Perrault — et, par voie de conséquence, de tous les auteurs reprenant sa thèse en boucle — et la vision glaciale des services secrets russes ?

Tout débute, durant l'atroce occupation de l'Europe, par la lourde mythologie germanique, rendue encore plus insoutenable par la crapulerie nazie. S'étant, avec une dérisoire facilité grâce aux techniques de repérage d'une goniométrie qu'elle maîtrise mieux que le renseignement « humain »,

1. Gilles Perrault, *L'Orchestre rouge*, Paris, Fayard, 1967.
2. *Otcherki istorii…*, *op. cit.*, t. III, p.415.

emparée d'agents communistes, la flicaille nazie ne peut avouer à son Führer bien-aimé la sidérante découverte que le décryptage des messages russes vient de lui permettre de faire : il existe, au sein de l'élite intellectuelle et politique du pur et aryen IIIe Reich un noyau de résistance au triomphant national-socialisme. Soucieux de se mettre en valeur — les nervis nazis ont déjà attribué, avec l'inévitable romantisme allemand, le nom lyrique d'Orchestre rouge aux émetteurs qu'ils ont repérés —, les sbires de la Gestapo préfèrent, on les comprend, insister sur l'efficacité littéralement phénoménale des « espions soviétiques » qu'ils sont parvenus à démasquer et qui, seuls, souilleraient le lumineux Reich promis à un destin millénaire. « La causalité diabolique », aurait dit le grand historien de l'antisémitisme, mon regretté ami Léon Poliakov, disciple lui aussi de Raymond Aron.

Un concours de circonstances vient étayer cette réconfortante thèse policière. Pour le Centre de Moscou, le nom de code de Trepper au cours de cette mission est effectivement, alors qu'il est d'habitude appelé « Otto », « Grand Chef ». Mais les nazis négligent le fait que « *Bolchoï Chef* » n'a en russe qu'une faible connotation hiérarchique — pour rendre le sens de commandement suprême que lui attribuent abusivement les Allemands, il aurait fallu dire : *Glavnyï Natchalnik* — et vise surtout à le distinguer du second « illégal » du GRU installé à Bruxelles et, lui, nommé « Petit Chef ». Les deux hommes auraient pu ainsi s'appeler « Grande » et « Petite Tomate » mais, pour la Gestapo, avoir arrêté à Paris le « Grand Chef » bolchevique en Europe occidentale occupée, l'avoir amené, en échange de la vie sauve, à collaborer avec elle dans un jeu-radio avec Moscou constitue un titre de gloire qui ne peut que la valoriser auprès du moustachu et hystérique Adolf Hitler.

Au lourd romantisme allemand des années de guerre s'ajoute alors, dans les années soixante, l'éternelle légèreté française. Prenant pour argent comptant les rapports de la Gestapo que je lui avais communiqués afin de lui permettre d'épanouir son unique talent à partir d'un sujet digne de lui, le jeune et brillant écrivain Gilles Perrault ne se trouve pas en mesure, durant cette époque encore exacerbée de « guerre froide », d'aller enquêter à Moscou et de demander au KGB de lui ouvrir ses archives, mais tombe sous le charme — indubitable — de Trepper qu'il a l'immense mérite d'avoir retrouvé en Pologne alors que tous les services secrets occidentaux en avaient perdu la trace.

Grâce au don de conteur d'un des auteurs les plus intéressants de sa génération, le mythe du « Grand Chef » du flamboyant Orchestre rouge, égal sinon supérieur à Richard Sorge, s'installe, porté par un best-seller remarquable au plan littéraire, même s'il est discutable du point de vue historique et intellectuel. Il n'y a rien de plus émouvant qu'un puceau qui chante l'amour.

Si le rôle véritable des services secrets russes dans la genèse et le développement de l'Orchestre rouge berlinois est ainsi négligé alors que, dans une moindre mesure, l'héroïsme sans pareil de la résistance allemande de gauche à Hitler se trouve minimisé, que reste-t-il aujourd'hui de la réalité derrière le mythe du « Super-Espion » forgé par la racaille nazie et repris, dans une association maléfique bien qu'involontaire, par le lyrique Gilles Perrault ?

Déjà accusé par la DST française, qui après-guerre avait interrogé les policiers allemands ayant démantelé le réseau parisien, d'avoir livré à la Gestapo le *rezident* « illégal » en Europe occidentale des services de renseignement de l'Armée rouge, le grand mais toujours mystérieux « Harry » Robinson, Léopold Trepper, qui est parvenu à s'évader des griffes nazies et à avertir son Centre du dangereux jeu-radio initié par la racaille brune, continue à être entouré à Moscou d'une certaine aura en raison de son passé d'ancien du Komintern et d'illégal en France durant les glorieuses années trente. Pour autant, il ne suscite aucun enthousiasme chez les membres des services civils russes qui ont trié les archives du KGB afin de guider les historiens ou organiser le musée consacré au sein de la Loubianka aux services de renseignement du Saint-Empire communiste et où l'Orchestre rouge occupe pourtant une place d'honneur.

Chargé à Paris non de la collecte — difficile à partir de la capitale française occupée — de secrets sur l'Allemagne nazie mais de la liaison, dit-on, avec le parti communiste français et de la supervision de la station radio clandestine installée à Bruxelles, Trepper aurait été, selon ces témoignages et appréciations, une couleuvre politique particulièrement douée — ce qu'il confirmera, plus tard, profitant de la statue que lui érigera Perrault, pour troquer au profit d'Israël la morne, médiocre et antisémite Pologne communiste. Ayant échappé, grâce à sa prudence et à son extraordinaire habileté, aux purges de la Grande Terreur qui avaient décimé la quasi-totalité des membres du Komintern ou des grands illégaux des années trente, le « Grand

Chef » n'aurait transmis à Moscou aucun renseignement d'importance. Homme d'affaires charmeur et avisé, il se serait contenté de faire vivre aux frais du Centre soviétique la petite communauté de ses amis et relations parisiens qui, d'ailleurs, paieront du prix fort, lorsque la Gestapo s'abattra sur eux, ce curieux mais juteux copinage.

En dépit de sa flamboyance, l'espionnage n'est pas différent des autres activités humaines : les médiocres et les intrigants existent dans toute profession et il est d'autant plus plaisant — ou navrant — de voir certains d'entre eux se transformer en mythes mirobolants.

Pourquoi l'esprit humain préfère-t-il le fantasme à la réalité ? Il a fallu près de deux siècles pour qu'on commence, fort timidement d'ailleurs, à « penser » la Révolution française.

CHAPITRE II

Un continent inconnu noyé dans les brumes

Une mappemonde du Moyen Âge

L'Orchestre rouge n'est pas seulement l'épopée la plus sublime et la plus tragique du Grand Jeu ou un exemple frappant des fantasmes qu'il sécrète. C'est également une exception de lumière au milieu des ombres qui viennent d'habitude occulter la connaissance précise des péripéties incessantes du jeu des jeux.

Personne ne saurait, en effet, contester le caractère légitime et héroïque — voire sacré — de la lutte contre Hitler. L'action des services secrets russes pour faire tomber le nazisme et défendre la patrie soviétique ne peut donc, à la différence, disons, de « l'espionnage atomique » aux États-Unis ou des recrutements massifs pratiqués par le NKVD stalinien en France dans l'euphorie de la Libération, susciter aucune réserve de quiconque. Du coup, les « Esquisses de l'Histoire du Renseignement extérieur russe » sont en mesure d'en parler en toute liberté et un éminent historien russe, Teodor Gladkov, disposant de l'indubitable familiarité avec le renseignement nécessaire pour ne pas se perdre dans ses complexes dédales, s'est vu accorder l'accès à la totalité des archives des services civils russes sur cette affaire qui n'est pas seulement considérée comme « morte » — c'est à dire : n'ayant pas de prolongements « opérationnels » actuels — mais comme profondément et universellement consensuelle[1].

Après les « Esquisses » et le remarquable ouvrage de Gladkov — bien entendu non traduit, malgré tous mes efforts, dans un Occident qui préfère rester sur la mythologie séduisante de Perrault —, tout est, dans ses grandes lignes, désormais connu de l'éclatant Orchestre rouge. Aucun nom ou détail important ne sont scellés et l'épopée d'Arnold Harnack, Harro Schulze-Boyzen ou Alexandre Korotkov constitue dorénavant pour le lecteur ou le téléspectateur russe un continent sur la carte duquel on peut situer avec précision la plupart des hameaux et des routes qui parsèment cet envoûtant paysage[2].

Or tel n'est pas le cas — et de loin — de la plupart des autres pulsations du Grand Jeu. À supposer, hypothèse la plus favorable, que les archives des services ayant monté une opération aient été établies avec compétence et conservées avec soin — ce qui hélas, n'est pas toujours la règle commune, même dans les services russes ou américains, pourtant très pointilleux en la matière —, il n'est pas du tout évident qu'elles vont être toutes ouvertes à des historiens incontestés. De leur côté, ces serviteurs de la Grande Histoire peuvent éprouver de la réticence à se pencher sur un sujet souvent considéré comme « vulgaire et subalterne » selon la forte expression employée par le général de Gaulle lors du sinistre enlèvement à Paris de l'admirable leader tiers-mondiste, Ben Barka.

Comme l'Amérique est encore révulsée par ce qu'elle ressent toujours comme un vol intolérable de la bombe atomique qui allait lui assurer une suprématie mondiale et que le contre-espionnage américain n'a pas encore découvert tous les responsables de cette transmission au Saint-Empire

1. Teodor Gladkov, *Lift v Razvedkou, Korol' Nelegalov, Aleksandr Korotkov*, Moscou, Olma-Press, 2002.
2. Même dans cette exception bénie entre toutes, des zones d'ombre subsistent cependant. Le service de Renseignement militaire de l'Armée russe, le GRU, est, en effet, plus réticent que son homologue du Renseignement extérieur civil quant à l'investigation historique ou à l'ouverture de ses archives. La raison en est peut-être, en ce qui concerne du moins l'Orchestre rouge, que ce remarquable service secret ne désire pas jeter une lumière trop crue sur le fait que son *rezident* illégal à Paris, l'encore mystérieux « Harry » Robinson, était parvenu à s'assurer, dans la France d'avant-guerre, d'intéressantes coopérations, durant la croisade antifasciste et la guerre civile d'Espagne, d'importantes personnalités politico-militaires du Front populaire — ce qui risquerait, voir ci-dessous p. 122-124, d'être moins bien compris et admis que la résistance à Hitler en plein cœur du IIIe Reich.

communiste de secrets littéralement vitaux, les services russes préfèrent ne pas jeter sur la place publique une information objective et complète sur un sujet aussi brûlant et controversé. De même se contentent-ils, sans trop entrer dans les détails, de qualifier de « favorable » la situation de la France communisante d'après la Libération[1] ou d'un tiers-monde travaillé, lui, dans les années soixante et soixante-dix, par l'anticolonialisme et le rejet de l'hégémonisme américain.

« La déontologie de notre service, m'expliquait un ancien du KGB, consistait — et consiste toujours comme c'est le cas pour tout service de renseignement compétent — à faire le maximum afin d'assurer la sécurité et le bien-être moral ou physique de ceux qui prenaient le risque immense de coopérer avec nous. Nous n'allons donc pas aujourd'hui dévoiler le nom de nos agents qui restent encore ignorés de vos services de contre-espionnage. Et, lorsque l'agent est décédé, il ne s'agit pas de porter la moindre atteinte à sa réputation ou de poser le plus léger problème à ses descendants légitimement désireux de ne pas voir entaché son honneur. »

À lire les monumentales « Esquisses de l'histoire du Renseignement extérieur russe », on éprouve ainsi l'impression que les actuels services russes — qui arrêtent leur travail d'analyse en 1965 et semblent avoir renoncé à publier le sixième tome initialement prévu car consacré à une époque probablement considérée comme encore trop récente — ne se sentent véritablement à l'aise que face aux seules affaires déjà démasquées par leur ancien adversaire occidental. Ils n'ouvrent véritablement leurs riches archives que dans le cas où les « espions soviétiques » ont, tels Georges Pâques en France, Georges Blake en Grande-Bretagne ou Heinz Felfe en Allemagne fédérale, été découverts et ont fait l'objet d'un procès ne prêtant le flanc à aucune contestation.

Il suffit que la Russie continue — même contre toute évidence — à nier toute responsabilité dans les toujours brûlantes et controversées arrestation, condamnation et inhumaine exécution aux États-Unis des malheureux époux Rosenberg pour qu'aucune référence à caractère officiel n'apparaisse sur leur tragique destin. Seul le témoignage — non autorisé — d'un des officiers soviétiques chargé du recrutement et de la « direction » de Rosenberg[2]

1. *Otcherki Istorii…*, *op. cit.*, t. III p. 466.

2. Alexandre Feklissov, *Confession d'un agent soviétique*, Paris, Éditions du Rocher, 1999. Il est à noter que la version française — au titre détestable —, rédigée avec Sergueï Kostine,

affirme que l'infortuné Julius n'a fait que remettre non des secrets atomiques mais ceux, en pleine alliance américano-russe contre les nazis, d'armes strictement conventionnelles alors que son épouse, la merveilleuse Ethel, était totalement innocente.

Et même lorsque les services secrets parlent, comme les Russes le font dans leurs « Esquisses » ou en accordant un libre accès à leurs archives à des chercheurs qui leur inspirent confiance, on ne peut prétendre qu'ils le fassent d'une manière tout à fait innocente.

Soucieux d'attirer vers eux de jeunes recrues de valeur et d'assurer leur formation technique, désireux de flatter l'orgueil national et de sublimer leur propre image, les professionnels du Renseignement ont tendance à négliger superbement toute action par trop scabreuse et à jeter un voile pudique sur tout ratage caractérisé. Exhibant une fierté qui ne paraît pas toujours bienvenue, les cellules de communication — il existait une direction des Relations publiques même au sein du KGB — succombent facilement à la tentation de faire paraître le « Service » comme une miraculeuse et infaillible machine à succès. Seuls de véritables historiens pourront un jour, avec un indispensable recul, face à des archives ouvertes en totalité, donner des opérations du Grand Jeu une vision absolument objective.

En attendant ce moment béni — qui, hélas, n'est pas pour demain —, il faut bien tirer une conclusion que les « spécialistes » et autres « historiens » du Renseignement laissent soigneusement de côté afin de ne pas ruiner leur fonds de commerce : malgré les innombrables écrits qu'il inspire, l'espionnage reste, dans son immense ensemble, une encore mystérieuse *terra incognita*.

S'il existe des exceptions miraculeuses analogues à celle de l'Orchestre rouge, elles confirment cependant la règle.

Certes la chute du IIIe Reich a rendu possible à des acteurs tels que le commandant britannique Montaigu ou le colonel allemand Giskes de publier des témoignages précieux sur les opérations qu'ils ont menées à bien durant la Seconde Guerre mondiale : l'opération de déception « Chair-à-pâté » anglaise destinée à détourner l'attention de la Wehrmacht de la Sicile où allaient prendre pied les armées américaines ou l'*England Spiel* allemand, subtil jeu-radio entre les services nazis contrôlant les parachutistes alliés en

---

est beaucoup plus riche que le sec et technique texte russe initial.

Hollande occupée et la « Centrale » ainsi abusée de Londres. Certes des historiens britanniques ont pu, après la fin des hostilités, se pencher sur des épisodes aussi spectaculaires que l'opération « Fortitude » qui induisit en erreur Hitler sur le lieu de débarquement massif des Alliés en Europe occupée ou sur les « opérations spéciales », dans la France sous la botte de l'organisme anglais chargé de leur mise en œuvre. On ne peut nier que les arbres ainsi offerts — avec un peu trop de complaisance — à l'admiration du public soient beaux à souhait, mais il n'en reste pas moins qu'ils ne permettent pas de deviner toute la superbe forêt du Grand Jeu dont ils ne donnent qu'une idée partielle et insuffisante, donc déformée.

L'effondrement du communisme en Russie a, de son côté, permis de faire un gigantesque pas en avant. Les « Esquisses » publiées par les services secrets russes — du temps du KGB, de pareilles études restaient secrètes et réservées à l'enseignement interne — sont irremplaçables pour appréhender les succès soviétiques de 1917 à 1965, notamment durant la croisade antifasciste des années trente, la Seconde Guerre mondiale ou l'euphorie de la Libération mais, ignorées en Occident, elles me paraissent trop angéliques. Même lorsqu'elles sont aussi riches que sur les affaires déjà dévoilées en Europe ou aux États-Unis — Abel, Pâques, Blake, Felfe —, elles souffrent également de l'absence d'accès aux archives occidentales. Ainsi, le Français Georges Pâques n'est-il présenté que du côté russe en ne tenant aucun compte de ses interrogatoires et des aveux qu'il a alors passés devant les chasseurs d'espions de la DST française.

De même, la dissolution du KGB et de la chape de plomb qu'il faisait peser sur tout ce qui le concernait a entraîné la naissance d'un document aussi exceptionnel que les Mémoires de l'un des plus entreprenants favoris de Staline dans son NKVD, Pavel Soudoplatov[1]. Cependant, si les révélations du routier des services secrets staliniens sont éminemment précises quant à l'assassinat qu'il a personnellement commis du leader nationaliste ukrainien, Konovaletz, sa vision de l'espionnage atomique aux États-Unis est viciée par le fait que l'ouverture des archives — d'ailleurs dispersées, semble-t-il, et partiellement détruites — n'a pas été accordée par les services russes actuels à un vieillard marginal. Et l'ignorance des travaux publiés sur

1. Pavel Soudoplatov-Anatoli Soudoplatov avec Jerrold et Leona Schaeter, *Missions spéciales, Mémoires du maître-espion soviétique (sic) Pavel Soudoplatov*, Paris, Le Seuil, 1994.

le sujet en Amérique s'ajoute aux lacunes d'une mémoire souvent confuse et défaillante sur des opérations que Soudoplatov paraît avoir suivies de très haut et de bien loin.

Quant aux États-Unis et à leur puissante CIA, les investigations du Congrès américain sur le fonctionnement de « l'Agence » après le désastre du Viêt-nam et la lamentable affaire du Watergate, les témoignages qui ont alors été recueillis ou les ouvrages journalistiques et Mémoires d'acteurs de haut vol qu'ils ont inspirés ou permis dans un pays doté de l'indubitable culture du renseignement qui manque si cruellement en Europe éclairent des pans entiers de « l'action clandestine » — *covert action* — qui constituait une spécialité — souvent très contestable — des services secrets américains, notamment et surtout en Amérique latine. Néanmoins et malgré la richesse exceptionnelle de ces enquêtes, dont certains déplorent qu'elles aient causé autant de tort aux services américains que la chute du IIIe Reich au Renseignement allemand, les moyens de connaissance objective qu'elles procurent sont loin d'être parfaits. Les commissions parlementaires, fussent-elles dotées de puissantes possibilités de recherche de la vérité, n'écartent pas les déformations politiciennes ou les réticences des témoins alors que les Mémoires, même s'ils sont aussi précieux que ceux du talentueux ancien chef de la CIA, Richard Helms[1] , méritent, eux aussi, d'être recoupés par les archives complètes et incontournables confiées à des historiens dénués de passion.

Lorsqu'après la fin bienvenue de la guerre d'Algérie, la vagissante Cinquième République enfin rassurée sur son destin me jeta, après m'avoir pressé comme un citron, à la rue sans la moindre ressource, la CIA, avec laquelle j'avais entretenu à l'hôtel Matignon des rapports plus ouverts et

1. Parmi les multiples merveilles rendues publiques aux États-Unis par les commissions d'enquête parlementaires, par le journalisme d'investigation ou par la liberté de parole et de jugement d'anciens responsables des services secrets, je recommande vivement, outre les Mémoires de Richard Helms, en collaboration avec William Hood, *A look over My Shoulder, A life in the Central Intelligence Agency*, Random House, New York, 2003, les études suivantes: William Laqueur, *A World of Secrets, The Uses and Limits of Intelligence*, Basic Books, New York 1985 ; Gregory Traverton, *Covert Action, The Limits of Intervention in the Post-war World*, Basic Books, New York, 1987 ; Christopher Andrew, *For the President's Eye Only, Secret Intelligence and the American Presidency from Washington to Bush*, Harper Collins, New York, 1995, etc. À ma connaissance, aucun de ces ouvrages majeurs n'a été traduit en France.

confiants qu'avec les services de renseignement français repliés sur leurs douteux secrets algériens, me remit, afin de me permettre de me reconvertir dans l'édition en lançant une collection consacrée — déjà ! — à la réalité de l'espionnage, une liste d'ouvrages sérieux qui méritaient d'être portés à la connaissance du grand public. Bref, le document ne tenait que sur deux petites pages et comprenait moins d'une douzaine d'ouvrages. Une formidable révolution s'est produite depuis ces temps reculés du début des années soixante et d'intéressantes recherches prolifèrent de nos jours même si la communication internationale est freinée — où est la mondialisation de la pensée et de l'écrit ? — tant par le goût des éditeurs européens pour le sensationnel et le scandale que par la barrière des langues et des civilisations. Rares sont ceux qui lisent à la fois l'anglais et le russe, et un nouveau rideau de fer, intellectuel celui-là, sépare aujourd'hui l'Occident d'une Russie qu'il se refuse de comprendre dans sa poursuite, déroutante il est vrai, d'une adaptation, après une oppression communiste de trois quarts de siècle, au monde démocratique moderne dans le respect — combien difficile ! — tant de certaines expériences du passé que de la spécificité d'un pays toujours nimbé de mystère.

En dépit des ouvrages de plus en plus sérieux qui lui sont consacrés — essentiellement en Russie et dans une moindre mesure aux États-Unis —, il n'en demeure pas moins que le fond des choses n'a pas changé : l'espionnage reste un continent encore mal connu. Sur ses cartes outrageusement bariolées par des « spécialistes » autoproclamés, certains hameaux, villes ou villages ont été *grosso modo* explorés correctement. Je ne pense pas seulement au superbe Orchestre rouge mais également, entre autres, à l'épopée de Richard Sorge ou, plus paradoxalement, à l'opération *Outka*, « Le Canard », ayant abouti à l'assassinat sauvage de Trotsky. Il n'en reste pas moins que ces représentations et descriptions, précieuses et objectives, émergent, incongrues, d'immenses espaces entièrement vierges où, « hélas, hélas, hélas », comme aimait à le marteler le général de Gaulle, sont réparties des figurines ou des architectures aussi approximatives et désolantes que celles figurant sur les mappemondes naïves dessinées par nos ancêtres ignorants mais imaginatifs du Moyen Âge.

Des brouillards aussi délétères que redoutables

Il y a plus grave encore. Pourrait-on survoler les étendues qui, sauvages, ne sont pas encore explorées — voire celles qui, tel mon cher Orchestre rouge, ont été correctement visitées mais dans la seule Russie —, qu'on constaterait qu'elles sont, nouveau malheur, recouvertes des brouillards les plus épais et les plus dangereux pour la compréhension objective de la réalité.

En effet, si à l'intérieur des services secrets compétents — ce qui, hélas, n'est pas toujours le cas — règnent la limpidité, le respect d'autrui, la volonté d'atteindre à la « connaissance objective » chère à Max Weber tant du monde extérieur qu'ils sont chargés d'observer que des opérations complexes qu'ils montent pour accomplir cette mission, il n'en va pas du tout de même lorsqu'il s'agit d'affronter des services ou États adverses, voire ennemis. Opacité et dissimulation, secret et clandestinité — *konspiratzia*, disent les Russes dans un terme imagé et compréhensible pour un Occidental — sont, en effet, les sombres habits qui viennent voiler une activité vitale pour les grandes nations, civilisations ou idéologies mais considérée comme criminelle et dangereuse par les États et les sociétés qui s'en sentent victimes.

Ajoutez à ce satanique et déformant jeu de miroirs le cadre dramatique où il se déroule — ou dirais-je plutôt : « se déroulait » ? — j'ai nommé la Troisième Crise mondiale que nous appelons d'une manière trop approximative la « guerre froide » qui, après les deux chocs titanesques et sanglants durant la Première et Seconde Guerre mondiale, vit l'affrontement sans merci des deux puissants Empires libéral et communiste. « Paix impossible, guerre improbable », diagnostiquait avec sa lucidité coutumière Raymond Aron, mais entre ces deux pôles imposés aux deux « blocs » par les effets positifs de la dissuasion nucléaire se déroulait, dans une zone éminemment grise, non, sauf en Corée ou au Viêt-nam, une confrontation entre de puissantes armées mais une bataille gigantesque d'idéologies, de propagandes et de… services secrets. Vous comprendrez alors que le mystérieux espionnage — j'emploie ce terme à défaut d'autres — à qui le secret et la dissimulation collent comme l'huile à la sardine ait donné naissance, dans un climat soit de frayeur immonde en Europe soit de croisade échevelée sur le Nouveau Continent, à l'une des plus virulentes mythologies de tous les temps. « Mythe, définit le combien précieux *Petit Robert*, récit fabuleux, souvent d'origine populaire, qui met en scène des êtres incarnant sous une forme symbolique des forces de la nature, des aspects de la condition humaine [...] *Par ext.* : Représentation de faits ou de personnages réels déformés ou amplifiés par l'imagination collective ».

Si les innombrables auteurs de « documents » ou « histoires » de « l'espionnage » avaient moins lu ou regardé au cinéma James Bond, expression quasi parfaite des fantasmes sur l'officier des « opérations spéciales » britanniques durant la Seconde Guerre mondiale, bardé — révolution technologique oblige — de gadgets miraculeux, couvert de femmes dont la vertu n'est pas la qualité dominante et doté d'une intolérable « *licence to kill* » — « Si le regard tuait, si le regard engrossait, notait Paul Valéry, les rues seraient pleines de cadavres et de femmes enceintes » —, ils n'auraient pas reproduit en boucle les mêmes déformations de vision, voire les mêmes erreurs de faits. Lorsque Flaubert dépeint Madame Bovary, il s'adresse à un lecteur qui sait ce qu'est une femme et il n'attribue donc pas à sa belle héroïne trois jambes et ne la fait pas marcher sur la tête. Rien de tel dans le « roman d'espionnage » ou le film du même nom où, dans un climat d'ignorance générale et de mythologie débridée, l'écrivain — « l'écrivant » ? — déverse ses fantasmes en essayant de s'adapter à ceux qu'il attribue à son public. Le talentueux Gilles Perrault n'aurait-il pas débuté sa brillante carrière littéraire en pataugeant dans le marécage du roman de gare et d'espionnage où je suis allé le pêcher pour l'hebdomadaire gaulliste *Candide* après son remarquable essai sur les parachutistes français et qui ne connaissait du Grand Jeu que les bribes que je lui avais indiquées en lui commentant les rapports de la Gestapo sur l'Orchestre rouge qu'il aurait créé moins facilement le mythe du « Super-Espion Trepper », émouvant mais historiquement inexact « Astérix chez les nazis ». Par l'un de ces paradoxes habituels à la transformation de l'espion en un « surhomme », le chantre du nouveau James Bond ayant terrassé Hitler à lui tout seul ne se révèle-t-il pas incapable, en effet, de décrire avec précision la nature exacte des renseignements que son héros — c'était pourtant sa raison d'être — collectait et transmettait ?

Une pierre qui roule dans une pente peut en entraîner d'autres dans une grondante cascade. De même que « l'illusion lyrique » qu'invoque Perrault comme tout bon romancier — l'expression est d'André Malraux — est moins capitale que l'ambiance bondienne du Super-Espion entourant « l'espionnage », les mensonges de la Gestapo à Hitler sur l'Orchestre rouge ne font que refléter une autre détestable tendance, propre, elle, à tous les chasseurs d'espions : gonfler outre mesure l'importance du gibier qu'il leur arrive — rarement, nous le verrons — d'attirer dans leurs filets.

Travaillant eux aussi dans le brouillard de l'ignorance de l'adversaire, les policiers du contre-espionnage n'en connaissent, en effet, que ce que veulent bien leur raconter les hommes ou les femmes qui tombent entre leurs rudes mains. À moins — et encore — d'intolérables tortures en temps de guerre ou d'une défaillance dramatique de la personnalité, l'espion arrêté ne va pas, dans ce « crime sans cadavre » et aux indices ténus en raison de la stricte application de la *konspiratzia*, dévoiler de lui-même tout ce qui peut le mettre en cause ou nuire au service pour lequel il travaille.

Quant aux « transfuges » qui viennent se réfugier dans le sein accueillant des chasseurs d'espions adverses ou aux « agents » acceptant de les renseigner tout en restant lovés dans leur service d'origine, ils ne sont jamais neutres et transparents. Le changement d'allégeance à 180 degrés qu'ils ont effectué provient de leur volonté — souvent sous-tendue par une haine inexpiable — de nuire à la Cause qu'ils ont jadis servie mais qu'ils rejettent maintenant de toutes leurs forces. En conséquence, leur description d'un service — qu'ils ne connaissent pas, d'ailleurs, dans sa totalité en raison de ses cloisonnements — ne fait que gonfler les fantasmes initiaux des chasseurs d'espions auxquels ils ont envie de complaire. Et ceux-ci, à leur tour, les déversent, satisfaits d'eux-mêmes et également prisonniers du mythe ambiant du Super-Espion, sur un grand public ainsi de plus en plus déboussolé.

Du coup, les visions qui découlent de ces escalades de la fantasmagorie mettent en scène des monstres aussi éloignés de la réalité que les ogres des contes de fées ayant bercé notre enfance. Au flamboyant mais stupide James Bond s'ajoute en Occident la divinité infernale du « KGB » ou, dans une moindre mesure en une Union soviétique plus pragmatique et moins émotive, l'horreur de la « Ts. R. U. », appellation russe d'une CIA à laquelle les Soviétiques attribuaient abusivement une qualité de « Direction » — *Upravlenie* — qu'elle n'avait pas.

De telles créations sataniques mais fortement imaginaires se justifiaient peut-être au plus fort de la « guerre froide » où, au cours de l'affrontement des propagandes et des images, il pouvait paraître nécessaire de déstabiliser et déconsidérer le service secret adverse. Un ancien membre du KGB, chargé de la surveillance de la colonie soviétique à la *rezidentura* de Mexico, m'a fait part de sa stupeur à se voir ainsi transformé, dans un gros volume américain nourri par le FBI[1] , en un manipulateur féroce et tout-puissant de l'ensemble des mouvements révolutionnaires en Amérique latine. Avec une certaine admiration, mon interlocuteur insistait sur le tort qu'avait causé au KGB et à ses « opérateurs » à l'étranger ce qu'il considérait — je suis moins formel que lui sur ce point — comme une opération savante et réussie de « désinformation » américaine visant à nuire au KGB auprès de l'opinion publique ou des pouvoirs politiques des pays où il collectait ses renseignements. Mais la persistance de telles entreprises même après la chute du communisme — notamment en Grande-Bretagne où des transfuges cosignent régulièrement des « histoires » d'un KGB qu'ils ne pouvaient connaître dans sa globalité[2] — semble indiquer que c'est, au même titre que le fantasme bondien du Super-Espion durant la « guerre froide », le mythe de l'Ogre satanique qui est nécessaire à l'être humain[3].

Et, face à ce fantasme du Démon maléfique et au mythe du Super-Espion miraculeux, que de « témoins » et d'« acteurs » qui ne peuvent s'empêcher de se glisser, complaisants, dans les habits lumineux du « Chevalier blanc » ! Au lieu de se contenter de raconter avec une indispensable modestie et objectivité, les seuls faits qu'ils ont directement connus, ces rouleurs de mécaniques jouent, en bandant leurs faibles muscles, à apparaître comme des James Bond en chair et en os. Impudiques, ils valorisent à outrance,

1. John Barron, *KGB, The secret work of soviet secret agents*, Londres, Hodder and Stoughton, 1974, Copyright du Reader's Digest.
2. L'auteur britannique, proche du contre-espionnage de Sa Majesté, Christopher Andrew, a rédigé ainsi trois volumineux ouvrages « en collaboration » avec Oleg Gordievsky ou Vitali Mitrokhine — opus que les éditions Fayard publient en France plutôt que les études moins délirantes paraissant en Russie.
3. L'importance de la « guerre froide » dans la naissance et l'implantation du mythe du Super-Espion est soulignée par le fait que l'atténuation de la tension entre l'Est et l'Ouest a entraîné l'apparition, sous la plume du brillant John Le Carré qui, auteur doué, n'écrit pas, tel Gilles Perrault, des romans d'espionnage mais des romans *sur* l'espionnage, d'un anti-héros dont la médiocrité ordinaire tranche, d'une manière également exagérée, avec la flamboyance de James Bond.
D'une façon tout aussi typique, la Quatrième Crise mondiale déclenchée par le terrorisme international du fondamentalisme islamiste n'a pas vu, pendant que le genre du « roman d'espionnage » s'étiole, surgir aucun « OSS 117 » — admirablement caricaturé par un film français récent — ou « SAS » jetant à terre Ben Laden et ses kamikazes. La « guerre contre le terrorisme » est plus un slogan politique, visant à mobiliser une approximative Amérique autour du contestable Georges W. Bush, que l'expression d'une menace tordant les boyaux de l'opinion publique mondiale.

comme n'a pas manqué de le faire Trepper face au tendre Perrault ou lorsqu'il est parvenu à s'échapper de la médiocrité de la Pologne communiste, leur importance réelle et répandent — pourquoi se gêner puisque personne ne peut vous contredire ? — des fantasmes approximatifs sur les services auxquels ils ont appartenu ou sur les « organes » adverses qui, par définition, leur sont étrangers. L'ignorance du Renseignement par l'opinion publique et la mythologie échevelée de l'Ogre satanique et du Super-Espion miraculeux n'exercent pas leurs effets pervers que sur les seuls auteurs ou réalisateurs de romans ou de films « d'espionnage[1] ».

« Tendance à la fabulation, à la simulation et au mensonge », dit de la mythomanie *Le Petit Robert*. Or la simulation et le mensonge sont les ingrédients nécessaires à l'espionnage — à l'égard, bien entendu, du seul et exclusif ennemi extérieur — et il peut donc arriver que des grains de fabulation, « représentation imaginaire, voire romanesque, d'un ensemble de faits », viennent souiller, chez tous les services secrets de la terre, les écrits officiels sur leurs exploits rédigés à la destination des non-initiés.

Plus grave encore : le mythe ambiant du « Super-Espion » et de « l'Ogre satanique », le secret entourant l'activité des services d'espionnage et l'importance de l'influence qu'ils exercent — essentiellement aux États-Unis et en Russie — sur la politique de la nation peuvent entraîner l'apparition d'un « comportement psychologique caractérisé par le désir excessif de gloire, de puissance ou l'illusion qu'on les possède ». Je viens — toujours « hélas, hélas, hélas » — de recopier la définition — chaque métier secrète ses propres déformations psychologiques — que donne *Le Petit Robert* de la... mégalomanie.

Opacité et dissimulation propres aux services secrets... Ignorance consécutive du grand public... Mythologie du Super-Espion qui, soutenue par les frayeurs et croisades de la « guerre froide », est répandue par les romans ou

1. Dans le domaine écrit, l'exemple le plus achevé est fourni par les « Mémoires » du nervi hitlérien Walter Schellenberg qui, en exaltant à mort — c'est le cas de le dire — la poignée de crimes nazis auxquels il a plus ou moins participé les présente comme l'essence même des services secrets.
Bien que rédigés en collaboration avec une journaliste aussi sérieuse que Christine Ockrent, les entretiens d'Alexandre de Marenches — publiés pourtant près de trente ans plus tard et dans un registre bien entendu plus mineur que celui de Schellenberg — donnent également une idée fausse de ce qu'ont été — ou : auraient dû être — les services secrets français que Marenches a dirigés de 1971 à 1981.

les films « d'espionnage »... Fantasmes de l'Ogre satanique entretenu par la faible connaissance de l'adversaire par les chasseurs d'espions nourris des haines des transfuges venus de chez l'ennemi... Mythomanie, voire mégalomanie, de certains acteurs ou témoins, amplifiée par leur appartenance à des services présentés comme « secrets » ou « spéciaux »... Rareté ou, pis, faible retentissement des travaux d'historiens professionnels... Prolifération, en revanche, de « documents » prétendant au sérieux mais approximatifs car sous-tendus le plus souvent par le mythe du Super-Espion ou de l'Ogre maléfique ... Difficulté, dans cette atmosphère délétère, pour les grands médias qui ne peuvent rester insensibles aux pulsions collectives ou aux considérations politiciennes, d'assurer l'information objective de l'opinion... Épais et dangereux sont les brouillards qui nimbent le continent inconnu d'un Grand Jeu que je considère pourtant d'une limpidité et d'une honnêteté dont je n'ai pas trouvé d'équivalent dans le monde de la politique ou des affaires qu'il m'a été donné de fréquenter au cours d'une vie hélas trop mouvementée car souillée, en France tout au moins à la différence d'une Russie moins ignare, par les miasmes poisseux de la plus trouble des mythologies.

Des boussoles dans la bruine

Comment donc partir pour l'exploration des continents inconnus, noyés dans les épaisses bruines de fantasmes échevelés ? L'unique possibilité consiste à recenser, en écartant soigneusement les brumes fantasmagoriques, les terres ayant fait l'objet d'expéditions aussi sérieuses que celles de Stanley et Livingstone — aux États-Unis à la suite des enquêtes du Congrès américain, en Russie depuis le surgissement d'analyses et descriptions rendues possibles par l'implosion du système communiste. L'honnêteté élémentaire oblige alors, en dépouillant ces études ignorées d'un grand public ne lisant pas d'habitude ni la langue russe ni des ouvrages américains trop fortement spécialisés, de signaler les grandes étendues qui restent toujours blanches sur cette mappemonde surgissant ainsi de l'ombre. Toutefois, la connaissance des hommes et des techniques acquises au cours de l'exploration des îlots débarrassés du brouillard devrait, du moins je l'espère, permettre d'imaginer la réalité des immensités encore ignorées sans les peupler de personnages ou d'événements plus ou moins déformés.

Quelles boussoles personnelles puis-je donc employer pour me mouvoir dans ces brouillards nappant ces surfaces souvent vierges ?

« Vous n'allez quand même pas passer toute votre vie dans un bordel ! »

Lorsque, jeune analyste de la prestigieuse Rand Corporation américaine durant les rudes débuts de la « guerre froide », j'exprimais dans la rayonnante Californie la fascination que m'inspiraient les rapports ultrasecrets de la CIA sur la mystérieuse Russie communiste qu'avaient fuie mes parents, mon mentor dans le *think tank* du bombardement stratégique des États-Unis, le brillant Nathan Leites, se dressait ainsi, rouge de fureur, afin de me mettre en garde contre un penchant qu'il estimait éminemment pervers.

Nathan Leites se trompait tout en ayant raison. En définitive, si je n'ai pas mis les pieds dans les « bordels » qu'il condamnait, je dois avouer que j'ai investi une importante partie de mon étrange existence à tourner autour. Je n'ai, en aucune circonstance, appartenu à un service secret quelconque mais j'ai fréquenté les plus importants d'entre eux. Quand, à son retour au pouvoir imposé par la nécessité de résoudre le difficile problème posé par l'abominable guerre d'Algérie, le général de Gaulle accepta que je devienne le conseiller ès sécurité de son Premier ministre, j'ai été malgré mon jeune âge — trente-deux ans dont dix passés, depuis la fin de mes études universitaires à Sciences Po, dans divers organismes internationaux d'analyse de l'Union soviétique — le destinataire de la « production » de la totalité des services de police et de renseignement civils. Ces « structures de force », comme le disent fort justement les Russes, s'arc-boutaient alors pour assurer à la délicate politique menée par le général de Gaulle afin de sortir la France du bourbier algérien le maximum de chances de réussite au cours d'une des tempêtes les plus périlleuses de l'histoire pourtant mouvementée du « cher et vieux pays ».

Débordé par les multiples documents qui, toutes les quatre heures, se déversaient sur mon bureau en face du vénérable hôtel Matignon, obnubilé, pratiquement vingt-quatre heures sur vingt-quatre, par la nécessité de maintenir la paix civile en dépit des convulsions algériennes, confiant dans le « Général » pour apporter un terme à un conflit aussi atroce qu'inutile, j'étais alors plus un « spectateur engagé » et, accessoirement, un « conseiller du Prince » qu'un acteur à part entière du drame qui se déroulait sous mon regard étonné. Ainsi je n'ai jamais été — et j'en suis profondément heureux et soulagé — mêlé en quoi que ce soit à aucune opération de services secrets à qui le nouveau chef de l'État avait laissé carte blanche pour continuer, sous le contrôle lointain de l'étrange et visqueux Jacques Foccart, leur mission telle qu'elle avait été définie sous la précédente Quatrième République et qui ne désiraient pas, ombrageux, partager leurs secrets opérationnels avec le civil, jeune, peu discret et dépourvu de compétence particulière que j'étais à leurs yeux soupçonneux[1].

Ai-je été, pour autant, aussi éloigné de ce « bordel » que Raymond Aron, adepte du « penser comme un homme d'action, agir comme un homme de pensée » et qui m'avait ébloui dès mes études à Sciences Po alors aussi communisantes qu'immobilistes, dénonçait avec moins de véhémence que Nathan Leites ? L'analyse de la mystérieuse Union soviétique et de son bras du communisme international pour le compte du Vatican, du cabinet du ministre de l'Intérieur de la Quatrième République, l'énergique Charles Brune, du Deuxième Bureau du maréchal Juin, chef d'état-major général de la Défense nationale — où j'avais, seul dans le monde occidental, prévu l'avènement de l'inconnu Khrouchtchev comme successeur probable du

1. Durant ce bref passage à l'hôtel Matignon, ma seule et unique intervention auprès des « Services » a été de leur demander, après que le général de Gaulle eut évoqué une « République algérienne » dans son discours du 4 novembre 1960, tout en ralentissant leur lutte contre les nationalistes, d'essayer d'engager des pourparlers avec le FLN qui luttait pour l'indépendance légitime de l'Algérie.
La décomposition du pouvoir lors du putsch d'avril 1961, son incapacité à appréhender et saisir à bras-le-corps la menace posée par la population européenne d'Algérie et une fraction extrémiste de l'Armée aspirées par l'aventure sanglante de l'OAS m'ont amené, à cette époque finale de la guerre, à donner plus d'orientations aux services de police intérieurs — et non aux services de renseignement extérieur dont ce n'était pas la mission — sans participer, pour autant là encore, à aucune de leurs opérations. Bien que je découvrirai et publierai plus tard l'inénarrable inspecteur Borniche, je n'aime guère la forte odeur des commissariats dont la mythologie est, fort heureusement, mille fois moins puissante que celle charriée par le Grand Jeu.
On trouve sur mon rôle durant la guerre d'Algérie, quelques précisions dans mon essai, *Mille jours à Matignon*, Grasset, 1988, que j'ai rédigé vingt-cinq ans après les faits à la suite d'un premier effort de réflexion sur l'aventure étonnante qu'il m'a été donné de vivre dans les toutes premières années de retour au pouvoir du général de Gaulle. En contraste avec les romans qui suivront cette tentative — imparfaite — d'exploration et dépeignant sous la forme de la fiction, des services secrets français dont j'ai essayé de déterminer le rôle réel durant la guerre d'Algérie seulement un quart de siècle après sa fin, c'est l'unique de mes ouvrages qui apporte, peut-être, une contribution à l'histoire de cette époque mouvementée que je n'ai pas toujours comprise sur le moment.

« Guide » Staline — ou à la Rand Corporation américaine n'apportait-elle pas sa pierre à la « connaissance objective » du monde qui devrait être la seule mission des services secrets ? Si je n'avais, à Matignon, participé à aucune opération de police, d'espionnage ou d'« action », n'avais-je pas, face au drame algérien, fait précisément progresser sa « connaissance » ? « L'essentiel pour un intellectuel, me disait Raymond Aron, est de ne pas se tromper trop souvent ». Et si les services secrets français se méfiaient de mon inexpérience — je déteste toute forme de « barbouzerie » —, n'avais-je pas été, durant mes trois années aux côtés de mon ami d'alors, le Premier ministre du général de Gaulle, Michel Debré, le seul interlocuteur, au sein de l'encore vagissante Cinquième République, de la toute-puissante CIA de l'immense Allen Dulles ?

En tous cas, le rejet, dès la fin de l'intolérable guerre d'Algérie, de mon incompréhensible personne par le général de Gaulle et ses « compagnons », loin de m'éloigner du « bordel », m'en avait, fort paradoxalement, rapproché.

Alors que le nouveau gouvernement d'un « gaullisme » qui me choquait par son conservatisme obtus de carriéristes que je n'avais pas vus à l'œuvre durant la tourmente se détournait de moi comme d'un pestiféré, la Rand Corporation — dont je ne me séparerais qu'à la suite de mon conseil de pratiquer au Viêt-nam une politique de « dégagement » semblable à celle qu'avait sagement menée de Gaulle en Algérie —, la CIA dans son ensemble et Allen Dulles en particulier malgré sa disgrâce, la DST française qui avait, après la pénible parenthèse algérienne, repris son combat combien solitaire contre le KGB mettaient un point d'honneur à me traiter comme si je siégeais encore à l'hôtel Matignon.

Et ce sont ces anciennes ou nouvelles amitiés, auxquelles s'ajoutèrent alors celle des créateurs, durant la lumineuse Résistance contre les nazis, des littéralement extraordinaires réseaux de renseignement qu'étaient l'éblouissante Marie-Madeleine Fourcade ou le remarquable colonel Rémy, qui me permirent, en addition à l'amour de Danielle Combaz, de trouver la force morale nécessaire pour survivre malgré ce qu'il faut bien appeler un assassinat politique.

Devenu éditeur, j'ai pu ainsi publier les ouvrages américains les plus intéressants sur l'espionnage dans une époque qui en était cruellement dépourvue, initier les marquants *Le secret du jour J* et *L'Orchestre rouge* de

Gilles Perrault ou *L'Arche de Noé* de Marie-Madeleine Fourcade, rédiger la préface française des *Carnets secrets du colonel Penkovsky* sans me laisser décourager par la décomposition des services de renseignements français sous le pourtant rigoureux Charles de Gaulle, avant leur apparente remise en ordre par Alexandre de Marenches à la demande du nouveau Président de la République, Georges Pompidou, et leur rechute avec le lamentable sabotage du *Rainbow Warrior* sous Charles Hernu et, fort curieusement, François Mitterrand.

Ce n'est guère qu'en 1989, quinze ans après l'épuration et le démantèlement de la CIA que j'avais chérie en conséquence de la déshonorante mais prévisible déroute américaine au Viêt-nam, qu'il me fut donné d'observer, à la suite du trop bref effort de renouveau entraîné par l'arrivée de la gauche au pouvoir, les premiers pas encore chancelants de services secrets français que je n'étais pas arrivé à convaincre le général de Gaulle de réformer en profondeur dès la cessation des hostilités en Algérie. À cette date éloignée, le Président Mitterrand les confia, en effet, non à des militaires obtus et endormis mais à des hauts fonctionnaires civils proches de la société du pays qui, tournant le dos à la « barbouzerie » et à la somnolence, étaient seuls à même d'accomplir une mission de collecte des renseignements utiles à la sécurité de la nation.

Vers cette fin du siècle, après environ cinquante années de ce rôle de « spectateur engagé » qui décidément me collait à la peau, un miracle vint alors, tout en bouleversant le monde, modifier mon destin personnel. L'effondrement en Union soviétique de ce communisme que j'avais toujours combattu et l'enterrement en grande pompe dans la prestigieuse cathédrale Pierre-et-Paul de Saint-Pétersbourg des restes de mon grand-père maternel, le docteur Evgueni Botkine, aux côtés d'une Famille impériale russe qu'il soignait et chérissait au point de rester près d'elle jusqu'au sacrifice suprême, m'ont permis de mettre le pied dans une Russie que j'ai passé ma vie à étudier et que je considère comme ma patrie de sang. Mes ancêtres, les Botkine, grands marchands et mécènes, intellectuels et médecins — mon arrière grand-père, Sergueï Petrovitch Botkine, paraît plus important pour les Russes que Pasteur pour les Français — n'ont-ils pas joué un rôle si riche dans la vie culturelle russe qu'il n'a pas été remis en cause même par le régime communiste ?

Au cours de ce que j'ai ressenti comme des retrouvailles bien que je sois né et été élevé dans une France que j'ai servie mieux, je crois, que bien des Français « de souche » — enfants d'immigrés, sommes-nous de feuillage ? —, j'ai pu rencontrer les chefs du Renseignement extérieur de ce KGB qui, toute ma vie durant, avait été mon ennemi aussi intime qu'inexpiable. Des relations nouvelles se tissaient. Et si j'évite les responsables de la répression intérieure, je peux aujourd'hui — qui aurait pu le prévoir même sous Gorbatchev et je ne parle pas de Staline ? — téléphoner longuement dans la même journée tant à Leonid Chebarchine, éblouissant directeur durant une vingtaine d'années du Renseignement extérieur du KGB qu'à Marcel Chalet, le talentueux directeur de la DST française et artisane de la découverte de « l'espion soviétique » Georges Pâques ou du traitement à Moscou du célèbre agent « Farewell » ou à mon grand ami Tennant « Pete » K. Bagley, l'un des derniers et brillants survivants de ces « *cold warriors* » — l'expression américaine me ravit — qui avaient été mes uniques interlocuteurs dans les services secrets lors de la coupure du monde en deux entraînée par la stupide « guerre froide ».

Analyste de formation, attiré — on me l'a assez et fort justement reproché à la Rand — par les grandes et larges — trop vagues ? — synthèses, je ne suis pas intéressé outre mesure par le pointillisme de l'histoire événementielle. Irrité par la difficulté à séparer le bon grain de l'ivraie et la réalité du fantasme, je ne lis donc pas, comme le fait « Pete » Bagley, tous les désormais innombrables écrits sur le Renseignement. Néanmoins les ouvrages les plus marquants et les plus sérieux me sont signalés, commentés et transmis par mes anciens et nouveaux amis d'Amérique et de Russie[1]. S'il ne nous viendrait pas à l'idée d'essayer de tirer au clair certaines affaires qui

1. Outre l'irremplaçable « Pete » Bagley ou le regretté Maurice Najman, homme d'une gauche authentique et nourrie par la seule générosité, qui, au contact de Markus Wolf, a acquis une compréhension unique de la nécessité de la collecte de renseignements objectifs, je tiens à remercier, à ce propos, Éric Denécé, animateur en France du Centre de recherche sur le Renseignement et, en Russie, en plus de Leonid Chebarchine, le général-lieutenant Sergueï Kondrachev, ancien chef du service des « mesures actives » du KGB, Igor Preline, ancien porte-parole du « Comité » et organisateur de son prodigieux musée, Igor Netcheporenko, ancien officier du contre-espionnage extérieur et actuel animateur d'un centre d'analyse du terrorisme international, Iossif Linder, vice-président de l'Association de Sécurité russe. Bien que mon livre n'exprime strictement que mes idées personnelles, il doit beaucoup aux ouvrages qu'ils m'ont signalés et communiqués et aux longues conversations que j'ai tenues avec chacun d'entre eux, ainsi qu'avec le regretté Markus Wolf.

restent encore secrètes, nous ne manquons pas, dans ce petit cercle informel d'« espions disparus » que nous avons formé bien malgré nous, de juger les techniques qui ont été utilisées au cours d'opérations pleinement dévoilées, d'apprécier la qualité et la psychologie des hommes et des organisations qui les ont menées à bien, de commenter celles des opérations des services secrets mondiaux qui tombent sous le feu de l'actualité, bref de dégager, dans un esprit qui, je crois, est marqué par la seule sérénité même si elle est teintée d'une certaine nostalgie, la philosophie tant du Grand Jeu que des combats qui ont, en des temps qui nous paraissent de plus en plus lointains et révolus, déchiré inutilement le monde.

Philosophie ! Le grand mot est lâché. Mon unique ambition — mais en ai-je les moyens intellectuels ? — serait, comme Raymond Aron l'a fait si magistralement de la « philosophie de l'Histoire », d'esquisser, fût-ce d'une manière incomplète et imparfaite, voire entachée d'inévitables erreurs de détail dans un univers où la réalité est trop souvent voilée par le fantasme, une philosophie de cette fascinante activité humaine, mystérieuse et encore, bien que collée à l'Histoire, nimbée d'ignorance et de douteuses mythologies, qu'on appelle approximativement l'espionnage, le Renseignement ou « l'Intelligence ».

Deuxième Partie

LES VÉRITABLES ACTEURS DU GRAND JEU : L'*OPER*, L'AGENT ET LE CHASSEUR D'ESPIONS

CHAPITRE III

LE SOMPTUEUX OPÉRA DES IRREMPLAÇABLES *OPERS*

DES CHARMES INDUBITABLES MAIS DISCRETS DE L'*OPER*

L'ignorance du Renseignement est tellement abyssale, la langue courante française est à ce point confuse — et, le plus souvent, méprisante et péjorative — qu'il est nécessaire, avant toute exploration des espaces déjà connus ou encore ignorés de l'espionnage — pour une fois, et c'est pourquoi je ne récuse pas entièrement ce mot, *Le Petit Robert* accouche, laborieusement, d'une définition correcte : « *Service d'espionnage*, organisation secrète existant dans tous les pays et dont la fonction est de révéler les secrets de puissances étrangères ou ennemies[1]. » — de présenter, comme on le fait en tête d'un livret d'opéra ou d'une pièce de théâtre, les personnages du Grand Jeu. Ce n'est qu'en dissipant les fantasmes et les approximations, voire les insultes, sur le rôle véritable qui leur est dévolu dans le jeu des jeux qu'on découvrira ainsi ses acteurs véritables.

Alger, 1943. Le général de Gaulle reçoit le diplomate russe Ivan Avalov, venu l'entretenir du rapatriement des prisonniers soviétiques tombés entre les mains des Allemands. Grand et mince, l'homme dégage, en dépit de

1. Il est pourtant dommage que le terme traîne derrière lui tous les troubles relents propres à « l'espion » et que le premier sens d'« action d'espionner » qu'en donne *Le Robert* (« Elle régna despotiquement dans sa maison, qui fut soumise à son espionnage de femme », Balzac) renvoie à un verbe qui signifierait: « Épier (sic) les actions, les desseins d'autrui pour en faire un rapport. *Mari qui fait espionner sa femme* [...] Par extension: Épier quelqu'un avec malveillance (re-sic). *Espionner ses voisins. Cessez de m'espionner !* »

sa jeune trentaine, un charme indubitable, probablement dû à ses grands yeux noirs et à sa voix douce. Séduit, le général de Gaulle, se sentant en confiance, expose en toute liberté ses difficultés avec le général Giraud ou avec Roosevelt et Churchill. Le compte rendu de la conversation atterrira sur le bureau de Staline et contribuera à accroître le soutien du maître du Saint-Empire communiste au chef de la France libre. Avalov, en effet, s'appelle Ivan Agayants et, chef de la *rezidentura* — on dit en russe : *rezident* — du NKVD — l'un des nombreux noms de jeunes filles du KGB — à Téhéran, ne s'occupe qu'en apparence de prisonniers.

Les entretiens avec de Gaulle et son entourage à Alger ne constituent que l'une des prouesses d'Agayants, personnage ignoré du grand public mais dont tous les combattants de la « guerre froide » — les *cold warriors* — s'attachent, comme le font ses successeurs des services russes actuels, à vanter les talents d'« officier de renseignement, d'homme politique et de diplomate, d'organisateur et de directeur[1] ».

Né en 1911 en Arménie dans une famille d'ecclésiastiques, Agayants entre à la Guépéou — autre nom de jeune fille des services secrets russes — en 1930 à l'âge tendre de dix-neuf ans. Chargé d'abord de dossiers économiques intérieurs, il est muté en 1936 au renseignement étranger à un moment où la Grande Terreur qui se dessine pousse à remplacer les vieux routiers de la révolution par des cadres plus jeunes et moins politisés. L'Espagne en pleine guerre civile, puis l'ambassade soviétique à Paris lui permettent de faire ses premières armes d'une manière tellement brillante que, dès l'invasion de l'URSS par Hitler, le Centre de Moscou lui confie, à l'âge de trente ans, la *rezidentura* de Téhéran.

L'Iran est alors une poudrière où les Allemands entretiennent des réseaux illégaux, créent des partis pronazis, s'attaquent aux trains qui acheminent vers la Russie l'aide du « prêt-bail » américain ou préparent des incursions dans la limitrophe Union soviétique. En liaison souvent avec les services secrets britanniques, Agayants fait face à toutes ces menaces et, lors de la réunion de Roosevelt, Churchill et Staline à Téhéran en 1943, déjoue le complot nazi qui visait à éliminer, en un seul et audacieux coup de main, l'ensemble des chefs alliés.

1. *Otcherki Istorii… op. cit*, t. V, p. 461.

En 1946, après la série de conversations avec de Gaulle à Alger menée parallèlement à sa mission à Téhéran, Agayants est nommé *rezident* dans le Paris d'après la Libération. La situation y est alors, toujours d'après les services russes actuels, « favorable[1] » et, sous son impulsion, « la *rezidentura* parisienne [...] améliorera son travail : le nombre des sources a été augmenté à partir de personnes bien informées et, grâce aux indications du *rezident*, quelques anciens agents ont pu parvenir à des postes gouvernementaux importants (sic)[2] ».

Des négociations interalliées se tiennent alors dans la capitale française et, en contact direct avec le ministre soviétique des Affaires étrangères, Molotov, Agayants-Avalov établit des relations amicales avec la plupart des délégués et parvient à réaliser la prouesse d'obtenir une copie du plan Marshall que les États-Unis s'apprêtent à proposer à l'Europe dévastée.

Lors du déclenchement de la « guerre froide », le trop voyant jeune diplomate du NKVD quitte Paris. Nommé au Centre puis à l'Académie du NKVD — l'enseignement de l'espionnage en Russie n'est pas confié à des militaires obtus —, il sera, en 1959, choisi pour diriger le nouveau « Département D » qui vient d'être créé au sein du KGB pour mener les « mesures actives » destinées à déconsidérer « l'ennemi principal » des États-Unis tout en accroissant le prestige et l'influence de la « glorieuse patrie du socialisme ».

Mort en 1963 des suites de la tuberculose qui n'atténuait pas sa profonde gentillesse, ses trente années de bons et loyaux services au KGB constituent, malgré l'entrebâillement des archives russes, l'une de ces *terra incognita* qui continuent à parsemer le continent encore mystérieux de l'espionnage. Quels « nombreux agents » Agayants a-t-il recrutés dans les circonstances « favorables » du Paris de l'après-guerre et qui étaient les personnalités occupant des « postes gouvernementaux importants » ayant accepté de travailler pour lui ? Qui lui a remis une copie du plan Marshall et quelles « mesures actives » a-t-il prises ou fait prendre à la tête du « Département D » à un moment d'exacerbation particulière de la « guerre froide » ? Aucune réponse valable ne peut être apportée mais un fait ne peut être contesté : ce ne sont pas les grands chefs — Allen Dulles ou l'amiral Canaris, voire le brillantissime

1. *Ibid*, p. 466.
2. *Ibid.*

Allemand de l'Est, Markus Wolf — que notre ignorance de l'espionnage nous pousse, placés comme ils le sont sur le devant de la scène, à vénérer ou à craindre outre mesure qui font la force de bons services secrets. Les irremplaçables cariatides sont les milliers d'Agayants qui, humblement mais d'une manière tenace et dévouée, travaillent, sans être connus du grand public, dans leurs Centrales et leurs *rezidentura* à l'étranger.

Comment qualifier alors de tels hommes ? Le mot « espion » paraît-il approprié en raison des troubles passions qu'il charrie ? « Vieux, précise *Le Petit Robert* : personne chargée d'épier (sic) les actions, les paroles d'autrui pour en faire un rapport. Voir : cafard, délateur, dénonciateur, mouchard, rapporteur (re-sic). "À peine à cinquante pas du château, j'aperçus un espion qui me suivait" (Laclos) — Moderne : Personne rétribuée appartenant à une police secrète non officielle. Voir : indicateur, mouche, mouton, barbouze ». Ah, qu'en termes élégants ces choses-là sont dites !

Certes un second sens est plus acceptable (« Personne chargée de recueillir clandestinement des documents, des renseignements secrets sur une puissance étrangère ») mais les exemples proposés ne semblent guère s'appliquer à un Agayants, « homme politique et diplomate » d'après ses successeurs russes : « Fausse identité d'un espion, Mata-Hari, célèbre espionne de la guerre de 14, Espion double (ou agent double), celui qui sert à la fois deux puissances, trahissant l'une au profit de l'autre ou les deux à son profit » — définition ne correspondant, d'ailleurs, nous le verrons, à aucune réalité connue.

Faut-il alors avoir recours à une terminologie plus « technique » ? Plus correct et moins émotif qu'« espion », « l'officier de renseignement » généralement utilisé en France ne me paraît pas satisfaisant avec sa référence appuyée à l'Armée et ses réminiscences de « moustaches » — appellation familière de « l'OR » dans les popotes — interrogeant des prisonniers ou envoyant des patrouilles de reconnaissance sans même parler de l'usage allègre — et combien condamnable ! — de la « gégène » durant l'atroce guerre d'Algérie.

Le fréquent « officier traitant » français est encore plus inadéquat car, toujours aussi militaire, il date des temps lointains où les recrutements se faisaient essentiellement, avant la Seconde Guerre mondiale, par des officiers sur la base de l'exploitation des comportements et sentiments les plus vils de l'homme. Brillant civil, Agayants a-t-il « traité » de Gaulle et mérite-t-il l'étiquette racoleuse de « maître espion » que les journalistes ou éditeurs d'Occident s'empressent — en meilleurs professionnels, les Russes n'en font rien — d'accoler, pour faire saliver et attirer le chaland, dès qu'un membre des services secrets sort du rang ? Sans même parler de la douteuse parenté avec l'horrible maître chanteur, je trouve cette appellation détestable : « Maître : Personne qui exerce une domination [...] 1°. Personne qui a le pouvoir d'imposer aux autres sa volonté ». Quiconque a entretenu un rapport avec un agent sait que, sauf dans les opérations peu ragoûtantes du contre-espionnage en temps de guerre ou lors d'un chantage monté par un État totalitaire, les choses ne se passent pas du tout comme cela. Dans ce subtil domaine, les relations humaines n'évoquent en rien « le maître et l'esclave » et font plus appel à l'amitié qu'à la « domination ».

Les Anglo-saxons utilisent, eux, des appellations plus appropriées. *Intelligence officer* sonne mieux car, malgré des résonances militaires d'ailleurs moins accentuées qu'en français, il se réfère à une vertu cardinale de l'esprit humain. Et l'*operator* employé au sein de la CIA évoque mieux encore les qualités « opérationnelles » qu'on attend de la « personne (sic) chargée de rassembler [...] des renseignements secrets sur une puissance étrangère » alors que le très pratique *case officer* renvoie au suivi hautement pragmatique d'une affaire particulière.

Quant aux Russes, maîtres en la matière, ils déploient une approche encore plus louable en parlant de *razvedtchik*, terme difficilement traduisible — le « chercheur » ? — car émanant de la *Razvedka* — littéralement : la « Reconnaissance » — et dont le sens, mélangeant à la fois la collecte de renseignements et la weberienne « connaissance objective » du monde qu'elle permet d'obtenir, est le mieux rendu par le français « la Recherche ». Sur le terrain, les Russes évoquent, tels les Américains, mais avec une connotation prolétarienne, l'*operativny rabotnik*, le « travailleur opérationnel » — *operabotnik* en contraction. Ou, en argot et plus joliment, l'*oper*... *Oper*, opéra... Les indispensables Agayants sont les machinistes irremplaçables du grand et somptueux opéra des espions...

Les mots ne mentent pas. Il existe bien peu d'Agayants dans les services secrets français et ce n'est pas le brouillard linguistique autour de leurs délicates et indispensables activités qui peut venir remédier à cette pénible situation. Seuls de grands pays — des Empires ? — et de puissantes pulsions historiques peuvent permettre l'apparition de tels immenses serviteurs de l'État et de la nation, d'une Cause et d'une Idéologie, voire d'une civilisation mobilisée en faveur de la défense ou de l'expansion des valeurs qui lui sont chères.

Des mystères de l'*oper* « illégal »

Le brillant et séduisant Ivan Agayants constitue le prototype de ce qu'on appelle, dans le jargon de l'espionnage, le « légal », c'est-à-dire le membre des services secrets qui dispose, au sein de l'ambassade officielle de son pays accréditée dans un pays étranger, d'une « couverture » diplomatique.

Les avantages dont bénéficie l'*oper* légal sont multiples. Disposant de l'immunité accordée à tout diplomate par le droit international, il ne peut être ni emprisonné ni poursuivi en justice et ne court que le seul risque, s'il est pris la main dans le sac ou en cas de mesures globales de rétorsion d'un pays d'accueil, d'être expulsé en tant que *persona non grata* — ce qui désorganise d'ailleurs pour un temps la *rezidentura* à laquelle il appartient, obligeant le Centre à trouver une nouvelle couverture et à sélectionner et faire accréditer un nouvel *oper*. En outre, si sa couverture lui attribue un rang suffisamment élevé, le légal peut participer à toute la vie politique, sociale et mondaine de son ambassade, repérer et approcher les « objectifs » éventuels tout en les impressionnant par l'importance de ses fonctions diplomatiques durant les phases de contact, d'exploration et d'étude — *razrabotka* en russe — qui précèdent l'opération plus risquée de la « conversation de recrutement » au cours de laquelle il est forcé — « l'objectif » peut toujours appeler ou prévenir la police adverse — de dévoiler sa véritable allégeance.

L'inconvénient, en contrepartie, c'est que l'*oper* légal, s'il est détecté comme membre des services de renseignement de son pays, se trouve soumis, à partir du « point obligé » pour lui de son ambassade ou de son domicile privé, à la surveillance constante des chasseurs d'espions adverses — surveillance qu'il lui faut déjouer, avec d'ailleurs une relative facilité, comme nous le verrons, au cours de longues et ennuyeuses procédures de « contre-filature » lorsqu'il établit une liaison tant avec ses contacts qu'avec, surtout, ses agents.

Et c'est cette servitude propre à l'*oper* légal qui explique le recours au *rezident* « illégal » qui, noyé dans la masse de la population autochtone sous la « vraie fausse » identité d'un citoyen du pays où il est implanté, ne traîne donc pas derrière lui tous les limiers de la terre. « *Khvost* », la « queue », disent les Russes. Rien n'est pourtant parfait en ce bas monde. Bien que difficile à détecter, l'illégal ne dispose pas de l'immunité diplomatique et vit donc perpétuellement dans un tête-à-tête angoissant avec la prison et, en temps de guerre, la mort.

Tel le spectaculaire colonel des services secrets russes — j'évite d'employer à tout bout de champ les initiales émotives du KGB — Rudolf Abel qui s'avance, à tout seigneur tout honneur, en tête de ma présentation de cet autre type d'*oper*.

Lorsqu'en 1957, le FBI américain, après une longue enquête de « voisinage » et une minutieuse surveillance, arrête Emil Goldfus, ce modeste photographe de Brooklyn habite les États-Unis depuis sept ans et aucun détail n'indique que l'homme sympathique et anonyme tombé entre les mains de la police fédérale n'est pas un Américain tranquille, ressemblant comme une goutte d'eau à tous les autres personnages qui constituent la masse bouillonnante du tumultueux New York.

« Nous savons, proclament les chasseurs d'espions américains, que vous êtes un colonel des services secrets soviétiques.

– Je n'ai rien à voir avec les services secrets russes, répond le prétendu Goldfus bien qu'on ait saisi chez lui le matériel de transmission clandestin du parfait petit espion. Mais vous avez raison sur un point : je suis un citoyen soviétique et mon vrai nom est Rudolf Abel. Prévenez, je vous prie, mon consulat. »

En réalité, Goldfus-Abel s'appelait — les Américains ne le sauront jamais tant qu'il se trouvera entre leurs mains — William Fisher et était, effectivement, colonel au KGB. Le nom de Rudolf Abel était celui d'un de ses amis et collègues de la Loubianka, et son utilisation était destinée, en profitant des avantages de la démocratie, à faire savoir au Centre de Moscou que l'illégal avait été « éclairé » par l'ennemi comme disent les Russes. Le danger de ce genre de situation est, en effet, que les chasseurs d'espions adverses entament, en cachant l'arrestation, un jeu-radio avec la Centrale au nom de leur proie et obtiennent ainsi des renseignements pouvant s'avérer cruciaux. Le « jeu de mort », comme disaient déjà les praticiens de l'Antiquité chinoise… Nous aurons, en effet, l'occasion de constater à satiété, le moment venu, les effroyables dégâts qui sont causés lorsqu'un Centre confiant et aveugle déverse ses secrets les plus vitaux non à ses fidèles *opers* mais à un implacable ennemi.

La presse s'emparera de l'affaire Goldfus, un procès retentissant se tiendra, un échange se produira cinq ans plus tard avec le pilote de l'avion d'observation aérienne U2, Gary Powers, abattu au-dessus de l'Union soviétique en 1960, et le « colonel Abel » deviendra un personnage mythologique de l'affrontement sans merci entre l'Amérique et le Saint-Empire communiste. Fascinés par l'ennemi ainsi découvert, son avocat ou même le procureur de son procès s'extasieront devant les qualités uniques de l'homme, sa force morale en prison ou durant son jugement, ses qualités d'humaniste et d'artiste doué pour la peinture.

Des détails savoureux seront dévoilés sur la façon dont l'aiguille avait été repérée dans la meule de foin. Le Centre soviétique avait fait preuve d'une incroyable légèreté en lui procurant comme opérateur radio un autre illégal, opérant sous la couverture — *Kryscha*, « le toit » en russe — d'un homme d'affaires américain d'origine finlandaise, Haihanen, qui manifestait un détestable penchant pour l'alcool, les femmes et l'argent. Rappelé à Moscou en raison de ces regrettables inclinaisons, Haihanen avait préféré — on le comprend — aller frapper à la porte de la police fédérale. Il ne connaissait ni l'identité ni l'adresse de son chef, mais Abel avait commis une toute petite erreur qui devait lui coûter la liberté. Comme son adjoint manquait de matériel photo, il l'avait, tout en le faisant attendre dans la rue, amené à proximité de sa boutique. Ô la fatigue causée par les précautions découlant de la nécessité de respecter à tout moment les règles impérieuses de la Déesse *konspiratzia !* Muni d'un signalement précis et de vagues indications sur la profession et le domicile du suspect, le FBI n'avait eu qu'à épouiller le quartier maison par maison avec la passion fébrile d'un chien de chasse excité par l'odeur du gibier.

Comme toujours en matière d'« espionnage », l'arbre de la mythologie, des théorisations abusives ou des détails croustillants de la « *spy story* » avait cependant caché la forêt.

Si dorénavant, les spécialistes occidentaux du Renseignement établiront doctement la distinction entre l'espion « légal » et « l'illégal », une broutille sera pourtant omise : l'illégal ne peut exister que dans les pays pratiquant la forme la plus avancée de la « Recherche ». Il n'y avait pas d'illégal américain, anglais, ou français à Moscou et seuls les services secrets soviétiques — et, dans une moindre mesure, le Mossad israélien en pays arabe — se trouvaient en mesure d'avoir recours à cette procédure hautement sophistiquée grâce tant au nombre de « vrais faux » papiers d'identité dont ils disposaient en raison des bouleversements dus à la Seconde Guerre mondiale qu'à l'ouverture, surtout, des sociétés démocratiques dont il leur était donné d'assurer la « pénétration ».

En deuxième lieu, les qualités humaines d'Abel voilaient le fait qu'il ne pouvait, au plan de la technique et les choses étant ce qu'elles sont, ne jouer qu'un rôle de simple rouage dont la valeur, essentiellement limitée aux missions de liaison conspiratives et clandestines, ne pouvait se comparer ni au caractère créatif des immenses spécialistes de recrutement idéologique de la croisade antifasciste d'avant-guerre ni aux possibilités offertes aux faux diplomates légaux disposant, à partir de leurs ambassades, d'une proximité absolue — « opérationnelle » diraient les experts — avec la société civile, politique, militaire, intellectuelle ou scientifique à « pénétrer ».

Enfin, si des éléments aussi passionnants que la vraie vie de Fisher-Abel se trouvaient encore occultés en raison de l'ignorance de sa véritable identité, le problème de fond qu'il soulevait n'était pas posé.

William Guenrikhovitch Fischer était né en Grande-Bretagne en 1903 de parents russes exilés pour leur activité révolutionnaire — circonstance qui explique sa parfaite maîtrise de la langue et des modes de vie anglais. Lorsque la famille était revenue à Moscou après la révolution d'Octobre, il avait suivi des cours de technicien radio et avait, à ce titre, été repéré et coopté par les services secrets russes. Devenu chef des transmissions de la Loubianka, il avait, durant la Seconde Guerre mondiale — la « Grande Guerre patriotique » pour les Russes —, effectué de périlleuses missions d'opérateur radio au sein des unités de partisans opérant derrière les lignes nazies. C'est de lui-même qu'il s'était, en pleine « guerre froide », porté volontaire pour un poste d'illégal en pays anglo-saxon, sacrifiant ainsi son bonheur familial avec sa femme et sa petite fille.

Malgré la beauté de sa trajectoire — qu'on est loin de « l'espion » torve au chapeau mou rabattu sur des yeux vicieux ! —, l'essentiel, du point de vue de la « Recherche », n'était pas là mais dans une réalité dissimulée par l'arbre de l'illégal hors du commun extrait de la masse de la population américaine par les chasseurs d'espions du FBI. Si les services russes avaient investi autant d'efforts pour créer un « vrai faux » Américain c'est que celui-ci se trouvait à même, anonyme et insoupçonnable comme un poisson dans l'eau d'un ruisseau, d'effectuer des liaisons « conspiratives » avec tous les « agents » du KGB aux États-Unis sans traîner, comme un diplomate légal, la surveillance policière qui est le lot naturel des membres d'une ambassade.

Or le nombre, l'identité et la nature des « agents » que « dirigeait » Fisher-Abel — le mot « manipulation » est inexact, nous y reviendrons — restent encore secrets de nos jours bien que tout laisse à penser qu'il s'agissait des restes — probablement très beaux — des recrutements effectués, dans les sphères politiques et diplomatiques, scientifiques et techniques, voire atomiques, au cours de la croisade commune contre le nazisme. Bien que la majorité des informations concernant l'illégal tombé à New York ait été révélée par les riches « Esquisses » qui nous ont servi de guide dans ce récit, les services secrets russes qui ont succédé au KGB ne semblent pas désirer que soit connue ni l'importance de la « pénétration » de l'Amérique par leurs prédécesseurs ni les noms de leurs collaborateurs secrets. Les États-Unis ne pratiquent pas la prescription en matière d'espionnage et il serait, de toute façon, inopportun de faire renaître la « guerre froide » par des révélations à sensation ou de compromettre la réputation des enfants et petits-enfants de ceux qui, en leur temps, avaient choisi de collaborer avec le camp soviétique.

Il est une autre hypothèse qui expliquerait le pudique silence des successeurs du KGB. Le vertige des succès des grands illégaux communistes des années trente aurait fait croire aux services russes que tout bon *oper* pouvait renouveler leurs exploits, notamment en ce qui concerne Abel parmi la flore intellectuelle de New York et de Washington ou, d'après Soudoplatov[1] dans les milieux portuaires de la côte Est. Dans ce cas, la montagne technique du parfait illégal Abel aurait, sauf en ce qui concerne la sécurité et la facilité de la liaison avec les agents recrutés par les « légaux » de l'ambassade, accouché d'une souris et ces monstres obèses que sont le KGB et le FBI se seraient donné beaucoup de mal pour pas grand-chose.

Du côté américain, c'est une autre face de l'iceberg qui n'a pas été portée sur la place publique : lors de son arrestation, la justice américaine avait offert l'impunité à « l'espion » neutralisé en échange de tous ses secrets et, notamment, du nom de ses agents. William Fisher avait refusé. Pour ne

1. Pavel Soudoplatov, *op. cit.*

pas sombrer dans l'infamie de la trahison, il avait préféré une dure peine de prison dont il ne pouvait prévoir la durée effective et, après son éventuelle libération, une vie difficile dans une Russie encore miséreuse à une existence de luxe dans les bars de Washington ou sur les plages de la Californie.

Tels sont les charmes de « l'affaire Abel » : faux-semblants des identités d'emprunt, mélange subtil d'un professionnalisme exacerbé et d'une crasse incompétence, de l'héroïsme des uns et de la lâcheté des autres, mystère continuant à nimber la signification réelle de cette belle, mais somme toute banale, opération du Grand Jeu.

CHAPITRE IV

Gloire et grandeur de « l'agent »

L'alpha et l'oméga de l'espionnage

Sans « l'agent » qui constitue la *prima donna* flamboyante du grandiose et somptueux opéra des espions, l'*oper* légal ou illégal se retrouve comme un poisson privé d'eau. Son rôle se réduit alors à celui d'un simple correspondant de presse, ce qui, s'il est doué et objectif, n'est d'ailleurs pas si mal — c'est le plus fréquemment le cas des chef de « poste » des minuscules services français — quand on pense aux haines et incompréhensions qui peuvent venir polluer les rapports entre États et nations, idéologies et civilisations.

Si l'agent est situé au plus haut niveau de l'État ou au cœur de l'organisation sur lesquels il s'agit de se renseigner — un « grand agent », disent les Américains —, l'horreur que suscite sa « trahison » quand elle est révélée au public provoque une onde de choc qui lui attribue une notoriété éclipsant de loin celle de l'auteur de son recrutement et de ses « directeurs » — terme russe préférable à celui de « traitant » ou, encore plus, d'artisan d'une « manipulation ».

Mais attention, danger ! Cruciale, la fascinante réalité de l'agent est pourtant obscurcie en France — et, dans une certaine mesure en Amérique — par de regrettables confusions.

D'après la définition russe que nous retiendrons, l'agent est la personne qui accepte, en pleine connaissance de cause, de collaborer avec un service de renseignement — étranger dans le domaine du renseignement extérieur — en lui communiquant, sans restriction ni réserve, l'ensemble des informations, surtout secrètes, dont elle est le détenteur.

La raison d'une telle collaboration — très souvent *perinde ac cadaver* — importe peu, qu'elle découle d'une certaine pression ou contrainte, de propositions d'argent, de manœuvres de séduction ou, plus simplement d'une offre spontanée de l'intéressé. Cette situation est plus fréquente qu'on ne le pense et les services secrets anglo-saxons parlent alors de « *walk in* » — il n'y a pas d'équivalent français, faute de fréquents candidats pour les charmes de l'Hexagone —, alors que les Russes emploient, pour caractériser l'homme qui se présente de lui-même aux services de renseignement adverses afin de collaborer avec eux, le mot argotique d'*initiativnik* que j'aime bien utiliser car, imagé, il me paraît facilement compréhensible pour un lecteur français.

Mais, quelles que soient les conditions qui poussent l'agent à effectuer un grand saut dans le vide, seul compte le consentement à tourner résolument le dos aux règles habituelles de loyauté à l'égard de sa patrie, de courir le risque de subir éventuellement les rigueurs de la loi nationale qui punit très sévèrement l'espionnage alors que l'*oper* légal qui a joué le rôle du tentateur reste couvert par son immunité diplomatique, bref de changer la nature de son allégeance à la communauté en acceptant de passer pour un « traître » aux yeux du troupeau et de se retrouver ainsi, en quelque sorte, « de l'autre côté du miroir[1] ».

Tel l'immense Willy Leman. S'il existait un mémorial de l'agent inconnu, j'aimerais penser que c'est cet Allemand — nom de code russe : « Breitenbach » — qui, dans sa resplendissante splendeur, repose sous la dalle à la flamme perpétuellement renouvelée.

La portée de la « trahison » du haut dignitaire de la Gestapo, Willy Leman, avait si profondément troublé Hitler que la clique nazie avait décidé de n'accorder aucune publicité à une entorse aussi gênante à l'idéologie triomphante du « Reich de mille ans ». Aucun procès à grand spectacle n'avait eu lieu comme celui qui avait condamné à mort les admirables résistants gauchistes de l'Orchestre rouge berlinois. Aucun rapport satisfait n'avait été consacré au triomphe des limiers nazis sur la lèpre de « l'espionnage rouge ».

1. Le terme occidental qui correspond le mieux au russe « agent » est le mot « taupe » mais la comparaison d'un agent avec un prédateur nuisible me paraît regrettable car lourde d'une émotivité déplacée.

Breitenbach avait été abattu dans un coin perdu d'une profonde forêt, tel un chien anonyme et enragé.

Du coup, à la fin du second conflit mondial, l'absence de documents sur « Breitenbach » n'avait donc entraîné l'écriture d'aucun feuilleton glorifiant, à grands sons de trompe, « l'espion qui avait gagné la guerre à lui tout seul » ni l'analyse de son action par des services secrets occidentaux espérant, en dépouillant les archives nazies, découvrir les techniques d'un Renseignement russe que la « guerre froide » les amenait à combattre. Le nom de Breitenbach ne figure pas, en conséquence, dans les « histoires mondiales », les « guides pratiques » ou autres encyclopédies sur le Renseignement que les éditeurs occidentaux s'obstinent — mythologie oblige — à offrir à un public qui reste, lui, attaché aux fantasmes de James Bond ou de John le Carré. L'agent inconnu...

Ce n'est que lorsqu'à la chute du communisme les archives commencèrent à s'entrouvrir à Moscou et que les historiens russes se laissèrent emporter par la fascination qu'inspire à juste titre l'épopée de l'Orchestre rouge berlinois que le nom de Breitenbach est partiellement sorti de l'ombre[1].

Willy Leman était un officier de l'Armée impériale allemande qui, à la fin de la Première Guerre mondiale, troqua son uniforme pour un autre en entrant dans une police qui n'avait pas, elle, été démantelée par le traité de Versailles. À l'arrivée au pouvoir de Hitler, il avait été affecté contre son gré à la nouvelle Gestapo dont il avait, par le seul jeu de ses compétences juridiques et policières, gravi tous les échelons. Homme modéré par tempérament, menant une tranquille vie de père de famille, adepte des valeurs conservatrices de la vieille Allemagne, il avait été horrifié par le déchaînement de la violence nazie qu'il découvrait en première ligne. Comme il était partisan d'une alliance avec la Russie éternelle, il s'était débrouillé, connaissant par ses fonctions tous les dispositifs de surveillance de l'ambassade soviétique de l'avenue Unter den Linden, pour proposer un entretien secret. Prenant le risque de tomber dans une provocation des SS, les *opers* du NKVD formant la *rezidentura* légale dans le Berlin de Hitler avaient accepté et organisé une « rencontre conspirative ». Une riche collaboration avait débuté et Leman avait pu, tout en mettant en garde ses interlocuteurs contre la haine portée par le nouveau « Führer » à la Russie et sa volonté, en un gigantesque *Drang*

1. Notamment dans le remarquable ouvrage de Teodor Gladkov, *op. cit.*

nach Osten, de réduire en esclavage les « sous-hommes » slaves, tenir au courant les Soviétiques de tous les pièges et surveillances, provocations et projets d'arrestations montés par la Gestapo contre les représentants ou les agents du pouvoir bolchevique.

Hélas. Lorsqu'une Grande Terreur tout aussi effroyable que les exactions des nazis combattues par Leman s'était, ricanement de l'Histoire, abattue sur la Russie et qu'une sauvage « répression » avait frappé tant le Centre de Moscou que sa *rezidentura* berlinoise, tous les ponts avaient été coupés, nous l'avons vu, avec les résistants allemands, accusés par Staline de n'être qu'un outil de provocation entre les mains des services secrets anglais.

Breitenbach n'était pourtant pas homme à se laisser décourager et, au bout de deux ans de silence des Soviétiques, il avait entrepris une action qui aurait pu changer le courant de l'Histoire. Placé aux premières loges pour observer l'accroissement journalier des intentions belliqueuses de Hitler à l'égard du Saint-Empire communiste et le leurre du pacte de non-agression signé entre Ribbentrop et Molotov, le haut dignitaire de la Gestapo avait, en janvier 1941, en profitant de sa connaissance des rondes autour du sanctuaire soviétique, jeté une lettre désespérée par-dessus le mur de l'ambassade d'Unter den Linden. Pourquoi un tel silence des Russes alors qu'un ouragan sans pareil se préparait à bouleverser l'Europe et ses marches slaves ?

Malgré le caractère squelettique et prudent de la *rezidentura* épurée, le dramatique message n'était pas passé inaperçu et était remonté jusqu'au Centre de Moscou où la poignée de jeunes gens inexpérimentés mais enthousiastes ayant remplacé la vieille garde réprimée avait — ô utilité des archives et avantage de ne pas fusiller tout le monde tout de suite ! — établi que Breitenbach était bien un agent hors pair dont la qualité des informations sur les actions antisoviétiques de la Gestapo témoignait de la profonde sincérité.

Et c'est ainsi que le jeune Alexandre Korotkov — le roi des « illégaux » pour l'historien russe Gladkov — avait, affecté à la *rezidentura* de Berlin, peu avant l'invasion du Saint-Empire par « le Reich de mille ans », tiré de leur sommeil non seulement Breitenbach mais l'ensemble des résistants antinazis de l'Orchestre rouge. Au courant des mesures confiées à la Gestapo dans le cadre de l'opération Barbarossa, Leman avait été alors l'un de ceux dont les avertissements aussi précis qu'angoissés figuraient dans les quatorze pages annonçant en juin 1941 à Staline — comme suite au long rapport personnel de Korotkov[1] à Béria — l'imminence de l'irruption des blindés nazis sur le territoire russe.

La suite et la fin avaient été tout aussi dramatiques.

N'ayant aucune relation, cloisonnement oblige, avec les résistants de l'Orchestre rouge, Breitenbach ne disposait d'aucune liaison radio avec Moscou. Un déserteur issu du parti communiste allemand avait donc été parachuté en plein cœur de l'Allemagne nazie afin de rétablir la liaison avec un agent aussi précieux. Le déserteur avait été arrêté par les SS et avait accepté de collaborer avec ses tortionnaires au cours d'un jeu-radio. Hélas, les signaux de détresse prévus pour la circonstance et dont il avait émaillé ses messages émis « sous contrôle » ennemi n'avaient pas été remarqués par les opérateurs radio de Moscou, débordés par les flux d'une guerre implacable. L'identité et l'adresse de Willy Leman avaient donc été — ô horreur du « jeu de mort » ! — communiquées à l'émissaire dont le Centre ne soupçonnait pas le « retournement ». La trahison d'un haut dignitaire de sa Gestapo avait alors provoqué la fureur de Hitler qui, en ordonnant d'abattre Breitenbach sans jugement, avait fait de lui l'espion inconnu.

Il faudra cinquante ans et l'effondrement du communisme pour tirer de l'anonymat un personnage aussi peu correct du strict point de vue marxiste. La réhabilitation reste incomplète car ce pur héros continue à être ignoré d'un Occident qui déploie moins d'énergie pour essayer de comprendre la Russie contemporaine qu'il n'en a investi à servir de porte-voix aux mensonges, désinformations et autres abusives glorifications de Staline, le Dieu vivant.

Traître ou héros ?

Après un resplendissant *initiativnik* voulant, en passant, au risque de sa vie, de l'autre côté du miroir, jeter à bas le monstre nazi, voilà que se présente devant nos yeux, pour illustrer la nature irremplaçable de l'agent,

1. Après ces prouesses, Korotkov deviendra l'un des personnages clé du KGB créé en 1954. Responsable notamment des opérations Abel, Felfe, Lonsdale, etc., il deviendra au fil des ans le rival de ce Soudoplatov aux Mémoires duquel l'Occident a donné un tel retentissement tout en n'accordant aucune importance à son concurrent adepte, lui, d'un Renseignement pur, débarrassé des sanglantes barbouzeries voulues par « le petit père des peuples ». Alexandre Korotkov est mort d'un arrêt du cœur en 1962.

un personnage tout à fait différent. Cet « espion soviétique »-là est, lui, largement connu et, selon une procédure plus courante et classique, a fait l'objet d'un recrutement en bonne et due forme de la part des services de Recherche russes. Une fois que ceux-ci ont effectué le repérage de « l'objectif », son approche mondaine puis amicale après une étude psychologique approfondie — la célèbre *razrabotka* russe —, c'est au Centre de Moscou qu'il a appartenu de franchir la ligne jaune en donnant l'autorisation de procéder à la cruciale « conversation de recrutement » — autorisation qui, d'ailleurs, est également nécessaire dans le cas de la collaboration avec un *initiativnik* afin de limiter les risques d'une provocation des services adverses.

« Les traîtres, observe doctement un analyste de la CIA qui, dans un précieux dictionnaire[1], a rassemblé amoureusement les citations les plus significatives des experts et responsables de l'espionnage, ont beaucoup de choses en commun avec les violeurs et les tortionnaires d'enfants : les deux catégories sont mâles en majorité, ont été élevées dans des familles désaxées et s'abritent invariablement derrière les rationalisations les plus étonnantes de leur comportement. Peu d'entre eux connaissent le remords qui aurait pu, peut-être, sauver leurs âmes[2]. »

Aucune de ces stupidités, qui relèvent plus de la haine et de l'ignorance que de l'analyse, ne s'applique à Georges Pâques, grand homme élégant qui, amical et subtil, venait fréquemment, à partir de l'état-major général voisin où il occupait un poste important, me rendre visite dans mon bureau de l'hôtel Matignon au tout début des années soixante.

Jamais Georges Pâques, qui coopérait pourtant avec les services secrets de l'Union soviétique depuis l'Alger bruissant de la Seconde Guerre mondiale lorsque ce coin de France libre vivait dans l'attente de la libération de la métropole et l'écrasement définitif du nazisme, ne me posa une seule question pouvant intéresser le KGB qu'il renseigna méticuleusement durant une vingtaine d'années. De mon côté bien entendu et malgré la sympathie que m'inspiraient sa vive intelligence et son étonnante ouverture d'esprit, je ne me suis livré devant lui — ni, d'ailleurs, devant personne tant est grande la solitude que sécrète l'exercice, fût-il léger et partiel, du pouvoir — à une quelconque confidence.

1. Charles E. Lathrop, *The Literary Spy, The ultimate Source for Quotations on Espionage and Intelligence*, Yale University Press, New Haven, 2004.
2. *Op. cit.*, p. 384.

Et néanmoins, lorsqu'il apparut en 1963, dix-huit mois après notre départ de Matignon, que cet homme aimable et au-dessus de tout soupçon était peut-être un « grand agent » du KGB — il était l'un des cinq destinataires d'un document ultra-secret qu'avait lu à Moscou le transfuge Golitzyne passé à l'Ouest en 1961 —, je n'en fus nullement surpris. C'est précisément parce que Georges Pâques ne ressemblait en rien à l'image classique de « l'espion », tortueux, englué dans des problèmes de femmes et d'argent — à un violeur et tortionnaire d'enfants pour l'analyste de la CIA — qu'il avait pu, intellectuel profondément honorable, catholique fervent menant une vie de famille exemplaire, avoir été séduit par la collaboration avec les services secrets du Saint-Empire communiste. Tel que j'avais pu l'observer, il n'existait chez cet « honnête homme » aucune pulsion de « trahison » ou esprit de lucre : seule la recherche exigeante de la vérité imbibait chacun de ses propos ardents et passionnés.

Il y avait autre chose : membre éminent de l'*establishment* français, Georges n'y occupait pas — autre preuve de son indépendance intellectuelle — les plus hautes places. Brillant normalien, engagé aux côtés du général de Gaulle dès Alger, il n'avait pas cherché, tel nombre de ses condisciples de la prestigieuse rue d'Ulm, à commencer par le Premier ministre au moment de son arrestation et futur Président de la République, Georges Pompidou, à monnayer tous ces uniques atouts. Naviguant sous la Quatrième République de cabinet ministériel en cabinet ministériel sans aucune fonction élective, il occupait à l'état-major général un poste certes important mais marginal car consacré à cette immense fumisterie française qu'était « la guerre psychologique » avant de devenir attaché de presse — activité intéressante mais secondaire — à « l'usine à gaz » du tentaculaire et bureaucratique OTAN. Bien que profondément estimé par les généraux de l'état-major, coulé en apparence dans le moule militaire — les culottes de peau le considéraient comme favorable à leur chère « Algérie française » —, il ne manquait pas une occasion avec moi d'exercer contre leur conservatisme et la limitation de leur intelligence l'ironie acerbe qui faisait son charme. La double personnalité n'est pas seulement un attribut personnel attrayant : elle constitue une composante essentielle du Grand Jeu.

Idéaliste généreux, Georges Pâques ne manifestait pas le moindre penchant pour le communisme mais déployait plutôt, durant nos conversations, les convictions d'une autre gauche qui, généreuse et sociale, pouvait servir de substitut au marxisme-léninisme. Homme habité par une idée, il défendait avec ardeur et d'une manière fort « gaullienne » l'indépendance de la France face à une hégémonie américaine qu'à mon avis il exagérait en cette période précise de l'Histoire. Les seuls défauts qu'on pouvait lui trouver provenaient d'une trop grande confiance en ses propres facultés intellectuelles, mais n'était-ce pas précisément ces caractéristiques qui expliquaient pourquoi cette personnalité, bien plus intéressante que d'autres qu'il m'était donné de fréquenter à l'hôtel Matignon, ait été tentée de passer de l'autre côté du miroir ?

À mille lieues du violeur et du tortionnaire d'enfants, Georges Pâques n'était pas non plus, à la différence du Britannique Kim Philby, aussi imperméable au doute ou au remords que l'affirme notre brave analyste de la CIA — la civilisation américaine est si envahissante qu'elle ne comprend pas qu'on ne lui apporte pas une pleine et entière allégeance. Lorsque les chasseurs d'espions français l'avaient arrêté après avoir, eux aussi, effectué une étude psychologique des cinq destinataires du document que le transfuge du KGB se souvenait avoir lu à Moscou, la DST ne disposait pas de preuves irréfutables contre lui. La veille, sa filature avait amené les policiers dans un bourg des environs de Paris où ils avaient croisé la voiture d'un *oper* de la *rezidentura* soviétique prenant le large en raison des sirènes glapissantes d'une gendarmerie attirée sur les lieux par un banal cambriolage n'ayant rien à voir avec l'affaire d'espionnage qui se déroulait dans cette paisible banlieue. Le rarissime et miraculeux « flagrant délit » au cours d'une « rencontre conspirative » entre un agent et son « directeur » n'ayant donc pu être réalisé — « Je venais visiter une superbe église romane », commença par affirmer Pâques —, il ne restait comme autre arme que l'accès au document secret sur la guerre psychologique parvenu à la Loubianka.

« Donnez-moi une feuille de papier et faites venir un prêtre », demanda soudain Georges Pâques interrogé pourtant avec une parfaite civilité par un autre de mes grands amis — ô paradoxe du Grand Jeu —, le courtois Marcel Chalet, spécialiste alors à la DST de « l'espionnage soviétique » avant de devenir le talentueux directeur de l'ensemble du contre-espionnage défensif intérieur. Je n'ai pas pu communier pendant vingt ans.

Et sous les yeux éberlués de Chalet, Georges rédigea d'un trait de plume une longue et complète confession avant de s'entretenir en tête-à-tête avec un curé d'une paroisse voisine dans la cour intérieure de l'immeuble

Art nouveau de la Sûreté afin qu'il ne puisse y avoir le moindre doute sur l'absence de micros.

Une seule caractéristique du « traître » n'est pas trop fausse chez notre cher cow-boy de la CIA. Dans sa « confession » aux chasseurs d'espions, puis durant son procès à grand spectacle ou dans une émouvante lettre adressée depuis sa prison au général de Gaulle, alors Président de la République, Georges Pâques cherchera sinon à « rationaliser » son choix, du moins à faire partager par autrui ce qui avait été sa vérité : sans avoir jamais nui aux intérêts de la patrie — Pâques n'avait transmis au KGB aucun renseignement pouvant porter atteinte à la sécurité de la France et n'avait jamais cherché à obtenir de moi, comme je l'ai dit, le moindre secret —, il avait désiré seulement et conformément à la politique du général de Gaulle s'opposer à l'hégémonisme américain et établir, surtout, un équilibre entre les deux superpuissances qui se disputaient la planète.

Un fait essentiel — et inconnu jusqu'à aujourd'hui — doit être souligné ici. Lors de la grave crise entre l'Est et l'Ouest durant le périlleux été 1961 — ô les dangers de ces années-là ! — qui aboutira à la construction du mur de Berlin, le Premier ministre, Michel Debré, m'avait demandé s'il existait un moyen, comme le souhaitait le général de Gaulle, de faire connaître à la puissante et agressive Union soviétique, l'inébranlable fermeté de l'Occident. L'OTAN ne travaillait-elle pas sur la possibilité d'une Troisième Guerre mondiale qui, cette fois, ne pourrait être que nucléaire, au cas où l'aventureux Khrouchtchev recommencerait le blocus de la cité symbole de la liberté allemande et européenne ?

J'interrogeai les services secrets français qui, englués dans leurs sordides affaires algériennes, me dirent ne rien pouvoir faire faute de contact avec les services spéciaux du Saint-Empire. Et c'est donc cette terrible lacune que Georges Pâques a comblée en transmettant au KGB les plans précis de l'OTAN — qui figurent en une impressionnante annexe de nos précieuses « Esquisses de l'histoire du renseignement extérieur russe » — en réaction à une éventuelle initiative offensive de l'URSS et de sa protégée de la RDA. Renonçant à un choc frontal, Khrouchtchev décida alors, au vu des documents incontestables communiqués par Pâques, de prendre la mesure purement défensive — et non envisagée par l'OTAN — d'édifier un mur qui protégerait la partie communiste de la grande ville.

Sur ce point précis, Georges Pâques était, sans le savoir, allé dans la direction souhaitée par le général de Gaulle et avait donc, pesons nos mots, contribué à maintenir la paix au cours d'une crise qui aurait pu exercer des effets dévastateurs aussi majeurs que ceux consécutifs, deux ans plus tard, à l'installation à Cuba de fusées soviétiques. Dans les deux cas, l'obtention de renseignements « solides » et indiscutables sur les intentions de l'adversaire — par les Américains durant l'affrontement cubain grâce au colonel du GRU, Oleg Penkovsky, par les Soviétiques moyennant Pâques pendant la crise de Berlin — a éloigné le monde de l'horreur apocalyptique d'un conflit nucléaire.

Il n'en reste pas moins qu'aucun État ne saurait admettre que l'un de ses citoyens mène une politique personnelle et collabore à cette fin avec des services secrets étrangers. Georges Pâques sera jugé et, durant son procès marqué par un témoignage hystérique du ministre des Armées, Pierre Messmer, le procureur réclamera même — outrance en temps de paix, peur morbide de la « trahison » — la peine de mort contre « l'espion soviétique » alors que la Cour le condamnera à une lourde réclusion à perpétuité. Les terreurs s'étant exprimées, le cours des choses redeviendra cependant normal pour une démocratie : le général de Gaulle réduira la peine à vingt ans de prison et son successeur à la présidence de la République, Georges Pompidou, à sept ans seulement — ce qui me permettra, après sa libération, de retrouver avec joie quelqu'un que je n'ai jamais cessé de considérer comme un homme de qualité.

Un sort analogue n'attendra pas, hélas, le colonel Penkovsky dont l'influence pacifique à peu près à la même époque sur l'affrontement à propos des fusées russes de Cuba peut être comparée à celle de Pâques durant la crise de Berlin. Penkovsky sera, lui, fusillé à Moscou — ne pas condamner son choix provoque, même dans la Russie moderne, une incompréhensive indignation —, comme seront fusillés tous les agents russes qui, collaborant avec la CIA, ont, dans certains cas, servi la cause du maintien de la paix, empêchant la guerre « froide » même « tiède » de devenir « chaude » grâce à la transparence qu'ils apportaient sur les intentions ou les possibilités de l'adversaire.

Mort d'un côté, peines raisonnables de prison souvent tempérées par des échanges : malgré tous ses défauts — « le pire des régimes… à l'exception de tous les autres », constatait le grand Churchill —, la démocratie est un bienfait incomparable. Et l'exécution aux États-Unis des époux Rosenberg découle d'une vague de paranoïa dont l'Amérique ne peut être fière, même s'il s'est agi d'un inacceptable sacrifice rituel destiné à exorciser un peuple traumatisé par la révélation de « l'espionnage atomique » pratiqué par le terrifiant Saint-Empire communiste plutôt que de « la première manifestation du fascisme américain » comme le proclamera avant de mourir la malheureuse Ethel.

UN AGENT RUSSE

Afin de clore notre survol de l'irremplaçable agent, passons maintenant, après l'Allemand antinazi Willy Leman et le Français Georges Pâques, du côté russe.

Même près de vingt ans après la fin de la « guerre froide », les avis sur Penkovsky, le colonel des services de renseignement de l'Armée rouge, le célèbre GRU, ayant, de sa propre initiative, livré aux services anglo-saxons au début des années soixante les premiers secrets véritablement importants du Saint-Empire — cinq mille microfilms en dix-huit mois d'activité — divergent encore profondément à Moscou et à Washington.

Pour mes amis américains qui ont suivi son affaire, Penkovsky était un opposant idéologique au système soviétique, un admirateur sans bornes de la démocratie et de la liberté, habité par la volonté de protéger l'Occident en lui faisant prendre conscience de l'ampleur de l'espionnage scientifique et technique — nous dirions aujourd'hui : industriel — mené par les services de renseignement soviétiques, de l'état réel des possibilités nucléaires russes ou de la dangereuse psychologie aventuriste de l'erratique Khrouchtchev.

Les anciens membres du KGB s'inscrivent en faux contre ces affirmations idylliques. D'après eux, le colonel de l'Armée rouge aurait été un homme vaniteux et aigri, dévoré par la haine de l'ordre communiste — et de sa patrie russe — parce qu'il n'y voyait pas éclore ses ambitions démesurées. Cantonné dans des postes subalternes et purement bureaucratiques bien que marié, en bon carriériste, à la fille d'un directeur du tout-puissant KGB, ne recevant pas d'affectations agréables et rentables à l'étranger en raison d'ascendants ayant combattu dans l'Armée blanche, Oleg Penkovsky n'aurait été mû que par des pulsions de haine et de vengeance combinées avec la volonté maladive, en se mettant à la disposition des services secrets anglo-saxons — il commença par contacter les Anglais qui sollicitèrent, en raison de la difficulté à traiter une affaire de cette importance en plein Moscou, leur grand allié américain — d'occuper dans l'Histoire une place de premier plan qui serait digne des qualités hors pair qu'il s'attribuait mais qui n'étaient pas, d'après lui, suffisamment reconnues dans son pays.

Ruses de l'alphabet ! Si j'avais, comme j'en ai eu un moment la tentation, rédigé un dictionnaire qui aurait été « amoureux » en raison des sentiments que m'inspire l'espionnage mais pas dans sa légèreté littéraire, la lettre « p » aurait rassemblé ces deux agents hors pair de l'époque contemporaine — Pâques et Penkovsky. Seule la ténébreuse « Pénétration » aurait séparé le brillant Normalien français du colonel russe du GRU, dévoilés, chacun dans son camp au début des effrayantes années soixante, après avoir joué un rôle majeur durant les deux crises internationales qui approchèrent alors le monde d'une Troisième Guerre mondiale.

Beaucoup de choses distinguent cependant les deux hommes, soulignant le fossé entre les démocraties du « monde libre » et le totalitarisme — l'autoritarisme après la mort de Staline — du Saint-Empire communiste. Pâques avait été recruté par un brillant *rezident* légal de la triomphante URSS à Alger dans les années quarante quand la Seconde Guerre mondiale tirait à sa fin grâce à l'héroïsme de l'Armée et du peuple russes. Après avoir longuement étudié son intéressante personnalité, l'*oper* communiste convainquit le jeune et prometteur professeur de lettres affecté au ministère de la Marine de la France libre que la collaboration avec les services soviétiques pouvait seule, tout en satisfaisant son désir de peser sur la haute politique, assurer l'équilibre de la planète menacée par l'hégémonisme et l'arrogance américains. Penkovsky, lui, est un *initiativnik* ayant, de lui-même, contacté les *rezidentura* anglaises au cours de brefs voyages en dehors de l'Union soviétique avec, d'ailleurs, des difficultés pour convaincre les services secrets occidentaux qu'il n'était pas un provocateur envoyé par le KGB.

Seule la prison attendait — éventuellement — le « traître » occidental alors que le Russe, avec un admirable courage ou une rare inconscience, était prêt à sacrifier sa vie car il aurait pu « passer à l'Ouest » comme transfuge au lieu de rester planté, dans une Moscou policière, en plein cœur du service secret auquel il appartenait.

Pâques n'adhérait en rien à l'idéologie communiste, désirant seulement, sans nuire à sa patrie, établir un équilibre mondial entre les deux « blocs » qui se partageaient la planète. Le Russe, lui, s'identifiait aux valeurs démocratiques pour qui il avait choisi de « trahir » et voulait porter les coups les plus durs à la communauté dont il faisait partie mais qu'il rejetait de toutes ses forces. Pour atteindre son objectif, le Français se contentait de livrer au fur et à mesure les documents secrets qui passaient entre ses mains à l'état-major ou à l'OTAN alors que Penkovsky, dévoré par une pathétique boulimie, rassemblait fébrilement tous les renseignements pouvant servir un Occident qu'il désirait mettre en garde et mieux armer dans la « guerre froide » qui, avec de redoutables pointes « tièdes » et quasi « chaudes », déchirait le monde.

L'ancien Normalien français n'éprouvait aucun penchant pour les techniques « conspiratives », se refusant à photographier les papiers auxquels il avait accès ou à courir la ville pour remplir des « boîtes aux lettres mortes ». Il se contentait de communiquer ses trésors au faux diplomate russe — quitte, pour celui-ci, à aller les reproduire en toute vitesse à son ambassade — au cours de déjeuners ou de rencontres entourés d'un minimum de mesures de sécurité dans une capitale française laxiste et dotée d'un contre-espionnage squelettique.

Penkovsky, lui, ne reculait devant aucune difficulté pour remettre ses microfilms aux services secrets occidentaux dans une Moscou quadrillée par la police secrète dont il fallait déjouer les surveillances par le recours aux épouses des *opers* américains dans La Mecque du Saint-Empire ou à l'homme d'affaires britannique Greville Wynne se rendant aux foires commerciales tenues en Russie[1]. Ses voyages étaient peu fréquents dans un étranger où pour rencontrer les *case officers* anglais et américains toute une mise en scène était nécessaire — mais facile à organiser sur son propre territoire, deux fois à Londres mais une fois dans le permissif Paris, au nez et à la barbe, à mon plus grand dépit, des polices françaises — afin de permettre à l'officier russe de s'éclipser, sans attirer l'attention des délégations officielles soviétiques dont il faisait partie.

1. Greville Wynne sera arrêté et jugé en même temps que Penkovsky mais fera l'objet d'un échange contre l'*oper* illégal Lonsdale dévoilé en Grande-Bretagne, au cours des années cinquante.

En fin de compte, l'Occidental a travaillé vingt ans pour les Russes et, en définitive n'a purgé que sept années de prison, alors que le Russe, démasqué au bout de dix-huit mois, a été fusillé[1].

Le mot « agent » recouvre donc des réalités humaines tout à fait différentes même si Pâques et Penkovsky ont, tous deux, exercé une influence capitale et favorable au maintien de la paix durant les crises majeures qui ont marqué leur temps. En dévoilant la volonté de l'Occident d'aller jusqu'à la guerre nucléaire pour garantir la libre circulation à Berlin, Georges Pâques poussera Khrouchtchev à ne prendre qu'une mesure défensive — fatale à terme au système soviétique comme toute mesure strictement défensive — en édifiant en 1961 le mur de Berlin. En faisant connaître à l'Amérique l'impossibilité pour les Soviétiques d'entamer, en raison de leur retard technologique, une guerre nucléaire à grande échelle, Penkovsky permettra, même s'il a été arrêté avant l'événement, au président Kennedy d'obtenir, grâce à une remarquable fermeté, le démantèlement des fusées russes à Cuba, écartant ainsi la menace permanente pour la paix qu'aurait représentée une implantation nucléaire du Saint-Empire dans l'arrière-cour directe des États-Unis.

Ô miracle des sources « humaines », à condition bien entendu, mais on ne le souligne pas assez dans leur glorification débridée depuis le 11 septembre, qu'il s'agisse de « grands agents » dont l'existence n'abolit pas, d'ailleurs, la nécessité de la moins romantique et plus aride « *Tech-Int* » — la *Technical Intelligence* si chère aux Américains. Durant la crise des fusées de Cuba, c'est l'observation aérienne qui donna à John Kennedy un précieux temps d'avance en lui apportant la preuve irréfutable de la construction de rampes

1. La découverte de Penkovsky par la Deuxième Direction générale du KGB reste encore nimbée de mystère. Dans leur luxueux ouvrage (*Loubianka 2*, *op. cit.*) consacré aux prouesses du contre-espionnage, les Russes avancent que, effectuant la filature de l'épouse d'un *oper* de la CIA à Moscou, un policier a vu sortir du grand magasin où elle s'était engouffrée un homme à l'allure militaire qui, filé à son tour, se révéla être le colonel du GRU, Oleg Penkovsky. Sceptique devant cette intuition policière, certains anciens de la CIA penchent plutôt vers l'hypothèse que leur service était, dès cette époque, vingt ans avant la célèbre affaire Ames, « pénétré » par le KGB et que c'est une « taupe » — dont l'existence avait été indiquée par le transfuge Golytzine — qui a, non démasquée à ce jour, provoqué la chute dramatique du colonel de l'Armée rouge. La guerre secrète ne s'arrête que lorsque, plongées dans une Histoire lointaine et consensuelle, les affaires sont définitivement « mortes ».

de lancement à Cuba avant que les fusées du Saint-Empire ne deviennent pleinement opérationnelles.

Indignés, les Américains iront jusqu'à montrer au *rezident* légal russe à Washington les photos aériennes prises par les avions espions U2 et prouvant l'installation des lanceurs communistes chez le fidèle allié Fidel Castro.

« Tiens, un terrain de base-ball », s'extasiera impavide, l'officier du KGB.

Un yaourt intellectuel

Tout est si parfaitement limpide dans le monde miraculeux des agents que la musicale, poétique et inventive langue russe se livre, au lieu de la trop sèche et trop conceptuelle *Human Intelligence* des Américains — *Hum-Int* —, à de ravissantes variations. Le féminin d'agent est *agentessa*. Pourquoi pas l'« agentesse » en français ? Il y a bien des poétesses... Et, afin de caractériser l'ensemble des agents implantés et recrutés dans un secteur déterminé, les Russes emploient un terme riche et évocateur qui, sans exister dans aucune autre langue, m'enchante tant par sa consonance que par la reconnaissance du caractère naturel et fréquent du grand opéra des agents : l'*agentura*.

D'où provient donc la confusion intellectuelle que j'ai évoquée, sombre et vénéneuse, dès le début de ma description de la pharamineuse aventure des adeptes du grand saut dans le vide ?

C'est qu'en russe, « agent » est un mot étranger qui n'a aucune relation avec le verbe « agir » alors qu'en Occident cette filiation séculaire vient brouiller les pistes. « Agent : celui qui agit », indique *Le Petit Robert* et, dans un deuxième sens, « celui qui fait, qui s'occupe de ». Du coup, on appelle « agent » en France de « très nombreux employés de services publics [...] Agents publics, administratifs, fonctionnaires [...], agents diplomatiques, consulaires. Spécialité : (Police ou activité analogue — *sic*) : agent de police ». Et donc, ô comble de l'embrouillamini : « agents de renseignements, agents secrets (des services d'espionnage) ». En Amérique également, les membres des services de police fédérale du FBI portent le titre glorieux de « *special agent* ».

Bref on amalgame allègrement, dans un prodigieux yaourt intellectuel, le recruteur et le recruté, l'*oper* et la « taupe », le professionnel étranger et l'amateur autochtone, plaçant perpétuellement sur le même plan — cherchons une comparaison pas trop éloignée de la réalité de notre cher espionnage — le commerçant et son client, le peintre et son modèle, le psychanalyste et son patient.

Découlant de l'ignorance des méthodes utilisées dans la réalité par les services secrets en général et par l'Ogre satanique en particulier — j'ai nommé le maléfique « KGB » soviétique —, la deuxième confusion relève, elle, du mythe et de l'émotion.

Apeuré jusqu'à la moelle, l'Occident accole, en effet, l'étiquette — combien infamante ! — d'« espion soviétique », donc, en termes techniques, d'« agent du KGB », à toute personne entretenant un contact, une liaison, une relation avec un *oper* des services de Recherche russes. Rien pourtant n'est aussi clair et automatique dans ce délicat domaine. Diplomate en apparence, exerçant, avantage des grandes puissances, des fonctions officielles le plus souvent en vue, l'*oper* légal mène la vie sociale et mondaine des collègues « propres » de son ambassade. Il le fait d'ailleurs avec d'autant plus d'intensité qu'il peut recueillir ainsi de précieuses informations de politique générale et, impératif et spécificité de sa mission, repérer les « objectifs » éventuels qui, après une étude approfondie et une autorisation explicite du Centre sont à même de devenir des agents à la suite d'un recrutement en bonne et due forme — « *verbovka* » en russe.

En dévoilant son appartenance aux services secrets de son pays, l'*oper* obtient alors — ou n'obtient pas car, si l'affaire a été mal menée, « l'objectif » peut aller rendre compte à la police — l'acceptation par la « cible » de la collaboration, franche et entière, en toute connaissance de cause, avec les services secrets étrangers qui l'ont repérée, approchée, étudiée. Ce n'est que dans le cas de la réussite de la « conversation de recrutement » — *verbovotchnyi razgovor* qui doit faire l'objet d'un compte rendu aussi riche et précis que possible afin de permettre au Centre de détecter par avance la possibilité d'une dénonciation ou d'une provocation — que les choses changent de nature. « L'objectif » acquiert alors le nouveau statut de celui qui a accepté, en passant de l'autre côté du miroir, d'entrer consciemment — et le plus souvent : librement — dans le Grand Jeu — ce qui peut se concrétiser par la signature par le nouvel agent d'un véritable contrat, voire d'un reçu en cas de versement d'argent.

Achtung cependant ! Tant que la « conversation de recrutement » n'a pas eu lieu, tant que la coopération consciente n'a pas été acceptée, tant, éventuellement, qu'aucun engagement n'a été signé, voire aucun argent versé et accepté, rien d'illégal ou de véritablement répréhensible ne s'est produit. Jusqu'au franchissement de la ligne jaune du recrutement, il ne s'agit que de rencontres, « platoniques », pourrait-on dire, avec un diplomate dont « l'objectif » peut ne pas connaître — ou ne faire que soupçonner mais le soupçon n'est pas un crime — la qualité de membre d'un service secret étranger.

L'extravagante campagne de presse qui a habillé Charles Hernu des habits infamants d'un « espion soviétique » fournit un exemple éclatant de cette vérité première. Les documents obtenus des services secrets roumains après la chute du communisme indiquent que l'homme politique a, dans sa jeunesse, entretenu des relations avec des membres des services de renseignement de l'Est. Rien ne prouve cependant qu'il connaissait leur qualité exacte et l'étude de sa personnalité menée à cette occasion par les têtes chercheuses communistes a conclu, affirment les anciens du KGB, à l'impossibilité, voire l'inutilité ou le danger, de le transformer, au cours d'un recrutement, en agent conscient et dévoué à la cause du Saint-Empire.

Un « contact » n'est pas un « agent »

Un mystère persiste néanmoins. Pour quelles raisons, un banal contact exploratoire des services russes avec un jeune Rastignac du marécage politique parisien des années cinquante, s'est-il — « vulgaire et subalterne » aurait dit le général de Gaulle — transformé, un demi-siècle plus tard, en des accusations échevelées d'espionnage au profit de l'Union soviétique lancées sur la place publique contre un ancien ministre décédé de la Défense de François Mitterrand ayant pourtant joué un rôle majeur et non ambigu dans « l'endiguement » de l'Empire communiste, notamment lors de l'installation de fusées américaines Pershing sur le territoire de la République fédérale allemande ?

Comment de vagues et vieux comptes rendus exhumés par les services secrets roumains après la chute du communisme sur ce contact antédiluvien sont-ils sortis des coffres du contre-espionnage défensif français qu'ils n'auraient jamais dû quitter pour atterrir sur le bureau d'un journaliste

« bien informé » ? Pourquoi ces reporters dits « d'investigation » ne sont-ils pas alors allés — comme je l'ai fait — interroger à Moscou d'anciens responsables des services de renseignement russes devenus relativement prolixes avec l'effondrement du système marxiste ? Et pour quelles troubles raisons, d'anciens chasseurs d'espions français, piaffant comme de vieux chevaux revigorés par les trompettes de la cavalerie, ont-ils, sans établir la différence entre un simple contact exploratoire et le recrutement complexe d'un agent, entamé en un chœur étourdissant les rengaines pourtant fausses à souhait de « l'espionnage soviétique qui ne lâche jamais ses proies » ? Il existe suffisamment d'exemples significatifs d'agents qui, déçus par les services secrets pour qui ils avaient accepté de travailler, ont brusquement rompu tout lien avec eux. Avant l'insurrection de novembre 1954, deux des « chefs historiques » d'une révolution algérienne désormais aussi monolithique qu'impénétrable n'avaient-ils pas été des correspondants — et informateurs — des Renseignements généraux français ?

Absence de culture du renseignement, « barbouzerie » tendant à salir un adversaire politique, goût journalistique immodéré pour le sensationnel et le scandale : « l'affaire Hernu » relève plus de la conception de « l'espionnage à la française » que d'une quelconque opération d'importance des services secrets russes qui, en l'occurrence n'ont, intelligemment et fort prudemment, fait que le b.a. ba de leur métier.

L'amusant, si l'on peut dire, est ailleurs. Lorsque, en plein déroulement de la guerre froide, j'attirais — ou : essayais d'attirer — l'attention des médias français sur les dangers d'agents soviétiques eux véritables et non imaginaires — affaire Georges Pâques ou affaire Rousseau du nom du malheureux adjudant français du SDECE soumis au chantage du contre-espionnage offensif yougoslave à partir de l'abominable compromission sexuelle de sa fille de seize ans, révélations à Londres du transfuge Igor Lialine sur l'existence dans chaque *rezidentura* soviétique en Occident d'une « ligne » préparant des attentats en cas de déclenchement d'une Troisième Guerre mondiale ou divulgation par le colonel Penkovsky, dont je préfaçai les « Carnets » posthumes dans leur édition française[1], de l'importance du pillage technologique de l'Occident —, mes combien isolées mises en garde n'étaient pas écoutées. Pis, mes prises de position trouvaient écartées

1. Oleg Penkovsky, *Carnets d'un agent secret*, Paris, Tallandier, 1966.

avec mépris comme émanant, en raison de mes origines familiales russes, et donc d'une nostalgie pour les combats antibolcheviques de l'Armée blanche. « Constantin Melnik, écrivait aimablement *L'Humanité*, poursuit les guerres civiles du général Denikine ou de l'amiral Koltchak ».

Aujourd'hui que la « guerre froide » est heureusement terminée, la France, qui n'y a que mollement participé, a décidé de la livrer enfin, de même qu'elle n'a découvert le Goulag, dont je connaissais l'existence depuis ma plus tendre enfance, que lorsqu'il s'était lentement mais inexorablement dissous. Du coup, ma vision, que j'espère objective de « l'espionnage soviétique » ou de l'épopée — eh oui, ce fut bien une épopée, pour sauvage qu'elle ait été — du Saint-Empire communiste en général et de « l'affaire Hernu » en particulier risque de me placer dans le camp des sympathisants d'un KGB que l'on n'a guère combattu ou dénoncé, comme je l'ai fait dans une solitude proprement abyssale en France, lorsqu'il était véritablement opérationnel et dangereux.

L'obscurité s'épaissit encore plus lorsque, quittant le contact, pour ainsi dire exploratoire, avec une personne susceptible de faire l'objet d'un recrutement la faisant entrer dans le monde ténébreux — pour moi lumineux — de l'agent, de l'agentesse ou de l'*agentura*, l'on aborde une autre habitude propre aux services secrets du Saint-Empire communiste. À ma connaissance, cette pratique n'a jamais été comprise par un Occident prisonnier de sa vue globale et maléfique de « l'espion soviétique ». Négligée par les services russes actuels — les « Esquisses de l'histoire du Renseignement extérieur russe » qui contiennent tant de merveilles n'en disent pas un mot —, elle constitue l'un de ces espaces non explorés dont nous avons décidé, sans les peupler de personnages imaginaires ou sataniques, de signaler les mystérieuses étendues.

Le communisme soviétique était une idéologie qui prétendait à l'universalité et exerçait donc une séduction indubitable sur certains intellectuels ou hommes politiques d'une civilisation occidentale qu'elle désirait remplacer et dont elle était, d'ailleurs, « scientifiquement » sûre de venir à bout. Nombreux, les sympathisants, souvent dans les gauchisants pays de l'Europe catholique et latine tels que la France ou l'Italie, ne devenaient pas tous pour autant — et c'est fort heureux — ni des militants fanatiques des Partis-Églises locaux ni des agents *stricto sensu*. La plupart n'avaient pas accès à de véritables secrets d'État mais, surtout et c'est plus important, faisaient preuve, malgré leur sympathie pour la Cause communiste et son incarnation dans l'Union soviétique, d'une indépendance d'esprit ne leur permettant pas de collaborer, « sans restriction ni réserve » — définition d'« absolu » — avec des services secrets d'une puissance étrangère.

De son côté, le KGB, « bras armé du Parti » et organe essentiel du Nouvel Ordre politique, ne pouvait rester indifférent à cette masse de sympathisants tant ils étaient porteurs de précieuses informations d'ordre général tout en étant faciles d'accès en raison même de leur orientation favorable au pouvoir soviétique. Or le fait de confier les rapports avec des personnalités aussi utiles à des *opers* professionnels des services secrets présentait un autre avantage : la *konspiratzia* qui constitue l'essence du « Comité » accroissait sinon la sécurité du moins l'apparence — d'ailleurs souvent relative — de neutralité du sympathisant communiste en diminuant d'autant ses rapports avec des diplomates soviétiques « propres » mais plus exposés devant l'opinion publique.

Peut-on, pour autant, et comme on le fait d'habitude, brandir l'épouvantail de « l'espion soviétique » ? Je ne le pense pas et j'estime que mes amis de Moscou ne mentent pas lorsqu'ils affirment, face à cette pratique que les Russes appellent une « relation confidentielle » — *doveretelnaya sviaz'* d'après la terminologie officielle du KGB dont les chasseurs d'espions occidentaux ne comprennent généralement pas le sens —, qu'il ne s'agissait en rien de recrutements d'agents. Certes le transfuge Mitrokhine a, valises de notes à l'appui, proclamé, lors de son passage à l'Ouest en 1992, que les dossiers du Centre concernant ces « sources » particulières étaient volumineux à souhait dans les archives dont il était chargé. Cette affirmation pourtant n'implique par forcément la culpabilité des intéressés et son sens véritable ne pourra être apprécié que lors de l'étude approfondie à Moscou — ce n'est pas pour demain ! — de documents que Mitrokhine, homme de surcroît peu doué pour le Renseignement d'après ses collègues moscovites, ne faisait que survoler. En effet, les « relations confidentielles » du KGB comprenaient le plus souvent des journalistes du plus haut niveau — d'après Mitrokhine, les rédacteurs en chef des deux plus prestigieuses publications de Paris — ou des hommes politiques, voire des ministres, et il était normal pour un *oper* et tentant afin de se mettre en valeur auprès de ses chefs, de télégraphier jusqu'à plus soif à Moscou leurs innombrables écrits ou interventions politiques qui prenaient ainsi plus de place dans les archives que les plus brefs documents secrets transmis par de véritables — et beaucoup plus rares — agents.

Ainsi sur la soixantaine de correspondants ou interlocuteurs en France des services secrets soviétiques dénoncés avec haine par Mitrokhine à des chasseurs d'espions souvent tout aussi haineux malgré la fin de la « guerre froide » au moment de ses révélations, l'écrasante majorité est formée non d'agents mais de « relations confidentielles ». Certes celles-ci étaient particulièrement riches en informations de politique générale et on peut imaginer la profondeur de la « connaissance objective » de la vie politique française, intérieure et internationale, que devait posséder le *rezident* du KGB à Paris grâce à ses rapports réguliers avec les plus grands journalistes de la capitale ou des ministres en vue bien que de second plan. Néanmoins, ces sympathisants n'avaient pas généralement accès à des documents véritablement secrets, ne savaient pas toujours qu'ils avaient affaire à un *oper* professionnel des services secrets et se trouvaient peu prêts, de toute façon, en raison de leur indépendance d'esprit et de leur place éminente dans la société, à collaborer « sans restriction ni réserve » avec les « organes » — telle était la dénomination officielle des services de sécurité et de renseignement dans le Saint-Empire — dont ils fréquentaient les représentants.

Dans cette zone qu'on peut qualifier de « grise » et qui continue, tant que les historiens ne l'auront pas explorée, à rester une mystérieuse *terra incognita*, les « relations confidentielles » étaient, me semble-t-il, au recrutement et à la direction de l'agent ce que le « compagnon de route » est au militant engagé, conscient et discipliné *perinde ac cadaver*.

Qu'importent pourtant les nuances face à la passion !

Il suffit qu'une rumeur commence à courir — fort heureusement, les noms avancés par Mitrokhine n'ont pas été, malgré une douteuse tentative d'éléments extrémistes, jetés en pâture à l'opinion publique française — pour qu'une certaine presse, certains auteurs ou certains hommes politiques dénoncent non l'agent transmettant des renseignements précis et secrets à un *oper* professionnel mais l'horrible et infâme « espion soviétique » sans se demander une seconde s'il ne s'agissait pas d'un simple « contact » ou d'une « relation confidentielle » justifiée d'ailleurs souvent par l'exercice de sa profession. Aussitôt, d'autres auteurs, journalistes ou hommes politiques, le plus souvent issus d'une gauche, qui, par définition, ne saurait être que pure et immaculée, proclament avec des cris d'orfraie que leur ami, parent ou compagnon d'idée ou de parti ne peut, en aucun cas, ô horreur des horreurs, être un personnage aussi maléfique. « L'espionnage soviétique » ! Durant la « guerre froide » et, hélas, même de nos jours, ce Satan effrayant était la tarte à la crème et l'épouvantail des médias occidentaux mais il ne serait venu à l'idée de personne de dénoncer avec rage et terreur « l'espionnage français » — d'ailleurs dramatiquement absent de cette bataille — ou « l'espionnage américain » et « l'espionnage britannique » qui s'en sont pourtant, dès qu'ils en ont eu l'occasion après la mort de Staline, donné à cœur joie.

Certes l'espionnage colle aux Russes telle la pomme à la tarte, certes ce phénomène naturel et sociétal est parvenu à ses sommets grâce à l'expansion universelle de l'idéologie communiste. Il n'en reste pas moins que « l'espionnage soviétique » est une formule de propagande, l'expression d'une terreur collective. « L'espion », c'est l'autre, essentiellement le monstre répugnant, lové en votre sein innocent par l'Ogre abominable du démoniaque « KGB ».

CHAPITRE V

Le monde faiblard mais arrogant des chasseurs d'espions

Des matous somnolents

« *Spy catcher* », proclament les Anglo-Saxons dans une bouffée d'arrogante vantardise. Celui qui attrape et non celui, *spy hunter*, qui se livre à la chasse aux espions. Il serait préférable de parler, d'une manière moins émotive et en écartant soigneusement toute trace de mythomanie voire de l'envahissante mégalomanie, de services de police spécialisés qui, dans tout pays développé, s'efforcent tant de surveiller les *opers* légaux des États étrangers tapis dans leurs ambassades que de découvrir les illégaux ou les agents noyés dans la masse de sa population. Dans un langage plus technique, les Anglo-Saxons et les Russes évoquent la « *counter intelligence* » ou la « *kontrrazvedka* », c'est-à-dire le strict envers de leur propre activité de renseignement à l'étranger. Les Français, qui ne qualifient pas d'« espionnage » leur action en dehors de leurs frontières, n'emploient ce terme — infamant — que pour stigmatiser les interventions de l'adversaire sur leur propre sol. « Moi, espion ? Jamais ! L'espion c'est l'autre[1]. »

1. La fin de la guerre froide et de l'affrontement de deux blocs étatiques et idéologiques, l'apparition à leur place de risques internationaux dilués ont entraîné une profonde modification de la situation. Le « contre-espionnage », centré, jadis, sur l'activité ressentie comme hostile de services de renseignement d'États adverses s'occupe désormais principalement des menaces posées à la sécurité intérieure de la nation et de ses populations par ces nouvelles nébuleuses internationales non étatiques que sont le terrorisme, l'extrémisme islamiste ou le crime organisé.

Or, autant l'espion étranger est craint et haï, autant le « *spy catcher* » est entouré de sympathies, moins du côté du pouvoir politique qui a tendance à se méfier de sa prétendue puissance que de la part de l'opinion publique. Ne passe-t-il pas — et il en joue sans vergogne — pour le défenseur sans peur et sans reproches de la « sécurité » du pays et de la nation, voire de la société tout entière et de la civilisation dont elle fait partie ?

Confié en démocratie à des services de police intérieurs spécialisés, placé sous l'autorité judiciaire et distinct du Renseignement extérieur — dans le totalitaire Saint-Empire communiste les deux missions étaient mélangées au sein du tentaculaire KGB —, le « contre-espionnage » intérieur répressif — je préfère cet adjectif au « défensif » découlant des théorisations militaires françaises — est, bien qu'il secrète moins de mythes que « l'espionnage », autant nimbé de mystère que le Renseignement à l'étranger. Abîmes de l'ignorance, il peut même arriver que, profondément différentes, ces deux activités essentielles de la nation soient allègrement confondues, comme le fait dans ses Mémoires l'éminent juriste et homme d'État qu'était le premier Premier ministre du général de Gaulle, Michel Debré.

Acceptées par une société qui les ressent comme un rempart indispensable — le bouclier était, avec le glaive, l'emblème du KGB —, destinées à protéger de « l'espionnage » — ou aujourd'hui : du terrorisme — une population révulsée de frayeur, portées au pinacle lors de l'arrestation d'« espions » ou de terroristes, entourées du plus intense des sensationnalismes, cachant soigneusement tant les méthodes employées que leur réelle efficacité, les interventions des « *spy catcher* » dissimulent la caractéristique essentielle du contre-espionnage intérieur répressif que personne, à ma connaissance, n'a osé formuler clairement jusqu'à présent : je parle de son impuissance congénitale et proprement abyssale face aux menaces qu'il est censé combattre.

Chercher en effet, un agent — ou un illégal ou un terroriste avant qu'il ne soit passé à l'action — dans la masse paisible de la population consiste à vouloir repérer une aiguille dans une meule de foin. En effet, la surveillance continuelle des ambassades étrangères et de leur *rezidentura* — ou, disons, de nos jours, des mosquées fondamentalistes — est facilement déjouée par les *opers* formés à la *konzpiratzia*, à condition, bien entendu, qu'ils soient, ce qui n'est pas toujours le cas, dotés des moyens et de la compétence suffisants. Même les combien totalitaires IIIe Reich nazi ou le Saint-Empire communiste ne surent pas détecter à temps soit l'Orchestre rouge berlinois soit la marée d'agents russes qui, séduits par la CIA américaine, seront sécrétés, à partir des années soixante-dix, par le début de la décomposition de l'ordre communiste.

On imagine alors l'incapacité des services de contre-espionnage répressifs intérieurs des démocraties — surtout s'ils sont, à la différence du puissant FBI américain, squelettiques comme en Europe occidentale — à repérer les « espions soviétiques » durant la guerre froide — les « Cinq de Cambridge » en Grande-Bretagne, l'*agentura* atomique aux États-Unis ou l'*agentura* française dans l'Hexagone — ou, à l'heure actuelle les terroristes islamistes comme l'ont malheureusement prouvé les attentats de Madrid ou ceux de Londres commis pourtant sous le nez et à la barbe de services aussi inventifs que le remarquable MI 5 britannique.

La seule exception à l'impuissance est fournie par le contre-espionnage stalinien, mais encore s'agit-il là moins d'une prouesse technique que d'un phénomène historique : outre la méfiance insondable de la population envers les étrangers, la Russie de l'époque était alors, en ces temps exceptionnels d'exacerbation de la foi communiste et de la terreur acceptée, absolument imperméable à tout surgissement d'agents d'un Occident méprisé et abhorré. Quant aux sociétés traditionnelles fermées sur elles-mêmes, elles offrent — facteur encore plus important que la puissance des services de contre-espionnage intérieur, comme dans l'Irak de Saddam Hussein — un terrain peu favorable à l'éclosion d'agents en leur sein.

Fils de l'Histoire, l'espionnage est également un produit de la civilisation occidentale, de ses libertés et de ses doutes ou interrogations.

Ce combat inégal entre le pot de terre du contre-espionnage répressif et le pot de fer de la Recherche extérieure ou du terrorisme[1], savamment caché

1. Le terrorisme pose au contre-espionnage un problème légèrement différent que celui de l'espionnage d'État et se heurte à de moins brutales difficultés. D'une part, si l'agent classique d'une recherche étrangère est en mesure de déjouer facilement, sans attirer l'attention, la surveillance des services de sécurité des organismes où il travaille, les terroristes peuvent être, pour organiser leur action, obligés de se dévoiler. Il est d'autant plus incompréhensible et inadmissible que le FBI américain n'ait pas repéré — ou tiré toutes les conséquences de — la présence d'individus suspects dans des écoles locales de pilotage aux États-Unis. En deuxième lieu, les membres des réseaux terroristes ou leurs inspirateurs sont moins « professionnels » que les *opers* d'État ou les agents qu'ils dirigent. Enfin le caractère éclaté des réseaux, après la destruction du « Centre » d'Al-Qaida en Afghanistan, s'il rend plus difficile leur repérage et leur surveillance, accroît la possibilité d'effectuer la pénétration de certains d'entre eux. Il n'en reste pas moins que ces avantages — réels — par rapport

à l'opinion publique et même non ressenti dans sa dramatique impuissance par les services de contre-espionnage eux-mêmes, déformés plutôt par un assez grotesque penchant pour l'autoglorification, voire pour la mégalomanie, ne cesse que lorsque se produit un miracle qui n'est jamais présenté comme tel par les chasseurs d'espions désireux de valoriser leur « art » et de préserver leur mystère : la possibilité proprement merveilleuse de s'introduire dans le secret des services de Renseignement adverses.

Ce n'est que dans ces circonstances proprement extraordinaires et uniques, nées soit du décryptement des messages de l'ennemi — « cassure du code » de l'Orchestre rouge soviétique par les nazis ou opération américaine Venona dévoilant l'*agentura* atomique russe ou les Cinq de Cambridge — soit du passage dans son camp d'*opers* du service secret combattu que l'on découvre les agents lovés en votre sein.

L'écrasante majorité des grandes découvertes d'« espions soviétiques » par les services de contre-espionnage intérieur répressifs de l'Occident durant la guerre froide n'a pas été ainsi rendue possible par une bouffée de génie des *spy catcher*. Elle n'est que la conséquence des bien plus simples et banales révélations de transfuges communistes — le chiffreur Gouzenko de l'ambassade russe d'Ottawa en 1945, le Polonais Goliniewsky ou le major du KGB, Golitzyne, dans les années soixante après l'ébranlement de la foi communiste à la suite de la mort de Staline — ou d'agents russes tels que le général Poliakov du GRU de l'Armée rouge qui livrera aux Américains de 1962 à 1987 — durant un quart de siècle ! — quinze cents *opers* de son service, cinquante agents américains et cinq illégaux. Et, dans le camp adverse, c'est le responsable antisoviétique de la CIA, Aldrich Ames qui apportera, tout en dévoilant l'extraordinaire général Poliakov, un terme à l'hémorragie de « traîtres » russes provoquée par la délitescence du Saint-Empire soviétique. Encore faut-il souligner un point essentiel : ce ne sont pas toujours les services de contre-espionnage répressif intérieur qui ont assuré ou organisé ces « retournements » mais — comme avant-guerre le recrutement par les Soviétiques de la future vedette de l'Intelligence Service, Kim Philby — les services de renseignement extérieurs...

à la lutte contre l'espionnage d'État ne présentent pas, malgré les cocoricos habituels des services de contre-terrorisme ou notre volonté de nous rassurer, un caractère véritablement décisif dans la bataille, actuellement sans merci, qui oppose la civilisation occidentale à la « lèpre du XXIe siècle ».

Les activités répressives et défensives des polices de contre-espionnage intérieures, tels que la DST française ou même le combien plus puissant FBI américain, avec leurs surveillances et filatures des *opers* communistes légaux et leur « sensibilisation » des cibles possibles de l'espionnage du Saint-Empire, me paraissent donc, bien que menées dans un roulement déplaisant de mécaniques policières fort heureusement écorné par John Le Carré, aussi ludiques et surréalistes que le fort somnolent du *Désert des Tartares*.

Le réveil des félins

Le contre-espionnage intérieur répressif ne sort de son grand sommeil que lorsque, dopé par le décryptement de messages adverses ou les révélations de transfuges et d'agents du camp ennemi, il lui faut soudain déployer, saisissant la balle au bond, une implacable compétence afin de trouver et produire les preuves irréfutables susceptibles de convaincre les tribunaux dans un domaine délicat entre tous. L'espionnage ne constitue-t-il pas un « crime sans cadavre » où les *opers* légaux sont expulsés sans pouvoir être interrogés alors que les illégaux ou les agents gardent généralement, en temps de paix tout au moins, un silence opaque sur des activités dont les chasseurs d'espions ne connaissent pas le détail mais qui, avouées, pourraient se traduire pour eux par les plus lourdes peines ?

Tout autre est le contre-espionnage — je m'excuse de devoir être un peu technique — dit « offensif » où, par nature, les fauves sont toujours en éveil.

Les services de contre-espionnage intérieur ou extérieur — il existe dans tout service de renseignement externe une section ou un département de contre-espionnage chargés de s'intéresser aux membres des services secrets adverses, d'interroger les transfuges ou de détecter les « traîtres » au sein de sa propre Centrale — s'efforcent ainsi, à condition d'être dotés du professionnalisme nécessaire, de procéder au « retournement » des *opers* adverses. Pour ce faire, ils agissent alors soit sur leur propre territoire national — les premiers contacts et le début de la collaboration avec l'immense agent russe Poliakov ont été établis par le FBI de New York alors que l'officier de l'Armée rouge y était le *rezident* du GRU — soit, spécialité britannique, dans le chaud cocon des *rezidentura* ennemies à l'étranger. Le recrutement au Danemark du futur chef de la *rezidentura* soviétique à Londres, Oleg Gordievsky, ou, à Téhéran, du propre adjoint du grand Chebarchine sont des modèles du genre. Et, en matière de lutte contre le terrorisme, c'est cette technique offensive de « pénétration » qui devrait constituer le prolongement naturel de la surveillance des milieux portés vers l'extrémisme islamiste.

Mais attention, danger !

Le mépris de l'homme qui sous-tend les régimes totalitaires entraîne leur contre-espionnage offensif vers les dérives les plus inquiétantes que nous aurons à rencontrer sur notre chemin bien qu'elles ne fassent pas partie de l'espionnage tel que je le conçois et le chéris. De même les situations de guerre, lorsque, dans l'« ascension aux extrêmes » de la violence, des haines et des passions, se généralise l'emploi abominable mais systématique de la torture ou, face aux résistants capturés, un chantage atroce fondé sur le choix entre la coopération ou la mort peuvent entraîner les dérapages les plus inacceptables.

Les succès obtenus par le contre-espionnage répressif et offensif nazi contre la Résistance française ou l'écrasement par les parachutistes français des poseurs de bombes nationalistes de la « bataille d'Alger » — où, en dehors du recours aux formes les plus condamnables d'arrestations arbitraires, de la torture systématique et des exécutions sommaires, existait une écrasante disproportion de forces entre les troupes en tenue camouflée quadrillant la Casbah et la poignée de « résistants » algériens — sont des batailles qu'il aurait été, du point de vue du respect des valeurs morales de l'humanité, préférable de ne pas gagner, Ô justice immanente, ces « amères victoires » n'ont d'ailleurs pas influé sur l'issue stratégique du conflit tant elles ont suscité des profonds sentiments de rejet au sein des populations qu'elles ont martyrisées.

Pouvant, à la différence du Renseignement à l'étranger, confiner à l'horreur absolue, le contre-espionnage — ou, de nos jours, le contre-terrorisme — intérieur, répressif ou offensif, ne saurait, quelles que soient les circonstances, être laissé entre n'importe quelles mains — je pense au sinistre général Aussaresses —, mais il ne peut alors, malgré toute la mythomanie, voire la mégalomanie, qui l'entoure, prétendre, comme il le fait hélas trop souvent, à une efficacité absolue face aux menaces pesant sur la collectivité dont il est chargé d'assurer la sécurité.

Sécurité !

De la ceinture de « sécurité » à la « Sécurité sociale » — majuscule SVP ! —, du Conseil national de Sécurité évaluant pour la Maison Blanche les menaces pesant sur l'Amérique au Conseil de Sécurité de l'utile mais souvent impuissante et ridicule ONU — « le machin », ironisait de Gaulle —, du monstrueux et communiste « Comité de la Sécurité de l'État », mieux connu sous le nom de KGB, à la minuscule Direction générale — excusez du peu — de la Sécurité extérieure française, la « sécurité » est — au même titre que la liberté ? — une aspiration permanente de l'homme contemporain. D'après le docte *Petit Robert*, la notion moderne n'apparaît qu'en 1780, soit à l'époque des grandes Révolutions américaine et française. Mais ce rêve est moins, à la différence de l'espionnage auquel on l'associe trop souvent et d'une manière abusive, une activité humaine, concrète et spécifique, mettant en œuvre des techniques spécialisées qu'une obsession mobilisant une multitude de moyens disparates qui vont — limitons-nous à la « sécurité » face à la menace terroriste — de la vidéosurveillance des lieux publics à la pénétration de petits réseaux islamistes de banlieues malheureuses et agitées.

Au troisième sens donné par *Le Petit Robert* — « Organisation, conditions naturelles, économiques, politiques propres à créer un tel état », je préfère la définition de celui-ci donnée en deuxième place : « Situation, état tranquille qui résulte de l'absence réelle de danger » ou, plus encore le sens initial — « 1180, rare avant le XVIIe siècle » — : « État d'esprit confiant et tranquille de celui qui se croit (*sic*) à l'abri du danger ». Tels étaient tant l'Amérique d'avant le 11 septembre que la psychologie somnolente de ses pourtant pléthoriques services de « sécurité ». Adorer et invoquer la lumineuse Déesse n'est pas suffisant et ne veut pas dire que les polices chargées de la servir sont en mesure de l'honorer d'une manière parfaite et permanente.

Petite mais valeureuse DST

La célèbre DST française, service de contre-espionnage intérieur et répressif de la grandiose République, pompeusement dénommée « Direction — ô le penchant français et légèrement soviétisant pour les « Directions » souvent « générales » — de la Surveillance du Territoire », que j'ai, minuscule mais valeureuse, chérie durant une période particulièrement difficile de ma vie au moment tant de mon assassinat politique que de la reprise de sa lutte contre le KGB à la fin de la guerre d'Algérie, fournit un exemple éclatant de cette étrange impuissance, secouée, de temps à autre, par les sursauts miraculeux d'un chat réveillé par la souris qui lui passe sous le nez.

Petite — sept cents hommes de mon temps —, la « ST », comme disent les initiés, était, durant la « guerre froide », désespérément dépourvue en effectifs et en moyens face à la centaine d'*opers* russes tapis dans la véritable hydre que constituait la *rezidentura* du KGB abritée dans l'ambassade soviétique ou dans les missions commerciales communistes d'un Paris transformé en paradis pour l'espionnage du Saint-Empire. « La lutte avec les Américains, racontent les anciens du KGB, était un combat de catch où tous les coups étaient permis. Pendant que le FBI ou la CIA nous attrapaient les couilles ou nous mordaient l'oreille, un Français isolé s'avançait, élégant, sur le ring, pour nous porter un swing bien ajusté. « J'espère que je ne vous ai pas fait trop mal », disait-il aussitôt en se reculant d'une manière chevaleresque ».

Valeureuse car malgré tous ses dramatiques handicaps — on ne peut prétendre que, noyée parmi d'autres services de police mieux dotés tels que la PJ ou les RG au sein de la « Direction générale » de la Sûreté nationale, la DST ait bénéficié d'une attention particulière du pouvoir politique — elle a réussi, grâce à la compétence et au dévouement de son squelettique personnel, à démasquer et à confondre, parmi d'autres opérations moins spectaculaires mais tout aussi valables — grâce, bien entendu, aux révélations d'un transfuge russe recueillies par la CIA — le « grand agent » soviétique au sein de l'état-major français et de l'OTAN, Georges Pâques. Puis, n'a-t-elle pas « traité » — j'emploie ce mot détestable à bon escient comme nous aurons l'occasion de le voir — au début des années quatre-vingt l'agent russe « Farewell », niché au cœur du service de renseignement scientifique et technologique du KGB ?

Personne n'est parfait et l'irritant de ce minuscule service, c'est la vanité présomptueuse avec laquelle il affirme, après avoir, sous la direction du charismatique chef du contre-espionnage gaulliste à Londres, Roger Wybot, réprimé les agents et collaborateurs des services secrets nazis durant l'Occupation — tâche plus facile encore que de voler un aveugle à la sortie d'une église puisque toutes les archives et tous les *opers* allemands étaient à sa disposition — avoir fait face avec une rare efficacité tant à la menace soviétique qu'à tout péril s'attaquant à la nation : FLN, OAS, terrorisme international, pillage du patrimoine. Nul ne peut affirmer en effet, que la

« ST » n'ait pas été « pénétrée » par le KGB à la Libération — les rares confidences russes indiquent le contraire d'une manière suffisamment claire — ni qu'elle ait réussi à dévoiler la totalité de l'*agentura* communiste qui, en raison des tendances laxistes et gauchisantes de notre société, se débattait dans la France républicaine comme un poisson dans l'eau.

Née sous sa forme actuelle après la Libération — avant-guerre, le contre-espionnage intérieur était éclaté entre différents services de police plus ou moins compétents —, la DST n'est pas parvenue, en effet, ni en cette lumineuse époque ni pendant le redressement de l'État à la suite du retour au pouvoir du général de Gaulle en 1958, à démasquer les innombrables agents du KGB lovés au sein de l'accueillante société française[1]. Mise à part l'arrestation, cruciale il est vrai, de Georges Pâques, les chasseurs d'espions hexagonaux, sur la soixantaine de collaborateurs français des services secrets soviétiques révélés par l'archiviste Mitrokhine en 1992, n'en ont neutralisé aucun, à supposer même qu'ils en aient soupçonné la proliférante existence.

De même, dans les années soixante, ils n'ont pas réussi à confondre toute l'*agentura* dévoilée par le transfuge russe Golytsine et opérant tant au sein des services de renseignement extérieur français — le réseau « Saphir » d'après Golytsine et qui, même de nos jours, reste l'une des *terra incognita* que les Russes ne désirent pas voir explorer — que dans l'entourage diplomatique du général de Gaulle en personne au moment de la naissance de la Cinquième République[2].

En revanche, épaulée par les Renseignements généraux et les sections antiterroristes de la police judiciaire, guidée par les juges spécialisés, la DST semble plus à l'aise face au danger du terrorisme contemporain qui,

1. D'une manière typique — et totalement inadmissible —, la DST avait été déjà, sous la Quatrième République, pour cause d'impuissance à stopper rapidement les attentats terroristes lancés par les nationalistes algériens, écartée avec brutalité par les parachutistes du général Massu lorsque ceux-ci s'étaient lancés, tête baissée et avec des méthodes absolument intolérables, dans cette horreur des horreurs que fut la « bataille d'Alger ».

2. Je ne veux pas enfoncer le clou avec trop de cruauté, mais si la DST tirera une grande fierté d'avoir exposé au grand jour, grâce à son miraculeux agent Farewell, la portée de l'espionnage industriel pratiqué à grande échelle par le KGB, on ne peut prétendre, malgré deux ou trois affaires d'ailleurs peu convaincantes, qu'elle ait réussi, pas plus que les contre-espionnages européens et américains, à apporter une riposte répressive adéquate à cette véritable hémorragie des secrets industriels, scientifiques et technologiques de l'Occident.

par son absence de centralisme professionnalisé, paraît plus à la mesure des surveillances et filatures, « pénétrations » et autres moyens de recherche d'un service de contre-espionnage français, certes resté squelettique mais soutenu, en la matière, par les traditions séculaires d'une police qu'un peuple paysan, soucieux de la « sécurité » de sa propriété et de ses libertés, sécrète et aide mieux qu'il ne le fait de la collecte de renseignements sur un étranger qui, dans l'autosatisfait Hexagone, n'intéresse pas grand monde.

Le FBI ? — *Famous but incompetent*

J'ai longtemps pensé — la jeunesse est naïve — que des moyens financiers et humains accrus, un plus grand intérêt du pouvoir politique, voire le détachement de la « ST » de la Direction — « générale » bien entendu — de la Sûreté nationale au profit d'une autorité plus prestigieuse auraient accru l'efficacité de la petite mais valeureuse poignée des chasseurs d'espions français. Le général de Gaulle ne l'a pas voulu tant l'idée de renforcer la nature policière de l'État et de lancer ce qui n'aurait pu être qu'une « chasse aux sorcières » lui apparaissait dangereux dans une société française déjà trop portée aux affrontements idéologiques entre une « droite » conservatrice et répressive et une « gauche » encore empreinte des révoltes et illusions de la « Révolution ».

Conformément à sa sagesse habituelle — mais qui, malheureusement, n'était pas toujours au rendez-vous en matière de Renseignement —, le « Général » avait raison dans ce cas précis : l'exemple du titanesque FBI des immenses États-Unis semble indiquer que ni la richesse des moyens ni le soutien du pouvoir et de l'opinion publique ne peuvent venir remédier à l'impuissance véritablement congénitale du contre-espionnage répressif intérieur.

En effet et en dépit de son gigantisme ou malgré toute l'aura hyperbolique voire hystérique qui l'entoure, à la suite notamment de sa lutte dans les années trente contre le crime organisé de la Mafia et de la glorification abusive de son éternel « patron », Edgar G. Hoover, le *Federal Bureau of Investigation* américain, chargé entre autres tâches, du contre-espionnage défensif sur le territoire des États-Unis paraît mériter le sobriquet qu'on lui a attribué dans le médisant Washington : *Famous but incompetent*...

N'arrivant ni à prévenir ni à détecter l'extraordinaire travail accompli sous sa barbe par les services secrets soviétiques dans le domaine atomique, enquêtant exclusivement à charge dans l'atroce affaire des époux Rosenberg, le FBI, malgré l'ampleur et la sophistication des méthodes de surveillance des *opers* légaux tapis dans les ambassades russes que lui permettait son extraordinaire richesse en hommes et en matériel, n'est jamais parvenu à contrecarrer sérieusement — les Mémoires des *opers* russes ayant travaillé aux États-Unis sont clairs à ce propos[1] — les efforts et activités de l'« espionnage soviétique » au sein, il est vrai, d'une société américaine particulièrement laxiste et permissive.

Là, je crains d'avoir été injuste : sur le fond de la faible efficacité propre, nous l'avons souligné, à tout contre-espionnage défensif, émergent néanmoins de belles réussites. Je pense moins à la découverte et à l'arrestation spectaculaire de l'illégal Abel, rendue possible par une trahison, qu'au contact « offensif » avec le chef de la *rezidentura* du GRU en Amérique, Dmitri Poliakov qui, après un « retournement » en bonne et due forme, amènera l'officier de l'Armée rouge non seulement à livrer tout le dispositif et tous les agents du renseignement militaire soviétique aux États-Unis mais à collaborer avec les services américains durant un interminable quart de siècle.

De même, le contre-espionnage fédéral parviendra, grâce à l'efficacité de ses mesures offensives — est-il utile de préciser que je ne connais pas d'opérations équivalentes en France ? — à convaincre un ancien dirigeant déçu du parti communiste américain à reprendre du service mais, cette fois, pour le compte exclusif… du FBI. Les renseignements ainsi obtenus au sein du Saint-Empire marxiste, et notamment auprès des responsables soviétiques chargés de l'expansion mondiale de l'idéologie communiste, par le « frère » venu de New York seront éminemment précieux. Ils permettront, entre autres, au FBI de ne pas prendre au sérieux la « piste russe » au moment de l'assassinat du président Kennedy. Le représentant du parti communiste

1. Si les souvenirs du « recruteur » et « directeur » d'Aldrich Ames (Victor Tcherkachine, *Spy Handler, Memoirs of a KGB officer, The true story of the man who recruited Robert Hansen and Aldrich Ames*, New York, Basic Books, 2005) peuvent laisser penser que ces opérations ont été facilitées par l'état laxiste de la société américaine dans les années quatre-vingt, les Mémoires du remarquable *oper*, Alexandre Feklissov, *Confessions* (sic) *d'un agent* (re-sic) *soviétique*, *op. cit.* — montrent que les *rezidents* russes aux États-Unis se jouaient facilement des obstacles dressés par le FBI même aux tous débuts, combien durs, de la « guerre froide ».

américain travaillant pour la police fédérale n'était-il pas dans le propre bureau de Boris Ponomarev, le responsable des relations internationales du Parti communiste soviétique, lorsque celui-ci apprendra, surpris et inquiet, le meurtre de Dallas ?

L'incompétence du FBI éclatera pourtant au grand jour lors des attaques terroristes des Twin Towers de Manhattan. Que des extrémistes musulmans, visibles comme le nez au milieu de la figure, aient pu suivre des cours de pilotage sans que personne s'en inquiète ou, lorsque leur combien suspecte activité aient été identifiée par des antennes locales sans que la bureaucratie dévorante mais paralysante du « Centre » juge bon de prendre en compte les rares mises en garde de sa périphérie, tranche avec l'efficacité des nombreuses petites cellules — DST, Renseignements généraux, polices judiciaires et municipales — qui, disons dans la minuscule France, suivent les affaires de ce terrorisme qui paraît mieux à leur mesure que les grands affrontements des services secrets des « superpuissances » durant la « guerre froide ».

En dehors des forces militaires surarmées mais le plus souvent aveugles politiquement, l'Amérique dispose-t-elle, en effet, d'un État digne de ce nom ? Et l'immensité de son territoire, le bouillonnement de ses populations dans une société marquée par des libertés débridées permettent-elles de mieux faire dans ce modèle de démocratie que sont, qu'on le veuille ou non, les États-Unis malgré les très discutables mesures répressives prises dans le cadre de la prétendue « guerre contre le terrorisme » ?

Aux mêmes causes les mêmes effets russes

Quitte à décevoir un lecteur toujours nourri, malgré la fin de la « guerre froide », des fantasmes sur l'Ogre satanique de « l'ex-KGB », je crains que l'actuel FSB russe, *Federalnaïa Sloujba Bezopsnosti*, chargé, après l'éclatement du « Comité » communiste pour cause d'implosion du Système soviétique, des missions de contre-espionnage intérieur et de lutte contre le terrorisme, soit encore plus impuissant au plan défensif que son homologue américain malgré d'éblouissantes opérations « offensives », dans le passé contre les opposants au régime bolchevique naissant et les services secrets nazis durant la Seconde Guerre mondiale[1] ou, aujourd'hui, d'une manière plus discutable, contre les résistants et chef de guerre tchétchènes.

Famous but incompetent : à cent kilomètres des combats tchétchènes, dans l'enclave orthodoxe de l'Ossétie du Nord, une trentaine de terroristes islamistes ont pu traverser le pays en toute impunité sans que personne ne s'aperçoive que les travaux de réfection de l'école de Beslan avaient permis à des « ouvriers » pourtant hautement suspects d'y entreposer armes et explosifs.

Poursuivons la comparaison avec les États-Unis. L'immensité du territoire, une population remuante et anarchique, l'absence d'un véritable État — eh oui, il n'y en a pas en Russie malgré toute notre indignation contre la « dictature » poutinienne — et d'une fonction publique efficace et qui ne soit pas corrompue jusqu'à la moelle, portent des fruits d'autant plus vénéneux dans le cas russe que soixante-dix années d'utopie communiste ont détruit la totalité de la société civile au profit d'une société « ecclésiale » d'un Parti frelaté et parasitaire. Or c'est la société civile qui constitue le terreau sur lequel doit s'épanouir toute police démocratique, sans parvenir, pour autant, à garantir la « sécurité » qu'elle a pour mission d'installer dans la vie quotidienne. Hélas, cette déesse que nous vénérons plus que le Renseignement reste, par nature, soit un « état d'esprit confiant et tranquille de celui qui se croit à l'abri » comme dans l'Amérique d'avant le 11 septembre soit, lorsque cet « état d'esprit » vole en éclats, une source permanente d'hystérie collective, analogue à celle qui ravage et pourrit les États-Unis après la destruction des tours jumelles de Manhattan.

1. Ces sidérants succès du contre-espionnage « offensif » soviétique, découlant de la pratique qu'on peut qualifier du « faux résistant » et qui est aussi propre aux Russes que le « retournement » d'*opers* aux Anglo-Saxons, sont analysées ci-dessous p. 168-181.

CHAPITRE VI

RECHERCHE ET CONNAISSANCE *VERSUS* RÉPRESSION ET BARBOUZERIE

LE CERVEAU

Nous connaissons maintenant les acteurs du Grand Jeu. L'inventif et dynamique *oper*... Le pathétique et irremplaçable agent qui lui transmet les informations secrètes sans lesquelles il ne serait qu'un lecteur — ou, au mieux, un rédacteur. « Nous rédigeons le journal le plus cher du monde », aimait à plaisanter le chef de la CIA, Allen Dulles — de feuilles même si elles ne sont pas de chou... La meute des chasseurs d'espions qui tendent, impuissants mais arrogants, les filets troués laissant passer les balles fulgurantes des *opers* et des agents, avant de se jeter, tels des félins déchaînés, sur le projectile qui, par chance ou par hasard, se laisse empêtrer dans des mailles soudain resserrées grâce au miracle des transfuges ou des décryptements...

Il nous manque encore pourtant un élément essentiel : la machine pour laquelle œuvrent les têtes chercheuses de l'*oper* et de l'agent et qui, squelettique aux tous débuts de l'espionnage communiste, est devenue, sous la pression du déchaînement dément de la « guerre froide », obèse et boulimique au sein des deux grands Empires libéral et marxiste qui se déchiraient la planète.

La « Centrale », ou, en plus masculin, le « Centre » pour les Russes, est, en effet, l'état-major du service de recherche de renseignements sur le monde extérieur. Basé sur son propre territoire, il ne court aucun des risques et n'éprouve aucune des limites inhérentes aux opérations qu'il conçoit et dirige en dehors de ses frontières, dans un étranger qui considère ses interventions comme criminelles et contraires à la législation, aux valeurs et à l'unité nationales.

À la différence de l'état-major militaire, la Centrale ou le Centre — les Américains disent plutôt Langley en se référant à sa localisation dans la banlieue de Washington — est pleinement opérationnelle. C'est elle qui décide, approuve, supervise les actions de ses *rezidentura* dispersées aux quatre coins d'un monde jugé hostile — « le front invisible », disent les Russes —, veille à la formation de cadres qualifiés pour le travail empreint de la clandestinité — *konspiratzia* — rendue nécessaire par le caractère particulier de leur mission, pratique le *debriefing* des opérations montées, analyse les succès obtenus ou les ratages observés à partir d'archives littéralement monstrueuses. Il n'y a pas d'endroit au monde où l'on écrive autant afin de pouvoir apprécier et ne pas laisser au hasard ou à des improvisations ou emportements individuels la mise en œuvre de mesures dont le moins qu'on puisse dire c'est qu'elles sont aussi délicates que sophistiquées.

Le « Cerveau », écriraient les romanciers à sensation qui, cependant, ne consacrent que peu de lignes à cette activité de commandement stratégique et d'exécution tactique pourtant proprement cruciale.

Une marée d'héroïsme

Une question essentielle se pose alors à ce point de notre exploration : à quoi peuvent donc servir cette accumulation de moyens souvent gigantesques, cette débauche de dévouements pouvant aller jusqu'au sacrifice de sa propre vie ou, en temps de paix, de sa liberté ?

Le Grand Jeu comporte sa galerie de martyrs et de héros. Lorsque le grand Richard Sorge — j'emploierai désormais dans ce livre la phonétique allemande ou russe de « Zorgué » au lieu de la bouillie d'« orge » et de « serge », produits peu nobles, que mâchonnent les Français — devient, pour mieux renseigner le Saint-Empire communiste, un journaliste conservateur puis l'attaché de presse de l'ambassadeur du IIIe Reich à Tokyo, quand les résistants antinazis de Berlin décident, afin de jeter à bas l'oppression brune, de livrer à Staline, au sein du futur Orchestre rouge, les secrets de Hitler, ils s'avancent tous, enthousiastes et lumineux, vers une mort acceptée.

Mais, si l'on écarte cette époque de fureur et de sang — les résistants fusillés du Mont-Valérien ou d'Odessa, les quatre cents membres du réseau l'Arche de Noé de Marie-Madeleine Fourcade pendus au Struthof la veille de la libération du camp sur ordre personnel de Hitler, les six millions d'innocents de la Shoah —, la pratique de l'espionnage suppose-t-elle, en temps de paix, un courage particulier ? Certes, l'amélioration continue des règles de la clandestinité lors du chiffrement des messages ou des liaisons et « rencontres conspiratives » des *opers* avec les agents est destinée, en théorie, à réduire les risques encourus. Heureusement pour les historiens, l'existence d'opérations de décryptement, de transfuges ou d'agents recrutés à la tête des services secrets adverses fait, plus que l'efficacité plus que relative des surveillances des chasseurs d'espions, remonter à la surface des secrets qui auraient dû rester enfouis à jamais dans les glauques profondeurs de la *konspiratzia*.

Toutes les lois de tous les États répriment « l'espionnage » avec une rigueur que pour ma part, mais c'est un autre problème, je trouve excessive. Si les Cinq de Cambridge parviendront, grâce à une exemplaire « exfiltration » des plus importants d'entre eux, à échapper au « châtiment », George Blake en Grande-Bretagne, Georges Pâques en France furent condamnés à de lourdes peines de prison. Pis encore : dans le totalitaire et dogmatique Saint-Empire communiste, ces « grands agents » qu'étaient Penkovsky ou Poliakov au sein des services de renseignement de l'Armée rouge ont été purement et simplement fusillés comme la plupart des « traîtres » à l'ordre soviétique et n'oublions pas, honte de la démocratie, les malheureux — et innocents de ce qu'on leur reprochait — époux Rosenberg, livrés comme victimes expiatoires à une opinion publique américaine révulsée par la découverte de « l'espionnage atomique ». La mort ou la prison sont le lot de l'agent même si l'échange vient parfois tempérer cette rigoureuse loi, du moins dans l'humaniste Occident.

Paradoxalement, l'*oper* des services secrets est exposé à de bien moindres dangers. Certes un illégal est, tel le colonel Abel, guetté par la privation de liberté mais le faux diplomate d'une *rezidentura* légale se trouve, lui, couvert par l'immunité diplomatique et n'affronte, en cas de guerre, que le refoulement lors de la fermeture de son ambassade ou, en temps de paix, l'expulsion par le pays où il a pourtant dirigé des agents, eux emprisonnés ou fusillés. Même lors du sacrifice de Zorgué ou de l'Orchestre rouge, le dirigeant russe des résistants berlinois, le pourtant exceptionnellement courageux Korotkov, regagnera paisiblement Moscou avec les diplomates soviétiques rapatriés après l'invasion de l'URSS, alors que le correspondant légal de Zorgué à l'ambassade russe de Tokyo ne sera jamais inquiété faute d'une déclaration de guerre entre la Russie et le Japon.

En dehors de ces cas extrêmes mais peu dangereux — être déclaré, comme seule sanction, *persona non grata* n'est pas très agréable mais n'est ni mortel ni infamant —, il n'en reste pas moins que vivre perpétuellement sous la surveillance du contre-espionnage adverse, veiller à chaque seconde au respect de la clandestinité, notamment lors des rencontres conspiratives avec vos agents ou du relevé ou du remplissage d'une « boîte aux lettres morte » ne constitue pas, pour l'*oper*, une activité aussi paisible que celle d'un employé de la sécurité sociale. L'épreuve était particulièrement difficile dans une Union soviétique, portée — conséquence de son totalitarisme — à tous les chantages et à toutes les provocations mais certains pays occidentaux ou orientaux n'étaient pas non plus une thébaïde, à la différence de la douce France, affectée, pendant un temps à Moscou, du doux nom de code « Polynésie ». Les anciens du Renseignement extérieur du KGB continuent à raconter avec effroi des histoires de disparitions pures et simples ou de membres de leurs *rezidentura* passés à tabac par des « inconnus » sur les docks de New York.

À l'opposé du soldat en temps de guerre, l'*oper* professionnel ne vit pas dans un face à face permanent avec la mort mais ce n'est pas, pour autant, un diplomate ordinaire, navigant de cocktails en réceptions. C'est l'agent, s'il est mû par des convictions d'idéologie, qui est dans ce couple magique le véritable héros.

Une seule et unique mission

Oui, quelle est donc la profonde raison d'être de cette marée d'héroïsme des agents et de dévouement sans borne des *opers* ? Je voudrais, tant sont forts l'ignorance et le fantasme, être sûr de disposer de la force nécessaire afin de convaincre mon lecteur, s'il n'a pas, privé des mythes mirobolants auxquels on l'a habitué, abandonné ce livre. Écartons tout d'abord les invocations courantes et un peu trop proclamatoires à mon goût, permettant de surcroît les dérives émotionnelles les plus inquiétantes, de la défense de la sécurité du pays, de la nation, de la civilisation à laquelle ils appartiennent et des valeurs qui en sont le fondement. Pour parler plus simplement, n'affirmons que des vérités premières et pratiques qui ne devraient jamais être oubliées.

La mission du contre-espionnage répressif intérieur est claire et conforme, en temps de paix et en démocratie, aux règles élémentaires du droit car elle consiste à détecter et à traduire devant la justice les agents et les *opers* d'États étrangers — de nos jours : les terroristes.

En revanche, le recours par les services de renseignement extérieur à des méthodes mobilisant des moyens puissants et battant ouvertement en brèche la loi des pays où s'exerce cette étrange activité ne se justifie, lui, que par une seule et unique raison : la recherche, par la collecte de documents ou d'informations protégés par le secret tissé par d'autres États, nations ou idéologies, de cette « connaissance objective » dont Max Weber a souligné toute l'importance. C'est cette « connaissance objective » du monde extérieur qui nous entoure qui s'avère indispensable si l'on désire — soyons pompeux quand même — défendre efficacement le pays, la nation, leurs intérêts et leurs valeurs dans un univers qui, comme le constatait Raymond Aron — la formule reste, hélas, d'une brûlante actualité bien qu'elle ait été forgée durant la « guerre froide » — demeure « littéralement terrifiant ».

« L'Histoire est tragique », martelait Hegel, et c'est pour permettre au pouvoir politique — politico-militaire en temps de guerre — et à la société d'atténuer ce caractère profondément douloureux que les services secrets se voient confier l'autorisation de violer le droit des États étrangers. Ce qui devrait n'être qu'une exception ne se justifie, cependant, que si les services de renseignement extérieurs procurent une connaissance aussi parfaite que possible — même si la perfection n'est qu'un rêve dans un domaine délicat entre tous car aux limites de l'intellect s'ajoutent les rideaux de fumée et les opacités que sécrètent ceux qui se dressent contre vous — des menaces qui pèsent sur les personnes, les biens, les sociétés, défendues par l'État auquel se trouve confiée cette tâche primordiale entre toutes, même si nous nous en rendons de moins en moins compte dans notre siècle où le « Tout-Individu » a tendance à remplacer le « Tout-État » de jadis.

Intelligence, disent les Anglo-Saxons en un terme et un concept plus corrects que le « Renseignement » français car si « renseigner » — « éclairer sur un point précis » — est d'une clarté méritoire dans *Le Petit Robert*, il n'en va pas de même du substantif correspondant : « 1°. Ce par quoi on fait connaître quelque chose à quelqu'un (exposé, citation, document) ; la chose, le fait que l'on porte à la connaissance de quelqu'un. » — ectoplasme veule et mou, qui n'évoque qu'imparfaitement tant les moyens de recherche que les résultats de la connaissance obtenue grâce à leur mise en œuvre. « 2°. Information concernant l'ennemi (sic), de tout ce qui met en danger l'ordre public (re-sic), la sécurité » ou, mieux : « Recherche de telle information ». Ce qui se conçoit bien s'explique clairement.

Cependant, si la Grande-Bretagne, île peuplée de navigateurs ayant à acquérir la « connaissance objective », tant du continent qui les menace que de l'empire maritime et colonial qu'ils conquièrent, n'a pas déformé la limpide *intelligence*, la démesure américaine l'a transformée — ce qui ne risque pas de se produire en France ou en Europe — en un système de pouvoir et de bureaucratie qui, à égalité avec les deux puissants *establishments* de la diplomatie ou des forces armées, est une des trois composantes des luttes politiques de Washington ou de l'expansion à l'extérieur du modèle américain. Bien entendu, ce système de pouvoir est démocratique et se situe donc, est-il utile de le préciser ?, à mille lieux du KGB de l'ancien Empire marxiste ou, même, du FSB de la Russie moderne, mais il n'en reste pas moins un outil politique et administratif, une vache sacrée de la « pensée unique » d'Outre-Atlantique, avec tous les débordements — et l'inefficacité — qui en découlent[1].

Je préfère donc — et de loin — la conception russe de « *Razvedka* » — littéralement : la « Reconnaissance » — qui, dans un pays où elle est devenue une partie intégrante de l'action publique en raison tant des menaces pesant sur un immense territoire ouvert à toutes les invasions et de la curiosité naturelle à une société peuplée d'individualités et de groupes portés

1. L'invocation continuelle aux États-Unis de « l'intelligence » — pour en attendre d'impossibles miracles aux débuts de la « guerre froide », pour la rendre responsable de tous les crimes après le Viêt-nam, le Watergate ou de douteuses « actions clandestines » en Amérique latine, pour l'appeler au secours après le 11 septembre — lui donne l'allure d'une Déesse abusivement omniprésente dont on n'analyse pas assez ni les composantes ni les divers *modus operandi* ou possibilités d'action.
Je crains, dans ces circonstances, que la menace terroriste n'améliore en rien la qualité de « l'intelligence » américaine — une invraisemblable « usine à gaz » avec sa quinzaine de services tout aussi tarabiscotés les uns que les autres — tout en augmentant son poids bureaucratique, médiatique et politique.

à l'anarchie et à la solidarité que du caractère profondément universaliste et expansionniste de l'idéologie communiste. Au fil de l'Histoire, ce terme combine harmonieusement dans la langue courante le sens hautement positif tant de la recherche des renseignements indispensables à la communauté que les résultats — la « connaissance objective » du monde que cette recherche permet d'obtenir[1].

Car, et je le répète tant il me paraît indispensable d'octroyer une force maximale à cette vérité tellement contraire à toutes les mythologies ambiantes : l'unique vocation des services secrets est la « recherche » de renseignements qui constitue le but et la justification de leur intervention sur la scène de l'Histoire. L'acquisition de la « connaissance objective » devrait être la seule justification tant du recours par des services spécialisés à des techniques particulières — voire au sacrifice de leurs agents — que de l'autorisation qui leur est donnée par l'État et la société de violer la loi.

Les dangers de la « barbouzerie »

Le monde n'est pas parfait et deux graves déformations viennent polluer la conception minimaliste que je viens d'exposer qui ne s'épanouit pleinement qu'en Grande-Bretagne — terre, on l'oublie trop souvent, de la démocratie — ou, dans une certaine mesure et d'une manière hautement paradoxale pour les démocrates que nous sommes, au sein du renseignement extérieur d'un KGB, pourtant emporté, lui, dans la globalité que formait le « Comité » dans le Saint-Empire soviétique, par les dérives les plus inacceptables.

En premier lieu — mais ce n'est pas, fort heureusement, le sujet de la présente réflexion consacrée au seul espionnage — les chasseurs d'espions des régimes totalitaires, qu'ils soient nazis ou communistes, ne constituent qu'une partie infime d'un iceberg qui, dans sa partie immergée, glace autrement le sang. Je veux parler du contrôle et de la répression, moyennant des

1. Paradoxalement, le terme de *Razvedka* — et le substantif qui en découle, le *razvedtchik*, l'*oper* qui se livre à la *razvedka* — n'est riche, en Russie, d'aucune connotation de pouvoir. Cette dernière n'apparaît, magnifiée, que dans les mots soit de *spetzslujbi* — les services spéciaux — qui évoque l'hydre du KGB au sein du Saint-Empire communiste avec sa terrifiante nuance de répression intérieure soit, de nos jours, de *siloviki* — les hommes « de force » — qui englobe, en addition aux personnels des ministères de l'Intérieur ou de la Défense, le contre-espionnage, la lutte antiterroriste ou le renseignement intérieur de l'actuel FSB.

exécutions et déportations collectives, d'une population à soumettre, avec l'aide parallèle d'une propagande échevelée, à une « idéologie » brune ou rouge dont la caractéristique commune est celle d'une démence démesurée. Tchéka léniniste, Sections spéciales staliniennes du NKVD de la Grande Terreur et ses Goulags ou Katyns, Gestapo et SD hitlériens et leurs Buchenwald, Treblinka ou Auschwitz sont, avec les pelotons d'exécution, les chambres à gaz — spécificité nazie — et les camps de redressement et de travail, une lèpre honteuse pour la conscience universelle, la Machine infernale, responsable des crimes contre l'humanité commis, dans ces époques d'exception, par les polices secrètes et les services « spéciaux » du satanique totalitarisme.

Moins terrifiant mais inquiétant quand même, le second dérapage des services secrets peut venir vicier, lui, le fonctionnement des services de renseignement même des démocraties. Si les services démocratiques de contre-espionnage semblent mieux protégés en raison de leur rattachement aux autorités judiciaires, j'ai en vue l'utilisation de moyens puissants et clandestins du renseignement extérieur à des fins qui sont totalement étrangères à la recherche et à la connaissance.

J'ouvre mon cher *Petit Robert* dépenaillé par un usage intensif et le lourd volume manque me tomber sur les pieds : « Barbouze : [...] (1961, à cause de la fausse barbe qu'il porte parfois (sic). Agent (re-sic) secret (police, espionnage) ». Malgré cette définition hautement loufoque — comment se dévouer à un pays qui vous méprise à ce point ? —, j'accole, moi, le terme de « barbouzerie », aussi détestable dans la formulation que dans la réalité, à trois dérives propres aux contrées bananières et dont — « hélas, hélas, hélas » — la République française n'a pas toujours été exempte malgré ses cocoricos satisfaits sur sa manière exemplaire de respecter les « droits de l'homme ».

La première dérive vient quand certains dirigeants du pouvoir civil — je ne dis pas fort heureusement : le pouvoir politique dans son entier — ne font pas confiance aux services officiels et s'en remettent, pour certaines missions délicates, à des personnes et organisations parallèles auxquelles ils attribuent abusivement de puissants pouvoirs extralégaux. Tel fut le cas des lamentables « barbouzes » — le déplorable mot vient de là — mobilisées, parallèlement aux services de police officiels, face aux tueurs de l'OAS durant l'horrible guerre d'Algérie. Les services officiels dépendent des autorités judiciaires ou, lorsqu'ils sont contraints, comme dans le domaine de l'espionnage de travailler en marge de la loi, d'une hiérarchie administrative appliquant fermement une déontologie qui se doit d'être d'autant plus stricte et rigoureuse qu'il faut éviter tout dérapage quand on touche à cette « zone grise » de l'activité étatique que constitue la très discutable « raison d'État ». Faire appel à des personnes ou à des milieux opérant sans contrôle aboutit à violer l'indispensable, quelles que soient les circonstances, légalité républicaine et à ouvrir ainsi la porte à tous les abus depuis la simple escroquerie — dans certaines affaires de libération d'otages — jusqu'au cambriolage — le Watergate ! — voire — ce fut le cas des « barbouzes » en Algérie — à des arrestations et détentions intolérablement arbitraires.

La deuxième dérive est tout aussi grave lorsque des membres de services secrets, voire des services tout entiers, détournent les moyens que leur confie l'État afin de défendre l'intérêt général au profit d'intérêts personnels ou d'intrigues politiciennes qui n'ont rien à voir avec leur mission de collecte de renseignements indispensables à la sécurité de la collectivité nationale. Communiquer à la presse des bribes d'une enquête incomplète ou biaisée sur une personnalité politique qui vous déplaît, je pense à « l'affaire Hernu », constitue l'une de ces barbouzeries dont, malheureusement, des exemples encore plus inadmissibles ont illustré toute la nocivité lorsque le pouvoir n'avait pas jugé bon, dans les années soixante, d'entreprendre le « resserrage de boulons » des services secrets que nécessitait la fin de l'atroce guerre d'Algérie. N'avait-on pas vu alors un correspondant des services secrets français profiter des pouvoirs que lui conférait sa position pour convaincre deux naïfs policiers de procéder en toute simplicité à l'enlèvement en plein Paris, pour le compte de mystérieux commanditaires marocains, de l'admirable leader tiers-mondiste Ben Barka ? Ou de petits malins du même service de renseignement extérieur de l'époque faire figurer sur des photographies pornographiques — quel rapport avec la sécurité nationale ? — une prostituée ressemblant à l'épouse d'un ancien Premier ministre du général de Gaulle qui avait eu le malheur de déplaire au clan des « légitimistes » entourant le Dieu vivant en bout de course ? « Un Louis XIV vieillissant », me confiait alors Michel Debré.

La troisième dérive est encore plus intolérable lorsque c'est le pouvoir civil lui-même qui, tournant allègrement le dos aux obligations morales que lui impose la déclaration universelle des droits de l'homme, ordonne — ou s'efforce d'ordonner — aux services secrets des missions contraires à leur raison d'être. Tel était le cas, dans la pourtant vertueuse Amérique, quand le président Richard Nixon — champion toutes catégories d'une barbouzerie qu'on peut, elle, appeler d'État — demandait à son secrétaire de la Sécurité nationale, l'ambigu Henri Kissinger, de faire tout son possible pour discréditer aux yeux de l'opinion publique américaine un Premier ministre indien en visite officielle dans son pays mais manifestant l'invraisemblable culot de ne pas s'aligner aveuglément sur sa politique au Viêt-nam. Là où il y a de la gêne, il n'y a pas de plaisir et le « *Tricky Dicky* » s'efforcera, plus tard, de convaincre son directeur de la CIA, le talentueux et prudent ancien bras droit d'Allen Dulles, Richard Helms, de mobiliser tous les moyens d'« action clandestine » — *covert action* — dont disposait alors la Centrale américaine contre l'expansion communiste afin de renverser en Amérique latine le gouvernement pourtant démocratiquement élu de Salvador Allende[1].

« *This man is shit* », conclura Helms lorsque Nixon se débarrassera de lui à cause de son refus de couvrir la barbouzerie du Watergate. « La démocratie, dira plus élégamment mais en sens contraire un fier-à-bras « gaulliste » dans des temps qui paraissent aujourd'hui fort heureusement révolus, la démocratie s'arrête là où commence la raison d'État. » Non, mille fois non. Le respect des valeurs démocratiques doit jouer toujours, malgré et envers tout, même et surtout en ce qui concerne l'activité des services secrets qui ne sont, en République, qu'à la disposition de la liberté et de la sécurité des citoyens.

« L'ennui de ce métier, confiait Allen Dulles à ses amis, c'est que tout le monde vous prend pour Dieu. »

Voilà, en effet, que se dressent de nouveau sur notre chemin les deux statues de l'Ignorance de la réalité des services d'espionnage et du Fantasme de l'Espion miraculeux qui peuvent — de nouveau : « hélas, hélas, hélas » — impressionner les dirigeants les plus honnêtes d'un pouvoir politique dont l'espionnage — on l'oublie trop souvent en le présentant comme un nuage

1. Après les désastreux flottements de la CIA au Chili dus au mélange de ses réticences avec le maintien des pressions de la Maison Blanche, Nixon n'hésitera pas à avoir recours à la première forme de barbouzerie que nous avons dénoncée : l'appel à une équipe parallèle aux services officiels — où participaient, hélas, à titre personnel, deuxième forme de barbouzerie, d'anciens bras cassés de la CIA — afin d'effectuer un cambriolage à l'intérieur de l'immeuble du Watergate dans le but, infantile et morbide, d'obtenir des renseignements sur la campagne électorale d'un parti démocrate qui ne menaçait pourtant en rien sa réélection.

flottant dans l'Histoire sans dépendre d'aucune contingence — n'est que la servante, hélas par trop souvent aveuglement obéissante. On assiste alors à la naissance de la dangereuse et détestable tendance d'ordonner aux services « spéciaux » pour des raisons de facilité et d'incompréhension tant de leur mission que de leurs réelles possibilités d'intervention, de résoudre des problèmes face auxquels ils sont impuissants ou maladroits parce que de pareils défis relèvent d'une haute politique à laquelle les meilleurs organes de renseignement du monde ne sauraient en aucun cas se substituer.

Ainsi le sage président Eisenhower qui, après le solide président Truman, dotera la CIA de tous les moyens d'action dont elle avait besoin dans cette phase de la « guerre froide » — notamment, dans le domaine crucial de l'observation aérienne de la menaçante Union soviétique — comptera sur elle afin de lui enlever « l'épine dans le pied » que constituait pour la conservatrice Amérique le progressiste général Arbenz au voisin Guatemala. Puis, après ce facile renversement — opération « Success » — d'un dictateur fantasque et peu soutenu par la population, le subtil ancien commandant en chef face à l'Allemagne nazie en viendra à rêver que ses services secrets pouvaient également le débarrasser d'un Fidel Castro pourtant profondément populaire par le biais d'un débarquement semi-clandestin d'une poignée d'exilés que ses uniques talents militaires auraient dû lui faire apprécier comme plus proche des Pieds Nickelés que de la gigantesque et talentueuse opération Overlord en Normandie.

Les attitudes psychotiques se renouvellent constamment d'après Freud et le fantasme continuera à être entretenu par le libéral et vertueux Kennedy, avec ses ordres moralement discutables et politiquement stupides — Castro aurait été remplacé — d'assassinat du Lieder Massimo, alors que l'expéditif Nixon croira que « l'Agence » qu'il méprisait profondément se devait, au lieu, comme il s'en plaignait, de lire les journaux à Langley, de « normaliser » comme auraient dit les Soviétiques, notamment au Chili de Salvadore Allende, une Amérique latine travaillée par l'anticolonialisme et le rejet de l'arrogance américaine.

Avec l'amélioration de la « gouvernance », ces temps où l'appel aux services secrets pour pallier la démission du pouvoir face aux questions politiques de sa stricte compétence mais qu'en raison de leur complexe difficulté il renâcle à prendre à bras le corps semblent heureusement révolus. Par exemple, le président George Bush père — qui avait l'avantage d'avoir dirigé la CIA —, le président Clinton, auquel on peut, en revanche, reprocher un manque certain d'intérêt pour le Renseignement mondial, ou George W. Bush ne paraissent pas avoir voulu considérer leurs services secrets comme l'incarnation, dans le monde réel, du douteux feuilleton télévisé « Mission impossible ».

Mais le ver reste dans le fruit et il suffit qu'apparaisse le discutable concept de la « guerre contre le terrorisme », pour que surgissent, effroyables et inacceptables, les « prisons secrètes de la CIA » et des méthodes d'interrogatoires proches de l'immonde torture ou les écoutes extrajudiciaires de la NSA. Chargés d'assurer une connaissance aussi parfaite et objective que possible du monde terrifiant où il nous est donné de vivre, les services secrets ne sauraient être, malgré les méthodes clandestines qui leur sont imparties, une association de malfaiteurs exécutant les basses œuvres du pouvoir.

Sans aller jusqu'aux extrémités américaines, le danger est toujours présent comme l'indique l'étrange querelle de sexe des anges qui divise en France un petit cercle d'initiés qu'on aurait voulu plus éclairés : faut-il parler de services secrets ou de services spéciaux ?

Alors que les pays anglo-saxons ne se réfèrent qu'à des *intelligence services*, ce sont les Russes qui, héritiers de la tradition soviétique, évoquent à tout bout de champ les *spetzsloujby*. Probablement issue de la volonté communiste de peser sur tout ce qui touche à la société et à l'individu, cette formulation encore très soviétique ne constitue donc pas une référence dont devrait s'inspirer une démocratie digne de ce nom.

Certains puristes désirent même en France distinguer les services « secrets », chargés de la collecte de renseignements, des services « spéciaux » capables de réaliser toutes les missions « spéciales » commandées par la raison d'État. Les services, précise même le cahier des charges fixé par le décret secret définissant la mission de la Sécurité extérieure française se doivent de pouvoir exécuter tout — je dis bien « tout » hélas — ce que leur ordonne le gouvernement[1].

1. « La DGSE, s'extasie la revue des anciens de l'ENA consacrée au Renseignement en octobre 2006, se voit confier la responsabilité du renseignement extérieur ainsi que, comme le précise son décret fondateur, “toute action qui lui serait confiée par le gouvernement”. Posons d'emblée que jamais cette responsabilité ne sera aussi lourde qu'aujourd'hui. »

C'est là que je manifeste, moi, mon désaccord le plus total. Certes une action secrète de diplomatie parallèle peut s'avérer nécessaire mais elle ne saurait que constituer, dans des conditions marginales et particulières, que le prolongement naturel tant des procédés de recherche pure que de la diplomatie officielle et, surtout, ne pas donner naissance à des « opérations clandestines » discutables. Certes — et sans aller jusqu'à l'extrémisme soviétique du KGB qui engagea ses abominables « forces spéciales », en préparation à l'invasion militaire de l'Afghanistan, afin de renverser et assassiner le dirigeant qui ne correspondait pas aux visions idéologiques du Saint-Empire —, un État même démocratique doit être en mesure de faire face à des situations exceptionnelles telle que la prise des otages à l'ambassade américaine à Téhéran. Certes des interventions ponctuelles peuvent devenir indispensables — disons pour assurer le rapatriement d'otages en Irak —, mais il existe dans l'Armée ou la police suffisamment de forces spécialisées — en France : le RAID, le GIGN, etc. — pour s'en charger en réduisant le risque — qui, hélas existe toujours : voyez les dérives du GIGN emporté par l'ivresse du pouvoir sous Mitterrand — de donner vie à l'abominable illusion que les services « spéciaux » peuvent satisfaire n'importe quel caprice gouvernemental. En aucun cas, les « services de renseignement » ne devraient, en effet, devenir l'instrument complaisant et aveugle d'une inacceptable « barbouzerie d'État ».

Éminemment fausse et dangereuse apparaît donc la formule populaire aux débuts de la CIA lorsque l'Amérique découvrait fascinée mais effarée, en pleine exacerbation de la « guerre froide », le monde de l'espionnage : « Les services secrets sont les criminels légaux de l'État ».

On ne saurait nier bien entendu que les activités d'un service de renseignement sont considérées comme criminelles par l'État ou la nation au sein desquels elles se déploient. Il est non moins indubitable pourtant que ces mêmes opérations sont appréciées par l'État et les hommes qui les mènent comme la forme la plus achevée d'un légitime patriotisme. Crime pour les uns, célébré comme une louable manifestation du dévouement patriotique ou idéologique par les autres, le Grand Jeu ne saurait pour autant justifier des crimes considérés comme tels par tous. Bien compris et bien pratiqué, l'espionnage ne devrait, en aucune circonstance, porter atteinte aux droits de l'homme[1].

1. Après la chute du mur de Berlin et la réunification de l'Allemagne, la justice vengeresse de la République fédérale, prisonnière du fantasme de l'Ogre satanique, s'abattra sur Markus Wolf, persuadé que le chef prestigieux du Renseignement de la RDA n'avait pu que soutenir le terrorisme international ou pratiquer des enlèvements et des chantages contraires au respect de la personne humaine. Après des enquêtes approfondies et deux procès — j'ai eu alors l'occasion de faire savoir qu'à mon avis, Markus Wolf n'avait fait, servant son pays, qu'accroître sa connaissance de l'Allemagne de l'Ouest —, le dirigeant de la démoniaque HVA fut, professionnel du Renseignement pratiquant exclusivement la recherche d'informations sur la République fédérale, blanchi de tout soupçon de crime de droit commun. Je crains que si la défaite avait frappé l'Occident, il n'en serait pas allé de même de la plupart de ses chefs de services secrets tant les impératifs de la recherche pure ne semblent pas avoir suffisamment triomphé de cette « maladie infantile » de l'espionnage lourde de toutes les « barbouzeries » que je récuse et qui veut que les services « spéciaux », « criminels légaux d'État », se doivent, dans le domaine combien sombre de la « raison d'État », d'exécuter les basses œuvres du pouvoir, même s'il se prétend « démocratique ».
Ce n'est qu'en temps de guerre que les services secrets mobilisent leurs puissants moyens et leurs techniques de clandestinité afin de participer à l'effort général de la nation. Ils doivent s'efforcer d'ailleurs alors, en raison de leur culture propre s'ils sont pourvus de la compétence et de traditions suffisantes — ce qui n'est pas toujours le cas hélas, même en démocratie — d'essayer de limiter au maximum « l'ascension aux extrêmes » de la violence, des haines et des passions propres à la guerre selon Clausewitz.

Troisième Partie

LA NAISSANCE DE L'ESPIONNAGE MODERNE : DU STALINE DES ANNÉES TRENTE AU CHURCHILL DE LA SECONDE GUERRE MONDIALE

CHAPITRE VII

La toile d'araignée rouge

Le « miracle des années trente »

Maintenant que nous sont familiers les personnages réels du Grand Jeu et le rôle véritable qui leur est dévolu, nous pouvons commencer à les voir évoluer sur la scène grandiose de cette Histoire où ils folâtrent d'une manière si fascinante.

Au moment où Richard Zorgué, brillantissime et exceptionnel *rezident* illégal — les Russes disent plus correctement : « non légal » — des services de recherche de l'Armée rouge, le GRU, établit, en mettant lui-même la main à la pâte pour collecter les informations les plus secrètes sur le IIIe Reich, des relations chaleureuses au plus profond de l'ambassade nazie à Tokyo, d'autres événements en d'autres lieux se sont déroulés en donnant naissance à ce que les Russes célèbrent encore comme le « miracle des années trente ». L'enthousiasme ne délie pas toujours les langues et les services russes actuels se contentent, hélas, d'indiquer les grandes lignes de cet épisode miraculeux du jeu des jeux sans toujours apporter les indications précises qui feraient sortir entièrement cet instant de bonheur des espions communistes des brumes de la *terra incognita*.

À peu près à la même époque où la *rezidentura* de Berlin, cette fois légale et appartenant, elle, aux services civils du Renseignement extérieur du NKVD stalinien, tisse des liens d'amitié avec Arvid Harnack et obtient du Centre l'autorisation de procéder à son recrutement, posant ainsi la première pierre de l'épopée du futur Orchestre rouge, des graines sont semées à Londres. Les fruits également merveilleux qu'elles produiront n'arriveront, eux, au mûrissement non, comme ceux de Zorgué ou de l'Orchestre rouge durant la préparation par Hitler de l'invasion du Saint-Empire marxiste, mais pendant le choc de titans de la Seconde Guerre mondiale. Plus tard, ils contribuent à l'acquisition par une Union soviétique victorieuse de la bombe atomique ou à sa connaissance parfaite, aux débuts tumultueux de la « guerre froide », des intentions et actions de l'adversaire anglo-saxon qui se dresse alors soudain sur le chemin de l'expansion de Staline que rien ne semble pouvoir arrêter en Europe occidentale.

Revenons au « miracle des années trente ». L'ambiance de la capitale anglaise est romanesque à souhait. L'université de Cambridge est la plus prestigieuse du pays, voire du monde tout entier... Un groupe d'étudiants enthousiastes s'y ébat, provenant, pour quatre d'entre eux, des meilleures familles de la glorieuse nation britannique... La société tout entière est, elle, travaillée par les idéaux de gauche qui fleurissent alors sur un fond de poussée fasciste en Italie et en Allemagne et du maintien, en Angleterre, d'un conservatisme obtus, s'arc-boutant sur des valeurs dépassées... C'est sur cet environnement unique et explosif que des « illégaux » des services secrets communistes, grands intellectuels et moines-soldats issus des combats du Komintern, sauront jouer comme des virtuoses sur un Stradivarius...

Tout commence avec « Kim » Philby, fils d'un haut fonctionnaire arabisant et un tantinet réac, rival en son temps de Lawrence d'Arabie, et que sa nature généreuse pousse à militer dans l'Europe continentale menacée par la lèpre brune pour la défense des droits de l'homme comme on dirait de nos jours, au sein des « ONG » du moment. De retour à Londres après son engagement « citoyen » dans une Vienne torturée par le fascisme, le jeune Kim — ainsi surnommé par son père en souvenir de Kipling — désire s'inscrire au parti communiste anglais qui lui paraît seul à même de défendre les valeurs auxquelles il a choisi de se dévouer. Et c'est là que le miracle se produit et qui tourne la roue du destin : au lieu de lui faire distribuer le *Daily Worker* à la sortie des usines, le « Parti » — comme on dit : « l'Église » — dirige Kim vers un illégal des services secrets de la patrie au socialisme rayonnant.

On connaît peu de choses sur Arnold Deutsch, un Viennois du Komintern, sauf que c'était un homme d'une immense culture et d'un rare pouvoir de conviction et l'on ne sait donc rien, hélas, du détail de ses conversations « conspiratives » sur des bancs publics dans des parcs déserts londoniens avec le jeune Kim. Le résultat est pourtant là : le pur militant droit-de-l'hommiste et antifasciste se laisse persuader que distribuer des tracts dans les rues à des passants indifférents est moins utile pour les idéaux qu'il vénère que de travailler pour les services secrets du pays où se bâtit le futur lumineux d'une humanité enfin libérée et rénovée.

Objet d'un recrutement en bonne et due forme, le jeune Philby se confie à son ami de Cambridge, le flamboyant homosexuel Guy Burgess, descendant d'une longue lignée d'amiraux et de maréchaux qui, à son tour, parle de la merveilleuse voie possible à son amant, le délicat Anthony Blunt, amateur d'art et fils de pasteur, ou à David Maclean, rejeton d'un ancien ministre de l'Instruction publique et se destinant à la diplomatie au sein du prestigieux Foreign Office. Le processus est toujours le même, orchestré de main de maître par Arnold Deutsch ou par son collègue illégal en pénétration des milieux intellectuels anglais, l'ancien prêtre hongrois Teodor Maly qui, d'ailleurs, rappelé à Moscou durant la Grande Terreur, sera, kominternien suspect, exécuté d'une balle dans la nuque au plus profond des caves de la Loubianka qu'il servait avec tant d'inventivité et de dévouement.

La suite obéit autant aux conseils conspiratifs avisés de « directeurs » d'agents hors pair qu'à la logique des carrières tout naturellement dévolues aux jeunes gens de la meilleure société londonienne — seul le cinquième homme, John Cairncross, n'est qu'un modeste boursier —, au jeu de relations mondaines tissées dans le grand monde mais, également, aux bouillonnements d'une période tumultueuse marquée par l'arrivée au pouvoir de Hitler et, puis, par la Seconde Guerre mondiale déclenchée par sa folie. Journaliste conservateur de la presse britannique durant la guerre d'Espagne — leurs recruteurs illégaux avaient sagement recommandé aux Cinq de Cambridge de tirer en apparence un trait sur les engagements communistes, droit-de-l'hommistes et antifascistes de leur jeunesse —, Kim Philby entre en 1940 dans l'Intelligence Service dont il gravit, recrue on ne peut plus brillante, tous les échelons jusqu'à se voir confier les opérations… antisoviétiques en 1944 et à devenir l'officier de liaison avec la CIA en pleine « guerre froide » en 1949. Comme il le souhaitait, son ami David Maclean fera une époustouflante carrière au Foreign Office, de secrétaire à l'ambassade britannique à Paris jusqu'à un poste en 1941 au secrétariat général des Affaires étrangères, de membre du groupe de coordination anglo-américain aux États-Unis en 1944 aux fonctions de premier secrétaire de l'ambassade de Washington en

1947 avant de devenir, après un passage au Caire, directeur du Département Amérique au Foreign Office en 1950.

Le tumultueux Guy Burgess naviguera, lui, des milieux financiers à la BBC et à l'Intelligence Service avant de s'occuper, après la guerre, du secrétariat particulier de l'adjoint du ministre des Affaires étrangères du gouvernement travailliste puis de se faire affecter au Département Asie du Foreign Office pendant que son ami, Anthony Blunt, fera carrière, jusqu'à la fin de la guerre, quand il prendra la direction des collections d'art royales, au sein du contre-espionnage du MI 5. Quant au plus laborieux Cairncross, il servira en 1940 comme secrétaire de Lord Henley chargé d'un rapport sur la coordination des services de renseignement et de contre-espionnage et, en pleine guerre, se fera muter au service de décryptement où il verra passer entre ses mains tous les messages allemands « cassés » par les Anglais grâce à leur reproduction de la célèbre machine à coder nazie Enigma.

C'est donc la richesse proprement exceptionnelle des renseignements passant entre les mains des « Cinq de Cambridge » — *Kambrijksaïa Peterka* en russe — qui permettra aux services secrets soviétiques d'avoir accès aux secrets les plus précieux de l'Empire britannique. Staline connaîtra ainsi, grâce à Cairncross, les plans décryptés des opérations de l'état-major allemand sur le front de l'Est ou grâce à Philby toutes les actions secrètes montées par les Anglo-Saxons contre l'Union soviétique après la rupture de l'alliance sacrée contre le nazisme. Moyennant la collaboration aveugle et éperdue de Maclean, le « petit père des peuples » aura accès à la totalité des intentions britanniques ou américaines à l'égard du Saint-Empire communiste et, notamment, prodigieuse cerise sur un gâteau géant particulièrement crémeux, à la volonté des États-Unis de fabriquer une bombe atomique leur assurant la domination mondiale.

L'hémorragie — il s'agirait bien d'une hémorragie — ne s'arrêtera que dans les années cinquante lorsque l'opération américaine de décryptement Venona des messages secrets soviétiques émis à partir des États-Unis accouchera d'indications pouvant mener à David Maclean. Averti par Philby, au courant des recherches des casseurs de code, le diplomate accompagné d'un Burgess affolé, suivit les instructions d'« exfiltration » que lui avaient données ses « directeurs » soviétiques en cas de danger. Depuis la guerre, ce n'étaient plus des illégaux — Arnold Deutsch était mort dans un accident d'avion durant les hostilités — mais de faux diplomates légaux de l'ambassade russe à Londres. En 1951, face à une Grande-Bretagne secouée et effarée, les deux « espions » arriveront à Moscou où il ne leur restera plus qu'à être rejoints par Philby une décennie plus tard — l'espionnage, l'avons-nous suffisamment souligné, est un crime sans cadavre et les preuves susceptibles de convaincre un tribunal sont difficiles à obtenir — et à découvrir, durant de longues et mornes années, le fossé entre la terne réalité soviétique et le beau rêve communiste pour lequel ils avaient changé d'allégeance durant leur pure et enthousiaste jeunesse. Quant à Cairncross et Blunt, qui avaient cessé toute collaboration avec les Russes après la guerre, ils furent l'objet de longues et fastidieuses enquêtes qui n'entraîneront aucune poursuite en Angleterre à la suite d'un accord avec les services de contre-espionnage britannique.

Les *Magnificent Five*, disent les Russes en se référant au titre du spectaculaire western hollywoodien, *Les Sept Mercenaires* dans un émerveillement dont on aurait pourtant voulu que, générateur de livres et de films innombrables, il soit plus riche de précisions sur l'extraordinaire travail accompli par les « grands illégaux communistes » qui, dans les années trente, ont si activement participé à ce « miracle » qui mérite véritablement le qualificatif de prodigieux[1].

Les grands illégaux communistes de la croisade antifasciste

Avec le colonel Rudolph Abel, nous avons déjà fait la connaissance de l'illégal contemporain dont la parfaite « vraie fausse » identité d'autochtone du pays où il est implanté lui permet de passer inaperçu, noyé, tel un

1. Si les conditions exactes du recrutement de Kim Philby par le grand Arnold Deutsch sont enfin dévoilées par les « Esquisses de l'histoire du renseignement extérieur russe », *op. cit.*, les détails manquent malheureusement sur l'étude de sa généreuse personnalité, les contacts préalables et la « conversation de recrutement » elle-même.
Une fois n'est pas coutume, je m'en suis remis afin d'établir sa biographie et celle de ses amis à un ouvrage français: Geoffroy d'Aumale et Jean-Pierre Faure, *Guide de l'espionnage et du contre-espionnage*, Paris, Le Cherche-Midi, 1998. Ce précieux livre recense, malgré une insuffisante analyse de la qualité des résultats obtenus et des particularités des circonstances historiques mais sans trop — fait rare en France — de fantasmes et de mythologie, les personnalités et les opérations les plus marquantes du Grand Jeu. Malheureusement les auteurs se sont appuyés essentiellement sur les ouvrages publiés à Paris, laissant ainsi de côté la richissime littérature russe et américaine qui n'a pas été traduite en français.

poisson dans l'eau, au plus profond d'une population locale dont rien ne le distingue.

Tout différents étaient les flamboyants illégaux communistes des années trente qui, profitant des balbutiements des chasseurs d'espions occidentaux de cette époque d'avant la « guerre froide », opéraient, toujours sans la moindre couverture diplomatique, soit sous leur propre identité comme l'Allemand Richard Zorgué en Chine puis au Japon soit, en Europe occidentale, sous de fausses identités de divers pays non soviétiques. Alors que les diplomates du naissant Saint-Empire étaient surveillés par les polices locales tout en inspirant des sentiments de rejet aux populations révulsées par le « bolchevik au couteau entre les dents », le « non légal » — j'aime bien la terminologie russe — des années trente marquées par la « construction du socialisme dans un seul pays » et la croisade antifasciste pouvait se faire passer soit, tel Richard Zorgué, pour un adversaire résolu de l'Union soviétique soit apparaître comme un sympathisant — bien entendu innocent de tout lien avec les services secrets russes — de la Grande Cause communiste.

L'épopée — de nouveau, j'emploie ce mot fort en pleine connaissance de cause — de ces non-légaux relève autant de la pratique propre aux services russes durant les années trente — elle fut mise en œuvre et par le civil NKVD et par le militaire GRU de l'Armée rouge — que du climat particulier d'un temps de bouleversements politiques et idéologiques sans pareils. D'une part, il existait alors dans le camp communiste tout un vivier d'hommes véritablement d'exception qui, après avoir été formés le plus souvent au sein du Komintern, avaient été laissés sur le sable après l'effondrement du rêve de la « Révolution mondiale ». D'autre part, si la société occidentale était dans son ensemble hostile au bolchevisme, il n'en allait pas de même de certaines élites intellectuelles et politiques d'Europe et d'Amérique, séduites par l'édification sur terre du premier « paradis socialiste ». Enfin la montée du fascisme et l'arrivée au pouvoir de Hitler dans une Allemagne transformée en un terrifiant empire nazi, arc-bouté contre l'idéal communiste, le déclenchement de la guerre civile en Espagne donnaient naissance, au sein de l'intelligentsia d'Occident, à un esprit de croisade antifasciste de plus en plus puissant et enthousiaste.

La façon dont les non-légaux des services secrets communistes profitèrent de — ou jouèrent sur — ces circonstances uniques varie selon la personnalité et les conditions spécifiques des pays et du moment. Si Zorgué s'appuie sur les sentiments de gauche et antifascistes des collaborateurs directs et agents du réseau qu'il réussit à tisser autour de lui, il se fait passer pour un adhérent de la cause nazie au cœur de la colonie de l'ambassade allemande à Tokyo à laquelle il cache soigneusement son passé d'extrême-gauche. En revanche, le brillant Autrichien du Komintern, Arnold Deutsch, qui jouera un rôle déterminant dans le changement d'allégeance des Cinq de Cambridge, ne dissimulait pas, au sein de l'intelligentsia anglaise où il était parvenu à s'infiltrer, ses sentiments personnels procommunistes et antifascistes.

La même image de « compagnon de route » idéaliste et généreux sera entretenue à Paris, dans les milieux politiques du Front populaire hostiles au nazisme, par le *rezident* non légal du GRU, l'extraordinaire mais encore mystérieux Henry Robinson, nom de code : « Harry », et dont la véritable identité, Arnold Chnez, de Juif allemand, ignorée de la Gestapo qui l'avait pourtant arrêté et torturé à mort, vient seulement d'être révélée à Moscou[1] ainsi que son poste pourtant crucial au sein du Komintern d'ancien responsable de l'organisation militaire clandestine du Parti communiste allemand[2]. Quant au Hongrois Alexander Rado, ses activités antifascistes menées presqu'à ciel ouvert au profit des services russes ne s'épanouiront, elles, véritablement, en Suisse qu'après le déclenchement de la Seconde Guerre mondiale et l'invasion consécutive de l'Union soviétique.

D'autres, tel Alexandre Nikolski — de son vrai nom : Alexandre Feldbine —, entré dans l'histoire de l'espionnage sous son pseudo d'Alexandre Orlov, ancien responsable des services de renseignements économiques du NKVD et *rezident* illégal de ce service à Londres de 1934 à 1936 avant de devenir le responsable des services secrets russes à Madrid durant la guerre civile d'Espagne ou l'*oper* du GRU, Walter Krivitsky, installé en Allemagne et aux Pays-Bas, fonctionnèrent plutôt comme des officiers de renseignement classiques alors que Leopold Trepper, implanté bien plus tard à Paris, fera surtout du commerce et que l'activité d'Ignace Reiss à Genève reste encore peu connue de nos jours.

Comme tous les communistes de la première heure, ces grands illégaux des années trente connaîtront un destin d'autant plus tragique durant la Grande Terreur de 1937 que Staline, dévoré par la haine de son frère ennemi

1. V. Lurié et V. Kotchik, *GRU, Dela i Lioudi*, Moscou, Olma Press, 2003, p. 42.
2. I. Linder et S. Tchourkine, *Kransnaïa Paoutina, Taïnaïa Razvedka Kominterna*, 1919-1943, Moscou, Ripol, 2005, p. 143.

Trotsky n'appréciait guère les « cosmopolites » plus ou moins internationalistes — surtout quand ils étaient juifs — et estimait que leurs renseignements étaient influencés et biaisés par les services secrets de désinformation capitalistes. Rappelé à Moscou, Zorgué n'obéira pas à une convocation qui lui aurait valu la mort au même titre qu'à son légendaire chef moscovite du GRU, Ian Berzine, mais continuera à se dévouer à la Grande Cause du communisme jusqu'à son arrestation et à sa pendaison par les Japonais. Ayant, lui, récusé la nouvelle Foi, Ignace Reiss sera assassiné à Lausanne par les tueurs du NKVD alors que, passé également à l'Ouest, le capitaine Walter Krivitsky[1], non écouté malgré l'importance de ses révélations par les tâtonnantes polices occidentales, décédera mystérieusement en 1940 dans une chambre d'hôtel à Washington, probablement, cette fois, à la suite d'un suicide.

Pendant que Trepper, alias « Otto », peu efficace et d'un conformisme de caméléon, ou le moins douteux et plus admirable « Harry » Robinson ne sont pas inquiétés, Alexandre Orlov, rappelé à Moscou depuis la *rezidentura* d'Espagne qu'il dirigeait, n'échappera, lui, à la mort qu'en faisant chanter Staline en un prodigieux « Petit Jeu » : la vie sauve pour lui et sa famille contre un secret de cimetière sur les opérations des services d'espionnage soviétiques qu'il avait commandées ou connues. Malgré ses bonnes relations futures avec la CIA et son chef Allen Dulles ou les livres qu'il fera paraître en Amérique tant sur les techniques de l'espionnage que sur les crimes de Staline, Orlov respectera scrupuleusement sa part de l'extraordinaire marché. *Rezident* à Madrid, n'avait-il pas su — entre autres détails, qui eux, n'ont pas encore été dévoilés par les Russes car ils n'ont pas été découverts par le contre-espionnage occidental — que le jeune correspondant d'un journal conservateur de Londres durant la guerre civile espagnole, Kim Philby, était en fait un agent prometteur des services communistes et n'avait-il pas recruté en personne le brillant volontaire de la brigade Abraham Lincoln, Morris Cohen, qui, avec sa femme Leontine, jouera un rôle majeur dans « l'espionnage atomique[2] » ?

Rien n'est simple en matière de Grand Jeu et même une épopée aussi incontestable que celle des flamboyants illégaux communistes des services

1. Les commentateurs occidentaux lui attribuent d'habitude le grade de général que lui dénie le GRU (V. Lurié et V. Kotchik, *op. cit.* p. 534).
2. Voir ci-dessous p. 137-141

secrets soviétiques durant la croisade antifasciste reste en effet, trois quarts de siècle plus tard, toujours nimbée de mystère. Les prouesses de Richard Zorgué ne sont connues dans leurs grandes lignes qu'en raison de l'effondrement de son réseau, de son procès devant une justice nipponne dont les archives ont été récupérées par les Américains après la guerre, puis grâce à leur glorification par une Union soviétique désireuse de valoriser l'image de ses services. Détail croustillant et révélateur de la manière dont l'inconscient Occident participait aux propagandes du Saint-Empire, les services russes ne découvriront la qualité unique du travail de ce « non légal » hors-ligne, enfoui dans des archives rendues suspectes par la haine que lui portait Staline, que grâce à un film français, le remarquable *Qui êtes-vous, monsieur Sorge ?* d'Yves Ciampi[1].

Ce n'est également qu'à la suite du dévoilement des Cinq de Cambridge que des lueurs filtreront à Moscou sur la façon dont le subtil Arnold Deutsch a transformé le tendre Kim Philby, jeune et sincère militant antifasciste, en un collaborateur *perinde ac cadaver* des services secrets russes. De même, on ne peut deviner la fébrilité de l'action d'Alexander Rado en Suisse après l'invasion nazie de l'Union soviétique, que moyennant les enquêtes de la police helvétique sur ses émetteurs radios surnommés par les Allemands *Die Rote Drei* — « les Trois Rouges[2] » — ou la médiocrité de Trepper que par

1. C'est le général Kondrachev qui, ayant vu le film à Vienne, militera à Moscou pour tirer Zorgué de l'oubli : S. A. Kondrachev, *Une vie au KGB* (en russe), 2007, manuscrit non encore publié.
2. En revanche, il est maintenant aisé, grâce à l'entrebâillement des archives russes consécutif au dévoilement des Cinq de Cambridge, d'enrichir cette enquête helvétique sur Alexander Rado et d'établir qu'il est faux, comme le prétendait un sensationnel best-seller français des années soixante que « La guerre a été gagné en Suisse. ». En effet, l'informateur principal de Rado, Roessler, un éditeur libéral allemand réfugié en Suisse, nom de code: « Lucy », qui prétendait avoir accès, sans accepter de révéler leur identité, à des sources haut placées dans l'état-major de la Wehrmacht était, en fait, alimenté, grâce à un agent double anglais, Alexand Foote, par l'Intelligence Service britannique qui transmettait ainsi aux alliés russes ce qu'il voulait bien leur communiquer — « Les États sont des monstres froids », « Un État n'a pas d'amis », disait de Gaulle — des messages décryptés par Londres à partir de la reproduction de la machine à coder allemande Enigma. Si les services russes étaient en mesure de reconnaître le caractère partiel et orienté de ces informations anglaises, c'est qu'ils disposaient, grâce à l'un des Cinq de Cambridge, John Cairncross, de la *totalité* des interceptions allemandes décryptées. Est-ce cette approximation de Rado ou son caractère « cosmopolite » ? Toujours est-il qu'il sera, tel Trepper à la suite de son acceptation de participer

les rapports de la Gestapo consécutifs à son arrestation en 1942 ou par les confidences que ces douteux documents suscitent aujourd'hui en Russie.

Une énigme encore plus importante demeure : que faisaient donc à Paris le proprement extraordinaire *rezident* illégal du GRU, « Harry » Robinson, ou ces grands professionnels qu'étaient Alexandre Orlov et Arnold Deutsch qui ont, tous deux, effectué des passages dans la capitale française et qui n'étaient, ni les uns ni les autres, des hommes à aller pêcher à la ligne ? Les bouches se ferment à Moscou dès qu'on évoque ce problème qui ne peut être abordé face à une France où des descendants et des thuriféraires pointilleux risqueraient d'être indignés par toute idée d'une association de leurs ancêtres ou idoles avec un « espionnage soviétique » qui, en dépit du passage du temps, continue à ne pas être examiné avec l'objectivité qu'il mériterait.

« Vingt-deux avions de chasse français ont été clandestinement livrés à l'Armée de l'Air de la République espagnole », apprend-on seulement dans un document à caractère officiel du GRU russe[1] alors que le grand « Harry » Robinson précise à Moscou que la Gestapo n'est pas parvenue, après son arrestation, à déterminer quelle était l'*agentura* communiste au sein du ministère et de l'état-major français[2]. On aimerait bien savoir quels hommes

au jeu-radio monté par la Gestapo après son arrestation et avant son habile, sinon héroïque, évasion, condamné à dix ans de camp à son retour en URSS après la Libération.

1. Lurié et Kotchik, *op. cit.* p. 62.
2. Ce livre était déjà rédigé lorsque le GRU a soudain levé une partie du voile sur le mystérieux « Harry » Robinson sans, pour autant, dévoiler la nature précise de sa riche *agentura* qui s'étendait, d'après ces préciseuses révélations, sur l'ensemble de l'Europe dans le cadre d'un Orchestre rouge qui ne serait pas limité aux seuls groupes de Berlin, de Robinson ou de Trepper et aurait fonctionné jusqu'aux années soixante. Le supplément militaire de la Nezovissimaïa Gazetta de novembre 2006 raconte ainsi qu'Arnold Chnez aurait été, en plus de ses fonctions au Komintern de conseiller militaire du parti communiste allemand, condamné par contumace sous son vrai nom par la justice française pour avoir organisé en 1924 des grèves dans la Ruhr occupée.
Négligeant superbement les mandats d'arrêt lancés contre lui, le nouvel Henri Robinson aurait, « avec l'aide d'André Labarthe » — proche collaborateur durant le Front populaire du ministre de l'Air, Pierre Cot — fait opérer pas moins de cinq réseaux distincts. Arrêté par la Gestapo lors du démantèlement de la branche parisienne de l'Orchestre rouge — à la différence de la DST française et des anciens policiers nazis, le GRU ne prend pas partie sur la culpabilité éventuelle de Trepper dans cette dénonciation en se contentant d'indiquer que d'après Robinson, il aurait été livré par « la personne à qui le Centre avait communiqué à Moscou son adresse parisienne » —, Arnold Chnez aura réussi, à partir de la prison berlinoise où il sera exécuté sans avoir révélé ses véritables activités ni même son vrai nom, à faire parvenir au Centre de Moscou, sur de minuscules feuillets de papier confiés à un

ont eu le courage, sans devenir pourtant à vie des « espions soviétiques », de réaliser de tels exploits qui, avec le recul de l'Histoire, ne peuvent être considérés que comme hautement honorables.

Le mystère de l'*agentura* française

Tout laisse à penser, en effet, malgré le mutisme russe actuel, que la « toile d'araignée rouge » ou le « miracle des années trente » étaient beaucoup plus significatifs dans la France du Front populaire que dans une Grande-Bretagne conservatrice jusqu'à la moelle des os. Alors que les Cinq de Cambridge n'étaient encore que des espions en herbe, la collaboration de hauts dignitaires français avec les services secrets soviétiques durant la croisade antifasciste et la guerre civile d'Espagne — probablement par l'intermédiaire du grand « Harry » Robinson — paraît indubitablement établie par l'opération de décryptement américaine Venona des messages russes émis durant la guerre depuis les États-Unis.

Là encore, seule l'ouverture des archives russes permettrait de déterminer la nature et la portée de la coopération de personnalités aussi importantes — et, je le répète : hautement honorables, coupables en rien d'une « trahison » mais ayant effectué un choix volontaire ne contredisant en rien leur attachement à leur patrie — que le ministre de l'Air radical-socialiste de gauche, Pierre Cot, ou son collaborateur boulevard Victor, André Labarthe, future figure de la France libre à Londres avant de devenir après-guerre le respecté directeur de la revue de vulgarisation scientifique, *Constellation*.

Il y a plus spectaculaire et encore plus mystérieux.

Des documents saisis par la Gestapo — et récupérés après la guerre par les services anglais — chez « Harry » Robinson indiquent qu'une personnalité présentant des caractéristiques proches de celles du jeune Jean Moulin, appartenant au même cabinet du ministère de l'Air et à la même mouvance radicale-socialiste de gauche aurait, à un niveau il est vrai subalterne, suivi la même voie durant la croisade antifasciste et la guerre civile espagnole. Si

codétenu bulgare en cours de libération, un rapport détaillé sur l'état de ses réseaux après sa chute. C'est dans ce pathétique document « déclassifié » par le GRU qu'on apprend que la Gestapo n'a pas découvert l'*agentura* opérant au sein du « ministère français, de l'état-major, de la Sûreté ».

ce qui n'est encore qu'une « hypothèse de travail » de certains vieux routiers, devenus marginaux, du contre-espionnage français se trouvait, ce n'est pas pour demain, confirmée par les archives russes, un tel engagement avant la lumineuse rencontre avec le général de Gaulle — qui n'implique en rien une collaboration *ad aeternam* avec les services soviétiques — ne nuirait en rien — bien au contraire — à l'honneur et à la gloire du héros de la Résistance politique française.

Pourquoi donc ces cris d'orfraie ou ces querelles de chiffonniers où de respectables historiens ou des descendants indignés viennent la rage au ventre, proclamer que leur idole ou parent ne pouvait, personnalité digne de tous les éloges et au-dessus de tout soupçon, avoir été un « espion soviétique » alors que de tels choix étaient parfaitement compréhensibles dans le climat de l'époque, même si je considère, pour ma part, que la coopération avec des services secrets étrangers est inacceptable quelles que soient les circonstances ?

Le caractère péjoratif, voire franchement insultant, accroché au terme maudit d'« espion », la survivance du mythe du « bolchevik au couteau entre les dents », la continuation consécutive, même après la fin de la « guerre froide », de la condamnation globale, ignare et haineuse, de l'« espionnage soviétique », la volonté de l'actuelle « pensée unique » de bâtir une France immaculée, parée de toutes les vertus empêchent — et c'est dommage pour l'Histoire et le nécessaire débat démocratique — de reconnaître la noblesse du Grand Jeu et le caractère légitime de certains engagements qui apparaissent plus proches de la haute politique que de « l'espionnage ».

Des conditions de naissance de l'espionnage moderne

Le recrutement d'agents est-il un art russe comme le laisse supposer, à l'intérieur de l'Empire tsariste, la collaboration avec la police secrète de l'Okhrana d'avant la révolution du propre chef des terroristes de cette époque troublée, le célèbre et combien ambigu Azev, ou, à l'étranger, la coopération avec les Russes dès avant la Première Guerre mondiale du colonel Redl, chef du Deuxième Bureau de l'orgueilleux Empire austro-hongrois ?

Ou ce réel savoir-faire national, encouragé par des régimes policiers et autoritaires, ne s'est-il pleinement épanoui que lorsqu'il s'est trouvé au service d'une grandiose cause idéologique à portée universelle ? La Foi communiste comme acte de naissance et moteur essentiel de l'espionnage moderne…

Le trait commun entre le *rezident* non légal du militaire GRU, le grandiose Zorgué, et les agents du NKVD civil, Arnold Harnack au sein du Berlin de Hitler ou Kim Philby dans la démocratique Grande-Bretagne, entre les *rezidents* légaux des ambassades soviétiques ou les grands illégaux communistes des années trente est constitué, en effet, par la croyance aveugle dans les bienfaits entraînés par l'apparition dans l'Histoire d'une nouvelle forme de rapports entre les hommes. Tous ces nouveaux espions, « diamants qui ornent la couronne » du communisme, partagent la certitude du cheminement « scientifique », conforme au « sens de l'Histoire », de l'humanité vers « l'avenir radieux » non au Ciel mais sur la terre humaine…

Encore faut-il préciser cette constatation relative aux conditions de naissance de l'espionnage moderne. Le rêve de la « Révolution mondiale » issu de la révolution d'Octobre s'était déjà, avant l'extraordinaire « miracle des années trente », traduit par des entreprises aussi romantiques que la tentative de provoquer un « *big bang* » international, orchestré par cette élite néo-religieuse regroupée à Moscou au sein du Komintern. Et, dans le domaine du pur espionnage, ce sont les « *rab-cors* », les « correspondants ouvriers », qui devaient apporter sur un plateau d'argent au bolchevisme triomphant les succès les plus vitaux et les mieux gardés du capitalisme moribond.

Ces deux premières incarnations de la Grande Foi communiste avaient pourtant fait long feu. Les *rab-cors* étaient visibles comme le nez au milieu de la figure même pour les contre-espionnages vagissants et approximatifs d'un Occident endormi et un ouvrier, fût-il d'un communisme de cristal, est moins bien renseigné sur son entreprise et sur le monde politique qui l'entoure, qu'un directeur de ministère en col blanc. Quant à la Révolution mondiale, elle s'était, malgré de sanglants soubresauts en Hongrie, en Allemagne ou même en Chine, provoqués par des militants fanatiques locaux, conseillés par les talentueux experts ès-révolution du Komintern, effondrée comme un château de cartes. La « vague rouge » de « l'avant-garde du prolétariat mondial » n'avait donné naissance qu'à la lèpre brune du fascisme et du nazisme, à des dictatures semblables à celles de Pilsudski ou Tchang-Kaï-Chek ou au conservatisme bourgeois des frileux pays d'Europe occidentale[1].

1. À la différence des services secrets, les archives du Komintern sont aujourd'hui pleinement ouvertes dans la Russie actuelle. Les ouvrages d'historiens russes qui en découlent — notam-

Néanmoins, c'est dans cette ambiance de défaite du communisme international que surgit, inespéré, le « miracle des années trente », l'efficacité soudaine des grands *opers* légaux mais surtout illégaux provenant de l'étonnant vivier d'un Komintern pourtant impuissant et moribond. Ô paradoxe, le recrutement consécutif d'agents occidentaux dévoués au rêve communiste se développera alors non dans le giron du « prolétariat international » — plutôt attiré par le fascisme — mais au sein des élites intellectuelles, politiques et bureaucratiques de « l'ennemi capitaliste », révulsées, il est vrai, par la menace brune et l'impuissance — la complicité ? — des couches et pouvoirs conservateurs.

Cet épanouissement miraculeux du recrutement idéologique — ou : néo-religieux — dans les années trente ne se produira donc que sous Staline, lors de la titanesque « construction du socialisme dans un seul pays » qui a entraîné le surgissement d'un État se voulant fort et de services secrets enthousiastes et puissants. Seuls des organismes spécialisés sont susceptibles, en effet, de jouer à plein sur un rejet du fascisme et une foi marxiste qui n'avait fait que tourner à vide lors de l'aventure pourtant ruisselante de romantisme du Komintern et de la Révolution mondiale. Supériorité des visions pragmatiques, fussent-elles sanglantes, de Staline sur les utopies théoriques d'un Trotsky !

De foi et de sang

Or cette rencontre entre le détonateur de services secrets hautement motivés et compétents — en raison de leur foi mais également des traditions ancestrales de la police secrète russe et de la culture de la conspiration propre aux révolutionnaires qui la combattaient — et de la masse explosive, fût-elle limitée à une poignée, d'intellectuels habités par la Nouvelle Foi se déroule, quelle que soit sa pureté, dans l'ambiance effroyable propre à toutes

ment le monumental *Kransnaïa Paoutina* de I. Linder et S. Tchourkine, *op. cit.* — semblent indiquer que, malgré tous les efforts d'hommes dotés d'une Foi et d'un talent hors du commun, le Komintern n'était — ce que lui reprochait Staline — qu'un « tigre de papier », même si un Occident affolé lui a, avec en-tête un IIIe Reich aux limites de l'hystérie, abusivement attribué toutes les qualités d'un Ogre satanique. Qui sait, en Europe ou aux États-Unis où le fantasme continue à fleurir, que le terrifiant Komintern ne comprenait que… huit cents membres ?

les grandes explosions religieuses. La Foi appelle le Sang au sein du couple d'apocalypse qui chevauche alors une Histoire démontée.

Si la Tchéka, première et déjà sanglante police politique secrète créée par Lénine dès son coup d'État d'Octobre, était, comme le disait le prix Nobel de littérature, Joseph Brodsky, « le nom de jeune fille du KGB » — on peut prétendre la même chose de la Guépéou, indécemment glorifiée en son temps par le poète Aragon —, le NKVD, « Comité populaire des Affaires intérieures » qui réalise pourtant de si belles opérations d'espionnage idéologique moderne à l'étranger, est son appellation de femme mariée durant ses premières noces. L'époux était Staline et l'on ne connaît que trop bien — les intellectuels occidentaux l'ont pourtant nié pour ne glapir qu'après que le fleuve de sang se fut tari — les exécutions de masse et les procès truqués, le Goulag et les famines organisées qui ont bouleversé la souffrante Russie. Seuls les chiffres divergent. Si l'Occident compte par dizaine de millions, le service des relations publiques de l'actuel FSB reconnaît — ce qui est déjà terrifiant — 3 779 234 personnes « réprimées » dans les années trente-quarante et au début des années cinquante, dont — ô horreur ! — 786 098 fusillés[1].

Des convulsions aussi tragiques ne pouvaient qu'exercer de l'influence sur l'activité des services de renseignement extérieurs. Parallèlement au recrutement, lui lumineux, des Cinq de Cambridge ou de l'Orchestre rouge berlinois, le NKVD doit être débité — alliance effroyable de la Foi et du Sang — de l'exécution à l'étranger, sur l'ordre personnel de Staline, de transfuges — Agabekov à Paris, Ignace Reiss en Suisse — d'opposants politiques idéologiques — le secrétaire de Trotsky à Paris, Trotsky lui-même à Mexico en 1940 —, de nationalistes se dressant contre l'ordre communiste — l'Ukrainien Konovaletz à Rotterdam en attendant, mais cette fois vers la fin des années cinquante, le chef de l'« Armée de libération ukrainienne », Bandera, si ambigu pendant la lutte contre les nazis. Ajoutons à cette sanglante litanie l'enlèvement d'adversaires issus des milieux monarchistes de l'ancienne Armée blanche, les généraux Koutiepov et Miller à Paris.

Quelle que soit l'horreur de ces meurtres ou enlèvements — le général Koutiepov succombera à une crise cardiaque durant son kidnapping ; le général Miller sera, selon de récentes révélations faites par d'anciens du

1. Interview du général-major Alexandre Karbainov, directeur du Centre des Relations publiques du KGB (1990-92) in *Taïna stanovitsia Iasnaïa*, Geleos, Moscou, 2000.

KGB, jugé et fusillé à Moscou — découlant de la certitude de Staline que sa « construction du socialisme dans un seul pays » se trouvait en guerre avec « l'impérialisme » et ses alliés, les « socio-traîtres », on ne peut que constater leur nombre relativement limité si on le compare à l'ampleur de la Grande Terreur — même minorée par le FSB actuel — qui labourait alors en profondeur la malheureuse terre russe.

Certaines de ces opérations punitives relèvent d'un gangstérisme aussi sordide que primaire — exécution d'Ignace Reiss en Suisse ou d'Agabekov et du secrétaire de Trotsky à Paris par le jeune Alexandre Korotkov que nous avons vu redonner vie à l'Orchestre rouge berlinois —, mais d'autres auraient pu faire éclore l'admiration des « professionnels » du Renseignement si ces trésors d'inventivité n'avaient pas été mis au service d'objectifs aussi répréhensibles. Le représentant en Ukraine soviétique du dirigeant nationaliste exilé, Konovaletz, avait fait, d'une manière typique pour le contre-espionnage offensif du Saint-Empire, l'objet d'un « retournement » par le NKVD et ce fut l'un de ses hommes de confiance — en fait, le jeune tchékiste Soudoplatov, présentant toutes les apparences d'un « résistant » ukrainien authentique, ardent et au dessus de tout soupçon — qui viendra offrir à son « chef » à la terrasse d'un café de Rotterdam la boîte de chocolats bourrée d'explosifs entraînant sa volatilisation. C'est le propre adjoint du général Miller, le brillant général de l'Armée blanche Skobline, époux en vue de la prestigieuse chanteuse russe Plevitskaïa, qui, recruté par un NKVD lui garantissant un retour en gloire dans la mère-patrie, attira le monarchiste Miller dans un piège, sous le prétexte de lui faire rencontrer, dans la banlieue de Paris, des représentants des services secrets allemands.

Quant à l'assassinat atroce de Trotsky en 1940 dans le sanctuaire de sa villa-bunker de Mexico — explorée en détail dès 1938 par les agents « Felipe » et « Mario » dont les « Esquisses de l'histoire du renseignement extérieur russe » ne révèlent pas encore la véritable identité —, il n'est pas dû à l'attaque d'un commando de communistes purs et durs qui, mal monté par le grand artiste mexicain David Sikeiros dans le style de la guerre civile espagnole, échoua lamentablement. Un agent à l'intérieur est toujours préférable à un soudard externe et l'ordre de neutralisation donné par Staline ne sera exécuté que grâce à une opération de « pénétration » d'une rare subtilité menée à bien durant plus de deux ans par Naïm Eïtingen, l'ancien adjoint puis le successeur après sa défection du grand Alexandre Orlov à la *rezidentura* du NKVD en Espagne durant la guerre civile.

Exécution d'un hérétique

Pour traquer Trotsky, Eïtingen — représentant, comme Korotkov, de la jeune garde entrée dans les services de renseignement extérieur vers la fin des années vingt, illégal parlant quatre langues et ayant travaillé en Chine, en France et en Allemagne — dispose de plusieurs cartes maîtresses. Un jeune communiste espagnol d'une vingtaine d'années, Ramon Mercader, fréquente depuis 1938 les milieux trotskistes de Paris sous la couverture d'un « militant » belge, Jacques Mornard. Or la *rezidentura* de New York — il n'existe pas alors, faute de relations diplomatiques, d'ambassade soviétique au Mexique — a repéré et suit de près une famille américaine d'origine russe affichant des profondes sympathies trotskistes et dont les trois filles servent, au cours de fréquents séjours à Mexico, de petites mains, secrétaires et traductrices, au leader de la Quatrième Internationale.

Eïtingen n'est pas homme à laisser échapper une pareille opportunité : il fait approcher par une « personne de confiance », la jeune Rubis Veil, la fille cadette des Agelov, Sylvia, étudiante en psychologie particulièrement appréciée par Trotsky. Les deux jeunes filles sympathisent, décident de partager à New York le même appartement.

Soudain, Ruby fait un « héritage » imprévu et invite Sylvia — nom de code : « La Vieille Fille » — à effectuer un voyage à Paris. Transatlantique de luxe. Enchantement parisien à la Hemingway. Dîners dans les brasseries de Montparnasse. Et c'est au cours d'une de ces soirées de rêve que Rubis tombe « par hasard » sur un « vieil ami », le séduisant « Jacques Mornard ». Sur ordre d'Eïtingen, Ruby part pour Londres, laissant ainsi se développer une idylle entre les deux jeunes gens abandonnés à eux-mêmes dans les envoûtantes nuits parisiennes — toujours le paradis français pour les services secrets russes. L'amourette se transforme en fiançailles en bonne et due forme.

Sylvia doit regagner New York et Mexico. Qu'importe ! Leur amour est si intense que « Jacques Mornard » promet de l'y rejoindre — ce qu'il fait avec un faux passeport canadien procuré par Eïtingen car le déclenchement de la guerre en Europe rend délicats les déplacements des citoyens belges. Stimulés par leurs retrouvailles, les deux jeunes gens s'aiment de plus en plus et, au cours de leurs séjours amoureux au Mexique, Sylvia présente son « fiancé », qui l'accompagne tous les jours à son travail à la forteresse où vit, reclus, Trotsky, à ses amis, les Rosmer, qui séjournent dans le bunker. Le « militant belge » est reçu par Mme Trotsky puis par le grand chef en personne douze fois au cours d'entretiens en tête-à-tête totalisant quatre heures et demie.

Ramon Mercader — nom de code peu hermétique : « Raymond » — est jeune et enthousiaste. Fervent communiste, il a commandé un bataillon durant la guerre civile espagnole et à vécu de près le putsch de Barcelone quand, dans un bain de sang, les trotskistes et les anarchistes se sont soulevés contre le Front populaire. Mais comment le convaincre de sauter le pas, de commettre l'irréparable en assassinant de ses propres mains le leader de l'hérétique Quatrième Internationale qui, Staline ne peut le lui pardonner, se refuse à construire un État fort en Russie et continue à rêver d'une utopique Révolution mondiale ?

Naïm Eïtingen, qui vient d'arriver en personne à Mexico avec un passeport irakien, se trouve en mesure de jouer sur deux claviers. Sa propre force de conviction et son expérience dans la « direction » d'agents sont indubitables mais, surtout, il a fait venir à Mexico la propre mère de Ramon — nom de code à la Gorky : « La Mère » —, Caridad Mercader, une Passionaria communiste issue d'une grande famille espagnole qu'elle a reniée pour mieux défendre une révolution à laquelle elle a déjà sacrifié l'un de ses quatre fils, tué durant le siège de Madrid et qu'elle sert depuis 1937 en travaillant pour les « organes » secrets de Staline.

L'opération *Outka* — « Le Canard » —, ordonnée par Staline en mars 1935 et détaillée dans un plan d'action en un seul exemplaire daté du 9 juin, est tellement secrète — une partie des archives a été détruite, une autre dispersée entre les services — qu'il n'existe pas de comptes rendus des « rencontres conspiratives » à Mexico entre Eïtingen — nom de code : Tom — et ses agents « Raymond » et « La Mère ». On ne peut donc que deviner les pressions exercées sur Ramon Mercader tant par son « directeur » que par sa mère jusqu'au jour fatal d'août 1940 où, attendu par Caridad et « Tom » dans une voiture garée à proximité de la maison fortifiée de Trotsky, le jeune Espagnol, muni d'une lettre signée Jacques Mornard et expliquant son geste par une désillusion personnelle dédouanant les services secrets russes, pénètre pour la dernière fois dans le bureau de son maître. Léon Trotsky se penche sur l'article concernant le trotskysme belge que lui a apporté son amical et sympathique admirateur. Mercader-Mornard lui plante alors son pic à glace dans la nuque.

La suite est savoureuse et inconnue jusqu'à son dévoilement par les « Esquisses de l'histoire du renseignement extérieur russe » dont nous nous sommes inspirés pour ce récit. En 1960, libéré après vingt ans de prison, Mercader gagne le Saint-Empire communiste où, sept ans après la mort du « Guide » et malgré la dénonciation de ses crimes, il sera — nous avons souligné à quel point cette période était encore terrifiante — décoré par Khrouchtchev de l'ordre des héros de l'Union soviétique et se verra, doté d'un appartement de quatre pièces où le rejoindra son épouse mexicaine, Rojelia qu'il avait connue en prison, attribuer une pension à vie.

Caridad Mercader — quel roman que la mère poussant son fils à commettre un meurtre ! — mourra paisiblement en 1974 à Paris où elle « entretenait avant guerre un réseau d'agents ». Ô la surprise lorsque s'ouvriront les archives russes sur l'*agentura* française ! Ramon, lui, après avoir travaillé à l'Institut marxiste-léniniste à Moscou auprès du Comité central du Parti communiste soviétique, ira s'installer à Cuba où Fidel Castro fera soigner le cancer du poumon qui l'emportera en 1978 — trente-huit ans après sa victime.

Quant à Eïtingen — l'un, d'après ceux qui l'ont connu, des plus subtils *opers* de la *Razvedka* russe de l'époque —, arrêté après l'exécution de son chef Béria en 1953 — à chaque bain de sang en Russie, les services secrets seront les premières, ce qui ne limitera ni leur Foi ni leur enthousiasme, victimes du sang versé —, il sera libéré et réhabilité. Aucun des protagonistes de l'opération Outka ne connaîtra donc le sort tragique de l'hérétique fondateur de la Quatrième Internationale.

Un dernier mot, cette fois sur Kim Philby et les Cinq de Cambridge.

Je comprends et j'estime un Cairncross désireux de soulager, en lui transmettant les messages décryptés de l'État-major allemand, les sacrifices d'un peuple russe que les services secrets britanniques n'avaient choisi d'informer qu'au compte-gouttes par l'intermédiaire de l'illégal, Alexander Rado, en Suisse. J'admets le raisonnement d'un David Maclean communiquant à un Saint-Empire communiste qui lui paraissait l'incarnation du Bien tous les plans occidentaux le concernant.

En revanche, Philby me trouble. Membre éminent d'un service de renseignement, il dénonçait — il n'y a pas d'autre mot —, à ce qu'il faut bien appeler « l'ennemi », ses collègues et ses amis anglais travaillant contre l'Union soviétique, souvent sur son territoire. Au cœur des actions les plus secrètes, il livra non seulement le nom d'un transfuge potentiel, Konstantin Volkov, qui s'apprêtait à le dénoncer mais dont le dossier, ô malheur, était tombé entre ses mains — encore était-ce là de la légitime défense : « Toi ou moi » — mais également les dates et les lieux des opérations visant à parachuter des agents russes et ukrainiens sur le territoire communiste aux débuts de la « guerre froide ». On devine le sort que le Saint-Empire stalinien réserva à des hommes dont il connaissait ainsi les identités et les intentions.

Glorifié plus que ses autres camarades de Cambridge au nom de ce fin du fin du Grand Jeu qui consiste à placer un agent à soi à la tête des services secrets adverses, je regrette, moi, que Kim Philby ait du sang sur les mains.

Le jackpot atomique

Est-ce le flot de sang qui s'est déversé, intarissable, durant l'interminable et apocalyptique Seconde Guerre mondiale ? Le prestige incomparable acquis par le Saint-Empire communiste qui, pratiquement seul, a terrassé le monstre nazi ? L'aura de génie et de bonté, de force et de volonté qui a nimbé son chef, Staline, devenu le « petit père des peuples » ? Le savoir-faire exceptionnel conquis par les services secrets soviétiques grâce aux prouesses uniques accomplies par Zorgué, l'Orchestre rouge, les Cinq de Cambridge, ou durant les rudes combats contre la lèpre brune derrière les lignes hitlériennes sur le front de l'Est ? L'accroissement du rôle, pendant la grande tourmente, de certains intellectuels et savants d'un Occident manquant, lui, cruellement, de croyances sacrées ? L'addition à la Foi marxiste, aveugle et pure, d'une idéologie plus insidieuse, moins marquée religieusement, voire d'une plus simple « idée » ou aspiration souhaitant l'introduction, après les grands massacres et la mise à terre de l'hégémonisme nazi, d'une paix universelle fondée sur l'équilibre des deux immenses Empires qui ont émergé, puissants et conquérants, du plus sanglant des conflits qu'ait connu une humanité pourtant experte en la matière ?

Toujours est-il que le résultat est là : le « miracle des années trente » s'achèvera une dizaine d'années plus tard, vers la fin de la Deuxième Grande

Crise mondiale qui, après la boucherie de Quatorze, aura bouleversé le siècle, par une apothéose sans pareille de l'espionnage moderne qui a surgi, à la suite de l'apparition en Russie d'une nouvelle religion séculière, incarnée par un État — et un « Guide » — et proposant à des hommes déboussolés par des crises ayant chamboulé l'ordre ancien, un envoûtant « paradis sur terre ».

1945. À Potsdam lors de la première conférence des dirigeants alliés après la victoire sur l'Allemagne nazie, le président Truman qui vient de remplacer le président Roosevelt s'apprête à communiquer à Staline le prodigieux secret qu'on vient de lui dévoiler lors de sa prise de fonction après le décès du grand « FDR » : l'Amérique dispose d'une nouvelle arme à la puissance de destruction proprement inimaginable.

Le nouveau président des États-Unis s'attend à une réaction de surprise et à un flot de questions mais rien ne se passe comme il l'avait prévu. Staline reste de marbre et passe calmement à la suite de l'ordre du jour. C'est que le glorieux généralissime dont les armées ont écrasé la Wehrmacht nazie sur le front de l'Est se trouve, grâce à ses services secrets, parfaitement au courant du projet « Manhattan » et de la moindre phase de son développement. Mieux, le maître du Kremlin sait que son Saint-Empire communiste pourra, au moyen des renseignements ainsi obtenus, fabriquer lui-même dans des délais raisonnables la bombe qui bouleverse l'art de la guerre.

Tout a commencé dès l'automne 1941 lorsque, pendant que les Panzers nazis fonçaient sur Moscou, le *rezident* légal du GRU de l'Armée rouge à Londres annonce que la Grande-Bretagne est en train de travailler sur une arme proprement révolutionnaire car fondée sur les pharamineuses possibilités offertes par la fission de l'atome. Des rapports suivront — 40 feuillets en janvier 1942 en pleine bataille de Moscou, 138 le 17 août, 139 le 24 —, qui seront aussitôt transmis aux autorités scientifiques compétentes et, notamment, au grand spécialiste de la physique nucléaire russe, Igor Kourtchakov. Le savant alerte la hiérarchie politique du Saint-Empire alors sur le point de s'effondrer. Saisi, le généralissime Staline n'hésite pas une seconde — sans les atermoiements et la peur d'une « provocation » anglaise le détournant des armements conventionnels que lui attribuent certains historiens après les flottements russes face aux révélations de l'Orchestre rouge et de Zorgué — à prendre toutes les mesures qui s'imposaient. Tout en mobilisant ses services de renseignement pour percer les secrets qu'on lui cachait, il avait nommé Kourtchakov à la tête d'un programme atomique qu'il placera plus tard, les choses s'accélérant, sous la responsabilité directe du chef des services secrets, Béria. Le brillant diplomate anglais du groupe des Cinq de Cambridge, David Maclean, n'avait-il pas annoncé, de son côté en 1943, confirmé d'ailleurs sur ce point crucial par un nouveau rapport de la *rezidentura* du GRU à Londres, que les États-Unis s'apprêtaient à développer, à leur profit exclusif, la trouvaille qui devait modifier en profondeur l'art de la guerre et bouleverser l'équilibre du monde ?

Tant d'efforts avaient été récompensés : parmi le flot de documents, de formules et de croquis qui continuaient à se déverser sur Moscou, le Centre soviétique, selon Soudoplatov, recevait en janvier puis en juin et juillet 1945 les plans de la nouvelle bombe. Lorsque les Alliés occidentaux avaient réussi à réaliser la première explosion nucléaire de l'Histoire, Staline l'avait appris presque en même temps que les dirigeants anglo-saxons.

Peut-on pour autant, comme on le fait d'habitude, parler d'« espionnage atomique » ? Non et oui.

Non, car les sources russes n'avaient rien à voir avec des espions classiques, ces « cafards, délateurs, dénonciateurs, mouchards, rapporteurs » dont parle si aimablement *Le Petit Robert* ni, même, avec les agents traditionnels, recrutés après une autorisation du Centre et une étude psychologique et des contacts approfondis. Dans les convulsions de la Seconde Guerre mondiale et la peur que Hitler pourrait s'emparer de l'atome, les recherches atomiques étaient menées par des génies de la science stimulés par les trouvailles d'Einstein, Nils Bohr, Enrico Fermi, Leo Szilard. Lorsque Einstein avait convaincu le président Roosevelt de profiter des grandioses possibilités ainsi ouvertes pour modifier le cours de la guerre, le projet Manhattan — « Enormous » pour les Russes — avait été confié à un savant d'un plus faible niveau mais doté d'un rare talent d'organisateur, Robert Oppenheimer. Déjà extraordinaire, le futurisme du centre ultra-secret de Los Alamos ne reflétait que faiblement l'ambiance d'enthousiasme angoissé qui y régnait : pour les participants multinationaux du projet, il ne s'agissait pas seulement d'accélérer la victoire sur l'hydre nazie mais, concrétisant les trouvailles les plus innovantes de la physique moderne, de révolutionner l'univers. Le possesseur de la bombe atomique en cours de création tiendrait entre ses mains le destin de l'humanité.

C'est donc dans cette atmosphère proprement unique que des savants de moindre envergure que Fermi, Szylard ou Oppenheimer, mais de grande qualité, avaient pris une décision qui changerait effectivement la face du monde. Le réfugié allemand antinazi naturalisé anglais, Klaus Fuchs, le Britannique Nunn-May, l'Italien Pontecorvo et d'autres qui restent encore inconnus de nos jours — la mystérieuse source soviétique « Perseï » dont aucun service de contre-espionnage américain n'est parvenu à établir l'identité toujours secrète même dans la Russie contemporaine — parvenaient à la conclusion que le maintien de la paix dans le monde qui émergerait de la victoire alliée sur les nazis et les militaristes japonais supposait que l'Amérique ne devait pas être seule à bénéficier d'une arme aux possibilités aussi dévastatrices. Proches du parti et de l'idéologie communiste, admirateurs d'un Saint-Empire marxiste qui faisait — ou avait tant fait — pour arrêter l'expansion de la lèpre brune, ces savants profondément idéalistes estimaient que, pour instaurer un nouvel équilibre des forces se partageant la planète, l'Union soviétique avait besoin de se voir offrir elle aussi des possibilités tellement novatrices.

Ainsi, le professeur de physique à l'université de Birmingham, où l'on ignorait bien entendu son appartenance passée au parti communiste allemand, Klaus Fuchs, ne s'était pas fait tirer l'oreille afin, sur le conseil de son ami, le professeur d'économie allemand exilé lui aussi à Londres, Koutchinski — déjà en contact avec le GRU de l'Armée rouge — de rencontrer dès 1941 le secrétaire de l'attaché militaire soviétique dans la capitale britannique. Enthousiasmé par l'idée de venir en aide à la « patrie du socialisme » en guerre, Fuchs transmettra à l'officier russe des liasses de documents soit directement lors de leur première entrevue soit, ensuite, par l'intermédiaire de la dynamique « Sonia », Ursula Koutchinski, formée à l'art de la *konspiratzia* à Shanghaï par le grand Richard Zorgué en personne.

Quant à Alan Nunn May, chercheur au laboratoire Cavendish de Cambridge, il sera sur les indications du Centre, approché par Ian Tchernik, illégal du GRU en Europe occupée spécialisé dans la collecte de renseignements de haute technologie — 12 500 feuillets et 130 échantillons d'armements secrets transmis uniquement en 1944 ! — à qui il remettra 130 pages de documents ultra-confidentiels communiqués à Kourtchakov en août 1942. Puis, lorsque Nunn May sera affecté au Conseil des Sciences du Canada — ce qui causera sa perte en raison de la défection du chiffreur soviétique d'Ottawa —, c'est au lieutenant Angelov, collaborateur de l'attaché militaire soviétique après l'ouverture d'une ambassade russe au Canada, qu'il transmettra, en mai 1945, un rapport de synthèse du grand Fermi, un plan de cuve nucléaire et un échantillon d'uranium 235 aussitôt acheminé vers Moscou.

Si parler d'espionnage paraît donc excessif dans ses conditions, il n'en reste pas moins que l'affaire atomique — le dossier 136 76 pour les services civils soviétiques que Staline chargera, en 1945, de prendre la relève du GRU mais dont malheureusement les archives sont toujours partiellement fermées aux historiens, dispersées ou ont été partiellement détruites en raison des improvisations d'une époque particulièrement tumultueuse — constitue un triomphe incomparable du Renseignement russe.

Connaissant l'existence du projet Enormous par les révélations de Fuchs, de Nunn May ou des Cinq de Cambridge et les penchants communistes — ou, tout simplement, les interrogations humanistes — de certaines de ses têtes pensantes, aiguillonnées par le travail en commun avec leurs propres scientifiques, guidées par Béria en personne, les *rezidentura* du NKVD à New York ou à Washington confiées à une poignée de jeunes gens enthousiastes réussiront, malgré une sidérante faiblesse de moyens, des prodiges analogues à ceux de leurs prédécesseurs de l'Armée rouge.

Mobilisant toutes leurs relations dans les milieux qui gravitaient autour de la gauche intellectuelle américaine — les services de sécurité américains étaient surtout préoccupés par la menace nazie et allemande —, les légaux russes aux États-Unis en guerre — comme les trois mousquetaires, ils étaient quatre et leurs photos au surréaliste musée du KGB éclatent de jeunesse et d'ardeur — parviendront à tisser une toile où continueront à tomber toutes les mouches travaillées par les doutes idéalistes que sécrétait la nouvelle arme. Parallèlement, les *rezidentura* du civil NKVD réussiront, grâce au dévouement d'autochtones américains tout aussi extraordinaires, à résoudre cette quadrature du cercle que constituait la liaison clandestine avec les savants de l'*agentura* désormais enfermés dans un centre de Los Alamos perdu au fin fond du désert du Nouveau-Mexique et gardé comme Fort-Knox.

Donc : espionnage atomique, certainement pas, mais, *agentura* et Renseignement atomiques, oui de toute évidence[1]. « La chance ne sourit qu'aux audacieux » et « Aide-toi, le ciel t'aidera » devraient être inscrits en

1. Démasqué par l'étonnante opération américaine de décryptement Venona, condamné en Grande-Bretagne à quinze ans de prison — Nunn May écopera, lui, de dix ans —, Klaus Fuchs enseignera, après avoir purgé sa peine, la physique nucléaire en Allemagne de l'Est

lettres d'or sur les frontons des services secrets qui, tournant le dos à la barbouzerie, ne s'occupent que de la Recherche indispensable à la sécurité et à la grandeur de leur nation.

Une belle opération de liaison

L'amateur d'Histoire ne peut que ronger son frein en constatant que, face à une Amérique encore révulsée par le « vol » de sa superbe bombe atomique ressentie comme un viol intolérable de sa sécurité, la Russie, qui désire, de surcroît, ne pas porter atteinte à la réputation des hommes et des femmes qui l'ont alors aidée, n'estime pas toujours possible d'ouvrir à des chercheurs objectifs et indépendants la totalité de ses archives sur une opération dont elle se sent pourtant particulièrement fière[1]. Ne s'agit-il pas, en effet, non seulement du couronnement éblouissant du « miracle des années trente » mais, surtout, de la naissance de la dissuasion nucléaire, de cet « équilibre de la terreur » qui a apporté la paix à un monde déchiré par un affrontement d'une rudesse inouïe entre l'Est et l'Ouest ?

Le regret est d'autant plus lancinant que cette *terra incognita* de l'action du NKVD civil, dont on devine, fasciné, quelques contours, personnages et événements, apparaît, dans une époque et avec des hommes d'exception, spectaculaire à souhait comme l'indiquent certains de ses détails éclairés

---

alors que l'Italien Pontecorvo, étant parvenu à gagner l'URSS, terminera sa vie dans un laboratoire de recherche atomique soviétique.

1. La seule exception à ma connaissance est constituée par l'ouverture — partielle et ne portant, comme d'habitude, que sur les agents déjà connus et jugés par l'Occident — des archives du GRU que j'ai utilisées dans les pages précédentes. Pour une fois plus importantes que celles de son homologue — et rival dans ce cas — du Renseignement civil, ces révélations du GRU ne sont pas publiés dans un ouvrage édité ou inspiré par les services secrets mais ont été communiquées à un historien militaire rédigeant une monumentale hagiographie de Staline : Vladimir Karpov, *Generalissimos*, Vetché, Moscou, 2006, t. II dont les pages 346-63, « Comment Staline a fait voler en éclats l'atome américain » m'ont été tellement utiles.
Ce qui confirme la nécessité de ne pas consulter seulement les livres — souvent faussés par l'autoglorification — publiés ou inspirés par les services secrets — à moins qu'ils ne contiennent, telles les « Esquisses de l'histoire du Renseignement extérieur russe », des documents incontestables — mais de se référer également aux ouvrages d'historiens considérant l'espionnage non en soi mais comme un outil — irremplaçable à mes yeux —, du pouvoir politique.

par des Mémoires ou par des bribes d'archives confiées à des journalistes ou historiens[1].

Telle l'aventure des époux américains Cohen qui ont joué — j'éprouve la plus vive affection pour les obscurs et les sans-grades du Grand Jeu : exposés en première ligne, ils courent tous les risques sans en tirer ni avantages ni gloire ni promotions — un rôle déterminant dans « l'espionnage atomique » lorsque le caractère éloigné et ultra-secret de la base de Los Alamos où se fabriquait, au Nouveau-Mexique, la nouvelle bombe en fera un territoire interdit *de facto* pour les *opers* soviétiques des ambassade et consulat russes de New York ou de Washington.

Né en 1910 dans une famille d'émigrants russes, Morris Cohen est le prototype de l'intellectuel new-yorkais, juif de gauche qui, dans les turbulentes années trente, préfigurait le merveilleux Woody Allen. Diplômé ès sciences de l'université du Mississippi, il vivote pourtant de petits boulots tout en menant une vie sociale et politique intense dans le bouillonnant Manhattan. Lorsqu'éclate la guerre d'Espagne, un tel homme ne pouvait que se porter volontaire dans la brigade internationale Abraham Lincoln où il sera repéré et recruté par le *rezident* russe de l'époque, le grand Alexandre Orlov. Revenu à New York, le Centre l'autorise, fait peu fréquent, à recruter sa femme, la ravissante Leontine — nom de code : Leslie — qui dispose des mêmes qualités d'intelligence et de sens des relations humaines que son séduisant et chaleureux mari.

Nous sommes en 1943 en pleine Seconde Guerre mondiale et Morris, qui s'apprête à être mobilisé dans l'*US Army*, vient de rencontrer dans le turbulent Greenwich Village un jeune savant atomiste américain que nous appellerons « Persey » selon le nom de code que lui a donné le Centre russe. Persey a déclaré être prêt à remettre à Morris tous les secrets de fabrication de la nouvelle bombe atomique sur laquelle il va travailler dans le cadre du projet Manhattan qui vient de le recruter. Mais il y a un hic. Morris va être mobilisé et « Persey », lui, doit partir à la base de Los Alamos au fin fond

1. Ce sont de tels documents et les souvenirs de Léontine Cohen qui sous-tendent l'ouvrage de Vladimir Tchikov, *Nelegaly, Dosie KGB n° 13676*, Moscou, Olimp Press, 1987 qui, retravaillé et enrichi avec le journaliste américain Gary Kern, a été, pour une fois, publié en France sous le titre, il est vrai détestable, *Comment Staline a volé la bombe atomique aux Américains*, Paris, Robert Laffont, 1996. Dans les lignes qui suivent, je m'inspire du texte russe initial.

du désert du Nouveau-Mexique et il ne pourra plus, soumis à de rigoureux contrôles de sécurité, revenir sur la Côte Est. En bon professionnel, Morris prévoit pourtant — on ne sait jamais et impossible n'est pas un mot familier à l'espionnage — une « procédure de rencontre » conspirative en plein désert.

Comment faire ? Le jeune *rezident* russe à New York — nous vivons à l'époque bénie où, successeurs des grands illégaux communistes de la croisade antifasciste, une poignée de jeunes gens russes enthousiastes s'attaquent avec frénésie aux tâches les plus titanesques — ne peut, sans attirer l'attention de la police, se rendre lui-même à l'autre bout des États-Unis dans une zone surveillée par le contre-espionnage et les différents services de sécurité militaires. Un plan est concocté et, télégraphié à Moscou, approuvé et enrichi par le Centre russe. Comme les recrutements, les modalités de liaison clandestine sont en Russie minutieusement étudiées par des spécialistes chevronnés disposant de l'expérience et du recul nécessaires.

La ravissante Leontine travaille comme secrétaire à New York. Elle demande un congé de maladie et obtient d'un médecin sympathisant de la Cause une prescription pour une cure d'eau dans la station de Santa Fé, proche de Los Alamos. Installée dans un modeste hôtel de la ville thermale, elle se rend, dès le premier dimanche à midi, au lieu de rencontre prévu par Morris : un banc sur une place devant la cathédrale de la voisine Albuquerque.

Angoisse : personne ne se présente à la « rencontre conspirative ». Leontine ne désespère pas et revient le dimanche suivant pour le « rendez-vous de repêchage ». De nouveau, personne et la situation devient dramatique : le congé de Leslie a pris fin mais elle décide, grâce au prolongement de sa cure obtenu d'un complaisant médecin local, de persévérer, quitte à être licenciée de son travail.

Troisième dimanche sur le banc en plein soleil devant la cathédrale. Cette fois, un homme s'approche : en bon intellectuel, Persey avait oublié la date précise fixée par Morris. Heureuse et excitée, Leslie sent pourtant la peur l'envahir : est-ce bien Persey ou, s'il a rendu compte au contre-espionnage, n'est-ce pas un « provocateur » du FBI qui s'assied auprès d'elle ? Bouleversée, Leslie en oublie la « phrase de reconnaissance » qu'avait prévue son mari. Elle reprend ses esprits, balbutie les mots stupides approuvés par le Centre.

« Je vous apporte tous les secrets de fabrication de la bombe atomique, sourit en réponse Persey en lui glissant discrètement une épaisse enveloppe dans son sac. »

L'espionnage est un perpétuel recommencement et le calvaire de la merveilleuse Leslie n'est pas terminé. À son arrivée au Nouveau-Mexique, elle avait remarqué que la gare d'Albuquerque était soumise à un contrôle de police destiné à ce qu'aucun document secret ne sorte de Los Alamos. Au cours de son « briefing », son « directeur » russe n'avait pu lui donner aucune instruction précise. « N'ayez surtout pas peur, lui avait-il simplement conseillé. Le danger ne vient pas de la police mais de vos propres frayeurs ».

Livrée à elle-même, Leslie a décidé de jouer les fofolles évaporées et de n'arriver à la gare qu'à la dernière minute avant le départ du train.

« SVP, votre billet, madame, grondent les deux massifs policiers qui se dressent devant elle.

– Je vais rater mon train, halète Leslie au comble d'une apparente hystérie en fourrageant maladroitement dans le sac au fond duquel elle a enfoui son billet.

– Prenez tout votre temps, madame, bougonne l'un des deux policiers, un homme désagréable et fermé comme une porte de pénitencier. Le train ne partira que sur notre ordre. Ou, plutôt, posez votre sac par terre. De toute façon, je dois le fouiller. »

Au bord de la crise de nerfs, Leslie s'accroupit avec le policier autour de son sac grand ouvert sur le quai désert. Dans un ample geste, elle a tendu la boîte de kleenex qu'elle tient à la main au second policier, un jeune blond moins revêche que son déplaisant collègue.

Les affaires personnelles de Leslie s'étalent sur le quai devant la jeune femme de plus en plus tourneboulée.

« Tiens, voilà votre billet, grommelle soudain le policier en haussant les épaules. Il était glissé dans un livre au fond. Décidément, vous êtes pire que ma femme qui s'affole dès qu'il faut voyager. Allez, vous pouvez embarquer. »

Les jambes coupées, Leslie monte dans le train. Le convoi commence à s'ébranler lentement lorsqu'une vague de panique la submerge. La boîte de kleenex au fond de laquelle elle a glissé les plans de la bombe atomique se trouve toujours entre les mains du grand policier blond. Toute l'opération a échoué : le contre-espionnage va découvrir les documents secrets et remonter jusqu'à elle.

Soudain, une inspiration. À la fenêtre du compartiment, Leslie éternue bruyamment.

« Vos kleenex, madame, crie le policier blond en courant le bras tendu vers le train qui commence à prendre de la vitesse. »

Grâce à la présence d'esprit de la jeune et belle Leontine Cohen, les secrets de la bombe atomique avaient changé de main. Quant à « Persey », son identité, à la différence de Klaus Fuchs ou d'autres savants désireux de ne pas laisser aux États-Unis le monopole de l'atome, reste encore secrète de nos jours.

Les aventures du couple Cohen ne se terminent pourtant pas avec cet extraordinaire exploit. Lorsque, comme suite notamment à l'opération américaine de décryptement Venona des télégrammes codés soviétiques, le puissant FBI des États-Unis s'abattra sur l'*agentura* atomique, Morris et Leontine — qui auraient pu, souvenez-vous des malheureux, et eux innocents, époux Rosenberg, payer de leur vie leur engagement dans le Grand Jeu — parviendront, toujours guidés par la *rezidentura* russe de New York, à gagner Moscou dans des conditions qui se révèlent également uniques[1] et où ils seront, circonstances rarissimes, dotés de la nationalité soviétique.

On ne peut que regretter, après cette marée d'héroïsme, que le Centre ait jugé bon de les utiliser de nouveau mais cette fois-ci à Londres dans les années cinquante comme radios et agents de liaison clandestins dans la lourde et, à mes yeux, pas tellement utile opération de « l'illégal » Molodyï, alias Lonsdale, montée par le KGB afin de percer les secrets de la base navale de Portsmouth. Arrêtés par le contre-espionnage britannique après les révélations du transfuge polonais Goliniewsky, Morris et Leontine Cohen, condamnés à vingt ans de privation de liberté, connaîtront les prisons les plus dures de la Grande-Bretagne avant de faire l'objet d'un échange avec des citoyens anglais coupables de divers crimes et délits en Union soviétique.

Les sublimes Leontine et Morris finiront leur vie mouvementée dans l'anonymat à Moscou. Même s'ils ont, tels les époux Cohen, glorieusement participé à cette épopée que fut le « miracle des années trente » et de la Libération, les plus brillants des espions ne défilent pas le jour de la fête nationale à la tête des troupes au torse bombé.

Ne me suis-je pas, dans les lignes qui précèdent, laissé emporter par les fantasmes que je déplore en ayant recours à outrance à un ouvrage — combien laudatif ! — inspiré par les services secrets civils ? D'après l'une des stars du

1. Elles sont brillamment racontées par V. Tchikov, *op. cit.* Voir ci-dessous p. 357-358.

KGB, le général-major Pavlov, la liaison de Léontine Cohen aurait été plus simple : la boîte de kleenex n'aurait pas été fouillée par les policiers militaires car « Leslie », fortement enrhumée, y aurait fait voisiner des kleenex propres avec des mouchoirs souillés[1]. Quant au « secret de la bombe atomique », il paraît difficile qu'il ait été transmis en une seule livraison : c'est, nous l'avons vu, toute une marée de documents et d'échantillons qui étaient communiqués aux savants russes qui estiment, d'ailleurs que les renseignements ainsi obtenus n'ont apporté que 50 % — c'est déjà énorme ! — d'éléments nécessaires à leur construction de la bombe atomique du Saint-Empire[2]. Reste le mystère de l'identité réelle de « Persey ». Comme le pensent mes amis du contre-espionnage américain, il ne s'agirait pas d'une « source » unique mais d'un agglomérat inventé par les services russes actuels afin de camoufler la multitude de savants occidentaux qui désiraient alors battre en brèche l'hégémonisme américain[3].

De la nécessité, donc, de se méfier des fantasmes, fussent-ils suscités, à des fins de propagande ou d'auto-glorification par les services officiels eux-mêmes — ou par leurs acteurs — et du caractère absolument irremplaçable des archives qui peuvent seules, comme nous l'avons souligné dès le début de cet ouvrage, permettre d'atteindre la « connaissance objective » de la fascinante mais toujours mystérieuse *terra incognita* de notre cher espionnage.

1. Vitali Pavlov, *Upravlenie S*, Exmo, Moscou, 2006, p. 141.
2. V. Karpov, *op. cit.*, t. II, p. 359.
3. On apprend ainsi, dans les documents du GRU communiqués à l'historien de Staline, V. Karpov, *op. cit.*, t. II, p. 347, que l'un des grands illégaux russes implantés dans la gauche américaine et qui, dans l'Amérique de Franklin D. Roosevelt, foisonnaient autant que le faisaient leurs homologues dans l'Europe des années trente, Arthur Adams, a recruté, lui, un certain « Kemp » qui lui a remis… 96 rouleaux de pellicules de 36 clichés chacun avec des renseignements aussi intéressants que le rapport secret concernant la « chaîne de Fermi » ou le bilan de la production d'uranium aux États-Unis. « Kemp » plus X, plus Y, plus Z, ne constituent-ils pas le miraculeux « Persey » ?

CHAPITRE VIII

Le sursaut de la petite démocratie britannique

Le grand sommeil de l'Occident

Comme dans toute formule forgée par une profession afin de célébrer sa glorieuse spécificité, le dicton si populaire dans les services secrets : « L'espionnage est le plus vieux métier du monde » contient une part — infime — de vérité plaquée sur une erreur proprement phénoménale. Certes, pour dénicher une prostituée, il faut savoir où elle exerce ses activités. Et, chassé du paradis, l'homme a été contraint, en priorité absolue, de repérer les points d'eau, les vergers ou les concentrations de gibiers dont il avait besoin pour se nourrir dans un monde hostile tout en déterminant comment s'organisaient les éventuels concurrents qui lui disputaient les moyens de sa difficile survie.

Il n'en reste pas moins que l'espionnage, quels que soient les cocoricos de la littérature pompeuse qui lui est consacrée, ne constitue en rien un phénomène historique continu et immuable. Malgré ce que sous-entendent les innombrables « spécialistes » occidentaux qui consacrent à son « histoire », souvent « mondiale », des ouvrages volumineux ressassant de livre en livre les mêmes thèmes et les mêmes faussetés de jugement, le « Renseignement » moderne, mobilisant *opers*, agents, chasseurs d'espions au service de performantes et efficaces « Centrales » n'est apparu que très récemment dans l'évolution des États, des nations ou des idéologies.

Ce n'est — j'espère l'avoir démontré avec suffisamment de force et de clarté — qu'avec le surgissement après Octobre d'une nouvelle religion séculière désirant transformer le monde que l'*Intelligence*, le « *Razvedka* », le Renseignement — que le terme français apparaît approximatif et insuffisant ! — s'est imposé en tant que prolongement naturel de la propagation de la Nouvelle Foi communiste. Et encore a-t-il fallu que soient balayés les rêves de la « Révolution mondiale » et que s'instaure, donnant vie à l'Utopie, un État puissant pour que son nouvel espionnage devienne un élément important de l'Histoire « se faisant ».

Pendant que s'étendent sur l'univers les mailles de la toile d'araignée rouge, les chasseurs d'espions démocratiques — ou nazis et japonais en ce qui concerne Zorgué et l'Orchestre rouge — dorment, en effet, d'un sommeil profond. Faisant preuve d'une totale cécité face à l'existence même de la révolution qui s'est produite sous leurs yeux, ils n'accordent aucune attention au phénomène qui lui est récurrent : les doutes et les révoltes qui poussent certains acteurs du nouveau Grand Jeu à changer de camp et à dévoiler les pratiques *new look* qui viennent de voir le jour. Foin donc des Agabekov, des Krivitsky — à lui tout seul, Krivitsky a, d'après le GRU[1], livré une centaine d'agents — et autres Ignace Reiss qui, avec un impressionnant luxe de détails, révèlent le surgissement de « l'espionnage soviétique ». L'Occident ne se montre pas seulement incapable d'apporter une riposte à ce qu'il devrait, d'après ses modes de pensée, considérer comme une lèpre — ô l'aveuglement des services de sécurité américains durant les crises de conscience des savants atomistes ! Le grand Einstein lui-même n'avait-il pas retiré à grand fracas, durant la famine ukrainienne du début des années trente, sa signature à une pétition dénonçant un crime particulièrement odieux de Staline en proclamant *urbi et orbi* que « l'Union soviétique avait accompli de grandioses réalisations » ou que « l'Europe l'envierait bientôt[2] » ? Négligeant totalement les nouvelles réalités, les démocraties endormies n'éprouvent pas, en effet, le besoin, en tirant toutes les leçons de l'apparition de la toile d'araignée rouge, d'entrer elles aussi dans l'ère de l'espionnage moderne.

La même absence d'un Renseignement adéquat en Occident se manifeste — « hélas, hélas, hélas » : jamais la formule gaullienne n'a sonné aussi

1. V. Lurié et V. Kol

2. Alexandre Soljenitzyne, *Dvesti let vmesti*, Moscou, Russkiï put', 2002, t. II, p. 276.

juste — face au militarisme japonais — ô la déshonorante « surprise » de Pearl Harbor ! — ou devant Hitler lui-même. Les démocraties dont le courage et la lucidité ne sont pas les vertus dominantes ne mesureront jamais le degré de démence du nouveau « Führer » et ne parviendront pas à appréhender la nature exacte de ses plans de conquête — ou d'extermination du peuple juif — dans sa périphérie « germanique » pour commencer puis, plus tard, dans l'Europe tout entière.

Seule la toile d'araignée rouge réussira à attirer dans ses filets d'irremplaçables renseignements sur les plans offensifs du IIIe Reich à l'Est. Mais, en ces temps reculés, la transformation de l'information en une « connaissance objective » n'était pas encore au point. Confiée dans le Saint-Empire à un seul homme, dictateur paranoïaque de surcroît, elle sera viciée — en fait : étouffée à mort — par un Staline qui ne fera confiance, nous le verrons en détail, ni à Zorgué ni à l'Orchestre rouge. Les prouesses de l'espionnage moderne consécutives au « miracle des années trente » ne serviront à rien, dans un premier temps tout au moins. Elles n'arriveront, glorieuses, sur le devant de la scène de la Grande Histoire que durant et après le choc de titans de la Seconde Guerre mondiale, notamment lors de l'affrontement avec les nazis sur la terre russe ou de l'acquisition aux États-Unis des secrets de la bombe atomique.

Des lueurs dans le noir

Cependant, même avant l'apparition du Renseignement moderne avec la toile d'araignée rouge du Saint-Empire communiste, l'espionnage n'est pas entièrement absent de l'Histoire.

Dès que naît un État, une royauté, une principauté, voire une simple féodalité, la nécessité s'impose pour eux de se renseigner sur le monde qui les entoure, sur les autres États, royautés, principautés ou féodalités qui les menacent. Mais, faute de structures étatiques puissantes, de sociétés civiles inventives et dynamiques et, donc, de véritables services secrets spécialisés, les prédécesseurs des grands États-nations modernes n'agissent alors que d'une manière si imparfaite, si partielle, si maladroite — même lors de la naissance des premières « idéologies » charriées par les révolutions anglo-saxonne et française — qu'on peut parler d'« espions » dans le sens donné par *Le Petit Robert* de « cafard, délateur, mouchard », etc., mais pas de réelle *Intelligence*, Renseignement ou *Razvedka*.

Des lueurs filtrent pourtant dans le noir, qui laissent prévoir la lumière crue qui sera projetée par l'espionnage moderne, mais je ne suis malheureusement pas un historien capable d'aller les repérer dans la nuit des temps. Irrité de surcroît par la mise sur le même plan chez les « spécialistes » autoproclamés du « Renseignement » — culte aveugle du Dieu immuable de l'espionnage oblige — de l'inconséquente et inefficace Mata-Hari, couchotant avec des officiers de passage durant la Première Guerre mondiale, avec les étonnantes femmes recrutées ou infiltrées par Markus Wolf dans le saint des saints de la République fédérale ou du décryptement des dépêches secrètes maladroitement codées sous la Royauté avec la prodigieuse reconstitution par les Alliés durant la Seconde Guerre mondiale de la révolutionnaire machine à coder nazie Enigma, je ne suis pas à même de fouiller les archives afin de découvrir — ce que les historiens sérieux répugnent à faire en raison de leur mépris condescendant pour « l'espionnage » — les indices d'ailleurs ténus qui indiqueraient à quel degré de technique de collecte de renseignements ou de volonté de connaître et transformer le monde correspondent déjà certains balbutiements du passé.

Les archives russes prouvent ainsi que Talleyrand entretenait une correspondance secrète avec l'ennemi juré du Napoléon qu'il servait, l'empereur Alexandre Ier, mais peut-on dire, pour autant, que le brillant ministre des Affaires étrangères de l'Empire était, en plein affrontement franco-russe, un « agent » du tsar de toutes les Russie ? Le représentant du tsar à Paris avait, durant la trêve précédant l'invasion de la Russie, acheté à un employé français indélicat du ministère de la Guerre le plan de mobilisation et d'opérations de la Grande Armée[1], mais comment l'a-t-il fait, quelles autres informations a-t-il obtenues, dans quelle analyse stratégique d'ensemble ces bribes — indubitablement précieuses — ont-elles été intégrées ? Là encore, seuls des historiens professionnels ou des chercheurs passionnés peuvent, comme a tenté de le faire Gilles Perrault dans son remarquable *Le Secret du Roi*, accoucher d'études sérieuses permettant d'apprécier le degré de parenté

1. Malheureusement, ces fascinants détails ne sont qu'effleurés dans la belle thèse de doctorat défendue en France par l'historien russe André Ratchinsky, *Alexandre et Napoléon, La guerre des idées*.

avec l'espionnage moderne, à condition toutefois que celui-ci soit connu, compris et débarrassé de ses fantasmes.

En attendant que soit effectué cet effort pour dissiper le mythe de la pérennité historique de l'espionnage, seuls quelques rares éclairs laissent présager le futur à venir. Le chiffrement de messages entre puissants de la terre constitue une vieille pratique, suscitant automatiquement des tentatives de décryptement — et non de « déchiffrement » — par des cabinets noirs... Une diplomatie secrète et parallèle des princes et des monarques vient doubler l'ouverte, lourde et poussive, diplomatie officielle... Des représentants des États ou des royautés mènent grand train dans les capitales, se livrant à de la propagande — voire à la corruption —, recueillant des informations confidentielles dans les salons qui sont, bien avant le mondain « Siècle des Lumières », l'apanage de toutes les cours... Une poignée de policiers ou de militaires cherchent à acquérir des informateurs — je ne dis pas : agents — chez l'ennemi ou à démasquer les « espions » qu'il entretient en votre propre sein... Au compte-gouttes, les anciens États parvenaient ainsi à dévoiler les plans de l'adversaire — l'état-major russe avait en 1914 obtenu le plan Schieffen de conduite des opérations du Kaiser — ou à s'assurer les services de personnalités isolées : pour les Russes, avant Quatorze, le colonel Redl de l'état-major austro-hongrois ; pour les Allemands, le major Esterhazy en ce qui concerne les secrets du canon de 75 — l'incompétence et l'antisémitisme du Deuxième Bureau français aboutira à la déshonorante attribution de ce forfait à l'innocent capitaine Dreyfus ; pour les Français, à la veille de la Seconde Guerre mondiale, le colonel Hans Thiele Schmidt du service de chiffrement de la Wehrmacht hitlérienne.

Et lorsqu'un conflit armé éclate, les choses ne s'améliorent guère et ce sont soit des émissaires civils secrets soit des patrouilles et corps francs militaires qui s'efforcent — n'aboutissant qu'à des résultats strictement tactiques, imparfaits et incomplets — de déterminer, sur les carrières de l'ennemi, ses positions et intentions. Les guerres napoléoniennes, la guerre de Sécession en Amérique ou de 1870 en Europe, la guerre russo-japonaise de 1904-1905 — un paradoxe veut que dans la patrie des agents de la police secrète, une Armée conservatrice à souhait n'utilise pas, à la différence de son adversaire japonais, cette technique derrière un front où pullulent pourtant des populations étrangères et instables —, voire toute la Première Guerre mondiale ne verront pas surgir l'espionnage moderne. Après les prouesses de la toile d'araignée rouge, le Renseignement contemporain n'explosera avec une certaine vigueur en Occident que lors de la Deuxième Grande Crise mondiale qui, par la faute de Hitler, amènera l'humanité au bord du gouffre.

L'absence dans l'Histoire pré-moderne de services secrets parfaitement organisés et hautement compétents et spécialisés n'empêche pas leurs approximatifs et embryonnaires prédécesseurs, au cours de leur gonflement au fil des siècles, de participer aux efforts de la société pour modifier l'univers qui les entoure dans un sens qui leur serait favorable. Après le remarquable soutien de la nouvelle démocratie américaine par une royauté française désireuse de nuire au traditionnel adversaire de la Grande-Bretagne, on verra — cette fois sur une plus grande échelle et d'une manière plus consciente — l'état-major allemand apporter toute son aide à un mouvement bolchevique capable de déstabiliser l'ennemi russe et de le faire sortir de la guerre. Lénine et ses complices, traversant l'Allemagne dans un train spécial, se voient mettre à leur disposition d'importants comptes bancaires à l'étranger et des commandos des services secrets germaniques participeront même — à doses, il est vrai, homéopathiques — au renversement en Octobre d'un gouvernement socialiste favorable à la poursuite des hostilités aux côtés des Alliés[1].

L'Histoire s'accélérait et si la tentative du Komintern d'exporter la « Révolution mondiale » se soldera par un échec cuisant, il n'en ira pas de même, hélas, des efforts du parti nazi, soutenu tant par ses proliférants et combien hystériques organes de propagande — « Le viol des masses » — au sein de populations rendues instables par la Première Guerre mondiale et la crise économique que par ses services spéciaux de l'Abwehr et du SD, afin de déstabiliser et faire basculer dans le giron de Hitler les pays d'Europe centrale à plus ou moins forte densité de ressortissants germaniques.

Parallèlement et bien que la collecte de renseignements sur l'ennemi reste d'une faiblesse désolante, on assiste à l'apparition de soulèvements populaires, de mouvements de partisans contre des troupes d'occupation étrangère, qu'il s'agisse d'Espagnols ou de Russes révulsés par les arrogantes conquêtes napoléoniennes ou de Boërs récusant la présence d'une Armée anglaise pourtant particulièrement puissante. N'oublions pas non plus les

1. Je ne fais pas de l'anti-bolchevisme primaire comme celui des récits qui ont bercé mon enfance de Russe blanc: ces précisions proviennent de la monumentale — et très proche des services secrets russes actuels — « Histoire des services spéciaux russes du Xe au XXe siècle », I. Linder et V. Tchourkine, *Istoria spetsialnykh sloujb Rossii, X-XX vekov*, Moscou, Ripol, 2004.

opérations derrière les lignes ennemies menées avec succès par les deux camps qui se déchiraient si sauvagement durant la tragique guerre civile d'Espagne.

Cependant, de même que dans la tentative de transformer le monde en sa faveur, on n'assiste pas encore, au cours de ce que certains théoriciens définiront comme la « petite guerre » et qu'on qualifierait aujourd'hui d'« opérations spéciales », à l'intervention de véritables services secrets. Le phénomène que l'on observe et qui connaîtra un si grand développement au XXe siècle relève plutôt de grandes pulsions spontanées et primaires de peuples et de sociétés. L'abominable asservissement colonial de l'Afrique et de l'Asie par des peuples, des colons, des Armées d'une Europe « blanche » et « civilisée », ne se rendant pas compte de l'horreur de ce qu'elle entreprenait, s'accomplira, lui aussi, sans la participation significative de services secrets. Les monstres que nous connaissons maintenant ne prendront leur forme moderne qu'à partir du « miracle des années trente » en ce qui concerne le recueil de renseignements sur l'ennemi capitaliste et fasciste par les nouveaux Grands Prêtres communistes du Saint-Empire ou lors du titanesque choc des États, des nations et de leurs colossales Armées durant la terrifiante et, elle, « totale » Seconde Guerre mondiale.

La mobilisation générale d'une île assiégée

L'espionnage est fils de l'Histoire. Il ne peut s'épanouir sous sa forme moderne que lors de l'existence d'un besoin pressant de la collectivité nationale, mise en œuvre par un État puissant, soutenu par les services spécialisés et compétents qu'il aura créés à cette fin et encouragé par une société profondément mobilisée et motivée.

Si la toile d'araignée rouge s'étendra avec une telle efficacité au cours du « miracle des années trente », à la suite de la rencontre entre la volonté de l'État stalinien et l'aspiration de la société « ecclésiale » sécrétée par la nouvelle religion communiste d'être renseignée sur l'ennemi capitaliste pratiquant « l'encerclement » du « paradis socialiste », l'espionnage moderne n'apparaîtra dans un Occident profondément endormi jusque-là qu'à partir de la Seconde Guerre mondiale. Il faudra attendre à cet effet que la petite île anglaise bande toutes ses forces afin de faire face à la menace posée par un continent tombé entre les mains de la force brute du dément Hitler.

Encore ne s'agit-il en rien de l'expression d'un espionnage perçu comme une continuité historique mais du sous-produit d'un phénomène beaucoup plus général. Face au péril mortel causé par l'occupation de toute l'Europe occidentale, la parcelle anglaise de liberté verra se mobiliser tout un peuple — « Du sang, de la sueur et des larmes », promettait à ses concitoyens l'immense Churchill —, tout un État et toute une nation, toutes les structures « de force », comme disent les Russes, dont ils disposaient ou qu'ils créaient *ex nihilo* afin d'assurer la survie du pays et des valeurs de la démocratie qu'il incarnait.

Rendue possible par la tenace volonté de Churchill et par l'expérience, fût-elle partielle et imparfaite, qu'il avait, au cours de sa riche carrière politique, acquise en matière de Renseignement, notamment lors de la guerre des Boërs et du Premier Conflit mondial, par les traditions d'un Intelligence Service pourtant encore balbutiant avant le déclenchement des hostilités avec Hitler, par la vigilance inventive d'un peuple de paysans mais également de marins ouverts sur le grand large, l'apparition de l'espionnage moderne dans les îles britanniques sous la pression de la menace nazie ne constitue pas une manifestation isolée. La mobilisation de l'État, d'une nation et d'une société s'exprime, en effet alors, dans tous les secteurs de l'Angleterre plongée dans la tourmente, qu'il s'agisse de la création, à partir presque du néant, d'une Armée puissante et moderne, susceptible de stopper l'expansion hitlérienne en Afrique ou de participer à la reconquête d'un continent submergé par la Wehrmacht, du courage proprement inouï de toute une population dont l'exemple le plus frappant est procuré par la « bataille d'Angleterre » qui verra se déployer l'héroïsme des jeunes pilotes de la RAF et le sang-froid d'un peuple ne baissant pas la tête sous les bombes nazies.

L'étonnant talent de Churchill qui, à la différence de De Gaulle ou, surtout, de Roosevelt, voire de Hitler, amènera la direction des services secrets à une quasi-perfection, les traditions de l'Intelligence Service britannique qui, faisaient appel non, comme en France ou en Allemagne, à du personnel ou à des structures militaires mais aux meilleurs éléments de la société civile produiront, sous le poids du péril mortel pesant sur l'île assiégée, des résultats proprement extraordinaires en ce qui concerne le surgissement, dans ces conditions dramatiques, d'un Renseignement résolument moderne et adapté à la menace encourue.

Sur le plan défensif, on peut constater ainsi que, démentant l'impuissance congénitale du contre-espionnage, la totalité des « espions » allemands infiltrés ou parachutés en Grande-Bretagne par le IIIe Reich a été démasquée, arrêtée et « retournée » contre le Centre nazi grâce à la vigilance de la population et à l'efficacité d'une police aux aguets. Il faut cependant préciser que dans ce domaine de la chasse aux espions nazis, la Grande-Bretagne sera grandement aidée par son adversaire germanique lui-même. Ignorant les méthodes de recrutement d'agents idéologiques initiées par la toile d'araignée rouge, se contentant surtout d'infiltrer ou de parachuter des éléments militaires de sa Wehrmacht dans le meilleur — et combien inefficace — style de la reconnaissance militaire traditionnelle, les services secrets de Hitler feront preuve d'un archaïsme et d'une stupidité désolants. « L'intelligence militaire, aurait pu dire Clemenceau, est à l'intelligence ce que la musique militaire est à la musique. »

Enigma : une prouesse ayant pesé sur l'issue de la guerre

Il y a mieux encore et l'Angleterre assiégée saura, face à la révolutionnaire machine à coder nazie Enigma, sur laquelle Hitler comptait pour assurer le plus opaque des secrets à ses opérations terrestres, aériennes et maritimes, tirer le maximum des tâtonnements effectués dans le domaine spécialisé et pointu de la cryptologie avant l'occupation de l'Europe par les petits, marginaux et encore archaïques, services secrets polonais et français.

As de la cryptologie, les Polonais s'efforçaient avant la guerre de reproduire la machine à coder allemande à partir d'un exemplaire trouvé dans le commerce de la machine à écrire secrète dont s'étaient inspirés les nazis. Le Deuxième Bureau français, quant à lui, apportait les renseignements cruciaux que lui avait livrés l'officier allemand du chiffre, Hans Thiele Schmidt, mû par l'esprit de lucre après une jeunesse débauchée et de revanche contre son frère, général haut placé de la Wehrmacht. Remarquablement dirigé par les « seigneurs » qu'étaient les rares officiers s'occupant du Renseignement dans l'Armée française, Hans Thiele, de plus en plus poussé vers l'opposition idéologique au nazisme, avait remis, en effet, un livre à coder, un message en clair et un message chiffré par Enigma.

Après l'effondrement de la Pologne et de la France que ces balbutiements n'avaient pas été en mesure d'empêcher, les Anglais repliés dans leur île assiégée parvenaient, en rassemblant et en approfondissant tous ces éléments, à construire enfin une réplique exacte de la terrifiante machine à coder. Installés dans l'ultra-secret Bentchley Park, les spécialistes civils de décryptement britannique — en pays anglo-saxon, il ne viendrait à l'idée de personne, comme dans les très militarisées France et Allemagne, d'envoyer des intellectuels se faire massacrer sur le front en tant que deuxième classes —, polonais et français réussissaient ainsi à obtenir des informations sur les horaires, les itinéraires et les destinations des bombardiers allemands lancés dans la bataille d'Angleterre puis, lorsque la reproduction sera devenue parfaite à partir de 1943, sur le moindre mouvement des sous-marins nazis participant à la bataille de l'Atlantique.

Sur le plan terrestre, une source humaine donnera à Ultra — tel était le nom de code de l'opération de décryptement — un sens qui n'était prévu par personne. Affecté à Bentchley Park, l'agent des services secrets soviétiques, John Cairncross des Cinq de Cambridge, remettra aux Russes la totalité des messages concernant les mouvements de la Wehrmacht hitlérienne sur le front de l'Est, notamment lors du titanesque choc de blindés de Koursk en juillet 1943.

Ô ruse de l'Histoire ! Le recrutement par la toile rouge des Cinq de Cambridge était, au départ, conçu par les services secrets soviétiques non contre l'armée allemande mais pour se renseigner sur les intentions agressives de l'ennemi capitaliste anglais. Quant aux messages allemands décryptés par Ultra, les Britanniques ne désiraient les communiquer qu'au compte-gouttes et en voilant, bien entendu leur origine à l'inquiétant allié russe par l'intermédiaire, nous l'avons vu, d'un de leurs agents doubles alimentant, soi-disant grâce à une source miraculeuse au sein du IIIe Reich, le réseau russe implanté en Suisse par l'illégal soviétique Alexander Rado. Les voies du Grand Jeu sont impénétrables...

Imprévue, cette déviation, en effet, ne fera qu'amplifier la portée historique de la reproduction de la machine à coder Enigma. Même s'il serait exagéré de dire que l'opération Ultra — enrichie et détournée par l'allégeance communiste des Cinq de Cambridge — a « changé la face du monde », elle n'en a pas moins apporté une contribution significative à une victoire alliée qui n'aurait pourtant pas été possible, quelle que soit la qualité des renseignements recueillis, sans la détermination des politiques, la compétence des armées et l'héroïsme des peuples.

Rouler Hitler dans la farine

Tout affrontement armé de grandes masses humaines entraîne une amélioration technologique de plus en plus accentuée au fil de l'Histoire de ce que l'on appelle aujourd'hui le « système d'armement » utilisé par les belligérants. Mais, à côté de ces bouleversements du « *hardware* » de la guerre — de l'artillerie durant la Première Guerre mondiale, des chars et de l'aviation ou de l'invention du radar et du sonar changeant la donne de la guerre sous-marine durant le Second Conflit mondial —, on assiste parallèlement à une sophistication analogue des opérations qu'on peut qualifier comme le « *software* » de la conduite intellectuelle des hostilités.

Ainsi, face au besoin croissant d'une meilleure connaissance des possibilités et des intentions d'un adversaire considéré de plus en plus comme un ennemi inexpiable, le *hardware* de l'accroissement durant la Deuxième Guerre mondiale de la légèreté, du rayon et de la hauteur d'action des avions de reconnaissance aérienne et des caméras ou appareils de photo les équipant, a-t-il vu, après le sursaut en matière d'espionnage imposé à l'État-nation britannique dans son île assiégée, s'épanouir d'une manière concomitante l'intelligence et la subtilité des constructions intellectuelles de ses services secrets. Qui aurait pu prévoir, au moment du dramatique rembarquement de Dunkerque, que trois ou quatre années plus tard la Grande-Bretagne serait à même d'induire en erreur l'apparemment invincible ennemi allemand au cours d'éblouissantes opérations dites de « déception » — de « désinformation » pour les Russes ou de la détestable « intoxication » française, trop haineuse et trop inspirée d'empoisonnements médicaux —, ainsi nommées à partir du correct et non émotif verbe anglais *to deceive*, « tromper », « abuser » ?

Lorsque les armées alliées accumulées pour reconquérir l'hitlérienne « Forteresse Europe » éprouvèrent le besoin proprement vital d'accroître la force de frappe d'unités de débarquement qui ne pouvait qu'être limitée et vulnérable durant la phase initiale d'instauration d'une tête de pont sur le continent fortifié par l'encore puissante Wehrmacht, les services secrets anglais firent preuve d'une novatrice et éblouissante intelligence qui allait rouler dans la farine les généraux nazis les plus expérimentés. « La guerre, disait déjà Clemenceau, est une chose trop sérieuse pour être confiée à des militaires ».

Comme il fallait détourner l'attention du commandement allemand du débarquement qui se préparait en Sicile, l'Intelligence Service britannique récupéra donc à la morgue un cadavre anonyme qu'un sous-marin rejeta à la mer face aux côtes espagnoles, vêtu d'un uniforme de major britannique et muni d'une mallette attachée à son poignet, contenant des plans de débarquement... dans les Balkans.

Mais quelle que soit la subtile beauté de cette opération « Chair-à-pâté » — ô l'humour souvent déplacé des services secrets ! — menée par le commandant Montaigu, elle ne constitue qu'un charmant petit air de flûte si on la compare à la majestueuse symphonie que jouèrent les services anglais durant la préparation et l'exécution du débarquement en Normandie au cours de l'extraordinaire opération Fortitude décidée et suivie par Churchill en personne.

Afin d'induire en erreur la reconnaissance aérienne d'une Luftwaffe pourtant affaiblie, des baraquements en contreplaqué saupoudrés de chars et de sentinelles en carton, des barges de débarquement en contre-plaqué furent édifiés face au Pas-de-Calais où le commandement allemand s'attendait, selon la plus pure logique navale et militaire, à ce que les Alliés tentent de prendre pied dans leur assaut de la « Forteresse Europe ». Pour tromper les remarquables services d'interception de la Wehrmacht, un intense trafic radio était lancé dans les airs à partir de cette zone anglaise, en apparence surarmée. Dans le but d'abuser les services secrets de l'Abwehr, les journaux faisaient état de la présence sur les lieux du plus prestigieux général allié, le fonceur Patton, et des « indiscrétions » de la presse locale faisaient allusion à des fêtes où seraient invités des GI's américains.

Plus important encore, des rapports des agents parachutés par les nazis et ayant fait l'objet d'un « retournement » par le contre-espionnage défensif anglais « dévoilaient » les plans du haut commandement allié : débarquer dans les ports du Pas-de-Calais les plus proches de la côte anglaise. Enfin — phase la plus délicate et encore discutée de nos jours —, des résistants français, dont malheureusement la durée de survie n'était pas élevée, se voyaient confier des missions de sabotage dans la même région, amenant la Gestapo à conclure à un intérêt particulier de l'ennemi pour cette zone et, en cas d'arrestation et d'aveux sous la torture, la confirmation par les partisans ainsi sacrifiés des indications données par les « agents doubles ».

Le résultat est connu : les Allemands ne s'attendaient pas à un débarquement sur les platitudes d'une Normandie éloignée et dépourvue d'installations portuaires — le Renseignement nazi n'était pas parvenu à établir la construction en Grande-Bretagne de ports artificiels —, et même après son déroulement, Hitler n'engagera pas contre les troupes alliées à terre toutes ses forces blindées qu'il continuera à réserver à une « action principale » à Douvres.

Parfaitement conçues et montées, ces opérations de déception d'une nation britannique bandant toutes ses forces matérielles et intellectuelles pour assurer sa survie et libérer l'Europe occupée épargnèrent de nombreuses vies humaines avec une élégance suprême et une impressionnante économie de moyens.

Soutenir et exploiter les sentiments de révolte d'une partie du peuple français

La troisième facette de l'apparition de l'espionnage moderne en Occident grâce à la mobilisation générale de l'État-nation britannique provient de la rencontre du savoir-faire de ses services secrets s'améliorant de jour en jour sous la pression des besoins de la guerre avec le phénomène parallèle du sursaut d'une fraction du peuple français soumis à une pénible et honteuse occupation nazie.

Un miracle s'était, en effet, alors produit en France. Avant la guerre, une poignée d'officiers d'élite s'étaient efforcés, au sein du Deuxième Bureau, de s'informer sur la menaçante Wehrmacht hitlérienne. Ils n'étaient pas, malgré une évaluation correcte du péril nazi et la prouesse du recrutement de l'officier de chiffrement allemand, Hans Thiele Schmidt, connaissant les secrets de la machine à coder Enigma, parvenus, tournés exclusivement vers les problèmes militaires et coupés de la nation et même d'une Armée ne leur apportant ni la considération ni les moyens et l'attention qu'ils méritaient, à instaurer en France l'équivalent de l'Intelligence Service britannique qui, composé de civils soutenus par toute la société et imprégnés de l'esprit de curiosité propre à un peuple de navigateurs, de commerçants et d'explorateurs s'acharnait à renseigner l'Empire mondial — même imparfaitement à ce stade de tâtonnements du Renseignement en Occident — sur tout ce qui passait sur la planète.

Certes, il existait des services coloniaux qui, dans chacun des pays de « l'Empire » français, suivaient, d'une manière plutôt policière, les problèmes locaux mais il n'en restait pas moins que la France, obnubilée par la force armée continentale de la seule Allemagne et disposant de services squelettiques et strictement militaires, ne semblait pas, à l'abri de son illusoire ligne Maginot, faire entrer le Renseignement dans ses préoccupations et activités prioritaires. Aucune information « solide » et indubitable ne sera ainsi obtenue sur le plan hitlérien d'invasion de la neutre Belgique pour contourner la ligne Maginot et d'une percée dans les prétendument infranchissables Ardennes.

Soudain tout change. Occupé par les Allemands, le peuple français, guidé par des personnalités de la société civile qui n'acceptent pas une déshonorante défaite, telle que le futur « colonel Rémy », alors producteur de cinéma en difficultés, ou la jeune et belle Marie-Madeleine Fourcade, femme du meilleur monde passionnée par la défense de l'intérêt national en cette époque de démission collective, déploie spontanément tous les talents d'observation d'une population d'origine et de mentalité paysannes, à l'affût du moindre détail concernant la vie des voisins ou d'étrangers pouvant porter atteinte aux sacro-saintes propriétés et libertés.

« La nouveauté de nos réseaux, m'expliquait le chef des services secrets du général de Gaulle à Londres, le légendaire colonel Passy du BCRA, c'est qu'ils ont, pour se renseigner sur l'ennemi, mobilisé non des services spécialisés mais l'ensemble de la population. »

Les résultats nés de cette osmose entre la pulsion d'observation de l'occupant abhorré et l'aide financière et morale, matérielle et technique de brillants cerveaux civils de l'Intelligence Service anglais furent absolument faramineux. Si l'espionnage britannique, même devenu moderne sous la pression des besoins de la guerre, ne disposera jamais, à la différence de la toile d'araignée rouge du Saint-Empire communiste, d'agents au cœur du IIIe Reich, l'exploitation du phénomène nouveau de l'espionnage populaire français — qu'il s'incarnât dans des réseaux de renseignement dépendant directement de la Grande Bretagne ou affichant une stricte, et souvent partisane, obédience au général de Gaulle — peut être comparée, par son importance stratégique, à la reconstitution de la machine à coder Enigma ou à l'opération de déception aveuglant en Normandie l'encore puissante Wehrmacht de Hitler.

C'est l'ensemble de la société française, officiers démobilisés ou à la retraite, ouvriers ou ingénieurs d'usines réquisitionnées par les Allemands pour fabriquer des armements, cheminots, paysans ou marins pêcheurs, voire simples artisans employés par les troupes d'occupation, etc. qui vont collecter, en effet, des milliers de renseignements, petits ou grands, sur le moindre mouvement des troupes en vert-de-gris sur le territoire français occupé. Entre autres exploits, l'admirable Confrérie Notre-Dame du dynamique colonel Rémy signalera ainsi aux Alliés, grâce aux officiers de marine français régulant le trafic maritime, tout départ des ports français d'un navire de guerre ou d'un sous-marin germanique et leur fournira avant le Débarquement les plans du mur de l'Atlantique dérobés par un modeste peintre en bâtiment dans les locaux de l'état-major allemand dont il barbouillait les murs. Quant à « l'Arche de Noé » de Marie-Madeleine Fourcade, ainsi appelée par la Gestapo parce que tous ses admirables hommes ou femmes portaient comme noms de code des appellations d'animaux : Aigle, Tigre, Hermine, etc., les secrets nazis qu'elle perça furent tellement cruciaux — notamment sur les usines de Peenemünde ou les sites de V1 et de V2 menaçant l'Angleterre à partir du Nord de la France — que Hitler, au comble de la rage, donnera personnellement l'ordre d'exécuter avant la Libération au camp de Struthof les quatre cents membres du réseau « Alliance » tombés entre les mains de sa sinistre Gestapo.

Débordant d'un juvénile enthousiasme, pressés par l'actualité d'une guerre inexpiable, agissant, à la différence des *opers* légaux et illégaux ou des agents de l'espionnage d'État classique, en milieu « favorable », comme auraient dit les Russes, les « espions » de l'ombre de la Résistance prenaient, en effet — et c'est là un autre de leurs titres de gloire — des risques proprement insensés. Amateurs éclairés, ils étaient, en effet et on ne peut leur en vouloir, mal préparés tant aux règles élémentaires de la *konspiratzia* qu'à l'art de détecter les agents doubles que le contre-espionnage nazi parvenait, hélas, à infiltrer dans leurs innombrables rangs. David contre Goliath…

Si Allen Dulles est de loin, la personnalité la plus flamboyante que j'ai eu la chance de rencontrer dans le Grand Jeu, la femme qui m'y a laissé un souvenir inoubliable est la sublime Marie-Madeleine Fourcade, qui créa son prodigieux réseau de renseignement, sauvant ainsi l'honneur français, dès les premiers jours qui suivirent la débâcle de mai-juin 1940.

La naissante Cinquième République du général de Gaulle ayant apporté un terme, avec une brutalité désinvolte que l'on n'oserait pas utiliser à l'égard du plus anonyme des valets, à mes fonctions de conseiller durant les dernières et combien pénibles années de l'abominable guerre d'Algérie, j'avais tenu, pour oublier mes nouvelles activités d'éditeur submergé de manuscrits approximatifs ou d'auteurs hystériques — « La pire canaille, disait Voltaire, est un homme de lettres » — à connaître les héros de la France combattante. Tels les colonels Passy et Rémy ou Marie-Madeleine Fourcade, ne s'étaient-ils, après avoir fait progresser l'art du renseignement durant la Seconde Guerre mondiale tout en portant des coups mortels aux nazis, retrouvés comme moi sur le sable, éloignés, devenus inutiles, tant des « services » que de la vie politique du pays ?

Je voyais régulièrement le colonel Rémy lors de ses passages à Paris entre deux livres qu'il était contraint d'écrire à la chaîne en Bretagne afin de compenser l'absence de tout revenu fixe, mais je garde un souvenir encore plus ému de l'année durant laquelle j'aidais tous les soirs Marie-Madeleine Fourcade, toujours aussi belle et envoûtante, à rédiger ses Mémoires sur cette époque flamboyante de sa pourtant tumultueuse vie. Sous le poids des lancinantes et puissantes évocations de celle que j'appelais Marie-Madeleine — nom de code mérité : Hérisson —, son élégant appartement sur les bords de la Seine, décoré des vases chinois de son enfance en Extrême-Orient ou son mas de Camargue, en face de l'étang de Vacarès piqueté de flamands roses, se transformaient, comme par magie, en de chaleureuses cathédrales où ressuscitaient, ô enchantement !, les compagnons qu'elle avait commandés et tellement chéris mais qui avaient tous péri. Son propre adjoint, le commandant d'aviation Léon Faye, avait été, la veille de la libération des camps, exécuté au lance-flammes par des SS déchaînés et la première victime de l'Arche de Noé, le lieutenant de Marine alsacien, Henri Scherrer, avait sacrifié sa jeune existence en montant, revêtu d'un uniforme de sous-marinier allemand, à bord d'un U-Boot nazi.

Le combat de quatre années, heureux et léger au début, terrible vers la fin sous les coups de la Gestapo, retrouvait ainsi sa palpitante vie, riche de ses jeunes gens et jeunes filles collectant des renseignements tel un tapir aspirant des fourmis, les transmettant à Londres sous l'épée de Damoclès de la goniométrie fasciste à partir de l'un de ces volumineux postes radio dont l'exemplaire personnel de Marie-Madeleine — une luxueuse mallette en cuir — traînait encore dans un coin de son salon, les chargeant par sacs entiers sur les petits et instables avions Lyzander qui, tout en opérant l'exfiltration un par un de chefs et de personnalités menacés, bravaient, après de périlleux atterrissages sur des terrains de fortune préparés et éclairés par les spécialistes de la liaison du réseau, la DCA et les avions de chasse de Hitler dans la nuit noire de l'Occupation.

Hélas. Si après chaque séance de travail, Marie-Madeleine se laissait aller à des confidences vespérales, politiques et personnelles qui me bouleversent encore mais que je ne me sens pas le droit de dévoiler, elle n'en fait figurer aucune dans son livre, *L'Arche de Noé*, que nous publiâmes, ô ironie de l'Histoire, durant les chaudes journées de Mai 68[1]. Hantée par le souvenir des morts dont elle désirait perpétuer la mémoire, écrasée par le sentiment qu'elle les avait envoyés au sacrifice suprême alors qu'une chance insolente lui avait permis de sauver sa propre vie, empêtrée dans son rôle de « Jeanne d'Arc du gaullisme » alors qu'elle déplorait en privé l'ingratitude et la dureté du « Général », prisonnière de « l'ordre moral » qui, précisément, faisait défiler sous nos fenêtres une joyeuse mais oublieuse jeunesse, Marie-Madeleine ne rédigea ni un ouvrage historique — et technique — sur les prouesses hors pair de son extraordinaire réseau ni la grande fresque humaine que j'aurais souhaitée des sidérantes aventures qui illuminaient l'existence quotidienne de ses touchants « animaux » lors de leur pathétique plongée vers l'absolu.

La véritable histoire de la Résistance reste donc encore à écrire, où les querelles mesquines entre politiques ou services — malgré son gaullisme exacerbé d'après-guerre, Marie Madeleine dépendait directement de l'Intelligence Service britannique, avait évacué par sous-marin en Algérie le général Giraud et ne deviendra donc pas compagnon de la Libération —, la récupération par les ralliés de juin 1944 des sacrifices de ceux qui avaient fait le choix héroïque de se dresser, dès la première heure, contre l'ennemi se

1. Marie-Madeleine Fourcade, *L'Arche de Noé*, Paris, Fayard, 1968.

sont dilués dans le mythe d'une Résistance aussi universelle que collective. La réalité est, là encore, à mille lieues du fantasme : marginale et trop souvent cantonnée à des palabres et ambitions politiques, la « Résistance » française n'a porté de coups véritablement dangereux à l'occupant nazi que grâce aux partisans communistes — autre expression de rejet viscéral, encadré par un Parti admirablement organisé et habité par une foi aveugle dans le paradis soviétique — ou à l'espionnage populaire, soutenu, lui, par l'Intelligence Service britannique.

Une fois la guerre terminée, la Résistance « politique » triomphait avec son cortège de falsifications historiques, de chasse aux places et aux décorations, de barbotage dans les « jeux, délices et poisons » dénoncés sous la Quatrième République par le général de Gaulle, même si, à Londres — mais il œuvrait alors pour la « grandeur » de la France et une conquête personnelle du pouvoir, objectifs à ses yeux inséparables —, il s'en était donné à cœur joie. Tel le « Général » qui, durant le conflit antinazi, ne s'intéressait à ses services secrets du BCRA que comme à un moyen de renforcer sa position à l'égard de réticents alliés anglo-saxons, la France préfère « la petite soupe dans ses petits pots » — toujours une expression typiquement gaullienne — au Grand Jeu du Renseignement. À la Libération, le dernier des bavards de la Résistance « intérieure » fera une carrière politique époustouflante, mais les chefs de réseaux — à la différence des responsables de « mouvements » —, de partisans ou de services secrets seront brutalement priés d'aller jouer ailleurs.

Si l'Intelligence Service britannique tirera toutes les leçons de la naissance sur son île de l'espionnage moderne afin de créer un petit mais particulièrement compétent service de renseignement qui assumera un rôle plus qu'honorable durant la Troisième Crise mondiale de la « guerre froide » qui se pointera alors, il n'en ira pas de même dans l'arrogant mais léger Hexagone. Les prouesses des réseaux d'espionnage populaire sécrétés par la société civile ne seront ni analysées ni exploitées, malgré la tentative mort-née d'un colonel Passy impressionné par ses rapports avec l'Intelligence Service de donner vie à une organisation des services secrets digne des intérêts de la nation et de la vocation universelle de la « patrie des droits de l'homme ». Les prodiges réalisés par les superbes et héroïques « réseaux » étaient-ils d'ailleurs applicables aux nouvelles conditions du nouveau conflit dans la mesure où ils n'ont été rendus possibles — ruse de l'Histoire — que par la spécificité d'une occupation allemande qui, à la différence de la Russie ou de la Yougoslavie ne fut pas « particulièrement inhumaine » comme le dit le doux M. Le Pen qui oublie allègrement la déportation des Juifs ou de toute personne, sans identification de sa réelle efficacité anti-allemande, ayant osé s'opposer au nazisme, les pelotons d'exécution de Châteaubriant et du mont Valérien ou les massacres de Tulle ou d'Oradour-sur-Glane. Face à un gouvernement de Vichy porté à la capitulation et à une majorité de la population plutôt tentée par la collaboration et avec lesquels l'occupant pouvait donc conserver des liens de proximité et de coopération, les Allemands créèrent d'eux-mêmes des conditions « favorables » à leur espionnage par la minorité qui — inoubliables héros — n'acceptait pas la soumission. Bien qu'auréolé par les « spécialistes » des vertus magiques suintant de l'évocation de son seul nom, l'espionnage ne surgit pas *ex nihilo*, ne se pratique pas n'importe où, n'importe quand ni n'importe comment.

En tous cas, si aux États-Unis, l'ancien directeur de la CIA, George Bush père, deviendra président des États-Unis, si en Russie son appartenance initiale au KGB ou sa direction des services de contre-espionnage du FSB après la chute du communisme ne nuiront pas à Vladimir Poutine, il n'en va pas de même en France. Dans l'ondoyant et léger Hexagone, « l'espionnage » — fût-il porté à ses sommets par l'épopée unique de la Résistance — ne compte guère face aux subtilités de la politique politicienne ou à l'immobilisme technocratique enseigné à l'utile mais dangereuse ENA.

CHAPITRE IX

Les extraordinaires prouesses du Saint-Empire envahi

Splendeur et misères de la toile d'araignée rouge

Imaginons un jeune Arabe installé en Occident. Sa mère est chrétienne et toute sa famille paternelle, issue de grands intellectuels musulmans modérés, penche vers l'intégration dans la civilisation de la démocratie occidentale dont elle apprécie pleinement tous les bienfaits.

Surgi, semblable au champignon délétère d'une explosion atomique, le fondamentalisme islamiste et ses déferlements de haine et de violences terroristes. Notre jeune héros fait la connaissance d'un chef occidental de services secrets qui est autant un spécialiste éminent de la collecte de renseignements qu'un moine-soldat dévoué corps et âme aux valeurs de paix et de sécurité, à la défense passionnée des droits de l'homme et des libertés. De cette rencontre naît un plan grandiose qui paraîtrait proche du délire pour un esprit sceptique et égoïste contemporain. Le jeune homme va se convertir à l'islamisme le plus radical, abandonner l'Europe — disons plutôt l'Amérique — et partir en Afghanistan vivre dans le milieu exalté des talibans et afficher une allégeance sans failles au terrifiant Ben Laden et à sa volonté sinistre de détruire cet Occident que notre héros chérit de tout son cœur.

Idéaliste et généreux, notre jeune chevalier est également pétri de talent. Il joue si bien son rôle dans le Kaboul anti-occidental qu'il devient le confident et le bras droit d'un des lieutenants de Ben Laden. Grâce aux liens uniques qu'il a ainsi tissés, il est informé jour après jour, presque heure après heure, des intentions sanglantes et meurtrières d'Al-Qaida. Or notre ardent jeune homme n'est pas un être isolé : le chef américain des services secrets avec lesquels il a accepté de collaborer lui a procuré un opérateur radio, musulman modéré lui aussi, qui maintient une liaison permanente avec le Centre de Washington ainsi qu'un chiffreur dont, devenu un brillant technicien de l'espionnage, il organise l'intense activité conspirative au sein du dangereux Kaboul islamiste. Ajoutons que notre insatiable héros parvient à se lier d'amitié avec le conseiller le plus proche du mollah Omar qui, inquiet des dérives fanatiques des talibans, le tient informé des rapports amicaux de Ben Laden avec le pouvoir religieux en Afghanistan.

Tant d'efforts s'avèrent payants. Au courant du moindre frémissement du terrorisme fondamentaliste, de son prosélytisme, de ses camps d'entraînement et de ses projets d'attentats meurtriers contre l'Occident abhorré, les transmettant immédiatement par radio au Centre de Washington, l'étonnant jeune homme apprend le plan insensé de Ben Laden de détruire, par des avions-suicide transformés en bombes volantes, les arrogantes tours jumelles de Manhattan, le Pentagone, voire la Maison Blanche. Il avertit aussitôt son Centre mais le scepticisme et la permissivité de la civilisation américaine sont tels qu'il n'est pas écouté et que les Twin Towers s'effondrent dans un grondement de fin d'un monde d'insouciance et de légèreté.

Nullement découragé par ces déficiences de la civilisation qu'il défend — dérangeant par ses prédictions apocalyptiques, son chef et ami des services secrets a été limogé avec une rare brutalité —, notre héros continue avec toujours autant d'enthousiasme son travail clandestin au service de la cause de la liberté pour laquelle il est prêt à sacrifier sa vie. Qu'adviendrait-il de lui, quelles tortures et quelle mort atroce lui seraient-elles réservées si Al-Qaida apprenait sa véritable nature ? Ardent et de plus en plus motivé, l'admirable croisé de l'espionnage moderne annonce ainsi que l'attentat terrifiant de New York ne sera pas renouvelé dans l'immédiat mais que l'organisation terroriste, frappée en plein cœur par l'occupation occidentale de l'Afghanistan et la chute des talibans, a éclaté en cellules nationales qui préparent des attentats locaux moins spectaculaires mais toujours aussi sanglants qu'il annonce par avance, tout en tenant l'Occident informé des menaces bactériologiques ou chimiques, voire nucléaires, qu'Al-Qaida se prépare à faire peser sur lui.

L'inéluctable se produit. Soumis à une pression de jour en jour plus dangereuse par Washington qui, ne le considérant plus que comme un pion dans sa « guerre contre le terrorisme », lui réclame toujours davantage de renseignements, l'extraordinaire combattant du « front invisible » est finalement dévoilé par Al-Qaida. Soumis pendant deux ans aux pires interrogatoires, il est sauvagement mis à mort.

Rien n'entraîne autant une sensation déprimante de banalité que le récit plat du passé, surtout quand il porte, colorié de teintes criardes et caricaturales, sur « l'histoire » d'un « espionnage » déformé par les fantasmes les plus délirants. Seule donc une transposition aux sinistres turbulences que nous traversons actuellement — « l'Histoire est tragique » — peut permettre de rendre l'hommage qu'il mérite à l'immense Richard Zorgué qui, probablement le plus grand espion de tous les temps, « diamant ornant la couronne de l'empereur », constitue, avec le sublime Orchestre rouge — n'oublions pas, non plus, le merveilleux Breitenbach — l'atout essentiel que procura au Saint-Empire confronté aux volontés expansionnistes de Hitler, la « toile d'araignée rouge », issue du « miracle des années trente ».

On ne sait qu'admirer le plus chez cet être d'exception. La richesse, proprement unique et vitale, des renseignements qu'il a réussi à obtenir à Tokyo au péril de sa vie : l'annonce, plusieurs fois répétée, de l'imminence de l'invasion du Saint-Empire communiste par les Panzers nazis, la bonne nouvelle que le Japon n'apporterait pas — ce qui permettra à Staline de dégager des troupes fraîches pour sauver Moscou — son aide aux blindés hitlériens tant que la capitale rouge ne serait pas tombée ? Le rayonnement chaleureux jetant les bases d'une collaboration sans failles et d'une amitié sans réserve avec le conseiller le plus influent et le mieux informé du Premier ministre de l'empereur Hiro-Hito ? L'extraordinaire maîtrise de soi, qui face aux fascistes de la colonie allemande vivant dans la capitale nipponne, dont la violence et la brutalité ne pouvaient que révulser l'idéaliste communiste qu'il était, lui a permis de se faire passer pour l'un des leurs et, durant d'interminables années, de hurler avec les loups ? Le don de comédien inspiré qui a rendu possible — il est aidé dans ce domaine par l'incompétence et l'arrogance phénoménales du contre-espionnage nazi qui ne cherche pas à se documenter sur son passé pourtant voyant de pur communiste et de descendant de Karl Marx — qu'il présente toutes les apparences d'un fasciste convaincu et devienne, correspondant d'un journal allemand conservateur à souhait, le confident puis l'attaché de presse de l'ambassadeur du IIIe Reich à Tokyo, lisant par-dessus l'épaule de son inquiétant ami, la totalité des télégrammes les plus secrets envoyés par Berlin ? La foi de charbonnier de cet être unique dont certains auteurs occidentaux n'aiment retenir que le côté bon vivant, compagnon toujours aimable de beuveries germaniques et de chasses aux geishas, qui a réalisé le miracle de n'avoir pas perdu confiance lorsque la Grande Terreur de Staline a fait fusiller son chef et ami de Moscou, le remarquable directeur du Renseignement militaire de l'Armée rouge, Ian Berzine, envoyé au Goulag sa première femme restée en Russie et l'aurait probablement frappé lui-même car, rappelé à Moscou en 1937, il ne pouvait que trop bien savoir quelle cave de la Loubianka l'attendait ? La force d'âme qui a été la sienne lorsque Staline n'a pas écouté son annonce de l'invasion imminente du pays qu'il considérait comme sa patrie — sans justifier « le petit père des peuples », la réussite de Zorgué était tellement extraordinaire qu'elle pouvait effectivement paraître suspecte et invraisemblable — et qu'il a continué son travail patient de taupe avec une ardeur intacte ? Le courage dont il a fait preuve durant deux années d'interrogatoires par la police secrète nipponne qui ne passe pas pour un modèle de douceur et devant le gibet où on l'a amené un petit matin de 1944 — tout semble indiquer qu'égal à lui-même Staline a refusé la proposition japonaise de l'échanger contre des prisonniers nippons de son NKVD —, alors que, grâce à lui, la victoire sur les nazis qu'il avait combattus durant toute son ardente existence était en vue ?

Plus l'espionnage est préparé en amont et plus il sera efficace. Il faut, comme disait sagement François Mitterrand « laisser du temps au temps » et le « miracle des années trente » ne produira ses effets magiques face à Hitler qu'une décennie plus tard en procurant au Saint-Empire communiste, à la différence d'un Occident aveugle face à l'invasion nazie, des agents plantés au plus profond de l'orgueilleux IIIe Reich.

Richard Zorgué annoncera que 150 divisions étaient rassemblées pour envahir le paradis socialiste et que le coup serait assené le 21 juin 1941 avant de préciser que le Japon ne participerait pas à l'écrasement du bolchevisme. L'Orchestre rouge berlinois indiquera que le « coup serait porté d'un moment à l'autre », fournira tous les détails nécessaires tant sur le renforcement du dispositif nazi devant Moscou que sur son affaiblissement à la suite des féroces combats ayant ensanglanté la terre russe, puis apportera la précision vitale que l'offensive d'été allemande de 1942 aurait pour objectif non Moscou mais le pétrole du Caucase. Quant aux Cinq de Cambridge, ils transmettront, grâce à leur accès aux décryptements anglais rendus possibles par la reproduction de la machine à coder nazie Enigma, le moindre détail sur la préparation de l'offensive des blindés nazis à Koursk en juillet 1943. Jusqu'à la fin de la guerre, les généreux étudiants anglais, mobilisés dans les services de renseignement britanniques, fourniront des informations irremplaçables sur les ultimes sursauts d'une Wehrmacht saignée à blanc, moyennant notamment — n'oublions pas l'héroïsme du peuple russe et le savoir-faire de son commandement —, par ce constant dévoilement des intentions opérationnelles des effrayants Panzers de la lèpre brune.

La guerre est cruelle.

La dramatique pression exercée par la force brute des nazis sur l'Armée rouge sous Moscou durant le terrible hiver 1941 ou durant la deuxième offensive de Hitler l'été suivant sur le Caucase, le caractère vital des renseignements fournis par l'Orchestre rouge berlinois ou Richard Zorgué sur les plans de l'envahisseur allemand ou du potentiel ennemi japonais obligeront les services secrets russes et leurs héroïques agents à prendre des risques proprement mortels. Que compte la vie d'un seul homme lorsque meurent des millions ? Par des télégrammes vulnérables au décryptement allemand, le Centre transmet, nous l'avons vu, les noms et les adresses des héros de Berlin au *rezident* russe illégal en Belgique occupée qui, après avoir recueilli au cours d'un voyage éclair dans la capitale du IIIe Reich, des informations essentielles sur la situation devant Moscou, les transmet, revenu à Bruxelles, jour et nuit, attirant ainsi la redoutable goniométrie de l'Abwehr nazie comme le miel un ours sauvage. L'Orchestre rouge tombe à terre alors que le grand Zorgué, qui aura émis au nez et à la barbe des Japonais plus de 2400 télégrammes — interceptés mais non décryptés par les Nippons — vers Vladivostok, sera contraint à de plus en plus fréquentes — trop ! — rencontres conspiratives avec la *rezidentura* légale de Tokyo afin de communiquer directement à Moscou les intentions japonaises durant l'assaut de la capitale du Saint-Empire. Une intense activité diplomatique entre Hitler et Hiro-Hito, les états-majors de Berlin et de Tokyo agitait alors les deux alliés de « l'Axe » et c'est l'avidité du Centre pour en connaître, presque heure par heure, tous les détails qui fera tomber entre les mains de la police nipponne surveillant l'ambassade soviétique le plus grand *oper* d'une Histoire pourtant riche en « professionnels » hors du commun.

À la deuxième année de guerre, tous les réseaux communistes implantés au cœur du IIIe Reich sont donc morts. Il ne reste plus au Saint-Empire — mais c'est déjà énorme et cela illustre les avantages de travailler en amont, tous azimuts et à la périphérie démocratique de l'adversaire — que les Cinq de Cambridge et leur constante transmission à Moscou des secrets arrachés en Grande-Bretagne par la reproduction de la machine à coder Enigma.

Rien ne saurait arrêter pourtant des services compétents et enthousiastes, soumis à la pression des besoins de la guerre, surtout s'ils ont été préparés de longue date à leur mission. Après les trous creusés par le Second Conflit mondial à la « toile d'araignée rouge », c'est le contre-espionnage offensif du NKVD stalinien qui va voler au secours du renseignement extérieur dont la précieuse *agentura* forgée par le « miracle des années trente » a été, dans sa plus grande partie, démantelée par l'horreur des hostilités.

Un atout spécifique au communisme en guerre

La nouvelle religion communiste russe entretient avec ses services « spéciaux » — les « organes », d'après la terminologie soviétique — des relations éminemment particulières. Nous l'avons vue, apeurée et enthousiaste, donner naissance dans les années trente à l'espionnage moderne, fait, sur un fond de foi et de sang, du recrutement, dans le monde hostile qui l'encercle, d'une *agentura* de nouveaux croyants ou de sympathisants passionnés, généreux et dévoués. Nous aurons l'occasion d'effleurer — fort heureusement, ce n'est pas le sujet de ce livre — la manière sanglante dont la Nouvelle Foi soumet les populations à ses folles utopies tout en réglant les problèmes de partage du pouvoir, du débat politique ou de la relève des générations à grands coups de procès fabriqués, de pelotons d'exécution et de Goulag. La troisième originalité communiste veut qu'une décennie avant le « miracle des années trente » l'espionnage extérieur du Saint-Empire ait inventé une forme entièrement nouvelle de lutte contre ses ennemis, réels ou imaginaires.

Cependant, si la pratique de l'*agentura* sera imitée par tous les pays du monde après l'extension à un Occident endormi jusque là de l'espionnage moderne sous le choc de l'affrontement des États-nations durant la Seconde Guerre mondiale ou des idéologies pendant la « guerre froide », cette nouvelle technique des services « spéciaux » communistes — le concept de « contre-espionnage offensif » ne rend pas suffisamment compte de sa profonde originalité — restera une particularité strictement russe du Grand Jeu, un atout spécifique du Saint-Empire lorsqu'il se trouve — ou se sent — en guerre avec le monde qui l'entoure des non croyants, des hérétiques ou des ennemis de la Foi marxiste, léniniste ou stalinienne.

Les auteurs russes aiment citer Sun-Tzu[1] lorsque le philosophe et stratège de la Chine antique distingue « l'espion de vie » — tels sont les Cinq de Cambridge, Georges Pâques ou les savants atomistes qui renforcent la vitalité de la communauté à laquelle ils livrent leurs secrets — de « l'espion de mort » qui, lui, pourrit et pousse vers la tombe l'ennemi que l'on combat. Et ce sont ces « espions de mort » que le Saint-Empire ébranlé par l'offensive allemande utilisera contre l'envahisseur hitlérien. Mais si les services « spéciaux » communistes parviendront à employer cette nouvelle pratique d'une manière aussi massive et aussi réussie pour compenser la chute de leur *agentura* extérieure, c'est que cette technique originale avait, vingt années plus tôt, atteint une quasi-perfection dans l'infiltration mortifère de la Grande Faucheuse au plus profond des rangs de ses adversaires, dès après la révolution d'Octobre qui, changeant le cours de l'Histoire, avait coupé le monde en deux[2].

Au début des tumultueuses années vingt, le nouveau et fragile pouvoir bolchevique se sent, en effet, menacé, au cours de ce qu'il considère comme la guerre aussi fatale qu'inexpiable que lui livre « l'impérialisme » occidental — l'intervention anglo-française ou américano-japonaise de la guerre civile vient de se terminer —, mobilisant contre le naissant « paradis socialiste » tant les maléfiques services secrets britanniques — « l'Ogre satanique » — et les représentants de l'ancien ordre monarchique que leurs alliés « objectifs » des dangereux « socio-traîtres » — les socialistes chassés du pouvoir par Lénine.

1. I. Linder et S. Tchourkine, *Istoria rossieskykh... op. cit.*, p. 42.
2. On peut prétendre que, d'une certaine façon, la Grande-Bretagne ayant découvert l'espionnage moderne sous le choc de la Seconde Guerre mondiale fera appel, elle aussi mais d'une manière plus atténuée et moins systématisée, aux « espions de mort » en utilisant les agents de l'Abwehr retournés par ses soins afin d'induire Hitler en erreur sur le lieu du Débarquement et le pousser ainsi vers sa perte.

Et c'est cette sensation de guerre, emportée comme toutes les guerres par la clausewitzienne « ascension aux extrêmes » de la violence qui explique pourquoi et comment les nouveaux services répressifs de la police secrète de la révolution — en l'occurrence la célèbre Tchéka créée par Lénine dès Octobre, puis la Guépéou — se lancent, nourris des traditions de l'Okhrana tsariste et des pratiques conspiratives acquises par les conquérants du nouveau pouvoir révolutionnaire, dans des opérations à l'étranger qui, par leur côté spectaculaire et leur originale inventivité, marquent, autant que le « miracle des années trente », l'histoire de l'espionnage rouge.

Lorsque la guerre civile qui a ravagé les terres russes s'est éteinte après de sanglants combats, le péril le plus grave qui pèse sur l'encore chancelante construction de Lénine semble émaner de Boris Savinkov, le chef des « socialistes révolutionnaires » — SR — réfugié dans une Europe occidentale hostile au bolchevisme. Savinkov est un ancien terroriste qui s'est illustré dans la lutte contre le régime tsariste, un ministre de la Guerre à poigne d'un gouvernement socialiste d'avant la révolution d'Octobre, une personnalité politique aussi charismatique qu'expérimentée dans les opérations de déstabilisation. Déjà un attentat contre Lénine, l'assassinat de l'ambassadeur allemand à Moscou, des soulèvements ouvriers et paysans dans la nouvelle capitale russe ou à Iaroslavl paraissent indiquer, après Kronstadt, que le colosse bolchevik possède, dans l'anarchie qui ronge alors la Russie, des pieds d'argile.

L'opération Syndicat 2 — les « glorieux tchékistes » ne manquaient pas d'humour en cette époque où le « communisme de guerre » cédait la place à la bouffée de capitalisme libéral de la NEP — débute en 1922 lors de l'arrestation dans la zone frontière de trois émissaires de Savinkov venus effectuer un travail d'agitation dans la nouvelle Russie. L'un est fusillé pour ses exactions durant la guerre civile — ou pour saper le moral des autres ? —, mais les deux survivants, au lieu d'être exécutés ou emprisonnés se voient proposer l'un de ces terrifiants marchés dont raffole hélas, ce qui explique mes réticences à son égard, le contre-espionnage offensif en temps de guerre : soit se retrouver devant un peloton d'exécution soit accomplir à la lettre les instructions de la Tchéka. Le pot de fer d'une police politique toute puissante sur le sol russe était visiblement préférable au pot de terre des rêves de politiciens socialistes condamnés à l'émigration et les deux hommes acceptent de revenir à Paris. Bien qu'ayant retrouvé leur liberté de mouvement, ils annoncent à leur chef Savinkov une nouvelle proprement miraculeuse : ils ont découvert à Moscou une organisation de résistance en parfait état de marche et susceptible de renverser un régime bolchevik qui n'est pas parvenu à conquérir les masses.

Un ballet s'engage. De nouveaux émissaires de Savinkov passent avec aisance la frontière et, circulant sans problèmes sur les territoires communistes, rencontrent à Moscou, dans des appartements conspiratifs enfumés et autour de samovars bouillonnants, des « résistants » ruisselants de dynamisme, d'enthousiasme et d'efficacité. Tous proclament que le régime bolchevique est à l'agonie, que des soulèvements se produisent contre lui comme la presse soviétique le confirme par des articles empreints d'inquiétude.

Il ne manque qu'une étincelle pour provoquer l'embrasement général : le retour en Russie du populaire Savinkov en personne afin de prendre la tête de l'insurrection finale.

Mais Savinkov n'est pas un amateur et c'est tout un « jeu opérationnel » — *operativnaïa igra* — d'une rare subtilité qui l'oppose alors à la Tchéka, avec son chassé croisé de « résistants » venant le voir de Moscou et de ses émissaires se rendant sur place pour vérifier la solidité de la « Résistance » et la proximité du « Grand Soir ». Le Grand Jeu culmine avec l'envoi dans la Russie soviétique du propre adjoint militaire de Savinkov, l'expérimenté colonel Pavlovsky. Un professionnel de cette envergure risquant de n'être pas berné par de vagues palabres, la Tchéka ne pouvait que procéder à son arrestation. Mais comment ne pas éveiller les soupçons du prudent Savinkov devant le non-retour de son homme de confiance ?

« Vous n'avez pas le choix, expliquent les hommes de la Tchéka au colonel Pavlovsky. Ou nous vous fusillons ou vous écrivez à votre chef que la révolution est tellement proche que vous devez, au lieu de revenir à Paris, prendre la tête vous-même d'une action anti-bolchevique déterminante.

Mais attention : nous connaissons votre écriture et les signaux de sécurité dont vous avez convenu avec Savinkov afin de lui indiquer dans vos messages que vous n'êtes pas tombé entre nos mains. N'essayez pas de nous tromper. »

Le risque est immense mais le désir de survie, fût-il illusoire et provisoire, est si intense chez l'homme que même un professionnel aussi profondément dévoué à son chef que l'était le colonel Pavlovsky, accepte d'entrer dans le « jeu ». Cependant Savinkov continue à se méfier et envoie un nouvel émissaire s'entretenir avec son adjoint opérationnel. Celui-ci le reçoit non à Moscou mais dans le Sud profond de la Russie à Rostov-sur-le-Don, sur un lit d'hôpital où il soigne une « blessure » à la jambe, récoltée au cours de l'opération de récupération réussie d'argent dans une banque communiste, largement évoquée dans la presse soviétique, qui l'a empêché de revenir à Paris. Ne lui a-t-on pas promis, en échange de sa coopération, un poste important à la Tchéka ? Tout va donc pour le mieux dans le meilleur des mondes résistants, la révolution anti-bolchevique est bien en marche et n'attend plus que Savinkov en personne pour balayer le régime abhorré.

Le chef socialiste prit donc enfin en 1924, deux ans après l'ouverture du « jeu opérationnel », le chemin de Moscou pour découvrir que les « résistants » qui l'attendaient dans « l'appartement conspiratif » étaient des policiers de la Tchéka qui l'emmenèrent dûment menotté à la Loubianka, du cinquième étage de laquelle il se jeta, désespéré, dans le vide.

On n'arrête pas une affaire qui tourne et l'opération Trust — toujours l'humour de la Tchéka — s'attaque, elle, dès 1921, aux services secrets anglais et aux organisations monarchistes accusés de vouloir déstabiliser la nouvelle Russie. Le légendaire agent de l'Intelligence Service britannique, Sidney Reilly — pseudonyme, en fait, d'un aventureux et légèrement mégalomane juif russe qui s'était efforcé de déstabiliser le gouvernement issu de la révolution d'Octobre[1] — est convaincu à son tour, cette fois en jouant sur sa seule vanité, de revenir en Russie afin de tirer au clair la disparition de Savinkov pour y être fusillé en 1927.

Les monarchistes sont plus prudents, d'autant plus qu'un envoyé auprès d'eux de la Tchéka devenue Guépéou, Opperput, amoureux de la belle égérie de l'Armée blanche vaincue, Maria Zakhartenkov-Shultz, leur révèle le pot aux roses. Immédiatement discrédité par la Guépéou, Opperput décidera, accompagné de la ravissante Maria de traverser la frontière afin de prouver sa bonne foi mais les deux amoureux se suicideront lorsqu'ils seront repérés et encerclés par la Guépéou. L'opération Trust sera démontée en 1927 et il ne restera plus aux services soviétiques, cette fois de Staline, qu'à avoir recours à l'enlèvement en plein Paris des généraux Koutiepov et Miller.

1. Malgré ce que prétendra la propagande nazie, la communauté juive de Russie n'était pas toute, malgré une participation massive il est vrai, du côté des bolchéviks.

Un trait commun sous-tend ces opérations. Superbes au plan de l'inventivité et de l'exécution technique mais hautement discutables du point de vue moral, Syndicat 2 et Trust me paraissent, comble de l'horreur, parfaitement inutiles avec le recul du temps. Et Savinkov et Sidney Reilly et les généraux monarchistes, certes dynamiques et exaltés mais isolés et coupés de leur peuple, avaient été projetés, selon la forte formule de Lénine, « dans les poubelles de l'Histoire » et ne pouvaient exercer la moindre influence significative sur le développement de la triomphante Russie bolchevique.

Le contre-espionnage offensif devient proprement effroyable — bien entendu, le coopératif colonel Pavlovsky sera fusillé — lorsqu'il est emporté par l'ascension des haines, violences et passions que Clausewitz attribuait fort justement à la guerre sans prévoir toutefois, Karl Marx n'était pas encore né, que cette déesse noire pourrait, quittant le simple domaine de la lutte entre la bourgeoisie capitaliste et le prolétariat, devenir « une guerre de classes[1] ».

Un miraculeux espion monarchiste

En plein cœur de la Loubianka — « le seul immeuble de Moscou, disait-on en Russie soviétique, des caves duquel on peut voir la Sibérie », le « musée du KGB » — aujourd'hui : « du FSB » — constitue un des endroits les plus surréalistes d'une capitale russe pourtant riche en ambiguïtés. Fermé au grand public, réservé à l'enseignement de l'espionnage ou à l'édification de jeunes élèves triés sur le volet, ce somnolent « désert des Tartares », dont j'ai eu l'honneur de voir s'ouvrir devant moi les incomparables trésors, est aussi silencieux et ludique que la cathédrale violemment illuminée d'une civilisation à jamais engloutie. Après le passé tsariste qui, à la suite de l'effondrement du communisme, cohabite désormais, d'une manière pour moi intolérable, avec les sinistres manteaux de cuir des « glorieux tchékistes » — la seule cohérence du musée est procurée par la continuité historique discutable des « organes » —, une place d'honneur est accordée aux opéra-

1. Tel était le sens, pour le Saint-Empire communiste tout au moins, de ce que nous appelons la « guerre froide » qui n'est pas montée aux « extrêmes » de Clausewitz que grâce à l'existence de la dissuasion nucléaire.

tions Syndicat 2 et Trust, toujours aussi célébrées par les services actuels[1], juste avant que l'Orchestre rouge berlinois ne vienne assurer une relève plus pure et plus justifiée.

C'est donc munis d'une solide tradition que les services secrets du Saint-Empire affrontent le démantèlement de leur *agentura* extérieure. Les « jeux opérationnels » inspirés par Syndicat 2 et Trust deviennent alors leur réponse préférée et presque naturelle à l'invasion de la « patrie du socialisme » par la terrifiante Wehrmacht nazie.

Une belle opération de renseignement ne s'improvise pas, suppose une bonne dose d'invention et de courage — surtout en temps de guerre — et, éventuellement, une collaboration étroite entre les services de recherche extérieure et ceux du contre-espionnage intérieur. Une telle coopération apportait, d'ailleurs, une partie de sa force à l'ancien KGB soviétique où les missions extérieures et intérieures cohabitaient — d'une manière discutable à mes yeux de démocrate convaincu — au sein d'une seule et unique organisation.

Ainsi, c'est bien avant l'invasion de Saint-Empire par les nazis que le contre-espionnage offensif du NKVD avait créé à toutes fins utiles — on ne sait jamais et le procédé s'était révélé payant avec Syndicat 2 ou Trust — une organisation factice de monarchistes, située autour d'un monastère — d'où le nom de code futur de l'action antinazie — et animée par un authentique aristocrate qui avait échappé aux purges et répressions car il était profondément inoffensif et, semble-t-il, légèrement gâteux. Après le déclenchement des hostilités l'idée vint d'utiliser cette structure fictive en collaboration avec le renseignement extérieur afin d'entamer un « jeu » avec l'état-major allemand.

Alexandre Demianov, agent du NKVD recruté bien avant la guerre dans les milieux de ce qui restait de l'aristocratie — nom de code : Heine — fut sélectionné et entraîné avant de franchir à skis — et au péril de sa vie — la ligne de front à la suite de l'assaut manqué lancé contre Moscou. Arrêté et traité d'abord avec mépris par les Allemands comme un vulgaire déserteur, « Heine » parvint, à force d'insistance subtile bien qu'il ait été enfermé dans un camp de concentration où il était témoin de toutes les atrocités commi-

1. Notamment dans *Loubianka 2*, *op. cit.* qui a inspiré le présent récit alors que les « Esquisses de l'histoire du Renseignement extérieur russe » me permettront, sauf indication contraire, de rendre compte des exploits russes du temps de guerre.

ses par les nazis contre les « sous-hommes » slaves, à être mis en présence d'officiers de l'Abwehr. Il raconta animer un important réseau monarchiste dans la capitale du communisme, susceptible d'aider le Reich dans son salutaire combat contre le bolchevisme. L'Abwehr vérifia : l'organisation dont parlait Max — tel fut le nom de code qu'attribuèrent les Allemands à « Heine » — avait effectivement, avant la guerre, attiré l'attention de sa *rezidentura* à Moscou.

Après un nouvel entraînement, mais cette fois de la part des services nazis, le nouveau « Max » fut renvoyé à Moscou avec pour mission d'organiser une collecte systématique d'informations et d'actions de sabotage en plein cœur de la Russie assiégée. Il y parvint avec le succès qu'on devine et des officiers de l'Abwehr allemande parachutés derrière les lignes soit « périrent au cours de leur atterrissage » s'ils refusaient de collaborer avec les services russes[1] soit vinrent confirmer, sur des radios contrôlées par le contre-espionnage intérieur du NKVD, l'existence de possibilités significatives de recueillir, grâce aux monarchistes antibolcheviques, des renseignements importants sur l'Armée rouge, ses possibilités et ses intentions, tout en montant contre elle d'efficaces opérations de diversion.

Jamais placés dans le saint des saints de l'Armée rouge — il fallait rester crédible — mais à sa périphérie, dans des unités de transport ou de transmissions disséminées surtout en province, les « agents » de Max devinrent la source la plus importante du *Fremde Herren Ost* du général hitlérien Gehlen, lui procurant un flot continu de renseignements sur les concentrations et mouvements des troupes russes. Max lui-même était, en effet, « affecté » à l'état-major de l'Armée rouge comme officier de liaison, parvenant, par moments, à avoir accès à des pans des secrets militaires soviétiques et il n'était pas possible à l'Abwehr de lui tenir rigueur de ne pas en connaître la totalité. Ainsi s'il révéla, durant la préparation de la bataille de Stalingrad, l'offensive russe qui serait lancée à partir du centre du front — que les Allemands continrent assez facilement, le futur maréchal Joukov se plaignant plus tard amèrement de n'avoir pas, tenu dans l'ignorance du « jeu », été averti de l'importance des troupes allemandes se trouvant devant

1. Le Grand Jeu est tragique en temps de guerre. Je trouve ainsi dans *Loubianka n° 2* ; *op. cit.*, la photo d'identité d'un jeune Allemand au visage sympathiquement volontaire, capturé dès sa première mission et fusillé, tout de suite, pour refus de collaboration. Mourir pour rien…

lui —, il ne « se trouva pas en mesure » d'indiquer la manœuvre d'encerclement dans un infernal chaudron des forces du maréchal Paulus.

Grâce à ces subtilités, Max ne fut jamais « brûlé » — « éclairé », disent plus joliment les Russes — et bien après la guerre, le général Gehlen continuera à se désoler auprès de moi que Max et son réseau de monarchistes ne se soient plus manifestés auprès de ses services après la cessation des hostilités[1]...

Superbe au plan technique, riche au niveau stratégique, l'opération Monastyr', n'eut pourtant pas l'importance déterminante de la miraculeuse livraison aux Russes par les Cinq de Cambridge des plans d'offensive allemande à Koursk ou, surtout, de l'extraordinaire opération de déception anglaise qui induisit Hitler en erreur sur le lieu précis du Débarquement en Europe occidentale.

Il n'y a pas que de grands requins dans l'océan tumultueux du Grand Jeu mais les piranhas de l'opération Monastyr' contribuèrent à saigner à blanc la monstrueuse baleine nazie[2].

1. On imagine les ricanements en Russie lorsque le « général gris » s'extasia dans ses Mémoires devant son miraculeux espion monarchiste. Je ne veux pas défendre le général Gehlen bien que je l'ai apprécié en tant que chef des services secrets du démocratique chancelier Konrad Adenauer, mais il n'en reste pas moins que, piètre officier de renseignement, c'était un officier d'état-major particulièrement aguerri, ayant, notamment, participé à la conception du plan Barbarossa. « J'ai su alors, confiait-il, que la guerre était perdue car l'Allemagne ne pouvait combattre sur deux fronts ». Pour qu'un stratège de ce talent ait mordu à l'hameçon, les Russes ont donc dû lui fournir suffisamment d'éléments « solides », entraînant ainsi, sur le centre du front, sinon la défaite du maréchal Joukov du moins son premier échec majeur. Comme les récits des services secrets sont, nous l'avons constaté, baignés d'autosatisfaction, là encore seuls des historiens professionnels — en l'occurrence militaires, à condition qu'ils ne se noient pas dans des hypothèses trop oiseuses — pourront déterminer si la fixation des Allemands sur l'offensive russe à partir du centre du front durant la préparation de la bataille de Stalingrad — et les sacrifices consécutifs demandés aux soldats russes : 215 000 hommes perdus — a affaibli leur perception d'un encerclement de Paulus que leur Renseignement, notamment aérien, n'a pas su détecter.
En tout cas, la vérité *partielle* alors dévoilée par « Max » renforcera sa crédibilité lorsqu'il annoncera l'année suivante que les forces soviétiques accumulées au nord de Koursk — que les Allemands ne pouvaient ignorer par leurs moyens de reconnaissance — n'avaient qu'une valeur défensive. Le Grand Jeu ne se joue pas sur un seul coup.
2. Là où il y a de la gêne, il n'y a pas de plaisir. Aux touts débuts combien rudes de la « guerre froide », dans la Pologne occupée par l'Armée rouge, l'organisation de résistance formée à partir des maquis nationalistes antinazis ne sera, après l'arrestation de ses trois premiers chefs, qu'une émanation du contre-espionnage offensif polonais qui, au cours de cette « opération César », récupérera ainsi l'argent et les instructions envoyés par la CIA américaine tout en

Du jeu-radio comme « jeu de mort »

Aux « jeux opérationnels » menés par de faux déserteurs, de faux résistants ou de faux militants antibolcheviques s'ajoutent, essentiellement en temps de guerre, les immenses possibilités offertes au contre-espionnage lorsque s'emparant de radios ennemis, il peut, en les « retournant » et en les contraignant d'émettre vers leur Centre sans avoir recours aux « signaux de sécurité » prévus par celui-ci pour s'assurer que l'opérateur pianote en toute liberté, entamer une autre forme de « jeu ». En changeant le vrai espion ou le vrai résistant en faux, le jeu-radio se transforme de « jeu de vie » en un implacable « jeu de mort ».

Le plus célèbre jeu-radio du côté russe durant la « Grande Guerre patriotique » fut pourtant un « jeu opérationnel » plus inventif et plus ambitieux appelé Berezino, du nom de la localité de Biélorussie où il s'était déroulé mais aussi en raison de l'humour des services secrets associant ainsi la célèbre Berezina et la victoire russe sur Napoléon à Borodino.

Tout avait commencé en août 1944 lorsque, sur l'ordre personnel de Staline, l'organisation monarchiste Prestol — « Le Trône » — de Max indiqua par radio à l'Abwehr que des troupes allemandes encerclées par l'Armée rouge s'étaient regroupées en hérisson derrière le front.

Peu après, le commandant des unités « poursuivant » ainsi le combat sur les arrières de l'ennemi — un colonel allemand recruté dans un camp de prisonniers russes — se manifestait auprès de l'état-major de la Wehrmacht et, flanqué d'agents et de radios retournés par les Russes appelait à l'aide : sa poche de résistance se développait continuellement par l'afflux de groupes et de soldats allemands isolés derrière le front.

À l'affût de toutes les bonnes nouvelles dans cette apocalyptique phase terminale de son rêve fou de conquête de l'Europe, Hitler eut une bouffée de joie hystérique : selon ses ordres déments, la malheureuse Wehrmacht combattait donc jusqu'au bout. Des avions furent prélevés sur les déjà maigres ressources de la Luftwaffe nazie afin de parachuter des armes, des munitions, de la nourriture, d'autres opérateurs radio et des spécialistes

dévoilant, en les attirant vers soi, les éléments les plus opposés au Saint-Empire. Cette dramatique situation n'est pas dépeinte par les Russes mais par les Américains, informés de la grande mascarade par le transfuge polonais Goliniewsky: Tennant H. Bagley, *Spy Wars, Moles, Mysteries and Deadly Games*, The Yale University Press, New Haven and London, 2007.

de la guerre de partisans. Puis, pour « soulager » l'héroïque unité assiégée, l'état-major de la Wehrmacht lança ses rares meilleures troupes à l'assaut devant le prétendu « hérisson » planté dans le cœur d'une Armée rouge qui se trouva en mesure de regrouper, ailleurs et tranquillement, ses forces pour l'assaut final de Berlin.

Le jeu-radio se termina le 5 mai 1945 par l'un des derniers messages du Reich moribond : « La supériorité des forces ennemies est venue à bout de l'Allemagne. Le cœur lourd, nous sommes contraints d'interrompre l'aide que nous vous apportions. Quoi qu'il puisse arriver, nos pensées sont toujours avec vous[1] ».

Le larmoyant télégramme ne se concluait pas par le traditionnel « *Heil Hitler* ! ». Le Führer était mort depuis quatre jours...

Un combat de titans

Pour spectaculaires qu'ils aient été, les superbes arbres des opérations Monastyr' ou Berezino ne sauraient néanmoins faire oublier la forêt.

Leur tradition militaire d'infiltration de commandos et de patrouilles de reconnaissance derrière les lignes ennemies, l'existence indubitable quoiqu'oubliée d'un profond rejet du régime bolchevique et stalinien de la part tant des émigrés de l'Armée blanche vaincue que d'une fraction de la population russe ou de peuples entiers — l'Ukraine occidentale, la Géorgie, la Tchétchénie, etc. — entraîneront un nombre assez faramineux d'opérations de diversion allemande derrière les lignes de l'Armée rouge.

Cependant, le refus viscéral de l'occupation nazie par l'immense majorité du peuple russe jointe à l'efficacité des services de contre-espionnage communistes, sur le pont depuis les années vingt, tourneront à l'avantage des « jeux de mort » lancés par le Saint-Empire. Le péril brun et les succès rouges étaient tels dans ce choc de titans qu'en avril 1943, à la veille de la bataille décisive de Koursk, Staline décidera de créer le célèbre Smerch, qu'il appellera lui-même délicatement « *Smert' Chpionam* » — Mort aux espions —, chargé de détecter et de contrarier tout à la fois les infiltrations et recrutements de l'Abwehr militaire et du SD nazi du IIIe Reich et les défections au sein de

1. *Otcherki istorii...*, *op. cit.*, t. IV, p. 127.

l'Armée rouge, semblables à celle, en juin 1942, du pourtant très loyal en apparence, général Vlassov. D'avril 1943 à mai 1945, le seul Smerch arrêtera et neutralisera 140 000 agents nazis sur le territoire russe[1].

Ce sont donc plus de 300 « jeux opérationnels » ou jeux-radio — 180 pour le contre-espionnage du NKVD, 140 pour le Smerch — qui, à l'image des opérations Monastyr' ou Berezino, seront menés à bien par le contre-espionnage russe, poussé jusqu'au summum de ses possibilités tant par le soutien populaire que par le besoin pressant éprouvé par des organes particulièrement compétents d'assurer la survie puis le triomphe de la nation.

Le souvenir de la merveilleuse victoire remportée durant la « Grande Guerre patriotique » contre le nazisme est si intense et si lumineux en Russie que la mémoire collective ne semble pas vouloir le polluer par l'évocation et l'approfondissement des activités répressives — assez terrifiantes — du Smerch. Le contre-espionnage militaire créé par Staline reste donc un continent totalement inconnu. Ce n'est que récemment qu'ont été ouvertes à Moscou les archives sur l'un des « jeux opérationnels » qu'il a orchestré, sans aucune connotation répressive, contre les services secrets du SD hitlérien[2], alors que ce « jeu de mort » apparaît pourtant, superbe modèle du genre, comme l'un des plus importants monté par les Russes sur ce que les Allemands appelaient « le front de l'Est » — l'effroyable *Ost Front.*

L'opération *Zagadka* — « Devinette » — débute lorsque le chef du Smerch, le jeune et fanatique Viktor Abakoumov, — qui faisait tellement peur à Staline que celui-ci le fera fusiller en 1952, préfigurant peut-être ainsi une nouvelle Grande Terreur — s'aperçoit, pendant qu'il est en train de préparer la bataille de Koursk sous le contrôle direct du Guide rouge, que l'un de ses plus efficaces faux déserteurs, qui avait conquis la pleine et entière confiance de la police militaire allemande en traquant pour elle avec succès les partisans russes — à partir de quelles données procurées par le Smersh ? Ce scabreux détail ne fait l'objet d'aucune précision du côté russe — est

1. I. Linder et N. Abin, *Zagadka dlia Gimmlera,* Moscou, Ripol, 2006. L'importance du chiffre peut s'expliquer par le fait qu'il comprend non seulement les agents allemands *stricto sensu* infiltrés ou recrutés par l'Abwehr ou le SD mais également des officiers et soldats russes soupçonnés de « trahison » par le redoutable et peu regardant Smerch.
2. I. Linder et N. Avin, *Zagadka ..., op. cit.*

le propre neveu d'un haut dignitaire soviétique proche du puissant Lazare Kaganovitch en personne.

Un lien de famille aussi important en Russie ne pouvait que faire saliver les SS et Viktor Boutyrine, qui venait de revenir dans le Leningrad assiégé à la tête de tout un réseau d'agents de diversion allemands, aussitôt arrêtés grâce à lui et lancés dans un jeu-radio, est renvoyé — au prix de quels risques mortels ! — derrière les lignes de la Wehrmacht. Le problème consistait à faire savoir aux nazis, sans éveiller leurs soupçons, que le faux déserteur qu'ils considéraient déjà comme l'un de leurs meilleurs chasseurs de partisans avait, de surcroît, un oncle haut placé au Kremlin.

Les SS n'étaient pas, c'est le moins qu'on puisse dire, des enfants de chœur et c'est une véritable course d'obstacles qui attendait Boutyrine au sein des services secrets du IIIe Reich. Séparé de son compagnon russe d'infiltration qui, d'après le plan du Smerch, devait, incidemment, apprendre la « bonne nouvelle » aux Allemands, affecté à une école obscure d'espions nazis derrière le front où on l'avait chargé des cours de sabotage, le faux collabo avait dû se sortir lui-même de l'impasse. Avec l'aide de la résistance locale, il avait fait enlever par les partisans son camarade de chambrée, un émigré russe violemment anti-bolchevique, et l'avait convaincu ainsi de changer de camp et d'aller confier à ses chefs en uniforme noir la « confidence » qu'un soir de beuverie, il lui aurait faite.

Impressionnés par le coup de chance de l'apparition d'un oncle miraculeux, les SS transférèrent le faux déserteur dans l'institut central du SD à Berlin où le successeur du sinistre Heydrich, Kaltenbrunner, annonça, après un entraînement particulièrement rude, à la nouvelle recrue des services secrets nazis qu'elle serait parachutée à Moscou afin de reprendre contact avec son mirobolant parent.

Avant l'entrée dans le saint des saints du SD, les nazis s'étaient néanmoins livrés à une ultime « procédure de vérification ». Dans son bled perdu derrière le front, Boutyrine avait été kidnappé par des « partisans » et il lui avait fallu une dose infinie de courage et de flair pour ne pas avouer sa véritable obédience communiste face à des « compatriotes » qui promettaient d'exécuter en sa personne une « ordure fasciste ».

Les choses ne s'étaient pas simplifiées à Moscou. Certes l'émigré blanc parachuté avec lui et chargé de le surveiller ne posait pas de problème en raison de son retournement mais les deux hommes avaient vu, un beau jour, débarquer dans leur appartement conspiratif le capitaine nazi qui leur avait servi d'instructeur à l'institut du SD à Berlin. Arrogant, le SS avait annoncé qu'il superviserait désormais la mission en cours, mais, en excellent professionnel, il avait soigneusement caché l'emplacement du PC clandestin à partir duquel il opérerait. Averti, le Smerch avait été contraint de déployer tous ses immenses moyens et talents afin, grâce à la goniométrie d'une radio clandestine émettant dans les bois autour de Moscou et à une pointilleuse enquête de voisinage, de repérer le capitaine nazi dans la campagne profonde où il se terrait et procéder à son arrestation sans que sa chute puisse être imputée à Boutyrine par un Berlin aussi soupçonneux.

La voie étant enfin libre, « l'espion de mort » put s'attaquer enfin au « recrutement » de son oncle, « promu » entre-temps contrôleur de l'ensemble des mouvements ferroviaires des troupes russes. Pour qu'un haut responsable soviétique accepte de trahir les siens à un moment où la victoire alliée était en vue, le Smerch imagina de proposer au SD d'agir « sous un faux drapeau », en l'occurrence les Américains qui « remettraient » au fonctionnaire du Kremlin, moyennant un nouveau parachutage en Russie, des monceaux de dollars et un passeport US — aussi faux les uns que l'autre — lui assurant une fin de vie paisible en Floride.

Comme au cours de l'opération Monastyr', la désinformation, jouée à un si haut niveau, peut devenir décisive et alimentera, à partir de la victoire russe à Koursk et jusqu'à la fin des hostilités sur le « front de l'Est », un Himmler au faîte de la satisfaction, en précisions vitales sur les mouvements ferroviaires de l'Armée rouge. Malheureusement — il ne faut pas trop donner d'idées à un adversaire éventuel —, les subtilités de la « déception » ainsi instillée au sommet du IIIe Reich restent encore secrètes en Russie. On ne sait donc toujours pas quels convois militaires étaient détournés au dernier moment sans que l'oncle de Boutyrine l'apprenne suffisamment à l'avance pour prévenir Berlin à temps ni comment d'autres arrivaient à destination, tombant sur une Wehrmacht les attendant de pied ferme. Si l'on excepte la clarté exceptionnelle de l'opération britannique Fortitude, il n'est pas toujours possible, dans l'ombre des « jeux de mort » en temps de guerre, de déterminer combien de vies humaines ont été sacrifiées pour en sauver d'autres.

Des exploits sans pareils sur les arrières du « front de l'Est »

147 309 soldats et officiers allemands tués ou faits prisonniers par les partisans... 2 334 chars et 80 avions détruits... 1 511 convois militaires volatilisés et 62 dignitaires et autres commandants nazis liquidés... Les exploits des services secrets russes — qui, eux, ne comportaient dans cette branche organisant les opérations derrière le front que 16 650 membres et ne subirent des pertes ne s'élevant qu'à 395 personnes[1] — sont d'autant plus exemplaires que l'effondrement du Komintern et la défaite durant la guerre civile espagnole inspiraient une telle aversion à Staline qu'il pourchassa et fit « réprimer » les combattants les plus expérimentés de ces « aventures ». Même les ouvrages théoriques sur la « petite guerre » furent envoyés au pilon et son enseignement — et, hélas, sa préparation sur d'éventuels arrières d'un possible envahisseur — interrompus.

Un livre entier — on me dit qu'il est en cours de rédaction à Moscou — pourrait être consacré aux actions de résistance entreprises sur les terres russes après leur sauvage occupation par les armées nazies. Guérilla urbaine et guerre de partisans — terme plus fort que « maquis » avec son charme rétro de vieux tremblons et de pastis glacés dans le calme ensoleillé des montagnes corses — se sont déclenchées tout de suite sur les territoires — à l'exception significative, soyons méchants avec les adorateurs aveugles de la « révolution orange », de l'Ukraine occidentale où la jeunesse s'engageait plutôt dans la division SS « Galicie » — livrés par la retraite de l'Armée rouge aux déferlements sans nom de la violence fasciste contre les « sous-hommes » slaves.

On ne sait, en effet, qu'admirer le plus, du rejet viscéral par le peuple russe d'un envahisseur étranger habillé par une idéologie de mort et d'asservissement, du courage proprement inouï de la jeunesse soviétique — les pathétiques adolescents d'Odessa tapis dans ses catacombes — ou du savoir faire de services secrets qui malgré le recul imposé par Staline après la défaite en Espagne, tirèrent le maximum de cette marée d'héroïsme patriotique. Détachements de partisans de la taille d'une division, groupes urbains exé-

1. Ces chiffres visiblement officiels sont fournis par I. Linder et N. Abin, *Zagadka ...*, *op. cit.*, p. 475.

cutant SS ou soldats en vert-de-gris transformèrent les immensités russes occupées, à la différence, hélas, de certains pays d'Europe occidentale qui organiseront une survie qui aurait été honteuse si des réseaux de renseignement ou des mouvements de résistance n'avaient sauvé l'honneur, en un piège littéralement infernal pour les orgueilleuses troupes d'Adolf Hitler parties à la conquête d'un « espace vital » à l'Est.

Le jeune Nikolaï Kouznetzov est un des symboles les plus vénérés en Russie de cette symbiose unique entre la compétence des services secrets et l'esprit de sacrifice individuel et collectif jetant tout un peuple sur le chemin de la résistance à la lèpre brune.

Un jeune et impassible lieutenant de la Luftwaffe hitlérienne avance à grands pas assurés dans les rues constellées d'uniformes allemands de la capitale artificielle de Rovno que les nazis ont donnée à l'Ukraine « libérée ». L'homme est beau, de la beauté un peu effrayante du « pur aryen », grand, sportif et élancé, blond comme les blés, aux yeux bleus limpides et aux traits virils accentués.

« *Halt* ! crie une patrouille de la *Feldgendarmerie.* »

L'homme s'immobilise, un frisson parcourant son corps. Sa périlleuse mission serait-elle terminée avant d'avoir commencé ?

« *Papiere bitte.* »

Le massif *Feldgendarme*, avec sa plaque de fer blanc autour du cou — « Une vache avec sa clochette », pense le jeune aviateur — examine avec attention les documents d'identité présentés par le fringant officier de la Luftwaffe.

« *Herr Leutnant*, lance-t-il enfin en se fixant au garde-à-vous, en arrière du front, on porte la casquette et non le calot. »

L'homme blond esquisse un léger sourire avec un sentiment de soulagement qu'il s'efforce de cacher.

« J'ai perdu ma casquette dans le train, explique-t-il en un allemand parfait sans l'ombre d'un accent. Je suis justement à la recherche d'un chapelier. »

Ainsi les services du NKVD qui lui ont fourni son uniforme allemand, fabriqué ses faux papiers militaires — visiblement parfaits à voir la réaction des *Feldgendarme* — et lui ont forgé une « légende » à toute épreuve d'officier de la Luftwaffe affecté à l'état-major de Rovno n'ignoraient, travaillant à partir des interrogatoires de prisonniers ou des documents et « matériel » menés ou saisis sur le front, qu'un seul petit détail de la vie pointilleuse sur les arrières de l'ennemi.

C'est un hasard inexpliqué qui avait donné à Nikolaï Kouznetzov, né dans la Sibérie profonde, un physique presque caricatural d'Allemand parfait, mais c'est la vigilance et l'inventivité des services de contre-espionnage offensifs locaux qui, ayant repéré cette surprenante caractéristique, lui ont fait apprendre la langue de Goethe et l'ont, dès avant la guerre, plongé dans les milieux germaniques de la capitale russe. Bien malgré lui, Kouznetzov était ainsi devenu un aristocratique baron balte en délicatesse avec le régime soviétique et susceptible de rendre à la colonie allemande de Moscou tous les services possibles et imaginables, depuis l'organisation de rencontres libertines avec de séduisantes et faciles ballerines du Bolchoï jusqu'aux rêves conspiratifs anticommunistes les plus fous concoctés par l'imaginative Loubianka.

L'invasion nazie allait — « Aide-toi, le ciel t'aidera » — changer radicalement le destin de l'agent du contre-espionnage offensif, jusque là bellâtre mi-maquereau mi-agent provocateur. Installé à Rovno en tant que Rudolf Schmidt, lieutenant de la Luftwaffe affecté à l'état-major de la « capitale » ukrainienne, logé dans un appartement choisi pour ses possibilités conspiratives, circulant dans une voiture parfaitement en règle, renseigné par la résistance locale ou par ses propres observations, Nikolaï Kouznetzov réalisera des opérations dont n'aurait pu rêver James Bond ni même un commando surentraîné d'un quelconque « Service Action ».

Muni de laissez-passer en bonne et due forme, se déplaçant dans la foule des uniformes allemands comme un poisson dans l'eau, le « lieutenant Rudolf Schmidt » exécutera de sa propre main, au pistolet ou, surtout, à la grenade, la quasi-totalité des commandants et dirigeants nazis de la fantoche capitale ukrainienne. Seul le sanglant *Gauleiter* Erich Koch lui échappera, probablement parce que, responsable également de la Prusse orientale, il se trouvait rarement à Rovno[1]. Même le chef de l'Abwehr locale sera, malgré ses gardes du corps, enlevé à son domicile et emmené pour interrogatoire par un « convoi allemand » commandé par le « lieutenant Schmidt » vers la zone tenue par les partisans.

1. En revanche, le « boucher » de la voisine Biélorussie, le *Gauleiter* Kube, sera volatilisé par une bombe placée sous son lit par une femme de ménage russe, « exfiltrée » de la ville avant l'explosion. *Otcherki istorii* ..., *op. cit.* p. 96-108.

Qui se sert de l'épée périra par l'épée.

Au moment de son rapatriement derrière les lignes russes vers la fin de la guerre lorsque sa situation sera devenue intenable, Nikolaï Kouznetzov sera capturé et exécuté par les partisans dépendant du chef nationaliste ukrainien Bandera qui, fiers de leur exploit, remettront ses documents et objets personnels aux SS. Tels étaient, en effet — ô ironie de l'Histoire ! — les grands-parents des promoteurs de la « révolution orange » : on n'est pas responsable de ses ascendants et la lutte légitime pour l'indépendance de la nation peut prendre les formes les plus étranges, quelques fois, les plus condamnables. Malheureuse Ukraine qui, écartelée entre la Russie et l'Europe, constitue, par ma famille paternelle, ma seconde patrie de sang !

CHAPITRE X

Les derniers de la classe

Les insuffisances des démocraties européennes

L'éradication du haut commandement allemand à Rovno par Kouznetzov peut être comparée avec profit avec le premier attentat, tellement glorifié en France, commis contre les troupes allemandes par le célèbre colonel Fabien. Pour mener à bien son action suscitée par l'invasion de l'Union soviétique, l'ancien des Brigades internationales sera contraint, faute d'un travail préalable en profondeur des services secrets, d'avoir recours, avec l'aide d'un autre de mes amis des années soixante-dix, Albert Ouzoulias, à de jeunes militants communistes et n'abattra, au métro Barbès, qu'un seul officier subalterne.

L'exécution du *Feld-Kommandant* de Nantes qui suivra ne sera, elle, due qu'au seul hasard, les rescapés du métro Barbès choisissant de tirer sur le premier Allemand croisé dans les rues de la ville où ils s'étaient réfugiés au cours de leur fuite improvisée. Comme cette action « terroriste » aura pour conséquence directe la sanglante fusillade des otages communistes de Châteaubriant, son auteur, le sympathique Gilbert Brustlein, me racontera s'être retrouvé avec à ses trousses la Gestapo, la police de Vichy mais également… ses anciens chefs du parti communiste.

Si l'on exclut quelques éléments marginaux — essentiellement communistes et étrangers —, la France d'avant le débarquement n'était, bien que dévorée, dès juin 1940, par le désir quasi irrépressible de se renseigner sur l'occupant, prête ni moralement ni techniquement à une confrontation armée d'envergure avec l'envahisseur nazi — ce qui aura l'avantage, comme le souhaitait d'ailleurs le général de Gaulle, de limiter alors dans une certaine mesure sur son territoire « l'ascension aux extrêmes » de la violence définie par Clausewitz.

« Mettez le feu à l'Europe », avait ordonné Churchill à ses services secrets en créant, parallèlement à l'Intelligence Service, une organisation spécialisée dans la diversion et le sabotage, dite SOE — *Special Operations Executive.* Le moins qu'on puisse constater c'est que l'injonction orgueilleuse du vieux lion britannique ne fut pas, à la différence des opérations de décryptement, de déception ou de soutien aux réseaux de renseignement populaire français, suivie d'effets stratégiquement significatifs. Tous les cocoricos des anciens commandos anglais, américains ou français, toute la mythologie de James Bond et autres « Gorilles » sécrétée par les chevaux de retour occidentaux privés d'action à la Kouznetzov ne changent pas une réalité plutôt décevante : avant l'invasion du Saint-Empire en juin 1941 ou, mieux encore, le débarquement du juin 1944, l'Europe occidentale occupée ne fut pas, comparée, disons, à la Yougoslavie et, bien entendu, à la Russie, un enfer pour les troupes nazies qui venaient plutôt se reposer en permission dans le paisible et agréable Paris.

Seule l'arrivée victorieuse des forces alliées sur le flanc nord-ouest de la « Forteresse Europe » a véritablement modifié cette assez déshonorante situation. Certes après l'agression du « paradis socialiste », précédée par une curieuse neutralité durant le pacte germano-soviétique, les résistants communistes — et, notamment, les éléments étrangers de l'admirable MOI, « Main d'œuvre immigrée » et non « Mouvement ouvrier international » comme le pensait une Gestapo affolée — débutèrent des attentats qui, petit à petit, se développèrent en actions de sabotage et de guérilla urbaine. Ces héroïques initiatives isolées ne doivent rien néanmoins, malgré la mobilisation générale de l'île britannique aux services secrets de l'Occident en guerre. Et il faudra attendre que les troupes nazies soient ébranlées puis bousculées par la tête de pont normande pour que le mouvement de partisans, renforcé pourtant par l'instauration du Service de Travail obligatoire, acquière, malgré, auparavant, l'héroïsme de quelques groupes ou « maquis », une importance pouvant peser sur le déroulement des opérations militaires. Le général Eisenhower rendra alors l'hommage que mérite l'aide apportée à ses forces par les soulèvements sur les arrières d'un ennemi devenu incapable de ramener et concentrer ses divisions sur le front normand.

Là encore, le soutien accordé aux forces de libération sera cependant moins dû à l'action des services secrets alliés qu'à une profonde pulsion populaire, parfaitement exploitée par un parti communiste qu'il ne me viendrait pas à l'idée de comparer avec un véritable service secret. Quelles que soient les réussites de certaines opérations — trop fortement médiatisées après la guerre — menées par les équipes mixtes anglo-américano-françaises des « *Jedburgh* », les commandos du *Special Air Service* britannique ou le BCRA gaulliste, ce seront les détachements des FTP communistes qui joueront un rôle déterminant dans la guérilla antinazie avec l'apport significatif en France des républicains espagnols repliés dans le Sud-Ouest à la suite de leur guerre perdue avec Franco. Et il serait difficile de prétendre que les services secrets alliés, obnubilés plutôt par la « menace communiste », leur aient, comme d'ailleurs dans la voisine Italie, apporté un soutien massif et sans arrière-pensées.

La nullité sidérale du IIIe Reich

Si le surgissement de l'espionnage moderne dans la Grande-Bretagne assiégée ou son épanouissement après le « miracle des années trente » dans la Russie asservie méritent des prix d'Excellence alors que les « opérations spéciales » des Alliés occidentaux durant le choc des États-nations pendant la Seconde Guerre mondiale doivent, en dépit de la mythologie qui les entoure, se contenter d'un petit « auraient pu mieux faire », il y a pis encore. Bien qu'il soit désagréable de distribuer des mauvais points après avoir tressé des couronnes, il faut constater que l'apparition du Renseignement ne fut pas, même sous la pression d'une guerre sans merci, un phénomène naturel et universel.

Tel le pourtant orgueilleux IIIe Reich de Hitler. Certes le recours systématique par les services de contre-espionnage nazis aux tortures les plus inhumaines, le choix terrifiant offert aux résistants capturés entre la coopération et le peloton d'exécution permirent à l'Abwehr de l'Armée allemande et au SD du parti hitlérien de porter des coups très durs aux réseaux de renseignement de l'Europe occidentale — essentiellement français —, mais, en dépit des ravages ainsi causés, l'héroïsme de l'espionnage populaire continuait et s'amplifiait. Certes l'existence d'une émigration russe blanche haïssant plus le bolchevisme que l'envahisseur fasciste — honte de cette page de l'exil russe dont je suis fier que mes parents aient refusé de participer à l'écriture en dépit des massacres ayant frappé après Octobre mes familles paternelle et maternelle — ou le rejet du communisme par une fraction du et des peuples du Saint-Empire permirent à l'Abwehr et au SD nazi de monter de multiples opérations de diversion derrière les lignes russes. Nous avons pourtant vu que le NKVD ou le terrible Smerch en sont facilement venus à bout, d'une manière d'autant plus méritoire que le risque de décomposition de l'ordre communiste — atténué, il est vrai, par la sauvagerie avec laquelle les nazis traitèrent les « sous-hommes » slaves — n'était pas alors totalement imaginaire. Certes des jeux-radio furent lancés avec succès, tels celui qui coûta la vie au sublime Breitenbach ou l'*England Spiel*, trop glorifié par son auteur, le colonel Giskes, que je connaîtrai comme haut responsable des services secrets de l'Allemagne de l'Ouest, monté contre la résistance de l'Hollande occupée. Il n'en reste pas moins, dans l'ensemble, que ces succès germaniques — tous dus au contre-espionnage et non à la recherche — n'atteignirent jamais la portée, l'importance et l'inventivité des « jeux opérationnels » russes que nous avons rencontrés sur notre chemin ou des jeux-radio ayant contribué à induire Hitler en erreur sur la date et le lieu du Débarquement. Certes la maîtrise allemande en matière technologique permit à la goniométrie nazie d'asséner un coup mortel à l'Orchestre rouge berlinois et à bien d'autres réseaux de moindre importance, mais ces digues n'empêchèrent pas le flot de déferler qu'il s'agisse des héros de l'espionnage populaire français ou du mouvement de partisans russes.

Pour le reste — et c'est fort heureux pour la croisade antinazie —, on assiste plutôt, du côté des services secrets du pourtant tout-puissant IIIe Reich, à un spectacle proche de la désolation.

Tout au long de la guerre, Hitler ne disposera d'aucune source de renseignement au sein de la Russie qu'il désirait conquérir et asservir ou, plus grave encore, ses rarissimes agents ne seront — pensons à « Max » de l'opération Monastyr' ou à Boutyrine du « jeu opérationnel » Zagadka — que des leurres plantés, au cœur d'Allemands brutaux mais aussi expéditifs que naïfs, par les plus subtils « professionnels » russes.

La situation n'est pas plus brillante en ce qui concerne la poche anglaise de résistance en face du continent européen occupé. Lorsqu'il s'agira de se renseigner sur l'Angleterre assiégée par les victoires continentales de Hitler, l'Abwehr ne cherchera pas à procéder au recrutement de Britanniques favorables à l'idéologie nazie — ce qu'il aurait fallu entreprendre bien avant la guerre — mais infiltrera, ô infantilisme des traîneurs de sabres, des officiers et sous-officiers allemands sur les îles susceptibles de faire l'objet d'un débarquement. Sans accès à des renseignements importants, visibles comme le nez au milieu de la figure, ces braves bidasses deviendront une proie rêvée pour les chasseurs d'espions anglais, qui, rompant avec la malédiction congénitale à leur profession, les utiliseront, dans les jeux-radio destinés à détourner l'attention de la Centrale allemande de la Normandie.

Il faut dire que la tâche de l'Abwehr n'était pas facilitée par la situation particulière du IIIe Reich. Intégrée dans l'appareil militaire — ce qui ne peut être que générateur d'impuissance dans la mesure où la société militaire est sociologiquement refermée sur elle-même et portée à ne s'en remettre qu'à des pratiques et solutions simplistes —, l'Abwehr ne bénéficiait pas non plus d'une impulsion réelle d'un pouvoir politique se méfiant d'elle et qui, circonstance aggravante, préférait s'en remettre, pour la collecte de renseignements ou le montage d'opérations spéciales, au service secret, plus puissant et plus choyé, du parti nazi, le sinistre SD de l'abominable Heydrich.

Été 1939. Frontière germano-polonaise. Un commando de soldats polonais attaque le poste frontière allemand de Gleiwitz, provoquant la fureur de Hitler et l'entrée en guerre du puissant IIIe Reich contre la malheureuse et faible Pologne. Les assaillants sont, bien entendu, des membres allemands du *Sichereistdienst* qui, en uniforme polonais, procurent au « Führer » le prétexte de l'une de ces indignations hystériques dont il abreuve son peuple et une Europe terrorisée. Relevant moins de l'espionnage que du crime organisé, les interventions du SD hitlérien sont aux opérations des services secrets démocratiques — et même soviétiques — ce qu'une chambre à gaz d'Auschwitz est à une cellule de prison d'un pays occidental moderne — ce qui a entraîné sa légitime condamnation par le tribunal de Nüremberg et la pendaison de son chef Kaltenbrunner.

Certes la brutalité de ces nervis nazis — Klaus Barbie ! — a été payante face aux réseaux et mouvements de la Résistance mais, dès qu'ils ont affronté des services pratiquant le Grand Jeu avec intelligence et subtilité, ils ont révélé toutes les limites intellectuelles et techniques d'une association de malfaiteurs. À l'image de l'opération Zagadka, la gestion de « l'affaire Cicéron » prouve ainsi que la compétence des voyous fascistes n'était pas supérieure à celle de leurs concurrents militaires de l'Abwehr. Valet de chambre turc de l'ambassadeur britannique à Ankara, Elyaza Bazra, Cicéron pour les Allemands, avait proposé de vendre aux nazis les documents secrets de son maître — en parfaits gangsters, les SS le paieront en fausse monnaie — mais il passera sous contrôle anglais... dès sa première livraison, ne fournissant à un SD crédule que du matériel fabriqué par Londres.

Une inefficacité aussi sidérale tant des services de renseignement militaires que politiques nous amène, en effet, au cœur du problème : l'idéologie — si on peut parler d'idéologie — de la lèpre brune, faite de totalitarisme interne et de conquêtes militaires inspirées par la supériorité de l'homme « aryen » — tendance d'esprit qui ne porte pas à la compréhension d'autrui — et se traduisant par l'extermination des Juifs ou la réduction en esclavage des « sous-hommes » slaves ne pouvait, en effet et fort heureusement pour la démocratie, attirer vers elle que des dévouements forts limités de milieux aussi douteux que marginaux.

Sicherheist Dienst, Herren Dienst. « Le Renseignement est un métier de seigneurs ». Orgueilleuse, cette formule allemande voile, comme d'habitude devant ce genre d'exagération frisant la mégalomanie, une réalité affligeante : malgré leur réputation sulfureuse, les services secrets du Reich nazi appartiennent à cette catégorie de services qui ne peuvent s'enorgueillir d'aucun agent de poids ni d'aucune opération couronnée par un succès d'envergure, mais servent plutôt de « *punching ball* » à des adversaires plus doués.

« Il est plus dangereux, constatent à ce propos les experts américains, de disposer d'un service de renseignement incompétent que de ne pas avoir de service du tout[1]. »

1. L'absence de réussites réellement significatives entraîne souvent, faute d'agents ou d'opérations portées sur la place publique, la glorification des chefs des services inopérants, alors que le Renseignement est une œuvre collective, ne dépendant pas de la volonté ou du savoir-faire d'un seul. Ainsi, l'abusivement légendaire figure du responsable de l'Abwehr, l'amiral Canaris, ne m'inspire pas une admiration sans bornes. Quant à ses louables manœuvres face à Hitler, elles me paraissent relever plus de l'intrigue politique interne que de l'espionnage. Malgré son exécution atroce par les SS à la suite de la conjuration du 20 juillet 1944, il faut bien constater que si Canaris avait réellement voulu se débarrasser du dictateur, il disposait,

Les Pieds Nickelés américains

À ce point de mon évocation des premiers pas de l'espionnage moderne en Occident, il serait tentant, pour le démocrate convaincu que je suis en dépit de mes réticences à l'égard de certaines dérives et faiblesses de la démocratie trop « avancée » — « comme le fromage », dirait le regretté Jean Cau — du Tout-Individu, de prétendre que la nullité nazie provient du fait que l'espionnage ne peut fonctionner efficacement qu'au service d'une idéologie généreuse et noble. J'attribue ces vertus au communisme, quelles que soient les horreurs qui ont accompagné l'application pratique de ses merveilleuses utopies sur toutes les terres où il est parvenu à s'étendre.

« Hélas, hélas, hélas ». Condition nécessaire, l'idéologie bienfaitrice ne se révèle pas suffisante comme le prouve l'exemple, au moment de l'affrontement sanglant des États-nation, durant la Seconde Guerre mondiale, des puissants États-Unis d'Amérique, pourtant démocratiques à souhait et habités par un goût de la liberté qui serait mieux venu s'il n'était pas aussi peu et mal régulé. Nation-État plus qu'État-nation, ne disposant pas de traditions et structures gouvernementales ou administratives anciennes et solides, tentée par des bouffées d'un isolationnisme égoïste aussi dangereux que son penchant inverse pour l'hégémonisme messianique, intéressée par son expansion naturelle vers le Sud d'un immense continent qui semble la protéger de toute menace extérieure directe, l'Amérique témoignait, à la veille de la Seconde Guerre mondiale, d'un mépris de fer pour l'espionnage méprisable pratiqué par des États-nations européens aussi querelleurs que dévorés, sans se préoccuper comme elle de la seule prospérité de ses habitants, par d'inexplicables passions nationalistes et partisanes.

« Un gentleman ne lit pas le courrier d'autrui », proclamait un vertueux secrétaire d'État, et seul un squelettique service de décryptement fonctionnait au sein de la Marine. Prodigieusement efficace en raison des qualités intellectuelles et technologiques du pays, ce petit outil militaire ne parviendra pas pourtant à procurer à temps au pouvoir et au haut commandement les avertissements nécessaires pour prévenir et éviter la déshonorante surprise de Pearl Harbor.

---

en temps de guerre, des moyens d'y parvenir. Mais, précisément, l'Abwehr étant ce qu'elle était, en avait-il vraiment la possibilité ?

Avec leur surprenante facilité à corriger leurs erreurs et leurs insuffisances, les États-Unis développeront, d'ailleurs durant la guerre, cet embryon de service de décryptement à un tel point qu'il jouera un rôle déterminant dans la victoire navale sur leur agresseur japonais. L'opération, fort justement dénommée « Magic » et dont l'utilité stratégique peut être comparée à celle de la britannique opération Ultra de reproduction de la machine à coder nazie Enigma, contribuera à détruire ainsi lors de la bataille navale de Midway une flotte nippone ayant présumé de ses forces face à la plus grande puissance industrielle du monde. « Les Américains, disait Churchill, choisissent toujours la bonne solution… après avoir essayé toutes les autres. »

En revanche, la profonde mobilisation générale du pays, la reconstruction de la flotte détruite à Pearl Harbor et la création pratiquement *ex nihilo* d'une des plus puissantes armées de tous les temps si l'on exclut l'Armée rouge de Staline à la fin des hostilités, n'ont pas, malgré de piaillants cocoricos et de fantasmes bariolés, d'équivalent dans le domaine de l'espionnage pur. L'idéologie libérale et démocratique ou l'esprit de croisade contre le fascisme ne viendront pas, hélas, compenser ici les effets désastreux de l'absence tant des structures d'un État fort que des traditions et expérience de véritables services secrets. À la différence de la Grande-Bretagne assiégée, le Continent américain ne se sentira, en effet, jamais directement menacé et ne cherchera pas à surmonter le détestable penchant de l'*homo americanus* à ne jamais s'intéresser véritablement à autrui, considérant « l'autre » — avec quel incompréhensif mépris s'il « pèse » moins de dollars que vous ! — comme strictement semblable à vous-même et à votre propre et égoïste volonté de vous enrichir sans se soucier en rien de ceux qui vous entourent.

Pendant que l'espionnage moderne s'épanouira sur l'île britannique assiégée, que les réseaux du renseignement populaire français porteront de rudes coups à l'ennemi nazi ou que les Russes accompliront des exploits sans pareils pour sauver leur patrie envahie, la performance des services secrets créés en catastrophe aux États-Unis après la surprise de Pearl Harbor sera aussi lamentable que sera remarquable le titanesque sursaut industriel et militaire de l'Outre-Atlantique face au monstrueux hitlérisme et à son allié le militarisme japonais.

En effet, de tous les sobriquets que le bruissant et malveillant Washington attribue à « l'Office d'Etudes stratégiques » — *Office of Strategic Studies* —

mis sur pied par les USA en guerre — *oh so secret, oh so special, oh so snobish* — le plus approprié semble être hélas : *oh so stupid.*

Lorsque les *golden boys* de la Côte Est, avocats, intellectuels ou hommes d'affaires se mobilisent afin de mettre sur pied les services secrets qui n'ont jamais existé dans leur pays, ils le font avec un enthousiasme et une ardeur qui ne peuvent pas être contestés mais, également, avec une naïveté, une ignorance, voire une arrogance qui semblent être l'apanage de l'Amérique.

Les résultats obtenus ne peuvent être qu'à l'avenant. Si les cow-boys de la nouvelle OSS gonflent beaucoup leurs muscles, sécrétant une douteuse mythologie du *cloak and dagger*, ils ne se distinguent pas outre mesure, tels leurs adversaires allemands de l'Abwehr, par une phénoménale efficacité durant la Seconde Guerre mondiale. Un exemple entre mille. L'atout principal des États-Unis dans le bras de fer naval avec le Japon était, nous l'avons vu, la qualité exceptionnelle de leur décryptement qui, grâce aux ressources naturelles du pays en mathématiciens de talent, leur permettait de connaître le moindre mouvement de la flotte nipponne. Or des rigolos de l'OSS nourrirent l'idée, combien barbouzarde, de cambrioler l'ambassade japonaise à Madrid. Ils s'y prirent tellement mal qu'ils laissèrent des traces sans parvenir, d'ailleurs, éléphants dans un magasin de porcelaines, à dénicher le moindre secret.

Le seul résultat tangible fut qu'inquiets les Japonais… changèrent leurs codes, jetant ainsi à terre des années d'efforts et privant les services secrets américains de leur source essentielle, et en l'occurrence unique, de renseignements.

« Lorsque je me suis installé à Berne, aimait à raconter Allen Dulles qui, brillant avocat d'affaires new-yorkais ayant découvert le Grand Jeu durant la Première Guerre mondiale, était l'un des rares officiers efficaces de la jeune OSS, je me suis contenté de placer sur la façade de l'ambassade américaine une plaque aussi grande et visible que possible : *Office of Strategic Studies.* »

Des rapports internes à l'OSS indiquent que les informations ainsi recueillies étaient bavardes, incomplètes, signalant avec retard à Washington des faits et événements déjà connus depuis longtemps. Mais, répétons-le encore une fois, le Renseignement est fils de l'Histoire, l'immense et riche Amérique était en train de gagner la guerre et le séduisant et charismatique Allen Dulles attira vers lui, par sa réputation et grâce à sa plaque mirobolante dans une Suisse limitrophe de l'Allemagne nazie, les résistants démocratiques à Hitler qui, tout en constituant autour de lui un noyau politique des plus intéressants, lui procurèrent, en fin de compte, des renseignements de tout premier ordre avant que les chefs SS de l'Italie du Nord ne viennent s'adresser à lui afin de négocier une reddition qui accéléra la cessation des hostilités.

Curieuse Amérique ! Aussi stupide et souvent nuisible qu'elle ait été, l'OSS était dirigée par l'une des personnalités les plus marquantes des États-Unis, le général William Donovan — surnommé, bien entendu, « Bill » — dont le président Roosevelt affirmait qu'il aurait été à sa place s'il n'avait pas été républicain. Le poids de Donovan à Washington, sa réflexion — typiquement américaine — sur l'utilité, la nécessité et le devenir possible de l'organisme politico-bureaucratique qu'il commandait jetaient, malgré toutes les criantes imperfections de l'OSS, les bases du concept de « l'Intelligence centrale » — *Central Intelligency* — indispensable à un grand pays et qui jouera un si grand rôle dans l'histoire future des États-Unis.

L'OSS aura beau avoir été brutalement dissoute à la fin de la guerre — autre caractéristique d'une Amérique portée sur des solutions expéditives et non réfléchies —, différents organismes mieux adaptés et plus compétents qu'elle, formés le plus souvent de jeunes gens dynamiques ayant acquis en son sein une certaine expérience du Renseignement notamment grâce à leurs contacts avec le brillant Intelligence Service britannique, surgirent dans les jeux de pouvoirs de Washington. Et c'est ainsi que les États-Unis — dernière spécificité américaine : l'étonnante possibilité d'adaptation dans des spectaculaires revirements à 180° — parvinrent à disposer, au moment du déclenchement de la « guerre froide » avec le Saint-Empire communiste, de cet instrument proprement extraordinaire, même si sa fin sera peu glorieuse, que fut la toute puissante CIA se dressant contre une menace, cette fois ressentie comme directe, de l'expansionnisme stalinien.

Quatrième Partie

LE CHOC DES IDÉOLOGIES : L'ÉTREINTE MORTELLE DE LA CIA ET DU KGB DURANT LA « GUERRE FROIDE »

CHAPITRE XI

L'INVRAISEMBLABLE USINE À GAZ DE LA GIGANTESQUE CIA

UN AMOUR DE JEUNESSE

Pourquoi ai-je été, dans ma lointaine jeunesse, amoureux fou de la CIA américaine — *Central Intelligence Agency*, dite « l'Agence », dite « la Compagnie » ? Est-ce l'impression de toute-puissance que dégageaient, pour le néophyte que j'étais alors, les gigantesques services secrets, créés dès le début de la « guerre froide » par la « République impériale » — la définition est de Raymond Aron — des États-Unis d'Amérique afin d'endiguer la marée communiste déferlant sur le monde et de contenir son « bras armé » du KGB — cette fois l'expression vient des dirigeants soviétiques ? Fils d'émigrés russes chassés de leur patrie par la révolution d'Octobre, j'avais vu le film de « l'avenir radieux » et, désireux de ne pas le voir projeté dans ma patrie de naissance française, je ne pouvais, modeste analyste de la nouvelle civilisation communiste pour le Vatican, au ministère de l'Intérieur et à l'état-major français du maréchal Juin puis à la célèbre Rand Corporation américaine, qu'apprécier tous ceux qui s'opposaient avec fermeté, intelligence et efficacité à l'expansion de la lèpre rouge. Et Dieu sait si la nouvelle CIA accumulait succès après succès dans ses « actions clandestines » — *covert actions* — menées dans une Europe occidentale menacée par Staline, finançant et guidant syndicats libres, partis politiques anticommunistes, intellectuels ou organismes de propagande épris de liberté.

Ou mon aventure avec la grande Centrale américaine provient-elle de raisons plus personnelles ? Lors de mon bref passage à l'hôtel Matignon comme conseiller de Sécurité du premier Premier ministre du général de Gaulle, j'entretenais des relations plus amicales et ouvertes avec Allen Dulles, patron flamboyant de la CIA, ou avec ses représentants à Paris, Alfred Ulmer et Laughlin Campbell, qu'avec les chefs des minuscules services secrets français, noyés dans des opérations dont ils me cachaient soigneusement la teneur. D'ailleurs, les visions planétaires de Dulles ne tranchaient-elles pas agréablement avec les sordides détails algériens qui, vaille que vaille, tombaient sous mes yeux dans la masse de renseignements sur la dramatique situation en France et en Algérie qui se déversait sur mon bureau ? Puis, lorsque la République gaulliste me rejeta dans le néant politique comme si la fin de la guerre ne rendait plus nécessaire le recours à un bidasse suspect de la Légion étrangère, « l'Agence » n'avait-elle pas mis un point d'honneur à maintenir avec moi des relations tout aussi confiantes que du temps ou j'avais été le correspondant de son chef prestigieux à l'hôtel Matignon ?

Allen Dulles !

Si l'on place hors-concours la personnalité unique de ce génie proche de la démesure qu'était le général de Gaulle, je n'ai jamais croisé, sur un chemin de vie pourtant marqué par des rencontres enrichissantes, une personnalité aussi charismatique. Rayonnant de chaleur humaine et d'ouverture amoureuse sur le monde en mouvement, d'une intelligence aiguë et d'un dynamisme sans pareil, ce géant au grand sourire et aux yeux pétillants de vie derrière ses petites lunettes était certainement, avec son frère, le secrétaire d'État Foster Dulles, ou l'admirable syndicaliste américain, Irving Brown, l'un de ces croisés anticommunistes — *cold warriors* — à qui l'Europe occidentale doit de ne pas avoir basculé dans les griffes d'un Saint-Empire soviétique en pleine expansion après sa glorieuse victoire sur le monstre nazi, au moment des débuts et du déchaînement de l'affrontement entre l'Est et l'Ouest.

Avocat d'affaires issu de l'élite intellectuelle et politique de la côte occidentale des États-Unis, son importante action à Berne durant la Seconde Guerre mondiale n'entre pas dans le cadre de l'« espionnage » classique. C'est le charme éclatant de sa personnalité, l'attraction exercée par la démocratique Amérique en marche vers l'écrasement du IIIe Reich, la situation centrale d'une Suisse neutre et libre qui expliquent tant le flux d'Allemands anti-hitlériens qui viendront se mettre spontanément à sa disposition que les négociations qu'il saura mener avec les chefs SS pour obtenir la reddition des troupes allemandes en Italie du Nord.

Les longues et nombreuses conversations que j'ai tenues avec lui et qui, exceptées celles avec Raymond Aron, s'inscrivent comme les plus passionnantes de mon existence, me laissent plus, en, effet, le souvenir d'un philosophe — ô combien actif ! — de l'Histoire que d'un « professionnel » du Renseignement. Bien qu'il comprenait tout de suite et parfaitement les opérations qui lui étaient soumises et proposées, Allen était, dans le domaine « technique » du Grand Jeu, moins éblouissant que Markus Wolf ou les *opers* du Renseignement extérieur de l'ancien KGB russe avec lesquels j'éprouve aujourd'hui tellement de plaisir à évoquer nos luttes passées. Néanmoins, bénéficiant de la confiance absolue des présidents Truman et Eisenhower, associé grâce à son frère Foster aux grandes lignes de force de la puissante — et inventive à l'époque — diplomatie américaine, Dulles était plutôt un homme d'État qui choisissait avec une rare précision les buts à atteindre. Aidé par un enthousiasme stimulant et le prestige donné par lui à une « Agence » qui attirait vers elle des collaborateurs brillantissimes — Frank Wisner, Richard Bissel ou Richard Helms, James Angleton ou « Pete » Bagley —, il définissait admirablement les moyens d'action nécessaires pour donner corps à la politique d'États-Unis qu'il servait avec un dévouement et une efficacité qui ont toujours suscité chez moi une profonde admiration.

Et ne fut-il pas, dynamique et chaleureux, l'artisan inspiré de la résistance de l'Europe de l'Ouest à l'expansion du Saint-Empire communiste en France et en Grèce, en Italie et dans l'Allemagne occidentale ? Relativité tolstoïenne des grands hommes ! Le soutien politique et moral ou le financement des partis politiques, des syndicats libres et des intellectuels antimarxistes en Europe organisés par Allen Dulles fut un triomphe indubitable mais malgré tout son unique talent, cette réussite est due au fait que son action tombait, à la différence de ce qui se passera plus tard à Cuba, sur un terrain « favorable ». Les peuples démocratiques de l'Europe de l'Ouest ne voulaient pas du communisme et ils étaient guidés sur cette voie de rejet par de fortes sociétés civiles, un syndicalisme remarquable qui préfigure Solidarnosc' et une classe politique — Adenauer, de Gasperi, voire Guy Mollet, auteur de l'admirable formule : « Le communisme n'est pas à gauche. Il est à l'Est. » — qui, tel le général de Gaulle à la Libération, proposaient à leurs pays respectifs des « modèles » économiques et sociaux plus attrayants — et plus justes — que celui concocté par l'inapplicable utopie marxiste.

« Une apparence de bon grand-père à la fine moustache et aux lunettes rondes d'intellectuel aimant fumer la pipe », écrit de Dulles un historien francophone[1], mais l'expert ès Renseignement ne peut s'empêcher de faire débuter son conventionnel portrait par un membre de phrase habituel dans ce genre de littérature : « *Cachant son jeu sous* (une apparence de bon grand-père...) » Sublime appréciation ! Pour satisfaire les fantasmes sur l'espionnage, quelle tête aurait dû avoir l'interlocuteur des résistants antinazis à Berne, le négociateur avec les SS en Italie du Nord ou le mobilisateur des énergies anticommunistes en Europe de l'Ouest ? Celle d'un bandit sicilien de grand chemin ou d'un traître de Grand Guignol ? Et pourquoi un homme d'État de l'envergure d'Allen Dulles, qui ne menait personnellement aucune manipulation, étrangère d'ailleurs, nous le verrons, aux activités d'un *oper* digne de sa mission, n'aurait-il pas été sincère et dénué, je peux en témoigner, de la moindre arrière-pensée d'ingérence, de trahison ou de domination hégémonique ? Un exemple entre mille : lors du retour au pouvoir du général de Gaulle en 1958, Dulles procédera immédiatement et de lui-même à la nomination d'un nouveau représentant à Paris car son précédent « chef de poste » — *station chief* — paraissait trop lié, en raison du combat commun contre la menace communiste, avec le personnel de la défunte Quatrième République. Et plus tard, lors de ma présence à l'hôtel Matignon, je n'ai noté de sa part ou de sa CIA aucune action hostile à la France du Général mais, au contraire, une attitude profondément amicale et compréhensive durant les difficultés posées par la fin de la guerre d'Algérie et le retour indispensable à la paix.

Rien n'est plus faux qu'une vision strictement policière de l'Histoire.

Le « général gris »

Puisque j'en suis, me penchant sur ma jeunesse, à évoquer la personnalité flamboyante d'Allen Dulles, ouvrons une parenthèse afin de nous attarder un instant sur son principal allié dans les services secrets de l'Eu-

1. Genevofa Étienne et Claude Moniquet, *Histoire de l'espionnage mondial* — excusez du peu. Éditions du Félin, t. II, p. 247.

rope occidentale menacée par Staline durant les combien durs débuts de l'affrontement entre les deux Empires libéral et communiste.

Je me souviens d'un dîner estival au Ritz avec Allen et le général allemand Reinhardt Gehlen au plus fort de la « guerre froide ». Ô le rôle des restaurants de luxe, aux tables espacées et aux maîtres d'hôtel discrets, dans la vie des participants du Grand Jeu qui y viennent étaler leur désir de transformer le monde ou y mènent les « rencontres conspiratives » destinées à modifier le destin d'hommes et de femmes que je ne peux m'empêcher, emporté par mes sentiments d'amour pour l'espionnage bien pratiqué, de trouver valeureux.

« Je m'en vais faire un tour à pied sur les quais de la Seine, indiqua Allen une fois que nous nous fûmes retrouvés sur la place Vendôme doucement illuminée. »

Et il s'éloigna à grands pas, Américain bien tranquille surgi d'un roman d'Hemingway, accompagné seulement de son *rezident* à Paris, l'efficace Al Ulmer, dans les larges et paisibles avenues de « Paris est une fête ». Gehlen, lui, protégé par une nuée de parachutistes incongrus en civil, rescapés de l'ancienne division hitlérienne de l'Abwehr Brandenbourg, s'engouffra, taciturne avec ses gardes du corps, dans une limousine noire blindée. N'avait-il pas fait l'objet de plusieurs tentatives d'attentats de la part du KGB et de ses officines de l'Allemagne de l'Est ?

Tout était fait chez Gehlen pour impressionner : son visage austère et fermé de rigide général tenton, ses immenses bureaux à Pullach, dans une caserne perdue au fin fond d'une forêt de Munich où avaient, comme dans *Le Roi des Aulnes*, défilé jadis les jeunesses hitlériennes, un passé à vous couper le souffle. Jeune officier d'état-major ne s'était-il pas vu confier la rédaction des plans de l'opération Barbarossa organisant l'invasion de l'Union soviétique ? N'avait-il pas, ensuite, commandé sur le sanglant front de l'Est, les services secrets de la Wehrmacht enfoncée dans la terre russe, la *Fremde Herren Ost* détestée tant par le NKVD soviétique que par les SS révulsés par son désir, en en essayant de limiter au maximum les exactions, de rassembler les peuples de la Russie contre le communisme ? N'émaillait-il pas ses rares confidences privées de laconiques « Comme je l'ai dit à Hitler » et ne se souvenait-il pas qu'un jour qu'il annonçait au « Führer » le plan d'attaque décisif de l'Armée rouge sur les terres sacrées de la Prusse, il avait senti que, porteur d'une nouvelle aussi catastrophique, il serait cette fois fusillé pour défaitisme ? « J'ai pris alors la décision de ne pas revenir à mon état-major et seuls mes soldats russes ont, dans cette nouvelle période de mon existence, sauvé ma vie et celle de ma famille. » Caché dans les montagnes autrichiennes, n'avait-il pas établi un contact avec l'Armée américaine en lui expliquant qu'il était le seul à pouvoir créer, grâce à son expérience et à ses archives, un service de renseignement efficace contre le nouvel ennemi : la stalinienne Union soviétique, prête à déferler sur l'Europe de l'Ouest ? N'était-il pas devenu ensuite, après avoir été le chef mystérieux de la ténébreuse « organisation Gehlen » financée par la CIA d'Allen pour lutter contre l'expansion communiste, le premier directeur des services secrets nouvellement créés dans l'Allemagne « libre », donnant ainsi son premier attribut de souveraineté à la République fédérale en gestation ?

Et pourtant, quels que fussent ces signes indubitables d'aventure et de puissance, le « général gris » ne m'a jamais inspiré les sentiments d'admiration enthousiaste que faisait, en mon inconsciente jeunesse, éclore la personnalité hors pair d'Allen Dulles qui, lui, avait combattu Hitler et n'avait pas traîné ses bottes sur la terre natale de mes ancêtres. Certes, « l'organisation Gehlen » avait joué un rôle historique majeur en fournissant une assistance plus politique et morale que militaire et de renseignement à l'Allemagne occupée par les Alliés occidentaux, démontrant à une population apeurée que les Américains ne la livreraient pas à un communisme qui, grâce à la terrifiante Armée rouge, s'était emparé de l'Europe centrale. Certes, chef légendaire du BND de la nouvelle République fédérale qu'il avait porté sur les fonds baptismaux, l'ancien général hitlérien s'était transformé en homme de confiance du démocratique chancelier Konrad Adenauer et c'est grâce à son aide qu'avaient été jetées les bases de l'indispensable réconciliation franco-allemande sur laquelle les services secrets français travaillaient avant même — cela avait été le sujet de conversation au cours de notre dîner au Ritz — de devenir le glorieux cheval de bataille du général de Gaulle.

Le général Gehlen mérite-t-il pour autant d'entrer dans l'histoire de cet espionnage moderne dont j'essaie de décrire la naissance puis le spectaculaire développement ? Le livre qu'il écrira, « Le Service », *Der Dienst*, lorsqu'à l'âge de soixante-dix ans et à son plus grand dépit, il sera écarté par des socialistes adeptes d'une nouvelle « *Ost Politik* », sera encore plus terne, creux et décevant que celui publié après sa disgrâce par Allen Dulles, *The Craft of Intelligence*. Sur le front de l'Est, sa politique « pro-russe » sera étouffée dans l'œuf par la sauvagerie proprement inimaginable des nazis et, surtout, par le rejet viscéral de l'invasion hitlérienne qui, en un gigantesque élan patriotique, mobilisa tout le peuple russe, attaché, de surcroît, tant à la figure charismatique de Staline qu'au rêve socialiste. Quant à son prétendument puissant et efficace *Fremde Herren Ost*, il sera, nous l'avons vu avec l'Opération Monastyr', roulé dans la farine par les services secrets soviétiques en attendant que « l'organisation Gehlen » se contente de recruter des chefs de gare ou d'interroger des prisonniers de guerre allemands libérés des camps russes — « Près du village de Iakounova, un chemin de fer à une voie dessert la ville voisine de Doubrovka », etc. Même le nouveau BND de la naissante République fédérale sera ridiculisé par le recrutement par les Russes du chef de son contre-espionnage, le colonel Heinz Felfe, et, ne parvenant jamais à la technique sans pareille de son adversaire communiste de l'Allemagne de l'Est, la HVA du subtil Markus Wolf, ne réalisera, telle l'Abwehr de l'amiral Canaris, aucune prouesse digne du prestige extraordinaire de son grand chef.

Malgré sa réputation, Reinhardt Gehlen aura été surtout un immense patriote allemand — avec toutes les limites que cela implique —, moins un *oper* hors du commun qu'un militaire classique et un dirigeant politique dont je reconnais l'importance même si sa prosternation devant la discipline me paraît d'une rigidité dangereuse — « Tout me répugnait chez Hitler, confiait-il, mais je ne me serais jamais, comme l'amiral Canaris, soulevé contre le pouvoir politique de mon pays. » — et son anticommunisme par trop primaire. « En matière d'anticommunisme, on n'est jamais assez primaire », confiait pourtant François Mitterrand à l'un des responsables de ses services secrets, ce qui est vrai pour la volonté de s'y opposer mais pas pour comprendre — et, donc, de lutter efficacement contre — cette idéologie si belle lorsqu'elle ne détient aucune once de pouvoir. L'influence de Gehlen ne pouvait qu'être inexistante sous le sanglant et fanatique Hitler mais elle s'exercera pleinement dans le combat contre une possible communisation de l'Europe de l'Ouest puis dans la reconstruction de la souveraineté de la démocratique République fédérale et dans sa combien bénéfique réconciliation avec la France.

En fin de compte, le rôle historique du « général gris » — qui aurait été, je le crains, totalement inadapté à la libéralisation accrue de l'Allemagne, à ses douloureuses interrogations sur son passé nazi, à son ouverture sur l'Est et à sa participation à la construction européenne — fut plus essentiel, à ce moment précis de l'histoire du monde et de son pays, que celui de son homologue et inexpiable adversaire de l'Allemagne de l'Est, l'également légendaire Markus Wolf, même si la subtilité technique en matière de collecte d'informations et de recrutement d'agents du fervent communiste des services secrets de la RDA fut incomparablement supérieure à celle du général hitlérien. Telle est la fatalité du Grand Jeu : le meilleur des renseignements — ou la plus performante des actions clandestines visant à transformer le monde —, s'il est en mesure d'accélérer l'Histoire, ne saurait en modifier le cours.

Des ossements blanchis dans le désert

Revenons à ma jeunesse.

Rares sont les amours éternelles — j'en ai pourtant connu un dans ma vie privée avec la radieuse Danielle Combaz — et, petit à petit, des réserves étaient venues atténuer mon coup de foudre initial pour la toute puissante CIA. Certes « l'Agence » réussissait des opérations spectaculaires dans les domaines antisoviétiques qui m'intéressaient. Le recrutement, au début des années soixante, du colonel des services du renseignement de l'Armée rouge, Oleg Penkovsky — la coopération durant un quart de siècle du major-général du même et ténébreux GRU, Dmitri Poliakov, ne sera révélée qu'en 1985 —, l'accueil sur le territoire américain de transfuges communistes porteurs des plus lourds secrets m'avaient impressionné. Néanmoins, il s'agissait moins d'interventions offensives bien montées que de simples volontariats certes parfaitement exploités mais ne découlant pas d'initiatives inventives de la Centrale américaine.

Il y avait plus déroutant. J'étais jeune, je ne connaissais ni l'Amérique latine ni le Proche-Orient et j'avais donc, bien avant mon arrivée à Matignon lorsque je travaillais comme analyste à la Rand Corporation, avalé comme du pain béni, les *covert actions* visant à renverser les régimes progressistes du général Arbenz au Guatemala et de Mossadegh en Iran : ma chère « Agence » était donc en mesure de modifier le sens de l'Histoire qui, jusque-là, faisait inexorablement progresser le communisme et ses affidés du Saint-Empire. Le doute ne s'installa en moi que lorsqu'Allen Dulles, après m'avoir informé du survol — qui m'enthousiasma — de l'Union soviétique par ses U2, me confia, afin que j'en informe le général de Gaulle, ses plans concernant la mise à bas de Fidel Castro par un débarquement d'exilés cubains dans son île convertie à la « nouvelle religion ». Enfant, j'avais assisté à la faillite de toutes les tentatives antibolcheviques de l'émigration blanche à laquelle appartenaient mes parents et j'en étais parvenu à la conclusion que le rêve communiste correspondait à une phase déterminée de l'histoire de certains pays arriérés et miséreux, « humiliés et offensés » comme ma patrie russe. Aucune intervention extérieure armée ne pouvait donc — l'effroyable aventure de Hitler le confirmait avec quel sinistre éclat ! — renverser un régime soutenu quelque part par les aspirations et la foi de toute une population.

L'échec cuisant de la baie des Cochons, le limogeage de mon ami, le brillant Allen Dulles, me confirmèrent dans mon scepticisme qui ne sera, au fil des années, qu'amplifié par la stupide guerre du Viêt-nam ou les condamnables opérations contre des mouvements et des personnalités de gauche en Amérique latine. Efficiente quand il s'agissait d'aider de solides sociétés civiles à lutter contre le communisme en Europe occidentale, la CIA se révélait impuissante dans le tiers-monde où un nationalisme légitime et un rejet encore plus justifié de l'horreur colonialiste jouaient inexorablement contre elle. La croisade menée par ma belle amoureuse avait donc ses limites...

Le désastre sans gloire au Viêt-nam où elle se conduisit très mal sur le terrain pendant que ses analystes prédisaient la défaite, la lamentable barbouzerie du Watergate qui la salit sans qu'elle y fût directement impliquée, le moralisme exigeant du nouveau président Jimmy Carter, l'interdiction consécutive des *covert actions* et l'épuration — souvent injuste — de mes amis qui étaient entrés dans l'Histoire sous le beau nom de *cold warriors*, la valse de directeurs sans grande compétence et les grands déballages devant les commissions d'enquête du Congrès venaient ébranler encore plus le colosse que j'avais — stupidement ? — aimé. L'Agence changeait et, loin de mon coup de foudre initial pour ma dynamique amazone, je ne la considérais plus que comme une ancienne et vieille maîtresse dont on ne connaît que trop bien, hélas, « des ans, l'irréparable outrage ».

L'embellie — la rémission ? — qui suivit l'*America is back* de l'étonnant Ronald Reagan, souillée, il est vrai, par l'inacceptable soutien des *contras* au Nicaragua par les cow-boys de la Maison Blanche, la nomination par Bill Clinton du subtil George Tenet, le début de la décomposition du Saint-

Empire communiste et les recrutements en série qu'ils permettaient à Moscou ne modifiaient pas en profondeur le cours inexorable de l'Histoire. Privée de son « ennemi principal » comme auraient dit les Russes, ébranlée par les enquêtes parlementaires, décapitée par l'épuration des *cold warriors* puis par la recherche de l'argent facile par leurs successeurs au sein des nouvelles organisations de renseignement privé, frappée à son tour en plein cœur par l'incompréhensible trahison de l'un de ses plus hauts responsables chargé des questions soviétiques, Aldrich Ames, la CIA vivait très mal la fin de sa croisade contre « l'Empire du Mal ». Le surgissement des menaces, désormais diffuses et diluées, du terrorisme international et de la possible acquisition d'armes de destruction massive par des États aussi nationalistes, exaltés que « voyous » laissaient désarmée ma belle amoureuse.

« Mon unique mission, aimait à répéter Allen Dulles, est d'empêcher un nouveau Pearl Harbor ». Avec le 11 septembre et en attendant la fausse affirmation que l'Irak de Saddam Hussein détenait bien des armes d'apocalypse, le moins qu'on puisse en dire c'est que ce fut raté.

La croissance exponentielle des interceptions de la concurrente et boulimique NSA, le transfert de l'observation aérienne à une administration *ad hoc*, la réorganisation de toute la « Communauté du Renseignement » américaine par Georges W. Bush après la faillite du 11 septembre et la suppression, au profit d'un organisme hiérarchiquement supérieur dépendant directement du Président, du rôle de coordination jadis confié à « l'Agence » n'amélioraient pas les choses. « La CIA, constatait d'une manière peut-être un peu trop pessimiste un analyste du *Washington Post*, ne sera bientôt plus qu'un amas dans le désert d'ossements blanchis. » La création de « prisons secrètes » pour les suspects d'Al-Qaida et leur transfert — à des fins, ô horreur, de torture ? — aux quatre coins du monde par des vols clandestins provoquant l'indignation justifiée de la communauté internationale constituent, à mes yeux, un dérapage inacceptable d'un organisme qui, poussé par un pouvoir désemparé par « l'ascension aux extrêmes » qu'il a imprudemment provoquée, ne devrait pas se contenter d'exécuter les basses œuvres d'une « guerre contre le terrorisme » mal définie, mal pensée et mal menée.

Mais la compréhension et la « connaissance objective » de l'émergence des puissances chinoise et indienne, du développement de la Russie moderne, des convulsions du Proche-Orient ou des défis iranien et nord-coréen sont-elles à la mesure d'une « Agence » qui, jusqu'à l'effondrement du communisme, n'a jamais eu, durant le choc des idéologies de la « guerre froide », qu'un seul « ennemi principal » certes puissant mais, d'un certain côté, facile à appréhender intellectuellement ?

Transformer le monde : une douteuse illusion de la « Compagnie »

Si la délitescence de la CIA est certaine face au monde forgé par l'effondrement du communisme et l'apparition du terrorisme international, d'« États-voyous » et de nouveaux grands Empires en pointillés, il n'en reste pas moins que les fantasmes sécrétés par sa gloire passée correspondent quand même assez bien, une fois n'est pas coutume, à la réelle toute-puissance d'une « Agence » créée, presqu'*ex nihilo*, aux débuts de la « guerre froide » afin de pratiquer le *containment* d'un communisme triomphant en apparence. L'espionnage moderne fait alors un nouveau bond en avant car, afin de répondre à un danger qui, à la différence de l'hitlérisme ou du militarisme japonais, est ressenti comme une menace vitale sinon pour le Continent américain du moins pour les valeurs de liberté qu'il défend bec et ongles, les États-Unis consentent alors, en matière de *Central Intelligency*, l'un de ces efforts titanesques et novateurs dont ce pays d'immigrants dynamiques paraît le seul à avoir le secret.

« CIA contre KGB » proclament d'habitude les écrivants sur le Renseignement. La formulation n'est pas tout à fait correcte. Certes les services secrets américains surgis du néant en 1947 avaient à combattre le « bras armé » du Parti-État communiste — qui ne prendra la dénomination de « KGB » qu'en 1954 après la mort de Staline —, mais leur raison d'être ne se limitait pas à cette mission déjà hors du commun. Faute d'autres leviers d'action politique — sauf en Europe occidentale, où de forts syndicats « libres » étaient l'émanation d'une société civile opposée au communisme —, chargée par la Maison Blanche de tâches qui ne semblaient pas à la mesure du seul pouvoir washingtonien, la gigantesque nouvelle hydre de l'espionnage moderne a été surtout amenée, presque tout naturellement, à s'opposer à l'expansion de la « nouvelle civilisation » communiste qui, arrivée au summum de sa puissance grâce à sa victoire sur le nazisme, semblait — du moins, c'est ce qu'en pensait l'Amérique — devoir s'étendre au monde tout entier.

Or les succès faramineux obtenus par Allen Dulles et l'action politique de sa nouvelle « Agence » durant la lutte contre une possible soviétisation de l'Europe occidentale ont alors donné naissance, dans une Amérique lancée dans une de ces croisades qu'elle chérit tellement, à l'idée, combien facile et séduisante, que ses services secrets étaient à même de stopper la marée « marxiste » non seulement sur le Vieux Continent mais également dans un tiers-monde travaillé par son lent réveil après des siècles de sommeil, de misère et d'oppression.

L'impression que le monde pouvait être transformé par les moyens d'action politique et de propagande, voire d'intervention paramilitaire, de la CIA — la *covert action* — fut, spécificité essentielle de la nouvelle « Compagnie », renforcée, parallèlement à la poursuite de « l'endiguement » du communisme en Europe occidentale, par le facile renversement en Iran du révolutionnaire Mossadegh en 1953. Grâce au soutien politique, financier et militaire apporté par une poignée d'*operators* de « l'Agence » au cours de l'opération « Ajax », des groupuscules conservateurs rétablissaient dans la totalité de ses pouvoirs un chah encore très populaire au sein du peuple. Puis, dès l'année suivante mais cette fois dans l'arrière-cour même des États-Unis au Guatemala, le progressiste — et pas très recommandable — général Arbenz était, avec une étonnante économie de moyens (une station radio, un soutien aérien, une distribution d'armes) chassé du pouvoir par des militaires concurrents soutenus, conseillés et armés par la CIA.

Cette idée de la possibilité de transformer le monde par la *covert action* des services secrets volait cependant en éclats près de dix ans plus tard lorsque les milliers d'exilés cubains armés, instruits et appuyés par les avions de la CIA subissaient une catastrophique défaite lors de leur débarquement sur la baie des Cochons du Cuba de Fidel Castro alors qu'Allen Dulles me confiait qu'il avait compté sur un soulèvement du peuple cubain contre la « dictature communiste ».

Les illusions ont pourtant la vie dure et, dès 1972, le peu regardant Richard Nixon réclamait au chef de la CIA, le brillant lieutenant d'un Allen Dulles limogé par Kennedy après le désastre de la baie des Cochons, Richard Helms, la tête de l'idéaliste mais naïf Salvadore Allende — quelle ironie quand on pense à l'actuelle croisade pour la démocratie de George W.

Bush ! La CIA renâcla, mais les contacts permanents qu'elle entretenait avec les putschistes de Pinochet et la volonté explicite de la Maison Blanche de se débarrasser d'un leader par trop socialiste ne laissaient pas les États-Unis et leurs services secrets totalement innocents de ce dramatique et inacceptable coup d'État militaire contre le gouvernement librement élu d'un pays jusque là démocratique. Et n'oublions pas le déshonneur de l'implantation de *contras* au Nicaragua sous la présidence Reagan, il est vrai moins par la CIA que par des cow-boys isolés de la Maison Blanche.

En réalité et quel que soit le caractère spectaculaire de toutes ces douteuses interventions dont certaines — Iran, Guatemala, Chili — n'avaient rien à voir avec le Saint-Empire communiste, la croyance dans la possibilité de transformer le monde — constante américaine : voyez Wilson, Roosevelt ou, aujourd'hui, George W. Bush — par le biais de la *covert action* des services secrets relève moins de la nature profonde de l'espionnage moderne que d'une fort discutable spécificité des États-Unis à cette époque de l'histoire du monde[1]. La *covert action* ne peut, en effet, être considérée comme une constante : si sa part dans le budget global de la CIA dépassait les 50 % dans les années cinquante, elle n'était plus que de 4 % dans les années soixante-dix et 1 % après la chute du mur de Berlin.

D'une part, au cours du bras de fer titanesque entre l'Empire américain et le Saint-Empire marxiste, l'affrontement militaire direct était impossible

1. Ces temps sont révolus depuis l'effondrement de l'Empire soviétique. Il ne viendrait à l'idée de personne de chasser du pouvoir Hugo Chavez et, en Afghanistan, c'est la force des armées qui a renversé les talibans avant que la *nation building* soit confiée, avec d'ailleurs un succès plus que relatif, à la communauté internationale.
Parallèlement, la mondialisation et la démocratisation — certains pays de l'ancien bloc soviétique, comme la Serbie, la Géorgie ou l'Ukraine, disposent malgré les propagandes de la « guerre froide » et la persistance de régimes néo-communistes autoritaires et corrompus, d'un terreau démocratique fragile mais indubitable — ne mettent plus sur le devant de la scène les services secrets mais des organisations internationales telles que l'OSCE, des OMG ou des fondations souvent financées par le département d'État, le Congrès ou les partis politiques américains. Ce *soft power*, comme on dit aux États-Unis, peut peser sur les élections en organisant leur bon déroulement et le respect de leurs résultats, mais ne parvient pas, pour autant, après avoir contribué à jeter à bas des « dictatures molles », à construire — voyez les désillusions après la belle « révolution orange » en Ukraine — une démocratie pleinement solide et satisfaisante.
En revanche, lorsque les services secrets s'efforcent de renverser des dictatures « dures » où ils doivent agir seuls, telles que celles de Khadafi ou de Saddam Hussein, on ne peut prétendre qu'ils parviennent à obtenir des résultats significatifs.

en raison de l'équilibre de la terreur nucléaire — « Paix impossible, guerre improbable » —, mais la « République impériale » ne pouvait, pour défendre ses vues et valeurs, s'appuyer, à la différence de l'Union soviétique ni sur des partis ou syndicats locaux ni sur des organisations de masses. Telle la nature, la guerre, fût-elle « froide », ne peut tolérer le vide et l'Amérique s'est jetée alors tête baissée sur le seul instrument de pouvoir qu'elle avait sous la main : ses services secrets.

Or, d'autre part, la CIA américaine, dont la création date de 1947 après l'épisode assez désastreux et presque risible de l'OSS durant la Seconde Guerre mondiale, manque cruellement à l'époque d'expérience et de traditions : l'opération Ajax dirigée contre Mossadegh en Iran est déclenchée six ans seulement après la tenue sur les fonds baptismaux du Renseignement « central » américain. Face à une réalité mal connue de l'opinion publique et de la société, de l'intelligentsia, de l'administration ou de la classe politique, voire, pis encore, des services secrets eux-mêmes, se développent alors, avec le dynamisme ou la naïveté propres à l'Amérique et à l'ascension aux extrêmes des passions sécrétée par toute guerre, les plus troubles des mythologies.

C'est notamment ce mythe de la toute-puissance attachée alors — à grand tort — aux services « spéciaux », conjugué avec la détestable tendance du pouvoir politique de se défausser sur autrui sans assumer ses responsabilités spécifiques, qui explique le surgissement de l'idée — fausse — que la CIA peut transformer le monde alors que l'analyse de la réussite de son « action politique » en Europe occidentale aurait dû, au contraire, relativiser cette douteuse assertion.

En effet et quelle que soit l'importance des conseils, réconforts et financements procurés aux Européens par Allen Dulles, sa *covert action*, qu'on pourrait qualifier de *soft* en comparaison avec les interventions *hard* en Iran ou au Guatemala, n'a été couronnée de succès que par le jeu de différents facteurs n'ayant rien à voir avec les services secrets. Existence de fortes structures économiques et d'un passé ou d'aspirations démocratiques… Volonté, en France, en Allemagne ou en Italie, d'une classe politique généreuse et dynamique — notamment, après l'impulsion donnée par le général de Gaulle au personnel issu de la Résistance qui édifiait une Quatrième République trop décriée — de proposer au peuple un modèle économique et social supérieur à celui du communisme… Présence d'une forte société civile, d'une importante classe paysanne et d'une fraction significative de la classe ouvrière encadrée en partie par un syndicalisme responsable, — toutes forces attachées à la liberté et à la propriété et capables d'installer des bases économiques solides pour assurer le développement harmonieux du pays. Les « trente glorieuses » en France, le plan Marshall, le syndicaliste américain Irving Brown joueront, de ce point de vue, un rôle aussi essentiel que celui de la CIA... Loyauté consécutive des forces de l'ordre malgré un parti communiste en pleine expansion — 37 % des voix en France ! — et l'attachement quasi hystérique de la majorité de l'intelligentsia européenne au stalinisme et au marxisme, cet « opium des intellectuels » d'après Raymond Aron... Telles étaient les raisons profondes qui modelèrent alors l'Histoire autant que le savoir-faire — très facile sur un terrain aussi « favorable » — de la nouvelle « Agence ».

Or c'est précisément l'absence de ces bénéfiques et puissants atouts démocratiques qui explique tant l'effondrement sans gloire de la tentative cubaine de la CIA que, d'une certaine façon, la réussite — ô paradoxe ! — de la brutale *covert action* des balbutiants services secrets américains en Iran, au Guatemala ou, d'une manière moins directe et caractérisée, au Chili du malheureux Salvadore Allende.

La facilité de l'écartement de Mossadegh provient du fait que l'Iran de l'époque — la suite le prouvera depuis la restauration du chah jusqu'à l'instauration et à l'actuel renouveau de l'intégrisme musulman — n'était pas mûr pour la démocratie alors que l'aventure guatémaltèque ou l'assassinat politique et physique d'un Allende trop en avance sur son époque relèvent des tendances putschistes propres en ces temps reculés à l'Amérique latine. Interrompre un développement démocratique vacillant et maladroit est aussi facile — ni Lénine ni Hitler ne s'en sont privés — que discutable au plan politique. À vaincre sans péril[1]...

1. Il est donc d'autant plus surprenant — les peuples ont une mémoire sélective — de voir les États-Unis se mobiliser de nos jours dans une croisade en faveur de la démocratie qui, sous le « bushisme », comme on dit le stalinisme, ne tient, pas plus qu'à Cuba sous Dulles, aucun compte des réalités sociologiques ou ethniques, religieuses ou politiques de pays comme l'Irak — où la force militaire a remplacé la *covert action* de la CIA — sans qu'aucun effort économique, social, culturel ou d'éducation ne soit entrepris sérieusement — les élections politiques ne sauraient répondre à tout — pour créer le terreau démocratique qui explique seul le bénéfique épanouissement de l'Europe occidentale.
La vision religieuse de la démocratie propre à la « République impériale » rappelle par sa puissance et son caractère aveugle, la pulsion, religieuse elle aussi, sous-tendant l'expansion

En définitive et même si l'on exclut l'échec cuisant du renversement de Castro pour affirmer que les interventions de la CIA dans le tiers-monde ont peut-être — le communisme était-il possible en Iran ? — bloqué une possible soviétisation, elles n'ont, effectuant un dramatique retour en arrière, rien transformé du tout. Ce n'est qu'en soutenant de solides forces démocratiques dans un processus historique indiscutable que la CIA américaine peut prétendre, tel Allen Dulles dans la lutte contre la communisation de la France, de l'Allemagne ou de l'Italie, avoir modifié le monde : l'Europe occidentale, en effet, aurait pu alors, faute de soutiens extérieurs à sa pourtant forte société civile, basculer dans l'escarcelle d'un Staline au faîte de sa puissance.

Même dans les circonstances les plus « favorables » comme en Europe occidentale, les services secrets ne peuvent, lorsqu'ils sortent de leur strict rôle de recherche et de connaissance, qu'être — ce n'est déjà pas si mal — les accoucheurs de l'Histoire.

Toute mythologie a la vie dure. Les anciens de la CIA, tout en continuant à glorifier, sans aucune analyse ni réserve, les *covert action* des années cinquante, aiment également souligner qu'ils ont modifié l'univers en causant, par leur soutien en armements et entraînement aux moudjahiddines, la défaite des troupes soviétiques en Afghanistan.

Transformation du monde, il y a eu, mais pas, je le crains, dans le sens voulu par les services secrets des États-Unis. Tout en contribuant à un retrait militaire russe qui se serait produit de toute façon, la CIA a, en même temps, amplifié et accéléré tant l'exacerbation du fondamentalisme islamiste que son recours à des « systèmes d'armements » modernes, susceptibles de porter à l'adversaire, avec des moyens limités, des coups de plus en plus dévastateurs, « du faible au fort ».

Il est malheureusement typique des services secrets américains qu'à la différence de leurs homologues russes qui, après la fin de la guerre en Afghanistan, établissaient des contacts avec leurs anciens ennemis — le commandant Massoud dont les troupes joueront, malgré son assassinat, un tel rôle dans la chute des talibans lors de l'offensive occidentale consécutive

communiste. Comme dans toute pulsion religieuse on y trouve la présence d'intérêts plus impurs: l'expansion communiste servait ceux de l'Empire russe traditionnel, alors que la croisade à l'américaine pour la démocratie profite à l'hyper-capitalisme yankee qui amasse d'autant plus de profits qu'il s'étend à des pays ou à des sociétés qui ne sont pas en mesure de le concurrencer.

au 11 septembre —, ils n'aient pas cherché ni a comprendre le phénomène auquel ils participaient — et qu'ils démultipliaient — ni à établir des relations aussi confiantes que possible, sans même parler de recrutement d'agents, avec ceux qu'ils soutenaient.

Telle est la nouvelle civilisation américaine qui émerge de l'effondrement du Saint-Empire communiste : provinciale mais arrogante, ignorante et méprisante de tout ce qui ne lui ressemble pas ou ne s'aligne pas sur ses certitudes et simplifications. Et il n'est pas dit que le Renseignement américain, émanation de ces douteuses pulsions, soit à même — voyez son rôle ambigu lors de la préparation de la folle guerre en Irak — de les modifier par une « connaissance objective » des réalités qui devrait être sa seule et unique mission.

« Têtes d'œufs » contre *opers*

« Hier, affirmait Karl Marx, on se contentait d'étudier le monde. Aujourd'hui, il faut le transformer. » Marxiste sans le savoir, la CIA s'arcboutait, au début du choc des idéologies qu'a été la « guerre froide », afin d'essayer de « transformer le monde ». Elle ne pouvait pourtant, organisme de renseignement, refuser d'« étudier » l'univers terrifiant né du surgissement de deux grands Empires à la suite de l'affrontement sans merci des États-nations durant la Seconde Guerre mondiale.

Là encore, le jeune et nouveau monstre de « l'Agence » fait preuve d'une immense — et, dans ce cas, louable — originalité. Lorsque débute la « guerre froide », l'Amérique ne dispose pas, en effet, d'agents au sein d'une Union soviétique qui lui paraît, selon la forte expression de Churchill, « un secret qui entoure une énigme qui voile un mystère ». L'organisme de « recherche opérationnelle » de l'Armée de l'Air américaine, la Rand Corporation à laquelle je suis fier d'avoir appartenu à cette époque glorieuse de son existence et qui, sans participer en rien à l'action des services secrets en reçoit toute la production, mobilise alors ses analystes pour essayer de percer l'inconnu. Dirigés par le soviétologue Nathan Leites, les chercheurs lisent tous les écrits où les chefs bolcheviques ont exposé leur vision du monde, étudient les *modus operandi* de leurs précédentes actions politiques et, s'appuyant sur des comportements psychologiques éclairés par la doctrine de la psychanalyse, accouchent d'un « Code opérationnel du Politburo » qui, dévoilant le subtil mélange soviétique d'offensives stratégiques aussi incessantes que dévorantes et de prudents replis tactiques, inspirera longtemps la diplomatie américaine[1]. Étayée par les simulations que permet la technique des *war games* rendue possible par l'apparition des premiers ordinateurs, l'analyse a suppléé ainsi à l'absence — dramatique — de connaissances provenant de sources humaines.

Il n'est donc pas étonnant que la CIA, bien que glorifiant outre mesure à mes yeux les *operators* de sa puissante « Direction des opérations » chargée de l'espionnage à l'étranger et de la *covert action* s'attache à rassembler les plus brillants intellectuels qu'elle regroupe dans toute une « Direction de l'Intelligence ». Une chasse aux cerveaux s'engage dans les plus grandes universités parmi les meilleurs connaisseurs d'une discipline donnée : seul un spécialiste de l'énergie atomique pouvait se prononcer sur l'armement nucléaire de l'Union soviétique ou, de nos jours, sur les risques de prolifération d'armes de destruction massive, alors qu'un fin connaisseur de la civilisation russe était nécessaire pour apprécier la continuité et les changements dans la Russie stalinienne ou brejnévienne. Pulls à cols roulés et pipes dans les années cinquante, jeans et baskets après 1968, ces « têtes d'œufs » tranchent avec les arrogants *opers*, mais n'ont-ils pas, pendant toute la durée de la « guerre froide », admirablement défini, dans le calme de leurs bureaux, la nature de la menace découlant du surgissement sur terre d'un Saint-Empire désireux d'étendre sa doctrine marxiste — le Dogme de la « nouvelle religion » séculière ? — à l'univers tout entier ?

« L'URSS ne peut s'attendre à ce que les États-Unis et les autres puissances de l'Ouest évacuent volontairement la ville de Berlin. En conséquence, l'URSS va probablement utiliser tout moyen, en dehors de la force armée, pour obliger ces puissances à quitter la ville. » Cette « estimation » des analystes de la CIA au style typique a été remise au président Truman le 22 décembre 1947, soit… *six mois avant* le début du blocus de Berlin[2].

Mais à côté de cette superbe perle — on peut saluer également la prévision de l'invasion de la Corée du Sud par la Corée du Nord, de la chute

1. Lorsque le président Eisenhower demandera qu'on lui résume l'analyse en une seule page, les facétieux « Dr Folamour » de la Rand s'amuseront à n'accoucher que d'une unique phrase: le célèbre « *Kto kovo* » de Lénine. « Qui bouffera qui ? »
2. Charles E. Lathrop, *The literary spy*, *op. cit.*, p. 370-71.

du système soviétique cinq ans avant son effondrement, de la probabilité d'un putsch moscovite pour stopper l'évolution entamée par Gorbatchev ou le constant scepticisme à l'égard de l'aboutissement final de la guerre au Viêt-nam, des « succès » des bombardements américains du Nord ou de ses opérations de « pacification » au Sud — que de regrettables ratages ! Le meilleur des analystes — et Dieu sait qu'ils étaient bons à la CIA ; en France ils auraient, s'ils avaient existé, été dirigés par un Raymond Aron — ne peut lire, en effet, dans une boule de cristal et, notamment, prévoir l'imprévisible...

Les talentueux intellectuels de la CIA ont ainsi, ignorant, il est vrai, l'existence d'une *agentura* atomique travaillant pour le Saint-Empire, affirmé que la bombe atomique soviétique n'exploserait que... cinq ans plus tard qu'elle ne l'a fait en réalité. Ils ne sont jamais parvenus, avant l'apparition miraculeuse des avions U2 et des satellites d'observation aérienne, à se débrouiller véritablement dans les « *bombing* » ou missiles « *gaps* » bien qu'ils les aient moins gonflés que le service de renseignement d'un Pentagone désireux avant tout d'augmenter ses crédits. Ils n'ont prévu ni l'intervention chinoise en Corée ni l'offensive du Têt au Viêt-nam ni la guerre des Six Jours — qui était hautement irrationnelle car les pays arabes ne disposaient par de moyens militaires suffisants pour écraser la valeureuse armée d'Israël — ni la construction du mur de Berlin ni l'absence d'armes de destruction massive chez Saddam Hussein ni, toujours l'incompréhension américaine du tiers-monde, l'attachement de la population cubaine à son dictateur ni la révolution iranienne. « L'Iran ne se trouve pas dans une situation révolutionnaire ni même prérévolutionnaire[1]. » (estimation de la CIA d'août 1975).

Aussi doué soit-il, l'analyste dépend, en effet, tant des renseignements que lui procurent les *rezidentura* sur le terrain — celle de la CIA à Téhéran s'en remettait plus à la police secrète du chah qu'à une étude du mouvement islamiste —, des photographies de satellites ou des résultats de l'interception électronique que de ses propres connaissances et conceptions du monde. Le système d'expansion ou de gouvernance soviétique — ou l'organisation militaire du Viêt-Cong — étaient ainsi, rationnels, plus faciles à appréhender pour des hommes eux-mêmes imbus du goût pour le pouvoir et la guerre que les fluctuations plus mystérieuses d'un tiers-monde instable et moins

1. *Ibid*, p. 164.

structuré intellectuellement. Ainsi, l'arrogante Amérique n'a jamais voulu admettre que les pays non-alignés étaient secoués par de puissantes pulsions anticolonialistes dirigées contre elle, ne cantonnant l'atroce guerre du Viêtnam qu'à un affrontement avec l'Union soviétique sans jamais comprendre le caractère légitime de la volonté de libération de tout un peuple.

La plus belle femme du monde ne peut donner que ce qu'elle a, surtout si, avec la perte de prestige de la CIA ou de la Rand Corporation, la disparition progressive des hommes ayant, durant des crises majeures, lutté contre le totalitarisme tant nazi que communiste, la prolifération à Washington de *think tanks* exprimant chacun sa vérité et l'influence de l'Internet qui, avec son flux de détails, a tendance à morceler et banaliser l'intelligence, elle a pris un sacré coup de vieux.

Ainsi du 11 septembre. Des amis américains de la CIA m'affirment que ses analystes avaient étudié le « code opérationnel » de Ben Laden, établi la volonté d'Al-Qaida de porter un coup dévastateur au « Grand Satan » américain sur son propre territoire. Le célèbre « De quoi s'agit-il ? » du maréchal Foch aurait été éclairci mais sans suffisamment de précisions et de certitude pour convaincre et mobiliser une Amérique opulente et permissive, habituée à flatter, sur un continent réputé inviolable, l'égoïsme sacré de ses satisfaits habitants. Et si le directeur de la CIA, Georges Tenet, courait le Tout-Washington en proclamant que quelque chose de grave allait se produire, il ne pouvait malheureusement pas, risquant d'ailleurs — ce qui fut malheureusement le cas — de ne pas être entendu dans le climat euphorique de l'époque, répondre à des questions pourtant fondamentales du Renseignement en temps de guerre ou de crise majeure : Qui ? Quand ? Où ? Comment ?

Nécessaire, l'analyse n'est pas suffisante et rien ne remplace — je crois l'avoir déjà suffisamment souligné — l'agent placé en plein cœur du dispositif adverse ou ennemi.

Explosion du « *Tech-Int* »

Si l'Amérique est le pays où règne l'intellect pragmatique, elle est également — par voie de conséquence ? — la terre où s'épanouissent les plus hautes technologies. Il est donc naturel que la nouvelle et puissante CIA ait vu naître, d'abord en son sein puis à son plus grand dépit, à ses côtés directs, compliquant ainsi sa mission de coordination d'un ensemble ressemblant de plus en plus à une incontrôlable usine à gaz, cette forme fascinante de l'espionnage moderne que les conceptualisateurs États-Unis appellent le « *Tech-Int* ». Diplômé de Sciences Po dont j'ai eu le bonheur ou la chance de sortir premier de ma lointaine promotion de 1949 — ce qui ne m'a pas permis pour autant de tenir à la prestigieuse rue Saint Guillaume la moindre conférence sur un Renseignement probablement jugé indigne de ces lieux augustes —, je n'ai pas de connaissances précises de ce *Technical Intelligence* qui, dans la seconde moitié du XXe siècle, a connu un développement qui ne semble pas pouvoir s'arrêter.

Disons, pour simplifier, que le prodigieux bond en avant des hautes technologies dans le monde contemporain permet désormais à des organismes d'État puissants et dotés de moyens de détection adéquats de collecter d'irremplaçables informations sur tout signe extérieur de ce qui est implanté, se meut ou se transmet sur la planète[1].

Déjà durant la Seconde Guerre mondiale, la reconnaissance aérienne à partir d'avions volant à haute altitude procurait des renseignements plus précis sur les objectifs situés chez l'adversaire que les coucous de la grande Guerre survolant péniblement les tranchées ennemies. Tout se transforme dans les années soixante quand le boulimique « complexe militaro-industriel » américain accouche, malgré ses criants dangers et défauts, de l'une de ces idées futuristes dont il a le secret.

Après avoir pesé de tout son poids sur des évaluations proprement démentes des possibilités de destruction nucléaire massive du Saint-Empire soviétique, le Pentagone soumet alors au président Eisenhower un programme de fabrication d'un avion volant à des altitudes insoupçonnées jusque-là et

1. Parmi les facettes les plus opérationnelles du *Tech-Int*, les Américains font figurer le « *Sig-Int* » (interceptions de tous ordres), l'« *Im-Int* » (observation aérienne, imagerie et satellites), l'« *El-Int* » (radars et émissions électroniques), le « *Mas-Int* » (« *measurement and signature* ») auxquels on peut ajouter l'« *Os-Int* » (documentation ouverte), etc.
La complexité et la richesse — voire la confusion — sont visibles dans cette énumération kafkaïenne. Une quinzaine d'agences de renseignement, y compris la CIA, le FBI, la NSA, celles du secrétariat de la Défense et du secrétariat d'État, fonctionnent aux États-Unis, ce qui explique pourquoi l'administration Bush a enlevé, après le 11 septembre, son rôle de coordinateur au directeur de la CIA pour le confier à un nouvel organisme *ad hoc*, supervisant l'ensemble de la « Communauté du renseignement » américaine.

équipé d'appareils permettant des photos d'une précision sidérante malgré la distance. En dépit de toutes ses réserves à l'égard du « complexe », l'ancien commandant en chef des forces alliées en Europe durant la Seconde Guerre mondiale ne peut qu'apprécier la portée de la révolution qui pourrait être ainsi introduite dans la connaissance de son adversaire de la « guerre froide ». Le président des États-Unis donne donc son accord, mais décide de confier la réalisation du programme d'observation de la planète — essentiellement de l'hostile Russie — non aux forces armées officielles mais aux services secrets de sa CIA.

« Que deviendrons-nous, s'inquiète-t-il, si un pilote en uniforme de l'*US Air Force* était abattu au-dessus de l'URSS ? »

Les progrès de la technologie militaire n'ont pas de limites et au moment où un U2 — tel est le nom de code du nouvel avion-miracle — est abattu en 1960 dans l'espace aérien soviétique et que son pilote, Gary Powers, décline calmement son identité, tournant ainsi le dos au romantisme de la capsule de cyanure qui constituait l'apanage — assez mythologique — de « l'agent secret » durant la Seconde Guerre mondiale[1] , un autre programme américain — celui-là de satellites d'observation dénommé Corona — permettait, malgré des échecs phénoménaux et grâce à des investissements tout aussi colossaux, de survoler Moscou le jour même de l'interception de Gary Powers.

Le rêve de tout spécialiste du renseignement était en train de se réaliser : de jour comme de nuit et quelles que soient les conditions atmosphériques, photographier avec une précision permettant de lire la plaque d'immatriculation d'un véhicule, la moindre présence ou le moindre mouvement sur le territoire de l'adversaire.

1. Lorsque, après cet incident, les Américains sous-traiteront l'emploi des U2 avec leur combien accommodant allié de Formose — Allen Dulles avait évoqué un soir devant moi la possibilité de confier cette mission à la France, mais aucune suite concrète n'avait été donnée à cette idée lancée en l'air devant un verre de whisky, probablement parce que les États-Unis s'étaient rendu compte que le général de Gaulle, à supposer qu'il ait accepté de jouer ce rôle de mercenaire, aurait posé des conditions plus rigoureuses que Taiwan à une collaboration aussi scabreuse —, il semble que les pilotes nationalistes chinois surpris en plein ciel soviétique se soient montrés plus héroïques en faisant exploser leurs appareils. En tout cas, aucun scandale diplomatique majeur ne se produira comme celui qui avait, lors de la découverte de l'U2 de Powers au-dessus de l'URSS, poussé Khrouchtchev à quitter à grand fracas en 1960 le sommet de Paris.

L'U2 puis les satellites d'observation — regroupés désormais dans l'ultrasecrète NRO, *National Reconnaissance Office*, des États-Unis et, bien entendu, aussitôt imités par l'URSS — ramenèrent à leur juste proportion les *bombing* et *missile gaps* qui avaient empoisonné, en l'affolant à tort, la communauté américaine du Renseignement, contribuant ainsi, par la connaissance précise des possibilités de l'adversaire, à renforcer les effets bénéfiques de la dissuasion nucléaire.

« Le Renseignement est une arme de paix », clamaient alors ses zélateurs, avant que les U2 n'établissent sans la moindre contestation possible l'installation de fusées russes à Cuba à quelques centaines de kilomètres de Washington et que les satellites qui leur succéderont ne viennent, avec l'accroissement faramineux de la précision de tir, révolutionner l'art de la guerre, comme nous avons pu le constater durant les interventions américaines au Koweït, en Serbie ou en Irak.

Mais quel que soit le caractère miraculeux de la transformation ainsi apportée dans la collecte de renseignements, cette merveille du *Tech-Int*, appelée « *Im-Int* » par les Américains, s'est révélée impuissante face à la nouvelle menace qui pèse sur le monde : le terrorisme d'individus et de groupes isolés, n'ayant pas recours aux armements massifs et donc visibles d'États tout-puissants.

De même, pendant que la moindre radiation, le moindre changement de température ou le moindre tremblement sont détectés sur le champ, l'obèse et boulimique NSA, mieux dotée en hommes et moyens financiers que la CIA — jadis surnommée à Washington *No such Agency* en raison d'un secret bien écorné de nos jours qui voient dénoncer à tout bout de champ les « Grandes Oreilles » et autres programmes Echelon — se trouve en mesure d'intercepter tout ce qui se dit, se chuchote ou se transmet sur la planète. Là encore, nous sommes à mille lieues des bunkers d'écoutes téléphoniques locales, de l'enregistrement, à partir de centres d'interception dispersés aux quatre coins de la terre, des émissions des radios soviétiques que j'ai connues dans ma lointaine jeunesse ou des premiers ordinateurs géants que j'ai découverts dans les années cinquante au *think tank* de la Rand Corporation et qui m'avaient changé des fichiers poussiéreux et approximatifs que j'avais tripotés au Deuxième Bureau de l'état-major général français.

Indispensable, le *Tech-Int* n'est pourtant pas suffisant malgré ce que pensent trop souvent ses zélateurs séduits par sa prodigieuse efficacité et sa relative facilité. À supposer qu'on parvienne — ce qui n'est pas aisé malgré l'utilisation des ordinateurs — à maîtriser la masse proprement submergeante des informations recueillies, l'on obtiendra des indications plus sur les possibilités d'un adversaire éventuel que sur ses intentions. Et tout change lorsqu'il s'agit d'autre chose que de surveiller les forces armées ou les rampes de lancement d'un autre État-nation. Quel satellite pouvait-il photographier les réunions où Ben Laden décidait du 11 septembre et percer à jour le recours comme bombes volantes à des appareils de ligne ? Tous les satellites ou interceptions de la terre ne peuvent égaler l'efficace Maclean des Cinq de Cambridge signalant que les États-Unis avaient décidé de construire une bombe atomique ni les savants dévoilant aux Russes les modalités ultrasecrètes de la fabrication de celle-ci à Los Alamos.

Seul un agent humain aurait pu indiquer, tout en jetant la lumière sur ses intentions secrètes, que Saddam Hussein ne possédait aucune arme de destruction massive ou que Ben Laden s'apprêtait à détruire, par des appareils commerciaux détournés, les orgueilleuses Twin Towers de Manhattan.

De la dramatique impuissance américaine en matière de « sources humaines »

Qu'en est-il donc, face à cette explosion du *Tech-Int* dans une pragmatique et technologique Amérique, de ce *Hum-Int* — « *Human Intelligence* », c'est-à-dire obtenu grâce à des « sources humaines » — qui a été l'expression et la gloire de l'espionnage moderne, communiste et russe ?

Négligé par les États-Unis après l'effondrement du Saint-Empire communiste, le drame du 11 septembre a changé la donne, mais les actuelles invocations qui, d'après une image jadis employée par le général de Gaulle, consistent à bondir son fauteuil en glapissant, « *Hum-Int ! Hum-Int !* », apparaissent quelque peu inadaptées à la situation nouvelle née de l'émergence du terrorisme international.

Certes les services de renseignement doivent être toujours prêts à tout moment d'exploiter n'importe quelle possibilité — « Aide-toi, le ciel t'aidera » — comme les Russes l'ont fait avec un rare brio face à la crise de conscience des savants atomistes occidentaux. Il n'en reste pas moins que le renseignement humain — qui permet seul d'établir les intentions de l'adversaire tout en pouvant procurer des indications uniques sur ses possibilités : aucun satellite photographiant les déploiements de l'Armée rouge ne pouvait décrire la faiblesse de ses fusées balistiques comme l'a fait le colonel Penkovsky — n'est pas un phénomène universel et continu. Bien au contraire le *Hum-int* n'est qu'une occasion bénie, un don céleste, la « magie du cristal » du poète Pouchkine, qui découle, de temps à autre, du sens de cette Histoire « se faisant » que j'ai toujours essayé de comprendre après qu'elle eut, dans la Russie bolchevique, assassiné toute ma famille paternelle de paysans ukrainiens, les Melnik, tout en jetant à bas la glorieuse lignée des Botkine à laquelle appartenait ma mère.

Et ce sont ces houles majestueuses ou la manière dont certaines personnalités d'exception choisissent, le plus souvent en toute liberté, de surfer sur leurs vagues déchaînées qui m'inspirent, plus que des techniques anonymes, souvent ennuyeuses et limitées, voire scabreuses, des sentiments éperdument amoureux.

Il ne semble pas en aller de même aux tout puissants États-Unis.

Ainsi, *The Literary Spy*, dont nous avons — dû qu'il est à un analyste éminent de la CIA ayant rédigé les discours et interventions publiques de ses directeurs — souligné tout l'exceptionnel intérêt, comporte-t-il des omissions hautement révélatrices. Nourri par la littérature russe particulièrement — voire uniquement — riche en la matière, c'est avec les plus profondes stupéfaction et déception que j'ai constaté un fait sidérant : sur plus de 560 pages publiées par les prestigieuses presses universitaires de Yale et égrenant les plus significatifs jugements, appréciations et souvenirs d'anciens responsables ou experts de la CIA, on ne trouve pas, parmi les 65 entrées de ce volumineux et irremplaçable dictionnaire… ni le mot « agent » ni la moindre référence à son « recrutement » ni à sa possible et subtile « direction ». D'une manière typique pour la bureaucratique usine à gaz qu'est devenue la « Compagnie », le talentueux compilateur rassemble alors — ô mânes de Courteline ! — sous l'entrée « *Recruting* », les différentes formes de recrutement des … ronds de cuir de la CIA.

Allez donc vous étonner que, champions du monde incontestés du renseignement électronique ou par satellites, les Américains ne manifestent pas, tels les Français prisonniers de leur trouble et détestable « manipulation » et à la différence des Russes, des Anglais ou des Israéliens, de disposition particulière pour le renseignement humain. L'étude, le recrutement et la

« direction » d'agents paraissent, en effet, ne correspondre que très imparfaitement à la psychologie primaire des cow-boys arrogants et un peu niais qui ont la chance divine — *God bless America !* — de bénéficier d'espaces immenses, éloignés des condamnables et incompréhensibles turpitudes du reste de l'humanité.

Une nuance cependant.

Je ne dis pas que la CIA ne dispose — ou ne disposait — pas d'agents bien que ce fascinant mais délicat problème reste une *terra incognita* dans la mesure où, couvert par le plus opaque des secrets opérationnels, il ne fait l'objet d'aucune « déclassification » d'archives afin de ne pas nuire à la sécurité ou à la réputation des personnes ayant accepté de collaborer avec « l'Agence ». Je constate simplement que jusqu'au début de la décomposition de l'ordre communiste où les *rezidents* américains à Moscou circulaient, comme ils me l'ont raconté, toutes vitres baissées dans leurs voitures afin de mieux recueillir les propositions russes de coopération, la « Compagnie » n'a, de sa propre initiative, recruté *aucun* agent important au sein du Saint-Empire marxiste. De même, je ne connais pas d'exemples de recrutements dans les pays hostiles à la *pax americana* — disons : l'Iran, l'Irak, la Libye, etc. — aussi brillants que ceux pratiqués par l'espionnage communiste en Occident.

Si les *opers* de la CIA ne pouvaient pas ne pas recruter d'agents, il me semble qu'il s'agit plutôt, non comme chez les Russes d'opposants à un régime qui, cachant leur hostilité à un ordre haï, choisissaient de renseigner, pour mieux le combattre, les services secrets adverses, mais de ce qu'on pourrait appeler des « sous-agents » : émigrés coupés de leur pays dans le cas d'États aussi hostiles que l'Iran et l'Irak ou sympathisants presque ouverts de la « République impériale » au sein de contrées déjà amies. Une telle *agentura* politique, voire strictement mondaine, était alors soit peu porteuse de renseignements sérieux — l'Irak ! — soit superfétatoire par rapport aux informations qu'on pouvait obtenir plus facilement par les canaux de la diplomatie officielle ou des relations ouvertes.

Pis, dans les pays « semi-hostiles » comme ceux de l'Amérique latine ou du sud de la péninsule indochinoise, la CIA déployait plutôt la tendance — très discutable — de recruter en priorité des politiciens — de Gaulle disait : « politichiens » — plus ou moins mafieux ou des généraux putschistes qui se flattaient, avec l'aide de la Centrale américaine, d'instaurer — souvent par la force — un ordre favorable aux États-Unis. D'une manière typique, notre cher *Literary Spy* se lamente, sans parler, on l'a vu, de « recrutement », que l'ordre du monde oblige — déception pour l'Empire du Bien ! — de travailler avec des « *unsavoury characters* », dont le Congrès américain sera, d'ailleurs, amené de refuser le recrutement dans le cas où ils seraient trop souillés de crimes de guerre ou de droit commun. Qu'importe ! Le compilateur de « l'Agence » réserve — en 2005 ! — une pleine entrée à ce recours obligé à des personnages qu'on ne peut, comme M. Sarkozy, définir que comme de la « racaille »...

Nous touchons là le problème de fond de l'espionnage et de la civilisation américaine que nous avons déjà rencontré lors de notre exploration du désir des services secrets du Nouveau Continent de transformer le monde. Faute de forces politiques défendant l'ordre libéral — dont l'idéologie était, surtout dans le tiers-monde, moins puissante et attractive que l'idéologie communiste ou, de nos jours en Amérique latine, l'aspiration à la justice sociale et à l'indépendance par rapport aux hégémoniques États-Unis —, les sympathisants de la « République impériale » ne surgissaient pas spontanément dans les pays éprouvant le sentiment d'être abusivement colonisés. À la différence de ce qui s'était passé en Europe occidentale au moment de la menace d'expansion stalinienne, l'absence d'acteurs spontanément et naturellement pro-américains oblige alors la Centrale des États-Unis, *ultima ratio*, à les chercher dans les bas-fonds de la société et à les soutenir artificiellement. Une fois de plus, les services secrets américains se détournent ainsi de la stricte collecte de renseignements utiles à la « connaissance objective » de l'univers.

En dépit des moyens colossaux, financiers et humains qu'ils déploient et du tapage qu'ils font, les Américains sont-ils, donc, doués pour le Renseignement ?

Je n'en suis pas entièrement convaincu malgré l'indubitable et assez impressionnante — malheureusement plus académique qu'instinctive — culture qu'ils ont, à la différence de la France, tissée en la matière. La sidérale puissance passée de la CIA ou, actuellement, de la « Communauté du Renseignement » n'apparaît pas, en effet, comme une tendance sociétale mais comme une réaction — très politisée et bureaucratisée — à une menace souvent surestimée pour des raisons psychologiques ou politiques. Renfermés sur leurs arrogantes certitudes, pénalisés par la prodigieuse incapacité de l'*homo americanus* d'attribuer à autrui d'autres désirs, motivations ou psychologies que les siens propres, les États-Unis manifestent la désastreuse tendance de se laisser emporter par l'esprit de croisade qui les envahit par à-coups. La « République impériale » ne fait que rarement preuve alors de la compréhension intuitive de ce qui devrait, comme le prouvent *a contrario* la faillite de sa CIA dans le tiers-monde ou son incapacité à prévoir les sanglantes offensives d'Al-Qaida, constituer l'essence de l'espionnage dans le monde moderne.

Une divine surprise pour la CIA : un espion russe égal à Sorge

« Comment ! protestera le lecteur. Vous proclamez haut et fort que les naïfs, peu doués pour les langues étrangères — une blague classique à Washington : "Par quel moyen repérer le représentant de la CIA dans une ambassade ? — C'est le type qui ne parle pas la langue du pays." —, incapables de profondes amitiés malgré leur bruyante et superficielle hospitalité, les arrogants Américains ne savent pas recruter de véritables agents.

« Mais, d'un autre côté, lorsqu'il vous a fallu présenter, après l'*oper* professionnel, un agent russe typique de "l'Agence", vous nous avez suffisamment bassinés avec votre Penkovsky, l'officier des services de renseignement de l'Armée rouge qui a, via la "Compagnie", mis en garde le président Kennedy contre les pulsions aventuristes de son *alter ego* Khrouchtchev tout en attirant son attention sur les faiblesses des missiles russes qui ne leur permettaient pas de livrer une guerre atomique à grande échelle. *L'espion qui a sauvé le monde* titre même, avec quelle grandiloquence !, un gros ouvrage publié aux États-Unis par l'un de ses compatriotes, passé lui à l'Ouest à partir du KGB, Peter Deriabine[1]. »

Or il y a, au sein des « grands agents » russes de la CIA, mieux encore que Penkovsky qui, après le premier important retournement effectué à Vienne en 1953 sur la personne du major du GRU, Piotr Popov, n'aura, au début des années soixante, tenu à Moscou que dix-huit malheureux mois.

Dmitri Poliakov !

1. Jerrold L. Scheeter et Peter F. Deriabin, *The Spy who saved the world. How a soviet Colonel changed the course of the Cold War*, New York, Charles Scribner and sons, 1992.

Autant Georges Pâques, bien qu'informateur hors pair, était étranger au monde du renseignement et à ses subtiles mais tortueuses pratiques « conspiratives », autant Penkovsky, officier sédentaire du GRU, n'était qu'un amateur éclairé s'en remettant exclusivement aux techniciens de la CIA ou de l'Intelligence Service pour assurer sa sécurité — le pauvre le paiera de sa vie —, autant le troisième « p », le général-major des services de renseignement de l'Armée rouge, Dmitri Poliakov, était, lui, un « professionnel » avisé. Et c'est cette qualité qui explique que cet « espion » hors du commun soit parvenu, prouesse proprement extraordinaire dans la policière et totalitaire Union soviétique, à jouer, bien que pratiquement ignoré de l'Occident, son rôle de « taupe » dans le saint des saints des services secrets militaires russes durant la sidérante durée de vingt-cinq ans. Seule la « trahison » imprévisible du haut dignitaire de la CIA, Aldrich Ames, viendra abattre le grandiose chêne, une fois d'ailleurs que le général-major au-dessus de tout soupçon et parvenu au sommet de la hiérarchie russe eut pris une retraite bien méritée sans cesser pour autant de rester un informateur exceptionnel de la CIA.

Rezident « légal » du GRU à New York, Dmitri Poliakov est, en 1962, à quarante-deux ans, dans la force de l'âge et en pleine maîtrise de son métier d'*oper*, lorsqu'il décide de livrer aux policiers du FBI, qui ont eu l'intelligence d'établir un contact avec lui, tous les secrets du mystérieux et hautement efficace service de renseignement de l'Armée rouge dont il est l'une des vedettes. Revenu au Centre du GRU à Moscou — et passant donc entre les mains de la CIA, les Américains ne commettant pas la folie que feront les Français dans l'affaire Farewell de permettre au contre-espionnage intérieur de travailler à l'étranger —, puis nommé pour un long temps chef de l'importante *rezidentura* à New Delhi, Poliakov fixera donc lui-même les règles du jeu. Prudent comme un serpent, il ne s'en remettra qu'à ses propres talents et connaissances en matière de *konspiratzia* pour assurer sa sécurité, organiser ses liaisons clandestines avec ceux qu'on ne pourrait, selon l'habituelle littérature populaire sur l'espionnage, appeler ses « nouveaux maîtres ».

Or c'est cette science des techniques du secret, apprise dans les combien compétents services russes, qui explique son étonnante longévité. Poliakov refusait ainsi toute « rencontre conspirative » à Moscou même. Un soir, lors d'une réception à l'ambassade américaine où il était convié en raison de son haut rang dans l'Armée rouge, un rigolo de la CIA lui glissa dans la poche un « questionnaire » énumérant les renseignements intéressant les États-Unis. Poliakov se dirigea aussitôt vers les toilettes et livra à la chasse d'eau le compromettant papier qu'il déchira sans même se donner la peine de le lire. Le rusé général n'acceptait, dans une capitale dont il savait à quel point elle était surveillée par la police que la pratique des « boîtes aux lettres mortes » qu'il prenait le soin de choisir en personne. Ce n'est que plus tard, lorsque la technologie aura fait un bond spectaculaire en avant, que Poliakov utilisera la mallette-radio que la CIA aura spécialement fabriquée à son intention et qui lui permettait, passant en tramway le long de l'ambassade américaine, de transmettre, en appuyant discrètement sur la fermeture de son inoffensif attaché-case, une marée de renseignements en moins de trois secondes.

En ce qui concerne les « rencontres conspiratives » établissant le planning et les modalités du remplissage et du relevé des boîtes aux lettres mortes à Moscou plus que la liste des renseignements à obtenir dont, en homme d'expérience, Poliakov connaissait mieux la teneur que ceux qu'on ne peut, non plus, appeler ses « traitants », le général-major ne les acceptait et ne les organisait qu'au cours de ses déplacements et séjours à l'étranger. New Delhi était son terrain conspiratif de prédilection car la surveillance de la police locale y était aussi relâchée qu'à Paris et que, *rezident* en titre du GRU, il n'ignorait rien des mesures de sécurité prises par l'ambassade du Saint-Empire.

Le flot de renseignements transmis aux États-Unis est à la mesure de ce luxe de précautions, permettant de comparer Poliakov au grand Kim Philby, voire à l'immense Richard Zorgué, même s'il reste inconnu du grand public car les Américains et leurs puissants médias n'ont aucun intérêt politique à faire savoir qu'ils utilisaient une source de cette importance jusqu'en 1987, donc en pleine perestroïka d'un Gorbatchev adepte et artisan de la détente internationale. Deux pièces entières étaient réservées à l'état-major de Langley pour suivre et classer la « production » de ce « grand agent » type qui, comme nous l'avons déjà vu, dévoilera, entre autres merveilles, à l'Amérique trois mille cinq cents officiers de son service, cinquante « agents » américains, coopérant avec lui sur le territoire des États-Unis et cinq « illégaux » du GRU, dont l'un, une femme héroïne de la guerre civile espagnole, se jettera par la fenêtre d'un hôtel de Chicago pour ne pas tomber entre les mains du contre-espionnage du FBI. Même parti à la retraite, Poliakov poursuivra son efficace travail de sape. Membre éminent du Parti communiste, il continuait à ce titre à suivre l'affectation des « cadres » et, par ses anciens subordonnés parvenus à des postes de direction, savait tout ce qui se passait au sein du service de renseignement militaire du Saint-Empire.

En un quart de siècle, le général-major renseignera parfaitement les États-Unis sur la force réelle de l'Armée rouge dont il connaissait mieux que quiconque l'état de décomposition, sur les faiblesses de son armement nucléaire et conventionnel dont il n'ignorait rien par les demandes de renseignements technologiques qui étaient adressées à son service ou sur les relations tendues entre le Saint-Empire et son fils ennemi de Pékin. À la fin de sa brillantissime carrière, Poliakov n'était, en effet, rien d'autre que le chef du département chinois du tout-puissant GRU. Les experts russes — qui sont plus désireux que les Américains de porter son activité sur la place publique mais n'y parviennent que fort mal malgré l'ouverture de son dossier et ce que l'on prétend concernant l'emprise des services secrets sur les médias de la Russie moderne — estiment que c'est la richesse de ces informations qui a permis à Nixon et Kissinger de jouer avec un tel brio la carte chinoise. Puis cette véritablement miraculeuse manne céleste aurait renforcé Ronald Reagan dans la conviction — sans diminuer pour autant, ô messianisme américain !, le sentiment de menace que « l'Empire du Mal » faisait peser sur les innocents et malheureux États-Unis — que la course aux armements de haute technologie, dite « la guerre des étoiles », placerait la déliquescente Armée rouge devant un défi qu'elle ne serait pas en mesure de relever.

Quelles étaient les motivations de cet homme d'exception ? Héroïque officier d'artillerie sur le front durant la « Grande Guerre patriotique », marié à une infirmière militaire pendant les combats contre les nazis, mari aimant et père de famille attentif — son fils, officier du GRU comme son père, se suicidera lors de son arrestation en 1987 — compétent et exigeant dans son travail d'*oper* dont il glorifiait les servitudes et les grandeurs, Dmitri Poliakov présentait toutes les apparences de l'« homme soviétique » modèle. L'argent ne l'intéressait pas plus qu'il n'intéressait Penkovsky et, durant ses vingt-cinq années de collaboration avec les Américains, il n'acceptera que des cadeaux symboliques : des outils d'un jardinage dont il raffolait et un fusil ancien pour sa collection d'armes antiques. La mort en bas âge de son fils aîné qui décéda lorsqu'il était en poste à New York après que le Centre de Moscou eut refusé de dégager les crédits nécessaires pour le faire soigner par les meilleurs spécialistes américains n'aurait, d'après les aveux qu'il passa durant deux années d'interrogatoire, joué aucun rôle, alors qu'il confiera aux juges et aux policiers qu'il avait souvent éprouvé, tout au long de son interminable trajet de l'autre côté du miroir, un taraudant regret d'avoir, un beau jour de 1962, choisi les « ennemis de la Russie ».

Faut-il donc le croire lorsqu'il affirmera pendant son procès qu'il était révolté — paradoxe insondable de l'âme humaine — par la décomposition, après la mort de Staline, du système communiste auquel il s'était tellement dévoué durant son enthousiaste jeunesse ? Le stalinisme pur et dur débouchant sur la défense de la démocratie... On doit plutôt penser que c'est son tempérament entier et exigeant qui fera ne pas accepter par cet *oper* de haut vol les grandes insuffisances et les petites lâchetés bureaucratiques — le Renseignement au jour le jour n'est pas fait que d'exploits à la Richard Zorgué ou à la Kim Philby, sans même parler de l'imbécile James Bond — pour se dévouer corps et âme à un système démocratique et à une « Centrale » étrangère qu'il rêvait et idéalisait pour ne pas les connaître de l'intérieur ?

Les anciens du KGB qui se penchent aujourd'hui sur sa mystérieuse et, quelque part incompréhensible « trahison » ou qui l'ont jadis fréquenté — sans, d'ailleurs, jamais parvenir à capter l'amitié d'un homme particulièrement fermé et intéressé uniquement par son métier — expriment un regret unanime : au bout de deux ans d'interrogatoires poussés mais n'apportant aucune réponse définitive, Dmitri Poliakov a été fusillé, emportant dans la tombe son fascinant secret.

Qu'un dernier hommage, quelles qu'aient été les raisons de son choix, lui soit ici rendu[1].

1. Un autre mystère plane autour de Poliakov. Les anciens du FBI affirment qu'au début de leur collaboration avec eux, ils le considéraient plutôt comme un provocateur tant les renseignements qu'il leur livrait sur son service, ses *opers* et ses agents étaient déjà connus des chasseurs d'espions américains.
Or les documents circulant à Moscou sur son affaire — et confirmés par l'arrestation et l'exécution du général-major dont il est impossible de penser qu'elles aient été mises en scène — insistent sur l'importance de sa « trahison ». « Faux agent » au départ, implanté par le KGB au sein du FBI pour découvrir les connaissances et les intentions du contre-espionnage américain — opération que les Russes n'ont pas intérêt à dévoiler —, Poliakov se serait-il progressivement pris au jeu au point de devenir l'un des espions les plus marquants de son temps ? Ou les chasseurs d'espions américains continuent-ils à faire preuve de la haine ignorante de l'adversaire qui constitue, l'avons-nous vu, l'apanage de la profession ?

UN FLOT DE TRANSFUGES VENANT DU FROID

« Et comment, poursuivra le lecteur indigné, conciliez-vous, dans la vie, il faut savoir choisir, votre scepticisme à l'égard des recrutements américains d'agents avec la marée de transfuges qui, « venant du froid », nourriront la CIA d'indications absolument irremplaçables sur la proliférante *agentura* entretenue en Occident par le Saint-Empire communiste ? »

Tel l'anonyme Igor Gouzenko. Architecte de formation, devenu pendant la Seconde Guerre mondiale modeste chiffreur à l'ambassade russe à Ottawa, ce jeune Soviétique est séduit par le mode de vie occidental au point de demander en 1945, muni d'une brassée de messages secrets russes, l'asile politique au Canada. Les grands hommes ne sont pas les seuls à modeler l'Histoire et de minuscules grains de sable peuvent venir gripper la machine la mieux huilée.

Bien que sa « défection » — il n'existe pas de substantif français pour le fait de se transformer en transfuge — soit ponctuée par d'invraisemblables difficultés dues au scepticisme angélique de la police canadienne, Igor Gouzenko parvient néanmoins à obtenir un refuge à Ottawa grâce à des circonstances proprement miraculeuses et au discernement de quelques Canadiens plus lucides que la majorité de leurs compatriotes. À la différence de Walter Krivitsky, le capitaine des services de renseignement de l'Armée rouge qui, horrifié et effrayé pour sa sécurité personnelle par les grandes purges de 1937, était « passé à l'Ouest » pour se heurter à l'indifférence ignare des polices et services occidentaux, Igor Gouzenko sera, lui, pour la première fois depuis la naissance — encore tâtonnante dans son cas — de l'espionnage moderne en Occident, écouté et entendu.

Grâce au petit chiffreur fasciné par le « monde libre », l'Amérique révulsée découvrira alors que la croisade commune contre les nazis n'empêchait pas l'Union soviétique de rassembler d'une manière proprement boulimique ses secrets les plus vitaux. En dépit de son faible rang dans le Grand Jeu, Gouzenko aura donc eu une importance historique majeure. Tout en permettant à l'Ouest de prendre la mesure de l'effort titanesque de renseignement accompli par le Saint-Empire communiste et de toucher

De toute façon, j'ai souligné à satiété que malgré le passage du temps et l'entrebâillement des archives, l'espionnage reste le plus souvent une *terra incognita*.

du doigt que l'hémorragie qui en découlait portait, avec le savant Alan Nunn-May, sur le saint des saints de la bombe atomique, le petit employé de l'ambassade d'Ottawa sera le premier des transfuges qui tapisseront l'affrontement entre l'Est et l'Ouest.

En attendant la prodigieuse opération américaine de décryptement Venona de tous les messages secrets russes émis à partir des États-Unis, interceptés et stockés durant la guerre malgré leur totale obscurité et qui, confirmant et amplifiant les révélations du modeste Gouzenko, permettra, elle, le dévoilement tant de Klaus Fuchs que trois des Cinq de Cambridge, le petit architecte impressionné par les supermarchés — « le communisme à visage humain », dira le dissident Zinoviev — débutera ainsi sinon la « guerre froide » du moins le bras de fer opposant désormais ces monstres de l'espionnage moderne que deviendront la CIA et le KGB.

Après cette hirondelle annonçant le printemps, ce sera, en effet, quinze ans plus tard — le surgissement de transfuges et d'agents russes semble se développer selon un cycle approchant les deux décennies — un véritable flot de transfuges provenant du KGB — Deriabine à partir de Vienne, Petrov de l'Australie, le Polonais Goliniewsky ou le major russe Golytsine au début des années soixante — qui, dans un mouvement de « passage à l'Ouest » rappelant, en sens inverse, le « miracle des années trente », viendra assouvir l'appétit des chasseurs d'espions de la CIA[1].

Ainsi, ayant minutieusement préparé sa défection durant deux longues années, l'analyste de l'OTAN au sein du KGB, le major Golytsine, permettra, par exemple, à lui tout seul et bien qu'il ne connaissait pas l'identité réelle des « sources » mais seulement leur « production », de dévoiler quatre-vingts agents de la « toile d'araignée rouge » qui sera, désormais, irrémédiablement trouée.

1. Gouzenko en 1945, Penkovsky, Goliniewsky et Golytsine en 1960, « Farewell » en 1980... Après l'effondrement du communisme viendra en 1992 — le cycle se raccourcit — le tour de l'archiviste Mitrokhine, repoussé il est vrai par les Américains ne s'intéressant — à grand tort — qu'à des personnages plus haut placés mais récupéré *in extremis* par leurs alliés britanniques. On peut cependant regretter que les notes sur les archives que Mitrokhine classait et déménageait n'aient été prises que rapidement et superficiellement, à l'aide d'une intelligence visiblement limitée.

« Traîtres » et transfuges : un phénomène russe

« Il y a pourtant “comme un problème”, répondrai-je en citant le charmant humoriste Fernand Raynaud à mon lecteur impressionné par le surgissement d'agents russes hors du commun et un flot de transfuges venant du froid. »

Certes le laisser-aller sceptique qui avait, face aux transfuges de la Grande Terreur, habité l'Occident avant sa découverte de l'espionnage moderne sous le choc des États-nations durant la Seconde Guerre mondiale ou au cours des risibles hésitations marquant l'accueil de Gouzenko appartient désormais au passé. C'est avec le plus grand professionnalisme que la nouvelle CIA traitera les hommes éclairant soudain, d'une manière proprement miraculeuse, une réalité plongée jusque-là dans l'obscurité la plus opaque.

Il n'en reste pas moins une conclusion fondamentale que la tendance à la mégalomanie des services secrets ne permet pas généralement de tirer : ce n'est pas la CIA — la constatation est, dans une certaine mesure, moins juste en ce qui concerne l'approche de Poliakov par le FBI — qui est venue chercher Penkovsky dans le domaine des agents ou Golytsine dans le secteur des transfuges, pour ne parler que des stars les plus importantes de ces deux catégories de « traîtres ». C'est, bien au contraire, Penkovsky ou Golytsine qui se sont, spontanément et volontairement, présentés aux Américains ou aux Anglais, rencontrant d'ailleurs souvent, comme Penkovsky, de pénibles difficultés pour faire admettre leur bonne foi. *Initiativniks*, disent, nous l'avons vu, les Russes, *walk-ins* les Anglo-Saxons.

Telle l'expansion de la « toile d'araignée rouge » durant le « miracle des années trente », la marée d'agents ou de transfuges russes — essentiellement à la fin des années cinquante et, surtout, aux débuts, combien rudes, des années soixante — obéit à des conditions et circonstances propres au développement de l'ordre communiste à l'intérieur du Saint-Empire marxiste. Après le flux des transfuges dû aux bouleversements de la Grande Terreur — Reiss, Krivitsky, Orlov —, aucun agent ou transfuge d'importance ne s'est manifesté au cours de l'apogée du règne de Staline après sa victoire sur le nazisme[1]. La foi dans le Guide était si profonde que seules des exceptions

1. Durant les mésaventures de l'Armée rouge sous le choc des Panzers de Hitler, la plus importante défection sera celle du commandant de la IIe Armée soviétique, le général Vlassov. Mais si Vlassov entraînera dans son sillage nombre d'officiers ou de peuplades désabusées

individuelles — tels le jeune Gouzenko séduit par le mode de vie occidental ou, dans le domaine non de l'espionnage mais de la politique médiatisée, le célèbre et, d'ailleurs, assez douteux Kravtchenko — pouvaient venir battre en brèche l'immense croyance religieuse dans la beauté de « l'avenir radieux » et le génie incommensurable du « petit père des peuples ».

Une nouvelle époque ne naît qu'après la mort de Staline, et les interrogatoires de Poliakov par le KGB indiquent que ce sont les zigzags ressentis comme lamentables et exprimant une insondable faiblesse d'un Khrouchtchev dénonçant d'une manière obsessionnelle et maladive les crimes d'un Guide — crimes auxquels il avait largement participé — ou, plus tard, la profonde médiocrité d'un Brejnev et des gérontes d'un Parti incapable de se réformer qui entraîneront les premiers craquements d'une banquise qui, jusque-là, paraissait éternelle et inébranlable.

« Le poisson pourrit par la tête », dit un proverbe chinois et c'est le pourrissement de l'élite des « organes » russes qui, le premier et avec un sérieux temps d'avance, annonce l'effondrement final du Système, sans que la CIA ne fasse rien d'autre que de recueillir avec, répétons-le, une parfaite compétence, les fruits mûrs tombant d'un arbre en train de mourir sur pied. Le phénomène des « traîtres », agents ou transfuges reniant le communisme ne relève donc en rien d'initiatives inventives de « l'Agence » américaine, même si le mythe de sa toute-puissance — fondé lors de la grande marée d'agents et de transfuges de la fin des années cinquante et du début des années soixante — jouera un rôle certain pour attirer vers l'hydre médiatisée des personnes désirant passer de l'autre côté du miroir. Ce flux d'hommes « venant du froid » exprime plutôt l'attitude du peuple russe face à sa bouffée de foi — de folie ? — consécutive à l'implantation sur ses immenses terres de la nouvelle religion marxiste, parvenue à ses sommets sous le charismatique Staline mais se délitant progressivement dans des rites et modes de pensée purement formels.

Après une glaciation sans pareille du Système viendra, en effet, le temps du « dégel » et c'est celui-ci qui explique seul le surgissement imprévu et miraculeux de « grands agents » et de transfuges russes que la CIA, malgré

par le communisme, je ne connais pas d'exemple significatif, à cette époque, de défection de membres de services secrets russes qui, bien au contraire, ont fait preuve, on l'a vu, d'un dévouement et d'une efficacité louables pendant la guerre contre les nazis. Les services secrets sont le reflet de la solidité d'une société.

sa toute-puissance et un professionnalisme qu'on aurait, d'ailleurs, voulu plus parfait[1], se contentera de manier avec plus ou moins de bonheur.

La houle de l'histoire deviendra si puissante au début des années quatre-vingt — deux décennies après Penkovsky, Poliakov, Golytsine et cinq ans avant la révolution tranquille mais ratée de Gorbatchev — que même la petite France, jusque là dramatiquement absente de ces jeux[2] — bénéficiera de la nouvelle manne sans que, là encore, la compétence de ses services secrets n'influe en rien, malgré leurs glapissements autosatisfaits, sur des événements qui les dépassaient.

J'ai en vue la très célèbre affaire « Farewell ».

---

1. Si le général-major Poliakov parvient à tenir un quart de siècle, notamment en raison de sa méfiance d'*oper* russe de haut vol à l'égard du savoir-faire clandestin de ses correspondants de la CIA, le malheureux Penkovsky sera, lui, démasqué au bout de dix-huit mois alors que le transfuge Golytsine, après avoir fourni des indications aussi précieuses que précises sur la « toile d'araignée rouge », sombrera, pressé comme un citron par les chasseurs d'espions américains, dans la mégalomanie la plus totale. Obnubilé par les méfaits de « l'Ogre satanique », l'ancien major du KGB n'ira-t-il pas jusqu'à affirmer que les mauvaises relations entre la Russie et la Chine n'étaient qu'une désinformation entièrement fabriquée par l'organisme auquel il avait appartenu ?
   L'affaire du transfuge venu, dans ces mêmes années soixante, du contre-espionnage intérieur du KGB, Youri Nossenko, sera encore plus pénible et douloureuse pour la Centrale américaine. Après l'avoir soupçonné durant trois ans — et isolé en conséquence d'une manière inadmissible — d'être un « faux transfuge » destiné à l'induire en erreur, la CIA le réhabilitera en grande pompe après l'épuration sous Carter des *cold warriors*. S'il s'avérait, au contraire, comme continue à le penser Pete Bagley, responsable de cette opération (Tennant H. Bagley, *Spy wars, op. cit.*) qu'il s'agissait en fait d'un criminel de droit commun installé en catastrophe par le KGB afin de convaincre les États-Unis de l'innocence de Moscou dans le crime de Dallas, cet épisode de la guerre secrète entre le KGB et la CIA serait d'autant plus savoureux. Une fois de plus, seuls des historiens ayant accès à la totalité des archives russes pourraient établir la vérité. Les documents utilisés du côté russe par Neperitchenko (*Pouli dlia... op. cit.*) pour démentir Bagley ont pu, en effet, avoir été fabriqués afin de camoufler l'opération soviétique.
2. Le maniement des transfuges est réservé aux seuls grands. Les services secrets français ne peuvent ainsi s'enorgueillir d'avoir organisé une défection, même au sein de leur « pré-carré » en Afrique, et lorsqu'un capitaine polonais, Mroz, leur demandera leur protection vers la fin des années cinquante, il connaîtra un sort tragique. Logé dans une HLM de la banlieue parisienne — privée de tout soutien politique ou de fonds secrets appropriés, la DST n'avait pas d'autre possibilité pour assurer sa sécurité —, il y sera retrouvé en 1959 une balle dans la tête, livré soit par un agent du KGB au sein du contre-espionnage défensif français soit repéré, hypothèse plus probable, par un réseau du parti communiste opérant au sein des banlieues « rouges ».

Rarement opération aura fait l'objet d'appréciations aussi divergentes. Pour la DST française qui l'a traitée et pour l'opinion publique hexagonale qu'elle a informée moyennant de savantes fuites dans les journaux et des confidences à des « écrivants » proches de la « Maison », il s'agirait de l'un des épisodes les plus importants de l'histoire de l'espionnage moderne. Et il est de fait que le Russe « Farewell » a été le seul « grand agent » qui ait, à partir d'un KGB plus imperméable que son homologue militaire du GRU, livré à l'Occident tous les secrets qu'il détenait sur le fonctionnement et les opérations de la section scientifique et technologique des services de renseignement extérieur russes à laquelle il appartenait.

Les anciens du KGB nourrissent une approche totalement différente. L'affaire qu'ils appellent Vetrov, du vrai nom de Farewell — nom de code typique inventé par une DST toute surprise et émue de voir un si gros poisson se jeter de lui-même dans des filets qu'elle n'avait même pas tendus — n'aurait apporté à l'Occident aucun renseignement d'une véritable importance stratégique, tels ceux fournis par Poliakov ou Penkovsky. Professionnels du Grand Jeu, les *opers* russes ont, en général, l'avons-nous souligné, une approche moins émotive à l'égard des agents étrangers implantés en leur sein — ou des transfuges ayant fui leur pays — qu'ils ont plutôt tendance à considérer comme une catastrophe naturelle, propre à tout organisme d'espionnage.

Loin de s'extasier sur le caractère exceptionnel de Farewell, les Russes insistent plutôt sur le caractère hautement romanesque[1] de l'aventure individuelle d'un personnage peu compétent en matière de Grand Jeu, humilié par les postes subalternes et purement bureaucratiques qui lui étaient attribués et déséquilibré au point, voulant un jour assassiner sa maîtresse, de tuer sur un parking désert le vigile qui s'approchait de la voiture où se déroulait la tentative de meurtre — cet épisode de mauvaise série B hollywoodienne apportant un terme brutal à la collaboration de Vetrov avec les services secrets français.

1. On lira avec intérêt le reportage passionnant du journaliste russe Serge Kostine, *Bonjour Farewell*, Robert Laffont, Paris, 1997, fondé sur l'interview d'anciens *opers* du contre-espionnage soviétique ayant eu à connaître cette extravagante affaire. Bien entendu, ce remarquable ouvrage — un vrai roman ! — n'a pas connu l'immense succès qu'a rencontré la version auto-satisfaite mais pourtant bien plus sèche, que la DST a confiée à Thierry Wolton, *Le KGB en France*, Grasset, 1986.

« Soyons sérieux, me lancera, agacé, un ancien du KGB quand, influencé par mes amis de la DST, je lui chanterai les louanges de l'opération, toute cette affaire a été *abominablement salopée.* »

Lorsque la DST, chargée du contre-espionnage intérieur de la France est, au début des années quatre-vingt, saisie des propositions spontanées — et intéressées — d'un Vetrov, impressionné sans doute par l'image d'efficacité tous azimuts qu'elle sait si bien installer autour d'elle, elle n'a — ce n'est pas sa mission que de rechercher des informations à l'étranger — aucun représentant à Moscou. Elle ne désire faire appel ni à ses « cousins » du Renseignement extérieur dont ç'aurait pourtant été le travail mais qui, il est vrai, ne disposent que de moyens ridiculement insuffisants dans la capitale russe ni à la CIA, service étranger donc concurrent, soumis à une surveillance constante des chasseurs d'espions du KGB. Les premiers renseignements de Farewell parviendront donc à Paris par l'intermédiaire d'un homme d'affaires français qui les photocopiera en toute simplicité dans ses bureaux à Moscou avant que la relève ne soit assurée par un employé anonyme — ignorant tout des subtilités du renseignement — de l'ambassade de France, « prêté » à la DST par le chef d'état-major des Armées en personne.

En contact avec de simples courriers, Vetrov ne fera, en conséquence, l'objet d'aucune de ces études psychologiques approfondies qu'affectionnent les Russes — *razrabotka* — et qui guident leurs recrutements et leurs « directions » d'agents. De même aucun effort ne sera accompli pour l'aider, en pleine connaissance de sa personnalité, à affronter cette épreuve torturante que constitue, dans la plus totale solitude, le travail contre son propre pays et son propre service : trier les documents, les sortir, voire les photographier, établir des « rencontres conspiratives » et des liaisons clandestines dans une ville quadrillée par une police totalitaire tout en se demandant à chaque instant si on a fait le bon choix et comment pourra bien finir une aventure qui n'a rien à voir avec une promenade dominicale au Bois. Et Dieu sait si le pauvre Vetrov qui n'était ni un professionnel expérimenté comme le général Poliakov ni un modèle d'équilibre aurait eu besoin d'un soutien moral, psychologique et technique, bien qu'on puisse légitimement se demander si des mesures aussi élémentaires auraient été suffisantes pour guider, encadrer, réconforter — « diriger », comme disent les Russes — une individualité tellement désaxée qu'elle sombrera dans le crime de droit commun !

« Nous avons gagné, se pavanent les policiers de la DST, car, face à la puissante machine policière soviétique, nous avons utilisé — ce que n'aurait jamais fait ni la CIA ni l'Intelligence Service — des méthodes si peu conventionnelles qu'elles ont dérouté le contre-espionnage adverse. »

L'argument ne manque pas de justesse. À la différence de l'opération Penkovsky qui, dans un scandale international, a vu tomber avec le colonel du GRU son agent de liaison britannique, l'homme d'affaire londonien Greville Wynne, aucune perte humaine, aucun remous diplomatique — bien au contraire, la France pourra, brandissant les documents fournis par Farewell, procéder à une expulsion massive de « diplomates » soviétiques — ne sont à déplorer. La réalité reste pourtant cruelle : en fin de compte, l'infortuné Vetrov — le devoir d'un service est de protéger au maximum ses agents en prévoyant notamment, ce qui n'a pas été le cas pour Farewell, leur exfiltration en cas de danger — a été perdu corps et bien au bout d'une malheureuse petite année. Sa chute, due en partie à son isolement, n'est pas, en effet, à porter au crédit du savoir faire du contre-espionnage soviétique : devant les Bibi Fricotin ayant traité l'affaire Farewell à Moscou, le contre-espionnage intérieur du KGB et les services de sécurité du Renseignement extérieur ont été totalement désarmés tant ils ne pouvaient imaginer une seconde que les services secrets français, incompétents et squelettiques à Moscou, étaient capables de s'attaquer à un si gros gibier.

Un mystère cependant demeure. Arrêté pour meurtre — « Nous avons perdu tout contact avec lui, nous ne savons pas ce qu'il est devenu », se lamentaient alors mes amis de la DST —, comment Vetrov a-t-il été finalement jugé et fusillé pour espionnage ? Quel papier a-t-il traîné imprudemment sur quel bureau de Paris ou d'un Washington tout de suite saisi au plus haut niveau par une DST au faîte de sa fierté ? Quelle confidence vaniteuse à quel journaliste a-t-elle exercé ses terrifiants effets ? Quel agent russe au sein des services secrets occidentaux a-t-il enfin découvert l'ultra-secret pot aux roses ?

Les voies du Grand Jeu, nous l'avons souligné, sont impénétrables, mais il est difficile néanmoins, pour un véritable amateur de l'espionnage pratiqué comme l'un des beaux arts, de tomber follement amoureux de « Farewell ».

UN PATHÉTIQUE CHANT DU CYGNE

Au cours du dernier quart du sanglant et tourmenté XXe siècle, la décomposition — encore invisible pour le profane — du Saint-Empire communiste était parvenue à un tel degré que la CIA, qui avait alors pourtant perdu beaucoup de sa superbe, se trouvera enfin à même de procéder, à partir des années soixante-dix, à des recrutements massifs d'agents russes à Moscou ou, plus facilement encore, au sein des *rezidentura* des services soviétiques à l'étranger. Hélas. Faute de documents américains, il est impossible de déterminer la proportion d'*initiativniks* désireux, en jetant souvent leurs offres d'emploi à travers les vitres baissées des voitures de l'ambassade US, de profiter de l'ébranlement de l'Empire par rapport aux résultats d'approches plus savantes d'*opers* américains, profitant, pour leurs contacts dans la capitale russe ou en dehors des frontières communistes, de la libéralisation — relative d'ailleurs — de la nouvelle civilisation soviétique.

Ainsi, parmi les exemples les plus frappants fournis par les services de contre-espionnage russes actuels[1], l'ingénieur Tolkachev remettait, au cours de 19 « rencontres conspiratives » avec les *opers* de « l'Agence » à Moscou, 8 634 feuillets sur les réalisations les plus secrètes des forces aériennes de l'Union soviétique alors que le *rezident* du GRU à Lisbonne, Smetanine, vendait pour 275 000 dollars tout ce qu'il savait sur le service de renseignement militaire de l'Armée rouge auquel il appartenait. Etc, etc. « La CIA, notera cependant le dernier chef du KGB, le général d'Armée Vladimir Krioutchkov, n'avait pas assez d'intellect, de finesse, de patience. De ce point de vue, il est utile de distinguer des Américains le Renseignement britannique qui travaillait, lui, d'une manière créative, avec délicatesse, patience et réserve[2]. »

1. In, *Loubianka 2*, *op. cit.*
2. *Kransnaïa Zvezda*, 28 février 2004. L'exemple le plus typique des réussites d'un Intelligence Service passé maître, à la différence des Américains de la CIA, dans l'art de provoquer, par des approches et études psychologiques « offensives », des défections et changements de camps chez l'adversaire est constitué par le « retournement » de l'adjoint du chef de la *rezidentura* soviétique à Copenhague, Oleg Gordievsky. Toujours sous contrôle britannique, Gordievsky deviendra chef de la *rezidentura* du KGB à Londres avant de « passer à l'Ouest » à la suite d'une opération d'exfiltration de Russie particulièrement réussie mais encore secrète de nos jours lorsque des soupçons commenceront à peser trop lourdement sur lui au sein d'une

L'étreinte mortelle entre une CIA ayant perdu beaucoup de ses dents mais servie tant par la persistance du mythe de sa toute-puissance que par la délitescence soviétique et un KGB ayant — à l'exception de l'affaire Farewell — résisté beaucoup mieux que d'autres organes de l'État communiste à la montante pourriture se terminera cependant à l'avantage des services secrets communistes. Dans un pathétique dernier effort, le Renseignement extérieur russe — et non le contre-espionnage intérieur — parviendra, en effet, à extirper la totalité de l'*agentura* américaine lovée en son sein.

Sous la houlette du grand Leonid Chebarchine, la Recherche du moribond Saint-Empire réussira l'une de ces prouesses qui lui sont chères : le retournement du haut responsable de la CIA chargé au sein de « l'Agence » de l'ensemble — excusez du peu — des opérations soviétiques.

C'est bien après la chute du communisme, en 1994, que les États-Unis, ô surprise des surprises !, découvrent, en effet, l'inconcevable : le responsable de la section Union soviétique de la glorieuse Agence, Aldrich Ames, était, en fait, depuis neuf ans, un agent russe. Une fois recruté par les services secrets soviétiques en 1985, il a permis au KGB de lancer son dernier — et combien superbe — chant du cygne en dévoilant tant l'ensemble des opérations clandestines menées sur le sol russe par la CIA que la totalité de l'*agentura* américaine en Russie — plus d'une douzaine de personnes — sécrétée par la décomposition du Saint-Empire.

Pour établir une liaison avec leurs agents, les *opers* de la *rezidentura* de la CIA à Moscou remettaient à leurs collaborateurs russes clandestins des postes radio tenant dans une petite mallette qui permettaient, en quelques brèves secondes, de déverser des flots d'informations en passant en bus devant la respectable ambassade des États-Unis. Livré par Aldrich Ames.

Quand la liaison devait être physique — en matière d'espionnage, rien ne peut remplacer le contact humain —, les gens de la CIA déjouaient la surveillance des chasseurs d'espions du tentaculaire KGB en revêtant sur leurs visages, dès qu'ils quittaient le refuge de leur ambassade, des masques de latex les faisant ressembler aux diplomates « propres » qui ne faisaient l'objet d'aucune filature particulière. Livré par Aldrich Ames.

Loubianka n'appliquant plus, l'ère du temps ayant changé, les répressions expéditives de la Grande Terreur.

Un agent recruté à la tête du KGB de Moscou avait signalé aux Américains que les câbles de transmission du contre-espionnage russe couraient en dessous de rues désertes et la CIA avait creusé un tunnel pour assurer l'interception de toutes les communications de son « ennemi principal ». Livré par Aldrich Ames. Etc.

Pis encore pour les Américains : en dehors du nom des agents et de la nature des procédés opératoires, le responsable de la section Union soviétique était au courant du « bijou de famille » le plus précieux de la Centrale de Langley : le général-major Dmitri Poliakov. Livré par Ames.

Dévoilé et arrêté en 1994, après de lents et pénibles tâtonnements d'un contre-espionnage américain inquiet mais ne parvenant pas à concevoir l'inimaginable, Ames a été condamné à la prison à perpétuité.

Un mystère continue cependant à planer tant sur la portée véritable des informations qu'il a transmises que sur ses motivations réelles ou sur les prouesses techniques que les services secrets russes ont dû accomplir pour faire durer sa collaboration durant près d'une décennie. Certes l'importance incroyable de la trahison a inspiré six livres aux États-Unis dont l'un est fondé sur les interviews d'Ames dans sa prison. Certes son « recruteur » et « directeur » russe n'a pas résisté à la tentation — les retraites sont minces en Russie — de publier à New York — mais non pas à Moscou — ses souvenirs sur son travail avec un agent intéressant tellement une Amérique tourneboulée[1]. Mais bien que captivants, ces ouvrages ne vont pas au fond des choses et les services officiels russes actuels, si prolixes sur leurs prouesses passées, n'ont aucun intérêt, dans la phase nouvelle des relations de la Russie post-communiste avec l'Amérique, d'avouer leur responsabilité dans un recrutement mené à bien au début de la perestroïka et de la détente internationale au cours d'une opération certes brillante mais peu admissible, surtout après la chute du Saint-Empire, pour une Amérique bouleversée par la « trahison » de l'un de ses plus hauts responsables.

Il n'en reste pas moins que ce que l'on sait, même imparfaitement, de la personnalité d'Ames et de sa coopération avec les services soviétiques puis russes en font un agent « *new look* », aux antipodes des grands agents « idéologiques » qu'étaient disons, dans les années trente, les Cinq de Cambridge et les héros de l'Orchestre rouge berlinois ou même des petits

1. Viktor Tcherkachine, *Spy Handler*, ...

pions de l'*agentura* lambda attirés, en pleine « guerre froide », par le goût du lucre ou par les frustrations personnelles après que l'idéologie eut, avec la mort de Staline, jeté ses derniers feux.

Aldrich Ames apparaît, en effet, comme le pur produit des années Reagan lorsque la croisade contre le communisme arrivait à son terme et que « l'enrichissez-vous » de l'ancien acteur californien submergeait une Amérique de plus en plus obnubilée par les mirages du billet vert. La perspective de la victoire sur « l'Empire du mal » démobilisait les professionnels de la CIA, réduits à collecter avec une dérisoire facilité des renseignements proliférant dans la croulante Union soviétique. Des nuées d'*operators* compétents du Renseignement d'État quittaient la Centrale afin de doubler ou quadrupler leur salaire dans des organisations privées de Renseignement économique dont s'entichaient alors les grandes entreprises américaines.

Dans cette ambiance de fin d'un monde, Ames avait d'autant plus facilement perdu ses repères que, marié à une Sud-américaine ravissante mais qui pouvait, par d'imaginaires et peu vérifiables héritages, justifier l'augmentation soudaine de son train de vie, il était, incapable de gagner le Renseignement privé en raison d'une spécialisation soviétique l'éloignant du monde des affaires, porté sur cet alcoolisme mondain dont on ne souligne pas assez à quel point il imprègne de folie et de volonté de puissance les milieux dirigeants de Washington.

Comment cette personnalité perdue dans les brumes du whisky, lassée de la banalité des recrutements menés par sa Centrale dans une Russie en décomposition, désireuse de profiter, malgré son handicap soviétique, du flot d'argent facile noyant alors l'Amérique est-elle passée de l'autre côté du miroir ? Comment, durant neuf interminables années, a-t-elle surmonté la solitude et les doutes propres à l'agent et, jour après jour, livré de plus en plus de secrets coûtant la vie à d'autres hommes ? Malgré tout l'intérêt des souvenirs de son « directeur » et de son « recruteur » russe — malheureusement biaisés par le désir de plaire au public américain sans se couper de ses anciens services —, des réponses définitives ne seront apportées que lorsque d'autres langues se délieront à Moscou et que s'ouvriront les archives des services secrets russes — à juger du mutisme actuel sur ce délicat sujet, je crains que ce ne sera pas pour demain — avec leurs marées inestimables de comptes rendus de « rencontres conspiratives », de relevés des documents transmis ou d'études — *razrabotka* — de la psychologie de l'agent potentiel puis devenu réel.

Une chose est pourtant certaine comme nous l'avons constaté tout au long de notre tentative d'exploration de cette *terra incognita* : le Renseignement, le recrutement et la « trahison » sont fils et fille de l'Histoire. Le reaganisme ne produit pas le même type d'« espion » que le « miracle des années trente »... Et malgré ce que prétendaient les croisés américains croyant pouvoir transformer le monde aux débuts de la « guerre froide », l'espionnage n'est pas « l'art de l'impossible » — ce qui le distinguerait de « l'art du possible » exercé par la diplomatie. L'extraordinaire — et pathétique dans ce cas — savoir-faire des services secrets russes n'a pu, quatre années après ce faramineux retournement, empêcher tout l'Ordre communiste de s'effondrer de lui-même, dans une implosion sans la moindre gloire et n'ayant entraîné aucune conséquence apocalyptique.

Un malheur n'arrive jamais seul et les mêmes péripéties de l'Histoire produisent les mêmes effets sur son prolongement naturel de l'espionnage.

La stupeur des États-Unis devant le fait proprement incroyable qu'Aldrich Ames vendait aux Russes tous les agents de la Centrale américaine opérant en Union soviétique ne s'était pas dissipée que le glorieux FBI procédait, en février 2001 — année combien funeste pour les orgueilleux États-Unis — à l'arrestation de l'un de ses propres hauts responsables.

Robert Hansen faisait, lui, commerce de toutes les mesures prises par le contre-espionnage défensif américain à l'encontre de l'hydre de la Recherche russe sur le territoire des États-Unis : micros dans l'ambassade russe, plannings et méthodes de surveillance des *opers* de la *rezidentura* légale qu'elle abritait en son sein, etc.

Emportés par le même flux de l'attrait exercé par l'argent facile dans les années Reagan, les personnalités d'Ames et de Hansen sont pourtant profondément différentes. Autant Ames était flou et alcoolique, autant Hansen — qui, s'il l'avait voulu, aurait pu causer beaucoup plus de dégâts et dont le dévoilement laisse supposer, soit dit en passant, la présence d'une « taupe » dans les nouveaux services secrets russes — apparaît solide et structuré. À lire les rapports des psychiatres qui l'ont examiné, c'est l'amour maniaque du travail bien fait, un mépris de fer pour les chefs approximatifs et les petits bureaucrates assoupis dans leur routine, une surestimation de ses propres valeurs, talents et capacités qui caractérisaient Hansen, rappelant moins son collègue américain en « trahison », Ames, que le grand Dmitri Poliakov.

La haine de son propre pays et de son propre service, la volonté consécutive du meurtre de l'un et de l'autre peuvent ainsi sous-tendre une « trahison », même si elles sont camouflées, comme chez le grand Kim Philby, par un habillage idéologique.

CHAPITRE XII

Un KGB tentaculaire mais plus ambigu qu'il n'y paraît

« L'Ogre satanique » par excellence

Ignorance occidentale des réalités du Renseignement... Terreurs immondes entretenues par la « guerre froide », lourde d'une possible expansion du Saint-Empire communiste, d'abord après sa spectaculaire extension à l'immense Chine, en Europe occidentale et en Corée, puis, après la mort du Dieu vivant, Staline, dans le tiers-monde tout entier, le Viêt-nam après Cuba, l'Amérique latine, l'Asie du Sud-Est, voire la miséreuse Afrique... Frayeurs morbides inspirées par « l'espionnage » à une société qui se sent violée par un ennemi invisible et insaisissable, nimbé de tous les terrifiants fantasmes — « l'espionnage soviétique » — suscités par le choc des deux grands Empires et de leurs civilisations et idéologies opposées... « Paix impossible, guerre improbable », mais entre ces deux pôles apparaît une inquiétante zone grise, livrée à l'affrontement entre de gigantesques services secrets, entre des propagandes et images échevelées.

On peut difficilement prétendre que, dans cette « guerre » qui fut souvent « tiède », au bord de temps à autre de dérives « chaudes » comme en Corée ou au Viêt-nam, l'Occident — et, dans une moindre mesure, le Saint-Empire communiste — ait, lui, gardé la tête froide. Or toutes ces exacerbations de la peur et de l'imaginaire se sont concentrées sur le « KGB » qui, connu seulement par le dévoilement de ses « espions » et par les réminiscences de la Terreur dont il avait été durant l'ère stalinienne l'outil obéissant et impitoyable, a été perçu comme une île du docteur Moreau peuplée de monstres aussi mystérieux que glaçant le sang.

Et les Russes — à l'histoire antérieure desquels on peut appliquer la formule de Churchill sur le Saint-Empire marxiste, « un secret qui entoure un mystère qui voile une énigme » — n'ont rien fait — et continuent à ne rien faire — pour dissiper ces fantasmes. Fiers d'un passé mal analysé, ils glorifiaient — et glorifient — leurs « organes » en faisant remonter, sans la moindre distinction historique ou technique, leur origine à la Tchéka de Lénine — « les glorieux tchékistes », comme on le proclamait à tout bout de champ dans le Saint-Empire — dont la création, il y a près de trois quarts de siècle, est toujours célébrée en grande pompe, même de nos jours, tous les 20 décembre.

La réalité est pourtant beaucoup plus complexe.

Certes des services de sécurité ont, de tout temps — l'immonde Opritchina d'Ivan le Terrible et la de plus en plus mollassonne Okhrana tsariste —, été indispensables à un pays caractérisé par son immensité géographique, son ouverture aux invasions et la présence sur ses terres de peuples divers et d'une population bouillonnante et anarchique de tempérament. Certes le bolchevisme a, lors de l'effondrement fracassant de l'approximatif ordre impérial sous la poussée de la Grande Boucherie de la Première Guerre mondiale, créé de puissants « organes » pour défendre et imposer sa Révolution « prolétarienne ». Certes la bouffée de terreur encore désordonnée — « la Terreur rouge » — que ces organes — la Tchéka et la Guépéou — ont instaurée dès après la révolution d'Octobre a été systématisée et exacerbée par le NKVD de Staline, acquérant une dimension monstrueuse et génocidaire notamment lors de la « dékoulakisation ». Certes l'épuration de tout l'appareil communiste et étatique, arrivée à son pic sous « la Grande Terreur » de 1937-1938, s'est maintenue à un moindre degré — acceptée, cette fois, en raison de la mobilisation du peuple russe contre l'invasion hitlérienne — pour faire face aux nécessités découlant de la lutte contre le nazisme et a repris dès la victoire afin de rétablir — ou établir — l'ordre communiste tant dans un pays bouleversé par les hostilités que dans l'Europe orientale qu'il avait conquise. Certes la « répression » a pris des formes particulièrement inquiétantes lors des dernières années de Staline où — tous les détails ne sont pas encore éclaircis — l'épuration du Smerch, les procès dans les nouveaux pays « frères », les assassinats d'opposants — notamment des « cosmopolites juifs » —, le « complot des blouses blanches », voire la perspective d'une déportation massive des juifs ou d'une Troisième Guerre mondiale ont mobilisé une partie des « organes » dans une aventure dont on ne peut déterminer sur quoi elle aurait débouché si un « Guide » vieillissant et, semble-t-il, de plus en plus paranoïaque ne s'était effondré dans sa datcha, foudroyé par une attaque alors que ses lieutenants n'osaient pas soigner le vieillard agonisant par peur de le voir revenir à la vie ou de se voir accusés de l'avoir fait assassiner par des médecins que personne n'appela à son chevet[1].

Or, précisément, c'est en partie pour éviter le renouvellement de pareilles horreurs qu'une réorganisation des services de sécurité du Saint-Empire a entraîné, après la mort du Guide, deux conséquences sous-estimées en Occident. L'exécution sommaire et expéditive, en compagnie d'un ramassis de tueurs envoyés eux aussi devant un peloton d'exécution, de Béria qui incarnait d'une manière plus que symbolique le recours systématique à la politique de « répression » s'accompagnait de la création d'un « organe » *new-look*, le « Comité pour la Sécurité de l'État » — *Komitet Gossoudorstvennoï Bezopasnosti*… J'ai nommé le KGB.

Attention. Je ne dis pas que le nouveau KGB, porté sur les fonds baptismaux en 1954, ait été un modèle de toutes les vertus. Il faut bien constater cependant que, sous Khrouchtchev et sa libération des détenus des camps au cours de son « dégel », puis sous l'autoritarisme encore plus paterne de Brejnev, la « répression » confiée aux « organes » n'est plus devenue le moyen cardinal de résoudre les immenses problèmes internes du Saint-Empire. Si 3 778 244 personnes ont été déportées et 786 098 fusillées sous Staline —, plus de 600 000 sous la « Grande Terreur » de Iejov en 1937-1938 —, ces chiffres terrifiants diminuent drastiquement et l'on ne compte plus — tout est, hélas, très relatif — que 7 700 déportés et emprisonnés sous Khrouchtchev et moins de 700 durant l'ère brejnévienne[2]. Malgré les abominables hôpitaux psychiatres, malgré les procès et exils de « dissidents » ou l'apparition au sein

1. Alors que nombre d'intellectuels français se souviennent, émus, comment ils ont pleuré lorsqu'ils ont appris la mort de Saline, j'ai, pour ma part, passé ces journées de crise à l'état-major général de la Défense nationale à écouter, pour le maréchal Juin, les radios russes qui, dans un climat passionnel confinant à l'hystérie, rendaient compte sans discontinuer de cet événement qui, lui, a affectivement changé la face du monde.
2. Général Karbainov *in Taïnoe…*, *op. cit.*, p 79 et 84.

du KGB d'un inacceptable 5e département chargé de la lutte contre les « déviations idéologiques » dans le cadre de la lamentable loi de décembre 1958 sur les « crimes d'État » et son article 7 visant « l'agitation et la propagande antisoviétique », la « répression » exercée par le KGB n'atteindra plus jamais l'ampleur qu'elle avait eue sous Staline, le Dieu vivant d'un Saint-Empire se voulant pharaonique — la « dékoulakisation », « l'industrialisation », les canaux reliant les voies fluviales russes — et accoucheur, en contrôlant la totalité de ses activités, d'un « homme nouveau ».

Qu'importe ! La « mauvaise réputation », selon la belle chanson de Brassens, était acquise et continuera à coller à la peau du nouvellement créé KGB, au point qu'elle nimbe encore de nos jours, l'un des organismes de sécurité intérieure, le FSB qui, dans la Russie moderne, a hérité d'une partie — une petite partie seulement — des boulimiques attributions de « l'Ogre satanique » par excellence.

Sur cette toile de fond qui n'a donc pas fini de nous terrifier — bien que relevant de plus en plus du fantasme depuis le remplacement du sanglant NKVD stalinien par un KGB faisant preuve de plus de « retenue » et ayant cessé d'être systématiquement meurtrier — apparaît pourtant une deuxième cause de frayeur. Il s'agit de la profonde confusion provenant du mélange — intolérable à nos yeux de démocrates qui désirons que la sécurité intérieure dépende autant que possible d'une justice indépendante — dans la pratique du Saint-Empire, au sein d'un organisme unique aux multiples responsabilités[1], de deux missions absolument distinctes, même si elles doivent être coordonnées. En Union soviétique, la sécurité intérieure s'occupait de contre-espionnage, de contre-terrorisme, de la surveillance de la population — et de son contrôle sous un régime totalitaire glissant de plus en plus vers l'autoritarisme et la « médiocratie » — alors que le Renseignement extérieur

1. L'un des meilleurs « soviétologues » occidentaux, Michel Tatu du *Monde*, note justement que « le KGB est, transposé à l'échelle française, une combinaison de la DGSE (les services de renseignement extérieur), de la DST (le contre-espionnage intérieur), des renseignements généraux (RG), de la police des frontières, d'une bonne partie des services de la préfecture de police de Paris et même de la brigade du grand banditisme, [...] Pour les États-Unis, il est l'équivalent des énormes CIA et FBI et de cette autre grande administration qu'est la NSA en charge des écoutes électroniques et du chiffre. [...] Le KGB dispose de ses propres troupes, notamment des quelques 220 000 gardes frontières et d'environ 150 000 hommes appartenant à d'autres unités. [...] Mais son rôle militaire ne s'arrête pas là. Il contrôle les forces armées grâce à sa Troisième Direction principale. » (*Le Monde*, 31 août 1991).

— confié à la Première Direction générale, *Pervoie Glavnoe Upravlenie*, PGU, sous le KGB — était, lui, exclusivement chargé de la seule collecte d'informations sur le monde qui entourait — et combattait durant la « guerre froide » — le Saint-Empire, sa « nouvelle civilisation » et son nouvel ordre politique du « Parti-État ».

Or ce dont un Occident indigné et apeuré ne se rend pas compte en dénonçant à tout bout de champ l'Ogre satanique du « KGB », c'est qu'il n'y a strictement rien de commun entre la sécurité intérieure que nous aurons l'occasion d'examiner — et de condamner avec toute la vigueur dont je me sens capable — et un Renseignement extérieur poursuivant des missions et appliquant des méthodes dont on peut prétendre, ô paradoxe, qu'elles paraissent plus simples et honorables que celles de certains services « spéciaux » occidentaux même démocratiques. Qu'y-a-t-il de commun, en effet, entre le général Agayantézs, dont nous avons souligné les qualités d'*oper* et de diplomate, avec le sanglant Béria qui en était pourtant le chef hiérarchique mais qui investissait la quasi-totalité de son énergie dans la « répression » ? Déjà mythifié à outrance par l'ignorance de la nature réelle du Renseignement habitant un Occident dévoré, de surcroît, par la frayeur de « l'espionnage soviétique » — boulimique, il est vrai, en raison des traditions russes et de l'état d'esprit expansionniste du communisme —, le Renseignement extérieur du Saint-Empire se trouve donc abusivement paré, par sa subordination hiérarchique et sa cohabitation forcée avec la sécurité intérieure d'un régime totalitaire, des terreurs auxquelles il n'a en rien participé mais dont il fut toujours la première victime. Souvenons-nous de l'épuration féroce tant des directeurs du Centre de Moscou que des *rezidents* berlinois qui s'occupaient de l'Orchestre rouge lorsque, en lançant sa « purge » des organes, Staline s'est privé de toute information sur l'étranger durant trois interminables mois.

Cette différence proprement structurelle entre une intolérable et totalitaire sécurité intérieure avec un Renseignement extérieur aux missions limitées et aux méthodes quelque part « acceptables » n'apparaît pas seulement durant les trente-sept années d'existence du KGB. Elle se manifestait, comme d'ailleurs durant le « miracle des années trente », pendant toute l'époque qu'on peut appeler « néostalinienne » qui court de la victoire sur les nazis jusqu'à la mort du tyran rouge, quand cohabitaient au sein d'un seul et même organisme, dirigé par des personnes plus que discutables, une répression terrifiante et une « Recherche » que je n'hésiterai pas, moi, à qualifier, malgré tous les hurlements des chasseurs d'espions occidentaux, de naturelle et, bien que moins lumineuse que durant le « miracle des années trente », profondément légitime si l'on se place du point de vue des intérêts du moment du Saint-Empire, propres à cette phase précise de son expansion[1].

UNE NOUVELLE BOUFFÉE DE FOI APRÈS LA LIBÉRATION

Aux mêmes causes, les mêmes effets et le Renseignement extérieur « néostalinien » est, de nouveau, de 1945 à 1953, marqué, comme aux temps des heures glorieuses de la « toile d'araignée rouge », par le mélange détonnant de la foi et du sang.

Dans la deuxième moitié des années quarante, l'euphorie née de la victoire sur le monstre nazi, l'accession de la Russie au statut de superpuissance, le déclenchement de la « guerre froide » et l'entrée fracassante de l'immense CIA sur la scène du Grand Jeu ont entraîné un gonflement des effectifs et des moyens financiers mis à la disposition des organes en général et du Renseignement extérieur en particulier. Dans le Saint-Empire « néostalinien » puis au sein du KGB plus modéré créé après la mort du Guide, on est désormais à mille lieux de la précédente modicité des moyens quand seulement deux *rezidents* légaux s'occupaient à Londres des Cinq de Cambridge durant les hostilités et que l'américaine *agentura* atomique n'était « dirigée » que par quatre jeunes gens. Petit à petit, les *rezidentura* légales vont plutôt atteindre la centaine et les « organes » disposer du budget d'un État de taille moyenne. Parallèlement, l'esprit de croisade habitant les *opers* lancés dans la collecte de renseignements sur un étranger perçu tout à la fois comme hostile mais abritant néanmoins des personnalités favorables à l'instauration sur terre du « paradis socialiste » est porté à son zénith.

1. Un mot personnel. Si j'éprouve le plus grand plaisir à entretenir des relations amicales avec les anciennes stars du Renseignement extérieur, je me suis toujours refusé à rencontrer les vétérans de la sécurité intérieure d'un KGB que j'ai toujours dénoncé et combattu. Bien que n'exerçant pas les fonctions de « répression » de son ancêtre comme on le croit trop souvent en Occident, l'actuel FSB m'inspire, notamment en raison de son action en Tchétchénie, de profondes réserves. Je n'aime pas les policiers, surtout quand ils sont musclés.

Rappelons-nous du dynamisme et de la maestria du général Agayants dans le Paris de la Libération.

Comme l'écrit le satiriste russe Mikhaïl Lioubimov qui, nourri dans le sérail du KGB — on dirait également en russe : « le sérail *guébiste* » — en connaît tous les détours : « la maladie tchékiste : recruter la nuit et le jour, recruter tout le monde, plus il y en a, mieux ça vaut[1] ».

Après la croisade antifasciste d'avant-guerre — ou, voyez Georges Pâques, de la guerre elle-même —, une nouvelle vague de recrutements au profit des services secrets du Saint-Empire va donc, dans cette véritable renaissance politique, sociale ou morale que fut la libération de l'Europe occidentale et en dépit — ou : à cause ? — des répressions qui vont alors ensanglanter la Russie et l'Europe de l'Est conquise par le soviétisme, frapper les pays — France, Italie et même le naissant Israël — éprouvant un emballement amoureux pour tout idéal « de gauche ». Dans la vagissante République française née sur les décombres de l'abominable régime de Vichy, l'euphorie de la Libération, l'importance de la participation du peuple russe au terrassement de l'hydre nazie, l'espoir d'un monde meilleur, la véritable sanctification du « maréchal » Staline, voire le souvenir des exaltants combats de la Résistance côte à côte avec les communistes ont créé les conditions « favorables » célébrées par les « Esquisses de l'histoire du Renseignement extérieur russe[2] ». « Le nombre des sources, nous l'avons vu mais répétons-le tant c'est important, a été augmenté à partir de personnes bien informées et, grâce aux indications du *rezident* (Ivan Agayants), quelques anciens agents ont pu parvenir à des postes gouvernementaux importants[3]. »

Malheureusement, on n'en saura pas plus et l'*agentura* française recrutée sous Staline après la Libération reste toujours une *terra incognita* encore plus embrumée que celle de l'*agentura* ayant, dans une première phase et durant le « miracle des années trente », en partie dévoilée par l'opération américaine de décryptement Venona, opéré au cours de la croisade antifasciste

1. *Dekameron chpionov*, Astrel', Moscou, 2002, p. 194. Lioubimov est le premier officier du KGB à avoir profité de la perestroïka pour critiquer publiquement, sans pour autant quitter la Russie comme le transfuge Gordievsky ou, cas plus complexe, le chef du contre-espionnage, du Renseignement extérieur, le général Oleg Kalouguine, les dérives de la police secrète. Notons que la boulimie de recrutement jouait encore plus à l'intérieur du Saint-Empire communiste qu'à son extérieur.
2. *Otcherki istorii…*, *op. cit.*, t. V, p. 462.
3. *Ibid.*

et du Front populaire. Il faudra attendre quinze longues années, la mort de Staline, l'iconoclaste XXe Congrès déboulonnant le Dieu vivant de son socle, la révolte hongroise et l'exacerbation des relations internationales pour qu'un violent coup de projecteur vienne faire émerger de son ombre épaisse la situation au début des années soixante de la miraculeuse *agentura* née de la guerre et de la Libération. Un ministre, un ambassadeur, un conseiller de l'Élysée, un fonctionnaire important de l'OTAN, sans compter tout un réseau, dit « Saphir », au sein des services de Renseignement extérieur français minaient ainsi, par exemple, l'arrogante nouvelle Cinquième République créée en 1958 par le prestigieux général de Gaulle.

Cependant l'éclairage projeté sur cette merveilleuse elle aussi *agentura* ne sera que partiel et insuffisant. Le transfuge russe ayant fait ces spectaculaires révélations à la CIA américaine, le major du KGB Golytzine, ne connaissait pas, simple analyste, l'identité des sources alimentant les documents qu'il étudiait — « Nous n'avions, dira-t-il, que des problèmes de traduction » — et ne pouvait, grâce à ce qu'il savait de leur seule « production », donner naissance qu'à des hypothèses et suppositions. Seul Georges Pâques sera dévoilé. Cependant son passé de jeune homme enthousiaste mais encore mal renseigné dans l'Alger de 1942, devenu, vingt ans après, un haut responsable de la Défense ne sera pas replacé, par des chasseurs d'espions obnubilés par le coup ainsi porté à la glorieuse et déjà anti-américaine France du général de Gaulle, dans le contexte plus global d'une marée née de la guerre et de la Libération. Non seulement les dignitaires que désignaient les indications de Golytzine ne furent pas identifiés avec certitude mais l'obscurité continuait — et continue de nos jours en raison du silence des services russes actuels sur ce délicat sujet — à voiler les noms et l'ampleur de la vague de recrutements de la Libération qui avait relevé le « miracle des années trente », épuisé moins par les trouvailles de l'opération Venona que par l'usure du temps. La figure centrale de la croisade antifasciste, Pierre Cot, ne s'était-il pas, par exemple, transformé après la Libération en un *has been* marginal, laissant la place, comme agents des services secrets « néo-staliniens », à des ministres et hauts fonctionnaires poussés en avant par les turbulences consécutives à la naissance de la nouvelle Quatrième République ?

Quelles que soient les ombres qui la nimbent, cette « toile d'araignée rouge » *new-look*, née des soubresauts de la Seconde Guerre mondiale, ne saurait pourtant être négligée.

Dans l'intéressant ouvrage qui, aux États-Unis et en Russie — et qui, bien entendu, n'a pas été traduit dans notre provincial Hexagone — confronte, à propos de l'affrontement à Berlin du KGB et de la CIA durant la guerre froide, les points de vue et témoignages de deux anciens hauts responsables de ces services dans la capitale allemande, Sergueï Kondrachev et David Murphy, une phrase pourtant essentielle est ainsi passée inaperçue. Interrogé sur la portée stratégique de la neutralisation en Grande-Bretagne des Cinq de Cambridge au début des années cinquante — nous sommes alors en pleine querelle de la « CED », ce projet d'armée franco-allemande imposé par les États-Unis mais révulsant une partie importante, communiste et gaulliste, de la souverainiste opinion publique française —, l'homme de la PGU assure, comme une évidence et au détour d'un raisonnement, que la perte des agents anglais a été compensée sur le champ par le Centre russe grâce à l'abondante *agentura* dont il disposait en France[1]. L'aveu est d'importance quand on pense que Kim Philby était l'un des chefs de l'Intelligence Service et David Maclean l'un des plus hauts dignitaires du Foreign Office. Des hommes de la même qualité et de la même envergure opéraient donc après la Libération, au profit des services secrets du Saint-Empire, dans les plus hautes sphères de l'État français sans que la minuscule DST soit parvenue à les détecter — ni même à soupçonner leur existence — alors que leur engagement apparaît beaucoup moins justifié que celui, lumineux et légitime à mes yeux, de leurs prédécesseurs de la croisade antifasciste. L'Amérique s'arc-boutant contre la soviétisation de l'Europe occidentale n'était par le IIIe Reich de Hitler.

En apparence, rien ne semble donc avoir changé pour les services secrets « néo-staliniens » depuis le « miracle des années trente » : sur un fond de répression intérieure, le recrutement extérieur continue après la guerre en Occident parmi les sympathisants de la Grande Cause... Tout pourrait donc se présenter au mieux pour le nouveau KGB créé après la mort du tyran. En toute logique, sa brillante PGU devrait voir s'ouvrir, devant ses désormais immenses moyens financiers et humains, des jours encore meilleurs maintenant que le flot de sang s'est amoindri — voire : s'est complètement tari — sur les terres où se construit « l'avenir radieux ».

1. George Bailey, Sergueï Kondraschev, David Murphy, *Battleground Berlin, CIA vs KGB in the Cold war*, Yale University Press, 1997. Traduction russe: Terra, Moscou, 2000, p. 221.

L'Occident d'après-guerre aux sympathies « de gauche » n'est pas, France, Italie, le naissant Israël, le seul objectif alors des organes « néo-staliniens » et la toujours menaçante aux yeux du Saint-Empire conservatrice Allemagne de l'Ouest ne peut laisser indifférents ses services de recherche.

Là encore, nous abordons de nouveau un continent inconnu. Combien de recrutements ont-ils été effectués en profitant de l'effondrement du Reich hitlérien ? Le NKVD « néostalinien » puis la PGU du KGB ont-ils travaillé à tout-va ou s'en sont-ils remis, comme cela apparaîtra plus clairement dans les décennies suivantes, au savoir-faire des services secrets de l'Allemagne de l'Est qu'ils ont mis sur pied et organisés à leur image et qui se trouvaient mieux outillés pour « pénétrer » leurs frères de l'Ouest ?

Une seule opération, il est vrai spectaculaire à souhait, émerge de cette obscurité. En attendant les affaires Ames et Hansen trois décennies plus tard, le Saint-Empire a, avec l'Allemand de l'Ouest, Heinz Felfe, renouvelé pour la deuxième fois l'exploit réalisé grâce à Kim Philby : recruter au sommet un haut responsable des opérations antisoviétiques d'un service secret occidental adverse — en l'occurrence, après l'Intelligence Service et avant la CIA et le FBI, le BND germanique du célèbre général Gehlen.

Cependant, à la différence de Kim Philby, peu d'indications sont fournies sur cette réussite hors normes dans les ouvrages paraissant à Moscou avec la bénédiction plus ou moins ouverte des services russes et qui tendent à présenter l'espionnage communiste comme une mobilisation des élites progressistes de l'Occident, plus idéologique et spontanée que machiavélique et organisée. C'est que Felfe n'est pas un idéaliste de la gauche bien-pensante mais un ancien officier de la SS hitlérienne, reconverti dans les organisations anticommunistes fonctionnant après la victoire sur les nazis dans l'Allemagne occidentale écrasée par sa défaite et le spectre d'une toujours possible communisation en raison de la coupure du pays en deux et de la présence, en Allemagne de l'Est et une partie de Berlin, de la terrifiante Armée rouge.

Bien que le colonel Heinz Felfe semble avoir été dans la SS plus un juriste et un administratif qu'un opérationnel aux mains couvertes de sang, l'ombre continue donc à planer sur les conditions précises de son recrutement par les services secrets « néo-staliniens » dans les années d'après-guerre. S'agit-il d'un chantage sur son passé et sur sa famille restée en Allemagne de l'Est ou plutôt, comme je le pense, d'un jeu subtil sur son amour de la hiérarchie et sur son désir de s'accrocher, coûte que coûte et en effaçant son douteux passé, à une nouvelle et forte figure paternelle ?

Un autre mystère est souvent évoqué par les « spécialistes » occidentaux. Pour sortir Felfe du lot de demi-soldes du nazisme ou de l'armée prussienne qui, après la victoire alliée, peuplaient les organisations anticommunistes puis les services secrets officiels de l'Allemagne fédérale et à le faire accéder au poste crucial, excusez du peu, du chef du contre-espionnage extérieur du BND du général Gehlen, les services soviétiques auraient-ils sacrifié, pour « bâtir » sa carrière, des agents d'une moindre importance afin, en lui permettant de les démasquer, de créer autour de lui une aura de « chasseur d'espions » hors pair ?

Pour ma part, je n'arrive pas à le concevoir tant je préfère, même en matière d'espionnage, les explications les plus simples — ses « rencontres conspiratives » avec les Soviétiques donnaient de toute façon à Felfe une meilleure compréhension et connaissance générale de l'Est que celle de ses collègues à l'anticommunisme « primaire » — et tant je connais — et j'admire — le respect pour leurs agents des *opers* russes. Felfe était suivi par le grand Korotkov en personne qui jouait, face au repenti nouvellement converti à la vraie foi, sur une prétendue — mais certaine pour le haut responsable stalinien du KGB — renaissance du « nazisme » dans les milieux politiques et les services secrets de la pourtant démocratique Allemagne de Konrad Adenauer[1].

En tout cas, deux faits émergent de ce scandale qui ébranla les services secrets de la République fédérale dans les années soixante. D'une part, Felfe — qui, démasqué en 1961 grâce aux révélations du transfuge polonais Goliniewsky, condamné à quatorze années de prison, fur l'un des rarissimes « grands agents » à faire l'objet d'un échange contre, il est vrai, quinze prisonniers politiques détenus en RDA — aura livré aux Russes 94 agents du BND et transmis 15 800 documents confidentiels[2] qui arrivaient souvent sur le bureau du directeur du KGB avant que le chef des services secrets de l'Allemagne de l'Ouest y ait eu accès. Mais, surtout, son extraordinaire aventure relève directement de l'époque de l'après-guerre où des bouleverse-

1. On trouvera dans la remarquable biographie de Korotkov rédigée à Moscou par Teodor Gladkov, *op. cit.*, une reconstitution impressionnante de ces entretiens secrets, où l'on ne trouve, bien entendu, aucune trace de chantage.
2. Geoffroy d'Aumale et Pierre Faure, *op. cit.*, p. 168.

ments sans pareils secouaient l'Europe libérée du nazisme mais soumise à la pression soviétique : l'affaire du colonel SS Heinz Felfe constitue la version allemande de la grande vague de recrutements qui, du vivant de Staline, a suivi la libération d'une Europe occidentale, qui, à défaut d'être communisée, semblait devoir devenir un terrain d'action idéal pour le Renseignement extérieur du Saint-Empire.

Un miracle non renouvelé

Le déclenchement de la « guerre froide » risque-t-il de gêner l'extension de la « toile d'araignée rouge » qui, après le « miracle des années trente » et les succès de la Libération, paraît avoir de si beaux jours devant elle ? Il ne le semble pas malgré le titanesque affrontement qui oppose désormais un « monde libre » et un Saint-Empire mobilisant toutes leurs forces pour démontrer qu'ils constituent chacun l'incarnation du « Bien ».

Certes l'Occident s'est réveillé de son profond sommeil d'avant-guerre. La nouvelle CIA a fait une entrée fracassante dans l'Histoire et le puissant FBI ou les organismes américains d'interception et de décryptement ont, après le coup de poing des révélations du petit chiffreur Gouzenko, tourné leurs immenses moyens contre « l'espionnage soviétique ». Cependant, mise à part la Grande-Bretagne marquée par son sursaut durant la guerre contre les nazis, les petits et marginaux services secrets de l'Europe occidentale restent, comme on le constate avec dédain encore aujourd'hui à Moscou, des « jardins d'enfants ». Et même aux États-Unis, leur nouvelle richesse en hommes et en moyens ou leur art de la *konspiratzia* permettent aux *rezidentura* légales communistes de se jouer de la surveillance des chasseurs d'espions de la plus grande puissance du monde.

Certes la « trahison » de Gouzenko et la consécutive prodigieuse opération américaine de décryptement Venona des messages secrets russes ont entraîné le dévoilement de l'*agentura* atomique et des *Magnificent Five* de Cambridge. Une telle défaite n'est pourtant pas dramatique au plan opérationnel puisque les savants atomistes ont déjà livré l'essentiel des secrets qu'ils détenaient et que la belle *agentura* française d'après-guerre a remplacé sur le champ la miraculeuse *agentura* britannique.

Une importante révolution s'est néanmoins produite. Avec l'extension de l'espionnage moderne à l'ensemble de la planète — à l'exception, toutefois, d'un tiers-monde émergeant péniblement du néant —, l'ère des grands illégaux communistes opérant presqu'à ciel ouvert apparaît définitivement close. Cependant, la croyance dans la vertu magique de « l'illégal », fondée sur les prouesses au cours des années trente de Richard Zorgué, d'Arnold Deutsch ou d'« Harry » Robinson, apparaît si intense chez les « glorieux tchékistes » du Saint-Empire que les plus grands efforts sont, après le bras de fer avec le nazisme et le début de la « guerre froide », consentis par les services secrets tant « néo-staliniens » que du naissant KGB — là, les initiales maléfiques sont correctes — afin de redonner vie à cette recherche particulièrement sophistiquée dans les conditions techniques nouvelles créées par le réveil de l'Occident. Alors que les *rezidentura* légales sont à même, comme dans l'Allemagne hitlérienne, d'exploiter des conditions « favorables » offertes par l'Europe continentale, la *konspiratzia* poussée jusqu'à l'extrême par ces seigneurs que sont les illégaux ne viendra-t-elle pas à bout des plus redoutables pays anglo-saxons qui se trouvent — le discours de Churchill à Fulton, le « long télégramme » de George Kennan — à la tête de la croisade lancée — à tort, pense-t-on en Union soviétique — contre le Saint-Empire communiste ?

Ainsi, après que les services secrets « néo-staliniens » eurent, en 1950, implanté en plein New York le colonel « Abel[1] », la PGU du nouveau KGB lança-t-elle l'une de ces opérations spectaculaires dont les Russes ont le secret et qui, une fois dévoilée, marqua en profondeur la Grande-Bretagne du tout début des années soixante, à un moment où je me débattais moi-même avec les combien difficiles problèmes posés par l'indispensable retour à la paix dans la souffrante Algérie.

Terrifiés par l'importance de la pénétration de leur haute fonction publique et de leurs services secrets par les Cinq de Cambridge et l'impossibilité où ils s'étaient trouvés d'empêcher les principaux membres du groupe de gagner Moscou, les Anglais montèrent alors en épingle la découverte et la neutralisation d'une importante *rezidentura* illégale du Saint-Empire soviétique. N'était-elle pas commandée par un officier talentueux du KGB camouflé sous l'identité d'un faux mais parfait citoyen britannique et opérant autour

1. Voir ci-dessous p. 54-59.

de la base sous-marine de Portsmouth. Ainsi, l'implantation de l'illégal Abel à New York n'était-elle pas un cas isolé et le contre-espionnage répressif de la petite Grande-Bretagne pouvait faire aussi bien que le titanesque FBI du grand frère d'Outre-Atlantique ! À la différence des quinze années de prison qui avaient sanctionné « l'espion atomique », Klaus Fuchs, ce furent donc des peines de plus de quarante années de détention qui vinrent s'abattre sur les prévenus au cours d'un de ces procès majestueux et glacés dont la justice anglaise a le secret.

De leur côté, les Russes avaient effectivement mis le paquet, dénichant dans leurs services Molodyï, un *oper* ayant travaillé en Pologne occupée mais qui, élevé pour des raisons familiales par sa tante en Californie jusqu'en 1938, pouvait passer pour un authentique anglophone. Disposant du passeport d'un Canadien décédé en Finlande, la puissante PGU — je préfère désormais utiliser ces initiales moins émotives que celles du KGB — de l'immense Korotkov de l'Orchestre rouge avait fait débarquer le prétendu Gordon Lonsdale à Vancouver avant de lui faire gagner son point de destination Londres. Inscrit à l'école des langues orientales, il y avait fréquenté la fine fleur de l'Intelligence Service venue y apprendre le russe, tout en montant des affaires commerciales prospères dont l'une avait même obtenu un prix à une exposition internationale à Bruxelles.

Certes la PGU d'après la création du gigantesque KGB n'avait pas lésiné sur les moyens, adjoignant à « Lonsdale » comme radios et agents de liaison rien d'autre que les glorieux époux Cohen qui avaient joué un si grand rôle dans le recrutement et la liaison de la miraculeuse *agentura* atomique aux États-Unis. Le subtil Morris et la ravissante Léontine étaient devenus pour l'occasion australiens sous le nom de Kruger. Et le brillant trio ainsi constitué ne partait pas les mains vides puisque l'un des collaborateurs de l'Amirauté britannique s'occupant notamment de la base navale de Portsmouth — cruciale à un moment où les sous-marins atomiques participaient activement à la dissuasion nucléaire —, Harry Houghton, doté d'une compagne aussi frivole et intéressée que lui, Ethel Gee, employée, excusez du peu, aux archives de la base ultrasecrète, avait été déjà recruté en son temps par le contre-espionnage offensif russe en Pologne au cours d'une banale affaire de chantage sexuel. Personne ne pouvait prévoir à la PGU que c'est ce maillon qui, révélé à la CIA par le transfuge polonais Goliniewsky, provoquerait la chute du superbe édifice, la surveillance de Houghton par le

MI 5 britannique permettant de dévoiler tant le faux mais parfait Lonsdale que le centre-radio des malheureux époux Cohen.

Certes l'affaire ne s'arrêtera pas à l'interpellation à grand fracas en pleine guerre froide de Lonsdale surpris, au cours — prouesse rarissime dans la lutte contre « le crime sans cadavre » de l'espionnage — d'une « rencontre conspirative » avec son agent anglais. Après que le dévoilement par les Russes, quelques mois plus tard, de l'homme de la CIA à Moscou, Penkovsky, eut entraîné l'arrestation de son agent de liaison, l'homme d'affaires britannique Greville Wynne, un échange aura lieu entre Lonsdale et Wynne. Revenu à Moscou, Molodyï enseignera à l'académie du KGB, écrira ses Mémoires — plutôt : signera ses Mémoires écrits par un « homme de confiance » de la Loubianka — et un film soviétique à grand spectacle glorifiera en sa personne la prétendue omnipuissance des « glorieux tchékistes » du communisme triomphant. En ces temps mouvementés, l'affrontement entre l'Est et l'Ouest ne faisait pas dans la dentelle.

Mais, quels que soient la perfection et le retentissement de cette implantation d'une importante *rezidentura* illégale en plein cœur d'une base navale britannique, l'opération Molodyï-Lonsdale me laisse plutôt perplexe.

Certes en 1955, deux ans après la mort de Staline, les services russes apparaissent, malgré la chute des *agenturas* atomique et britannique au faîte de leur puissance. Les as de la nouvelle PGU, et notamment le grand Korotkov, n'ont-ils pas alors pensé qu'ils pourraient, avec Abel, Lonsdale — et d'autres que nous ne connaissons pas —, renouveler les exploits sans pareils des grands illégaux communistes des années trente et, en désignant pour cible à Molodyï leur vieil adversaire de la Grande-Bretagne, rêvé de recruter facilement de nouveaux Kim Philby ou David Maclean ?

Eh bien, dans ce cas, ce fut raté. Le faux Lonsdale sera un homme d'affaires prospère — et donc, ô surprise pour des marxistes purs et durs, rentable pour les finances du KGB —, bien introduit dans des milieux huppés et proches, même, de l'Intelligence Service, mais la vague communiste avait reflué et il ne semble pas — toujours le doute en matière de services secrets : face au « crime sans cadavre », le professionnel Lonsdale n'allait pas révéler aux enquêteurs ce qu'ils ne savaient pas — qu'il ait, à la différence d'Arnold Deutsch ou d'« Harry » Robinson avant la guerre, pêché de gros poissons dans la société britannique des années cinquante. Et quelle a été la portée réelle de sa « pénétration » de la base de Portsmouth — objectif quand même secondaire par rapport aux trouvailles d'un Zorgué ou d'un Philby ? S'est-elle limitée aux seuls époux Houghton comme le démontrera, face au silence hautain de Lonsdale, l'accusation au procès ou, découvrant sur le terrain qu'il est plus facile de recruter des ingénieurs, des employés, des quartiers-maîtres que de hauts fonctionnaires, des généraux et des amiraux ou des hommes politiques, le talentueux Molodyï n'a-t-il pas récolté d'autres trésors qui restent encore inconnus de nos jours ?

Même si je suis prêt à penser qu'elle peut avoir servi de base à la future, et combien fructueuse, orientation de la PGU vers l'espionnage industriel à grande échelle — à partir plutôt de *rezidentura* légales, flanquées de petits illégaux chargés désormais surtout soit de la liaison « conspirative » avec des agents déjà recrutés soit, ô stupidité des états-majors militaires, de la préparation, en cas de déclenchement d'une nouvelle guerre mondiale, d'opérations de commando sur les arrières de l'ennemi —, la montagne gigantesque de la transformation de Molodyï en un impeccable « Lonsdale » et la mobilisation de ces immenses clandestins qu'étaient Morris et Léontine Cohen paraît avoir accouché d'une souris. Quelles que soient l'ampleur des moyens mis en œuvre, la perfection des techniques employées, la qualité des hommes et des femmes envoyés sur le « front invisible », le miracle des grands illégaux communistes des années trente ou de l'*agentura* atomique et des Cinq de Cambridge n'appartiendra plus qu'à un passé certes glorieux mais définitivement révolu.

L'art pour l'art est l'un des pièges qui guettent les services secrets ainsi que la difficulté d'admettre que les meilleurs professionnels sont impuissants face aux changements de l'Histoire. Je crains que, telle l'affaire Abel, l'opération Lonsdale n'ait été en fin de compte, même si elle a dû contribuer à définir les nouvelles directions prises par la recherche extérieure de la PGU, qu'une manifestation de ce « vertige du succès » qu'aimait à juste titre, dénoncer Staline.

Un prodigieux paradoxe s'installe alors autour de la phénoménale explosion de l'espionnage moderne dans le monde de la « guerre froide » et de l'affrontement fortement fantasmé et mythifié « entre le KGB et la CIA ».

Le dévoilement des « espions atomiques » et des Cinq de Cambridge grâce à l'opération de décryptement américaine Venona, la découverte et l'arrestation des illégaux Abel et Lonsdale, le coup de cymbales donné par les transfuges Goliniewsky et Golytzine sur ce qui est perçu — Georges Pâques,

Heinz Felfe — comme la « meule de gruyère » de l'Europe occidentale gonflent au maximum l'impression de puissance que dégage le « KGB ». Seuls les spécialistes connaissant l'existence de la PGU mais aucun n'insiste — ou semble même appréhender — la profonde différence entre le Renseignement extérieur et la sécurité intérieure ou répressive du Saint-Empire. Absence de véritables connaissances de la réalité ou abyssale incompréhension du Renseignement « humain » par les Américains ? En tout cas, la haine des chasseurs d'espions attisée par les confidences des transfuges et la frayeur qu'inspire à l'opinion publique occidentale un « espionnage soviétique » de plus en plus présent dans les médias aboutissent à un sentiment qui apparaît, avec le recul du temps, aussi exagéré qu'inapproprié : « l'Ogre satanique » du « KGB » serait capable d'attirer dans ses filets vénéneux n'importe qui, n'importe où et n'importe comment.

Or la réalité est toute autre. Miné par les changements intervenus dans la situation historique et par l'hémorragie des transfuges qu'elle entraîne, le Renseignement extérieur du Saint-Empire se trouve — sans peut-être que ses dirigeants s'en soient même rendu compte : une bouteille à moitié vide peut apparaître à moitié pleine pour un esprit optimiste et enthousiaste — sur la pente d'un irrémédiable déclin, du moins en ce qui concerne la collecte d'informations uniques sur la stratégie et la politique de son « ennemi principal » de l'Amérique ou de l'Europe occidentale.

La mort du Dieu vivant Staline, la dénonciation de ses crimes — le Mossad israélien réalisera la prouesse de se procurer et de transmettre à un Allen Dulles mieux outillé pour la communication une copie du « rapport secret » de Khrouchtchev au XXe Congrès —, la lente transformation d'une Foi aussi ardente qu'aveugle en une religion limitée aux seuls rites d'une Église de plus en plus impuissante et frelatée, les répressions qui s'ensuivent dans une Europe de l'Est travaillée par le rejet de l'ordre du Saint-Empire — Potsdam, Budapest, Prague — modifient en profondeur la situation. En dehors de partis communistes locaux gagnés par une croissante sclérose, « l'avenir radieux » voit, au sein des élites occidentales ou même soviétiques — Penkovsky, Poliakov, Golytzine —, se diluer de jour en jour le lumineux pouvoir de séduction qui avait, jadis, permis de tisser « la toile d'araignée rouge ».

Certes, la *rezidentura* de Paris peut, par exemple, continuer à récolter les germes semés à la Libération, mais il ne semble pas — on ne m'a jamais accordé à Moscou la possibilité de rencontrer d'anciens *rezidents* de la PGU dans la capitale française — que de nouvelles graines aient pu être enfouies dans un terrain qui n'est plus « favorable » en dehors du nouvel espionnage industriel exploré par Lonsdale. Lorsqu'en 1992, l'archiviste Mitrokhine vendra ses notes à l'Occident, l'importance du chiffre de la soixantaine de correspondants des services secrets russes à Paris ou la qualité exceptionnelle de certains d'entre eux — un ministre et deux des plus prestigieux rédacteurs en chef de la presse parisienne — voile le fait qu'il s'agit plus d'anciennes et vieilles « relations confidentielles » que, nous l'avons vu, de véritables agents lovés, tel Georges Pâques, au cœur des plus profonds secrets de l'État.

En dépit de tous les mythes qui, de plus en plus denses, continuent à entourer le « KGB », le « miracle des années trente » et la nouvelle bouffée de foi de la Libération ne se sont pas renouvelés en Occident.

Une rémission suivie d'une juteuse reconversion

Il y avait eu pourtant une rémission, trompeuse comme tous les ralentissements inexplicables d'une grave maladie.

Surgi dans les années cinquante, l'Anglais George Blake paraît, en effet, avoir été le dernier — mais relativement subalterne — des agents « idéologiques » qui avaient miné le monde occidental durant la croisade antifasciste ou après la victoire sur le monstre nazi. Scintillant à souhait, rappelant en apparence, mais en apparence seulement, les grands recrutements des miracles des années trente et de la Libération, le brutal — et volontaire — changement d'allégeance accompli par George Blake au profit des services secrets du Saint-Empire marque plutôt l'essoufflement d'une tendance en bout de course. Officier de l'Intelligence Service britannique en poste à Berlin, Blake a certes, à la fin des années cinquante, livré des agents occidentaux implantés en Europe de l'Est et indiqué aux Russes que les Américains de la nouvelle CIA avaient percé un tunnel sous la ligne de démarcation entre les deux Berlin afin d'intercepter toutes les communications de l'Armée rouge. Mais à la différence d'un Philby ou d'un Maclean, il n'était pas placé au cœur de l'État.

Quant aux motivations qui l'ont poussé à coopérer avec le Renseignement extérieur communiste, elles sont également moins claires et monolithiques que celles de ses illustres prédécesseurs. Petit fonctionnaire de l'espionnage, Blake n'a-t-il pas voulu se hisser à la hauteur des grands Cinq de Cambridge qu'on commençait précisément à démasquer ? N'a-t-il pas, tout simplement, désiré se venger de la société britannique qui ne reconnaissait pas à sa juste valeur le fils de Levantin — son vrai nom était Béhar et il était le cousin du leader tiers-mondiste Henri Curiel —, élevé aux Pays-Bas, qui déparait un peu dans les snobs services secrets de Sa Majesté[1] ? De surcroît, au moment où, vice-consul à Séoul interné pour cause d'hostilités par les autorités nord-coréennes, il se met à la disposition des services russes, la grande vague communiste a perdu de sa puissance et de sa limpidité, s'est transformée durant la guerre de Corée en un marigot pourrissant en attendant que les erreurs américaines au Viêt-nam et en Amérique latine ne lui redonnent une partie de son allant et de son éclat.

Certes, condamné à quarante ans de prison, réussissant une évasion spectaculaire grâce à la complicité de terroristes irlandais et de pacifistes, accueilli à Moscou en grande pompe, Georges Blake sera porté au firmament de l'espionnage mais, déçu par la société qui l'abritait en son sein, n'est-il pas plutôt qu'un rallié de la dernière heure, le dernier des Mohicans de la « toile d'araignée rouge », à mille lieues des Philby et des Maclean portés par la grande marée antifasciste ?

L'ennui de tous les ouvrages, même russes, sur l'espionnage c'est qu'ils placent sur le même plan tous ceux qui ont eu le privilège de participer au Grand Jeu, ne faisant pas suffisamment la distinction entre les Zinedine Zidane et les sans-grades d'équipes de seconde zone.

Si l'on excepte un tiers-monde taraudé par l'arrogant hégémonisme des États-Unis et la désastreuse guerre du Viêt-nam ou, avant le pathétique chant du cygne du retournement d'Aldrich Ames au cœur de la CIA, les conditions « favorables » créées par la coupure de l'Allemagne en deux[2], l'absence de renouvellement des miracles des années trente et de la Libération amènera progressivement le Renseignement extérieur du KGB à changer de cap, en Occident tout au moins. Sous l'impulsion de ce grand politique qu'était Andropov et peut-être en raison des découvertes faites par Lonsdale,

1. Geoffroy d'Aumale et Pierre Faure, *op. cit.*, p. 60. Bien qu'ils affectionnent les explications psychologiques, les ouvrages russes insistent plutôt sur l'aspect idéologique de l'engagement de Blake. On se console comme on peut.
2. Voir ci-dessous p. 271-277.

la PGU se lancera, tout en conservant ses « relations confidentielles » et en lançant des opérations aussi ciblées que le recrutement d'employés du chiffre américain, dans un nouveau type d'espionnage — le « Renseignement scientifico-technique ». Pour parler plus simplement, il s'agit, pratiqué, il est vrai, sur une échelle proprement inimaginable, d'un tentaculaire espionnage industriel visant, au profit d'un Saint-Empire communiste bloqué dans une « économie de guerre » étatique et improductive, à s'emparer des secrets de fabrication, de recherche et de développement d'entreprises occidentales connues pour leur savoir-faire.

Mené par de puissants et compétents services secrets d'État, un tel espionnage peut, en effet et à la différence de ce qui se passe lorsqu'il est l'apanage de douteuses officines privées, mal outillées et vulnérables, malgré la frayeur qu'elles inspirent, à des mesures de sécurité assez élémentaires, atteindre à la perfection. Rien n'est plus facile, pour des *opers* professionnels, de procéder au recrutement de cadres, de savants ou d'ingénieurs qui, non soumis à de strictes règles de sécurité et de surveillance, ne sont pas, à la différence des militaires ou des hauts fonctionnaires, habités par le sens de l'État ou par la fidélité à l'entreprise ou à l'organisation auxquelles ils appartiennent. L'argent et le jeu de l'ego sont ici des leviers prometteurs et les révélations de Penkovsky et, encore plus, de Farewell démontrent que, face aux sociétés ouvertes d'Occident, la PGU procédait à un véritable pillage scientifique et technologique aussi agréable et facile à mener que de voler un aveugle à la sortie d'une église.

L'hémorragie — superbement ignorée par l'Occident[1] jusqu'à, dans une certaine et très relative mesure, l'affaire Farewell — en était arrivée à un tel point que le dernier chef du KGB, Vladimir Krioutchkov — l'homme qui précipita la chute du communisme en montant contre Gorbatchev sinon un putsch du moins une stupide et maladroite tentative de « normalisation » de la perestroïka — s'extasie encore dans sa récente interview au quotidien de l'Armée russe actuelle sur le fait que l'espionnage ne coûtait pas de l'argent à l'État soviétique. « Des opérations particulières nous rapportaient non une centaine de millions de dollars mais des milliards ! J'estime que le Renseignement était l'activité la plus rentable de notre pays ». Soyons

1. *Les carnets secrets du colonel Penkovsky*, publiés à Paris en 1966 sont passés totalement inaperçus en France.

méchants : c'était, avec le commerce d'armes, la *seule* activité rentable du système économique communiste. « Pour un rouble dépensé, tu en touches mille... Pourquoi ? Parce que le boulot a peur du compagnon[1]. »

Il existe une justice immanente, personne n'est jamais parvenu à résoudre un problème mal posé, et les extraordinaires — et encore inconnues de nos jours — performances de l'espionnage industriel de la PGU, rendues indispensables par l'arriération industrielle, technologique et commerciale du Saint-Empire communiste en raison du caractère inapplicable de son utopie, n'ont permis ni de rattraper le retard abyssal sur l'économie capitaliste ni d'éviter l'effondrement sans gloire du Système tout entier.

Les limites d'un organisme somme toute honorable

D'autres raisons inhérentes à la nouvelle civilisation née sur la terre russe et à son ordre original d'un Parti-Église ont, de tout temps et en dépit des fantasmes sataniques qui l'entourent en Occident, accordé au Renseignement extérieur du Saint-Empire communiste en général et à sa PGU en particulier une moindre importance que celle conquise et exercée par son rival de la CIA américaine, pourtant surgi, casqué et botté, seulement au début de la « guerre froide ». Ainsi la PGU, qui a toujours voulu se démarquer de la sécurité intérieure et répressive du KGB au point de quitter la symbolique Loubianka pour aller s'installer dans les années soixante-dix dans les bâtiments modernes d'une lointaine banlieue de Moscou, n'a jamais nourri le rêve américain de transformer le monde.

« Le monde était étudié, il faut maintenant le transformer », constatait, nous l'avons vu, Karl Marx, oubliant allègrement que cette pulsion discu-

1. V.A. Krioutchkov in *Krasnaïa Zvezda*, 28 février 2004. Là encore, seules les révélations de transfuges — un Polonais dans ce cas précis — permettent de mesurer la portée proprement faramineuse de ce pillage mené par la Recherche communiste. Ainsi, l'UB polonais est-il parvenu, avec l'aide technique et financière du KGB, à recruter en 1979 — sur des bases strictement matérielles bien entendu — l'un des plus hauts responsables de la firme californienne *System Control Incorporated* travaillant pour le Pentagone. Cet industriel de haut vol amènera à Varsovie une pleine valise — des milliers de pages de croquis, de plans, et de données techniques — sur les fusées américaines les plus récentes et performantes (V. Pavlov, *Upravlenie S*, *op. cit.*, p. 396-397), Lonsdale aura donc fait des émules aussi brillants que rentables.

table a toujours habité tous les grands Empires — Alexandre-le-Grand, Gengis Khan — ou les grandes idéologies — la Révolution française ou, de nos jours, la croisade pour la démocratie de George W. Bush. Mais dans la Russie issue d'Octobre, c'est le parti communiste soviétique, gardien et instrument du Dogme « marxiste-léniniste » et non les services secrets qui était, dans le Saint-Empire « socialiste », chargé de cette glorieuse et divine — « scientifique » — mission[1].

1. La volonté du parti communiste soviétique — l'Église et ses Grands Prêtres — de transformer le monde ne relève pas de cet ouvrage car, si elle m'impressionne et si je l'ai toujours combattue dans la mesure de mes faibles moyens, elle ne fait appel qu'incidemment à la recherche et à la connaissance des services d'espionnage — le Parti-Église détenant seul la science divine et ne considérant ses « organes » que comme un outil parmi d'autres, sauf dans le domaine crucial de la stabilité intérieure.
Or, quelle que soit la puissance des moyens mis en œuvre — Parti-Églises locaux, syndicats, organisations dites « de masses » — le Saint-Empire soviétique n'est parvenu à transformer le monde en dehors des frontières russes que lorsqu'il a, comme en Europe de l'Est après la victoire sur les nazis, bénéficié de la présence de la force militaire de l'Armée rouge avant que même ce facteur essentiel ne se relève impuissant en Afghanistan face à la vivacité de l'islamisme nationaliste.
Si la Foi communiste a entraîné les prouesses les plus extraordinaires de tous les temps en matière d'espionnage et sa naissance sous sa forme moderne, elle n'a jamais et nulle part réussi à amener au pouvoir l'utopie marxiste par des voies démocratiques légales — même en Russie, l'Assemblée constituante élue après Octobre et chassée par Lénine était à majorité socialiste — ni, même, par des soulèvements internes armés.
Dans ce dernier domaine, la seule exception — qui confirme la règle — est celle de Fidel Castro, mais il s'agit plus d'une « auto-conversion » à la religion marxiste d'un chef révolutionnaire dont la conquête du pouvoir — toujours grâce à la force des armes comme dans la Russie d'Octobre 1917 — n'a absolument rien à voir, malgré la mythologie occidentale, avec l'action du Parti, de la diplomatie ou des services secrets du Saint-Empire soviétique. Celui-ci ne découvrira, ô divine surprise, l'existence et le possible « marxisme-léninisme » de Castro qu'après le renversement de l'ignoble marionnette américaine, Battista. Les Mémoires du spécialiste de Cuba, ami de Raül Castro, au KGB, Boris Leonov, sont parfaitement clairs sur ce point.
Si les tentatives de transformation du monde par le Parti-Église durant la cruciale année 1919 ou dans l'euphorie de la libération de l'Europe occidentale s'effondrèrent dans la mesure où elles n'étaient pas soutenues par l'occupation de l'Armée rouge, la deuxième vague d'expansion soviétique découlant des convulsions du tiers-monde ne débouche pas non plus sur des succès incontestables au Proche-Orient, en Amérique latine ou en Afrique malgré les immenses moyens utilisés. Dans le meilleur des cas, on n'assistera qu'à la naissance de partis ou d'États croupions — Fidel Castro mis à part — ne ressemblant en rien à leur modèle. Malgré les frayeurs qu'ils inspirèrent à une Amérique toujours aussi obtuse face aux pays colonisés, ni l'Angola ni l'Éthiopie, ni le Guatemala ni le Nicaragua n'étaient, telle Cuba, de véritables « Républiques démocratiques ».

Essentiellement responsable de la recherche de renseignements — la connaissance ultime était le privilège de la sacro-sainte Église —, la PGU n'en a pas moins été, en plus de missions de liaison clandestines, notamment en ce qui concerne la remise de fonds aux partis communistes locaux, contrainte, en raison de circonstances historiques ou de ses propres pulsions, d'apporter son grain de sel à la Grande Œuvre d'un Parti qui la considérait comme son « bras armé » sur « le front invisible ». Néanmoins, le département « A » de la désinformation créé par le général Agayants en 1959 après l'effondrement du rêve de la communisation de l'Europe occidentale ou, tout au moins, de la neutralisation de l'Allemagne puis la direction, devenue un service en titre des « mesures actives », ne se sont jamais occupés que d'opérations secondaires qui ne sauraient en rien être comparées, ni par leur ampleur ni par les objectifs poursuivis ou les résultats obtenus avec la dynamique et ambitieuse *covert action* de la CIA.

Fabrication et diffusion dans la presse mondiale de faux documents attribuant aux dirigeants américains les plus noirs desseins... Déstabilisation de personnalités du « monde libre » par la « révélation » de leurs turpitudes passées, réelles comme dans le cas d'anciens nazis en Allemagne de l'Ouest ou en Autriche ou, tout simplement, imaginaires bien que plausibles. D'une certaine façon, le transfuge Kravchenko n'était pas entièrement recommandable, bien que ne méritant pas pour autant le voyant « costume à carreaux » qui lui fut attribué par les zélés agents du KGB... Faux attentats antisémites — la réalité a depuis, hélas, rattrapé la fiction — d'une extrême-droite factice tendant à démontrer que les pays occidentaux restaient hostiles aux Juifs... Implantation dans les opinions publiques — particulièrement du tiers-monde

Les exemples de la Chine et du Viêt-nam sont, en effet, très particuliers, évoquant plutôt celui de la Yougoslavie. Leur basculement dans la Foi communiste — qui n'entraîna, malgré toutes les théories des doctrinaires américains, aucun effet de « domino » — ne s'explique pas par l'efficacité des techniques de transformation du monde par l'Église-Parti mais par l'existence de croisés charismatiques — Staline, à juste titre, protestait lorsqu'on lui affirmait que Mao-Dzé-Doung était son « disciple » et se retournera avec violence contre la personnalité de Tito. Dans une situation de guerre contre une colonisation et un envahisseur étranger, qui mettait entre leurs mains des forces armées considérables, Tito ou Ho-Chi-minh jouaient sur de puissantes pulsions nationalistes ou anticolonialistes — la volonté de « libération » permettant seule à l'organisation et à l'endoctrinement communistes de s'épanouir pleinement. La guerre d'Algérie prouve, *a contrario* qu'un mouvement de libération assis sur des bases analogues ne peut que triompher même s'il affronte des forces puissantes et n'est mêlé en rien au « communisme international ».

travaillé par l'anticolonialisme et l'anti-américanisme — de grands mythes mobilisateurs contre les États-Unis, tels que le recours par l'*US Army* aux armes bactériologiques en Corée — des émeutes se produiront en France en 1952 contre la nomination en Europe de « Ridgway-la-Peste » — en attendant que les horreurs de la guerre au Viêt-nam et l'apparition d'armes littéralement terrifiantes ne nécessitent plus le recours à l'invention pure et simple... Découverte et dissémination du SIDA dans et par les laboratoires du Pentagone... La liste serait longue d'opérations de « désinformation » dénoncées par un Occident indigné mais qui ne sont pas encore toutes connues de nos jours tant les services russes actuels semblent rechigner à assumer ce douteux passé qui me paraît effectivement relever, du moins en ce qui concerne la « désinformation », d'une barbouzerie contre laquelle je m'indigne de toutes mes forces car elle relève non de la recherche et de la connaissance du monde mais d'une volonté inacceptable d'assassinat politique d'individus isolés ou de la destruction des valeurs de toute une société.

Seul le soutien accordé à certaines personnalités et organisations pacifistes de l'Allemagne de l'Ouest, grâce, notamment, à la connaissance unique de ces milieux par Markus Wolf présente quelques points communs avec la *covert action* de la CIA durant la lutte contre l'expansion communiste aux débuts de la « guerre froide », mais c'est à un niveau très inférieur et, malgré tous les cocoricos de certains anciens de la PGU, sans véritable effet décisif. La pulsion pacifiste allemande, provoquée par l'installation de fusées américaines sur le sol de la République fédérale se serait, en effet, manifestée de toute façon. « Les fusées sont à l'Est, les pacifistes à l'Ouest », constatait François Mitterrand.

En vérité, il faut avoir été habité, toute sa vie durant, par la foi dans la primauté du « socialisme scientifique » et l'inéluctabilité de son triomphe radieux pour comprendre véritablement la nature profonde de l'action politique menée par la PGU.

Si la « désinformation », implantation de fausses mais vraisemblables nouvelles dans le camp « impérialiste », est assez facile à appréhender, il n'en va pas de même des « mesures actives » — formulation et notion floues à souhait — qui l'ont remplacée au sein de structures de plus en plus volumineuses du Renseignement extérieur lorsque la « guerre froide » a commencé à montrer des signes d'essoufflement. Même de longues conversations avec le général Kondrachev qui a longtemps dirigé cette branche de la PGU ne m'ont pas permis, en partie en raison des réticences de mon interlocuteur tant de dévoiler son *agentura* que des méthodes aussi partisanes que révolues, d'en saisir toutes les spécificités car cette forme secrète de propagande — en fait, la diffusion, la défense et l'illustration grâce aux réseaux clandestins des services secrets communistes de la « Vérité » marxiste — me paraît relever, à côté de la barbouzerie pas très avouable de la « désinformation », d'une stupidité qu'on pourrait qualifier de « néo-théologique ». Faire appel aux « organes » pour répandre dans le monde occidental les thèses « marxistes-léninistes » et les points de vue favorables à la politique et aux positions de l'État les mettant en œuvre me paraît plutôt, au moment où la haine de l'Autre inspirant la « désinformation » s'était atténuée, témoigner d'une impuissance du Saint-Empire, voire du début de sa décomposition.

Lorsque la Foi communiste était à son apogée, elle n'avait pas besoin, en effet, d'« hommes de confiance » ou de « relations confidentielles » de ses services secrets pour essaimer dans l'univers. Souvenons-nous ne serait-ce que de la négation par les élites intellectuelles occidentales de la famine en Ukraine ou de la réalité sinistre du Goulag. Ce n'est que lorsque la Foi s'est évaporée, devenue plus formelle que pleinement ressentie, que les Grands Prêtres se sont vus contraints d'accepter la proposition de leur PGU — Staline aurait éclaté de rire en faisant préparer un peloton d'exécution — de répandre par ses moyens propres des bribes de « Vérité » — titre, la *Pravda*, de l'organe officiel du Parti-Église — dans une société occidentale qui n'écoutait plus le chant des sirènes marxistes ou, pis, était fascinée par les visions défavorables au Saint-Empire, tels *L'Archipel du Goulag* d'un Soljenitzyne inacceptable pour les défenseurs de la Vraie Foi ou le remarquable *La Barbarie à visage humain* de Bernard-Henry Lévy[1] qui, eux, ne découlaient d'aucune « mesure active » d'aucun service secret.

En fin de compte, la mobilisation assez extraordinaire par les services secrets communistes de leurs tentaculaires agents ou contacts plus ou moins clandestins n'a, sans transformer en rien le monde, brassé que du vent, montagne accouchant de souris intéressantes à observer pour un spécialiste

1. Ironie de l'histoire. Lorsque « BHL » publie sa *Barbarie à visage humain*, il n'existe plus de véritable « barbarie » sous Brejnev et le soviétisme, sous les traits peu avenants de la « médiocratie », ne présente plus — voyez l'invasion de Prague ou de l'Afghanistan — un « visage » particulièrement « humain ». La Vérité « libérale » est tout aussi imparfaite et subjective que la Vérité marxiste.

ès soviétisme mais incapables de modifier le cours des événements. « Le sens de l'Histoire », aurait dit Karl Marx. La liberté de la presse, l'éducation constante du public grâce au développement des mass médias — ô la puissance de la télévision ! — paraissent des armes autrement efficaces que l'action politique des services secrets, fussent-ils aussi puissants et compétents que la PGU. L'information démocratique, objective, sincère et honnête, ne peut que triompher de la « désinformation » et des « mesures actives ».

Un second boulet était, dans le Saint-Empire, attaché aux pieds du renseignement extérieur des « organes ».

En effet, l'analyse n'était pas — autre différence marquante avec un Occident ne disposant pas de la puissante marée d'une religion séculière — au centre des préoccupations des services de renseignement russes, même au sein de la performante PGU. Le Dogme « marxiste-léniniste » imbibait à un tel point toutes les strates de la société soviétique que le système ne comptait pas sur son « bras armé » pour lui procurer une « connaissance objective » de la planète — totalement inutile, voire hérétique, par rapport aux vérités théologiques détenues par le sacro-saint Parti. En conséquence, les Grands Prêtres du Kremlin déployaient la fâcheuse tendance à ne s'appuyer que sur leur foi — fût-elle de plus en plus déliquescente au fil des années — pour comprendre le monde, ne s'intéressant qu'aux renseignements « bruts » — et non aux analyses — de leur espionnage extérieur, auquel ils ne demandaient que de multiplier à l'extrême leurs recrutements d'agents.

Je n'ai jamais lu d'analyses de la PGU et je ne puis donc me prononcer sur leur valeur. Mais, d'après le général N. S. Leonov[1], responsable des analyses du Renseignement extérieur qui me paraît d'ailleurs plus un bon professionnel de la recherche qu'un intellectuel à la Raymond Aron, l'analyse ne constituait que 30 % des renseignements brassés par les services soviétiques contre 70 %, d'après lui, au sein de la CIA. C'est que les Russes, disposant de plus de sources humaines que les Américains, s'attachaient surtout à déterminer leur fiabilité et leur crédibilité afin d'éviter l'erreur de Staline écartant d'un revers de main l'annonce par Zorgué ou l'Orchestre rouge berlinois de l'imminente invasion nazie du Saint-Empire.

1. N.S. Leonov, *Likholetie*, Mejdunarodnye Otchnochenia, Moscou, 1994.

Sécrétée par les pragmatiques mais schématiseurs à outrance intellectuels américains, l'analyse n'est pas un art communiste ou russe[1].

LE « MINI-MIRACLE » DU TIERS-MONDE ET DE MARKUS WOLF

Si, malgré le fantasme occidental sur sa prétendue toute-puissance et les gigantesques moyens mis à sa disposition par le pouvoir communiste, le « KGB » — en fait : la PGU —, dont l'*agentura* américaine mais surtout européenne est, en réalité, saignée à blanc par ses transfuges des années soixante, se révéla, en raison de la délitescence de la Foi après la mort de Staline, incapable, en dehors de son boulimique et juteux espionnage industriel et en attendant le « retournement » d'Aldrich Ames, de renouveler le « miracle des années trente » ou des conditions « favorables » créées par la libération de l'Europe, deux exceptions majeures volent néanmoins au secours de la recherche extérieure du Saint-Empire.

La première fait s'ouvrir devant nous une nouvelle — et, semble-t-il, immense — *terra incognita*. Ce n'est pas seulement à cause de la brillante mais bien peu idéologique et fort peu avouable affaire Ames que les « Esquisses de l'histoire du Renseignement extérieur russe » arrêtent de déverser leurs trésors à partir de 1965. La maladresse et l'ignorance, l'arrogance et l'hégémonisme des États-Unis face à un tiers-monde « humilié et offensé », enthousiasmé par l'auto-conversion au marxisme du miraculeux Fidel Castro, bouleversé par l'abominable guerre au Viêt-nam — ô les bombardements sauvages du

1. D'après sa riche expérience de chef de la puissante *rezidentura* de Vienne à la fin des années soixante après avoir commandé le département des illégaux et exercé les importantes fonctions d'adjoint au directeur de la PGU, le général-major Pavlov (*Upravlenie S*, *op. cit.*) identifie deux autres freins — plus mineurs —, qui venaient contrarier la progression harmonieuse du Renseignement extérieur soviétique. D'une part, la peur panique des dirigeants communistes d'une agression nucléaire « capitaliste » entraînait de dévorantes et semble-t-il, assez surréalistes observations et vérifications des points de décision, politiques et militaires, de l'ennemi « impérialiste ». Il n'est rien de plus difficile que de démontrer que quelque chose n'existe pas. D'autre part, l'autosatisfaction des Grands Prêtres du Kremlin les poussait à demander sans cesse à leurs *rezidentura* comment l'Occident réagissait à leurs moindres mais innombrables prises de parole, articles, livres ou congrès, alors que ces grandes ou basses messes du rituel communiste passaient totalement inaperçues dans un Ouest où elles n'intéressaient personne. « Que ce métier aurait été beau, me confiait l'un de mes nouveaux amis de l'ancien KGB, s'il n'avait pas fallu exécuter si souvent des ordres d'une parfaite imbécillité. »

Nord et les massacres massifs au Sud ! — labourent, à leur tour et dans de nouvelles contrées, le terreau fertile, semblable à celui que le brillant Agayants identifiait dans la France libérée.

« Si vous voulez savoir ce qui se passe à Washington, adressez-vous à New Delhi », dira-t-on alors à Moscou, mais, mise à part l'arrivée aux plus hauts postes de la PGU d'*opers* ayant travaillé dans le tiers-monde, tels les *rezidents* en Égypte et en Inde, Vadim Kirpichenko ou Leonid Chebarchine dont j'apprécie l'étonnante culture et la prodigieuse finesse d'esprit, dénuée du moindre soupçon ni de mégalomanie ni de fanatisme communiste décelables chez son chef Krioutchkov, aucune indication concrète et précise n'est malheureusement donnée à Moscou sur cette page pourtant, semble-t-il glorieuse de l'épopée du Renseignement extérieur du Saint-Empire communiste.

La seconde exception ne vient pas du KGB lui-même mais de l'organisme qu'il est parvenu, profitant de la sidérante obéissance germanique, à créer à sa stricte image dans la République démocratique allemande. C'est d'une manière confinant à la perfection que la Recherche extérieure est-allemande a profité, en effet, de la coupure de sa patrie en deux, de la connaissance instinctive à l'Est des moindres nuances de pensée du « frère » séparé ou de l'apparition en République fédérale, après le remplacement du conservateur et strictement tourné vers l'Occident, Konrad Adenauer, par l'ouvert et généreux Willy Brandt, d'un puissant désir — l'*Ost Politik* — d'entretenir avec le morceau du pays placé sous la coupe du Saint-Empire les meilleures relations possibles, pouvant seules mener un jour à une réunification de la Patrie disloquée. Là encore, la haute politique et les puissantes pulsions de la société marquent leur écrasante supériorité sur l'action des services secrets, aussi compétents soient-ils : le mur de Berlin tombera, l'Allemagne sera réunifiée au profit de la République fédérale même si la qualité de sa recherche ne peut se comparer en rien avec celle de sa rivale de l'Est.

La HVA — *Haupt Verwaltung Aufklärung* : Administration principale de la Recherche — ainsi nommée dans une conception très russe de la stricte collecte de renseignements contredit, en effet, deux lois que nous avons rencontrées au fil de ces pages. D'une part, l'absence de compétence en matière de Renseignement qui semble avoir été une malédiction allemande pesant tant sur l'Abwehr de l'amiral Canaris que sur le BND du général Gehlen a été, grâce à la foi communiste, surmontée haut la main.

L'organisme — civil bien entendu malgré les grades et les uniformes militaires de ses chefs — dirigé par le légendaire Markus Wolf a constitué, en effet, probablement l'un des services d'espionnage les plus performants de la « guerre froide », au même niveau technique que la PGU russe et loin devant, mais ce n'était pas difficile, de l'UB polonais, du Stb tchèque ou autres Securitate roumaine implantés par les Soviétiques dans les « pays frères ». D'autre part, la renommée — cette fois nullement usurpée — de son chef ne voile pas, dans cet exemple précis, une profonde inefficacité : le talent indubitable de Markus Wolf a créé un service secret à son image mais a été également accru par les réussites de ce dernier.

À vrai dire, ce sont — comme toujours — des conditions « favorables » qui expliquent ce véritable « mini-miracle ». Lorsque la HVA collectait, tel un puissant aspirateur, des renseignements sur l'Allemagne fédérale, elle travaillait dans et sur un pays qui, quelque part, était le sien, qu'elle comprenait et connaissait d'instinct et qui, de surcroît, abritait une société démocratique, donc — à la différence du mur de béton de la RDA que devait affronter le général Gehlen — profondément ouverte à toute pénétration extérieure, surtout quand elle était pratiquée par des réfugiés ou des frères de sang. Or cette recherche boulimique était sous-tendue par des convictions communistes, de charbonnier chez Markus Wolf et ses *opers*, et se trouvait à même d'exploiter tout un ensemble de pulsions, passions et confusions idéologiques et patriotiques qui taraudaient une partie des élites ouest-allemandes lorsqu'il s'agissait pour elles de se déterminer par rapport à leur « frère » de l'Est. Coopérer avec une HVA, allemande elle aussi, était moins difficile et plus attrayant que d'établir une allégeance directe, disons, avec le « KGB » russe et soviétique.

L'épanouissement proprement impressionnant des résultats et des techniques de Markus Wolf évoque donc plutôt la situation d'avant la Seconde Guerre mondiale et constitue, pendant que la Foi communiste se délitait chez les élites occidentales ou au sein du Saint-Empire russe, le renouvellement sur une échelle bien entendu très réduite, du « miracle des années trente ». Cependant, à la différence de la croisade antifasciste d'avant-guerre, le « mini-miracle » est-allemand — 6 000 agents ou « relations confidentielles » en République fédérale pour 60 en France pour la PGU russe — ne présente aucune valeur universelle et reste exclusivement germanique. La « toile d'araignée rouge » de Markus Wolf ne s'étend, cette fois-ci qu'au seul jumeau de l'Allemagne de l'Ouest et ne parvient pas véritablement à tisser ses filets aux États-Unis, en France ou en Grande-Bretagne. « Un grand service dans un petit pays », se souvient-on avec nostalgie à Moscou.

Je ne connais pas l'allemand qui, au lycée de Nice où j'ai effectué durant la Seconde Guerre mondiale des études républicaines qui ont fait de moi ce que je suis devenu, me paraissait la langue non de Goethe mais, gutturale et terrifiante, d'Adolf Hitler et je ne désirais pas, non plus, gâcher mes relations privilégiées avec Markus Wolf en lui posant des questions insidieuses auxquelles il n'aurait pas d'ailleurs répondu. J'ignore donc tout, à la différence de la Russie ou des États-Unis, de la littérature sur l'espionnage qui paraît dans l'Allemagne réunifiée. Il me semble néanmoins que la survivance du mythe de l'Ogre satanique et des haines et frayeurs suscitées par « l'espionnage de l'Est », les répulsions que continue à inspirer l'abominable Stasi chargée de la sécurité intérieure et pratiquant la surveillance de la population avec une méticulosité toute germanique — et avec laquelle la HVA entretenait les mêmes rapports distants que la PGU de Chebarchine avec ses « voisins » de la Sécurité interne du KGB — n'ont pas permis de profiter de l'occasion unique que constitue la saisie d'une grande partie des archives est-allemandes pour rédiger les études objectives d'un service de recherche que la PGU russe appréciait tellement que sa *rezidentura* en Allemagne de l'Est, confiée à un autre de mes nouveaux amis, le général Kondrachev, comptait un millier d'*opers* et d'analystes pour exploiter les merveilles collectées par le brillant Markus Wolf.

Je me contenterai donc de présenter au lecteur le rapide résumé des deux grandes affaires qui me paraissent — mon livre, on a pu le constater, est hautement subjectif — les plus significatives des conditions « favorables » offertes, par une Allemagne de l'Ouest démocratique, permissive et laxiste, séduite par les rêves de l'*Ost Politik*, au recrutement idéologique pratiqué par un Markus Wolf dont la compétence en matière de Grand Jeu me semble, comme celle de Leonid Chebarchine, à mille lieues de celle des *opers* occidentaux, à l'exception d'Allen Dulles, qu'il m'a été donné de fréquenter au moment où la « guerre froide » ne permettait aucun autre contact en raison de la stupide coupure du monde en deux.

Ignorée en France — elle ne figure pas dans le guide hexagonal de l'espionnage dont nous avons, une fois n'est pas coutume, dit un grand bien[1] —, l'affaire Gabriella Gast est, à mes yeux, l'une des plus belles opérations de recrutement jamais montée dans le Grand Jeu. Comment, en effet, transformer une pure jeune fille idéaliste jusqu'à la moelle en une collaboratrice des durs services secrets de son propre pays, l'Allemagne fédérale, et, de là, dans un spectaculaire tournant à 180°, lui faire revêtir les habits douteux d'un agent, dévoué *perinde ac cadaver*, aux services adverses de renseignement d'un Est détesté et abhorré ?

Tout commence, après une étude approfondie de la personnalité de la brillante et prometteuse jeune Gabriella — toujours la *razrabotka* si chère aux Russes et que Markus Wolf, élevé à Moscou, a apprise de ses professeurs de la PGU — par l'apparition dans son entourage d'un « Roméo », un jeune homme séduisant des services de l'Allemagne de l'Est camouflé en un inoffensif étudiant de la République de Bonn. Une idylle naît, mais à la différence des autres affaires de séduction visant de simples secrétaires mûres et esseulées de l'Allemagne de l'Ouest qu'a inventées et organisées le grand Wolf, ce Roméo-là ne dira jamais à sa Juliette : « Je suis un officier de renseignement de l'Est. Travaille pour moi ».

Tout l'art de Wolf consiste à faire jouer à son Roméo un rôle en coulisses et en demi-teintes, présentant à sa Juliette bien aimée des « amis » aussi généreux que de gauche et de se contenter, dans la chaude intimité d'un amour sans nuages, de la guider par de légères touches vers son nouveau destin.

Ce sont ces amis de gauche — marionnettes, eux aussi, du beau Markus — qui conseillèrent à Juliette de suivre les cours d'un professeur d'université de droite dont Wolf, parfaitement renseigné sur tout ce qui se passe à l'Ouest, prévoit que, séduit par la personnalité unique de Gabriella et proche des services secrets de l'Allemagne fédérale, il ne pourra que conseiller à sa brillante protégée de rejoindre les rangs d'un BND dont il est la tête chercheuse.

Coup de maître, ce sont les officines de renseignement de l'Ouest qui, d'elles-mêmes, viendront chercher la vipère qui se lovera en leur sein.

1. Geoffroy d'Aumale et Pierre Faure, *op. cit.*

Aidé par Roméo, c'est toujours l'entourage de gauche qui aidera Juliette à vaincre les réticences que lui inspire une proposition aussi contraire à la pureté de sa nature. Puis, lorsqu'ainsi conseillée, Juliette aura franchi le pas et intégré les services secrets de son pays, la diabolique tenaille formée par l'amour de sa vie et des mentors intellectuels apparemment désintéressés amènera la jeune fille à accepter une solution adaptée aux sentiments de rejet que lui inspirent sur le champ les simplifications abusives et l'anticommunisme primaire de l'organisation où elle vient d'entrer. Hélas, la faible compétence de certaines officines occidentales peut les pousser très naturellement vers une forme — atténuée — de fascisme et, je vais de nouveau prendre mon lecteur à rebrousse-poil, si l'on examine avec l'objectivité que permet la dissipation des haines de la « guerre froide » l'activité des services de renseignement extérieurs — je ne dis pas : de contre-espionnage intérieur, surtout quand il est offensif —, la brutalité est à chercher plus du côté de la CIA et de ses affidés que de la PGU du pourtant si décrié KGB. Roméo et ses guides intellectuels fourniront alors à Juliette, assistés par un « recruteur » professionnel appartenant, lui, à la HVA, la clé au problème de conscience que pose à sa pureté son appartenance nouvelle aux « fascisants » services secrets de l'Allemagne de l'Ouest : transmettre à un Est, lui ouvert et progressiste, idéalisé car ignoré, tous les renseignements susceptibles de servir la paix du monde et la nécessaire réunification de l'Allemagne éternelle.

Enfin, Roméo — et Markus Wolf en personne lorsque l'évolution de la psychologie de la jeune Gabriella le rendra indispensable — aidera Juliette, dans le cadre paisible de leur heureuse vie conjugale, à surmonter les deux obstacles qui, terrifiants, se dressent sur le chemin de toute « trahison » : le doute et la solitude.

Les résultats obtenus sont à la hauteur de l'inventivité déployée : devenue chef du service des analyses du BND occidental, Gabriella Gast communiquera à la HVA de l'Est — grâce à un système de liaison aussi sûr que complexe dans lequel le Roméo ne jouera aucun rôle mais qui sera effectué par des illégaux faciles à implanter à l'Ouest — la totalité des renseignements relatifs au fonctionnement, aux connaissances et opérations, des services secrets de la République fédérale.

Jeune femme au-dessus de tout soupçon, Gabriella Gast ne sera démasquée qu'après l'effondrement du mur de Berlin pour vivre alors le drame de sa vie : l'homme dont elle était éprise et dont elle croyait qu'il l'aimait n'avait fait qu'agir sur ordre… Emprisonnée, privée — mesquinerie de la victorieuse Allemagne de l'Ouest — de toute pension ou retraite, la superbe Gabriella n'en voudra jamais à Markus Wolf de lui avoir ainsi forgé un destin qu'elle n'aurait peut-être pas choisi d'elle-même, ne regrettant pas un seul instant le changement d'allégeance qu'il l'aura aidée à effectuer.

« Une plaisanterie allemande, me confiait un soir l'un des plus subtils civils de l'Intelligence Service britannique, Nikholas Elliot, qui interrogea Philby à Beyrouth avant son passage à l'Est, ne procure jamais un motif pour éclater de rire. » Plus célèbre que l'admirable recrutement de Gabriella Gast, l'étrange affaire Guillaume n'offre ainsi aucun « *matter to laugh* ».

Membre des services secrets de l'Allemagne de l'Est, Gunther Guillaume présente deux avantages. Ce n'est pas un « intellectuel raté » comme ceux qui, d'après ce que m'avait dit un jour Georges Pompidou, peuplaient à l'époque les services français mais l'un de ces jeunes gens brillants que l'on trouve à la CIA ou à l'Intelligence Service, à la PGU soviétique ou à la HVA de Markus Wolf. De surcroît, son père médecin a soigné avant-guerre Willy Brandt devenu une star étincelante de la nouvelle République fédérale.

La HVA organise donc en 1952 le passage du jeune Guillaume avec sa femme en Allemagne de l'Ouest. Gunther y fait un parcours éblouissant. Inscrit au parti socialiste, tendance droite, il en gravit tous les échelons puis, lorsque Willy Brandt accède au poste de chancelier, il est appelé à son secrétariat, maniant les documents les plus secrets qu'il s'empresse — pourquoi se gêner ? — de transmettre à son service d'origine.

Amenée au grand jour en 1977, l'affaire Guillaume illustre un fait qui n'étonnera pas tous ceux qui, au fil de ces pages, ont constaté les difficultés congénitales de la chasse aux espions : le petit contre-espionnage de la démocratique et ouverte République fédérale n'était pas en mesure de surveiller tous les réfugiés de l'Allemagne de l'Est, même ceux qui, comme Guillaume, éveillaient de nombreux et tenaces soupçons. L'espionnage est un crime sans cadavre, avons-nous dit, et seules les preuves concrètes et indubitables peuvent, en démocratie, entraîner une arrestation et un procès. Démasqué en fin de compte, condamné à vingt-trois ans d'emprisonnement, Guillaume fera l'objet d'un échange en 1981 contre quarante-sept détenus politiques en RDA[1].

1. Geoffroy d'Aumale et Pierre Favre, *op. cit.* p. 205.

Il y a plus grave : le scandale provoqué par la présence d'un « espion » de l'Est dans le saint des saints de la Chancellerie sera tel qu'il entraînera la démission de Willy Brandt, promoteur sincère et dynamique d'un rapprochement entre les deux Allemagne. Or, pour connaître les secrets du parti socialiste de la République fédérale, voire de sa Chancellerie, il suffisait de lire les journaux ou de s'entretenir directement avec le très ouvert Willy Brandt lui-même.

Brillante au plan de la collecte de renseignements utiles à la « connaissance objective », l'opération Guillaume se traduit donc par un désastre politique. Afin d'obtenir des informations s'étalant sur la place publique, Markus Wolf a causé la chute d'un homme politique profondément favorable à sa patrie et à son État. L'espionnage n'est pas une fin en soi et, dans l'affaire Guillaume, la volonté des services communistes de tout savoir sans se rendre compte à quel point cette pratique, normale pour eux, tétanise, une fois dévoilée, les opinions publiques occidentales, les a amenés à se tirer une balle dans le pied.

Peut-on, pour autant, en vouloir à Markus Wolf ?

Grand homme élancé, au pouvoir de séduction d'un Robert Newman allemand[1], marié par amour à une femme ravissante, l'admirable Andréa, n'appartenant pas à la nomenklatura de la RDA dont il était pourtant lui-même un membre éminent, Markus était une incarnation parfaite du culte de l'amitié et de l'ouverture chaleureuse sur autrui. Avec la curiosité quasi-amoureuse qui explique son don exceptionnel pour le Renseignement et, peut-être, ses malheurs dans l'affaire Guillaume, Wolf sollicitait les confidences des innombrables et divers personnages qui l'entouraient, cherchait, habité par la ténacité d'un chien de chasse affectueux, le moindre détail sur leur individualité, ne se plongeant dans les dossiers policiers que dans le cas où les archives ou souvenirs familiaux étaient muets et insuffisants[2].

1. Ces lignes ont été rédigées avant la mort subite de Wolf. Il ne s'agit donc pas d'une oraison funèbre glorifiant le décédé mais d'un essai de portrait rédigé de son vivant.

2. Dans son remarquable ouvrage de souvenirs — Markus Wolf était également un écrivain de talent — « *Les amis ne meurent jamais* », on trouve plus d'indications sur sa personnalité profonde et son parcours politique et idéologique que dans ses Mémoires, plus techniques, officiels et figés. Étonnerai-je le lecteur en déplorant que cet ouvrage, traduit en russe, n'a pas trouvé d'éditeur en France bien qu'il contienne un portrait émouvant de cette lumineuse personnalité de la gauche française la plus généreuse que fut le regretté Maurice Najman ?

Lorsque la perestroïka explose en Union soviétique, Markus Wolf décide, en une retraite anticipée, de quitter son poste prestigieux à la tête de la performante et puissante HVA et prend des positions éloignées par leur libéralisme de l'immobilisme obtus des dinosaures qui conduisent à sa perte un parti communiste est-allemand auquel il reste désespérément fidèle. Et après l'effondrement du système qu'il a servi durant toute sa vie, quand la justice vengeresse de l'Allemagne de l'Ouest s'abat sur le mythe qu'il est devenu avec un acharnement partisan que, sans encore le connaître, j'ai été amené à dénoncer publiquement, il fait, écartant les propositions alléchantes de collaboration avec la CIA, face avec un rare courage à un bref exil à Moscou puis, la nouvelle Russie le rejetant, au retour en Allemagne, à la prison, à une condamnation infamante avant qu'un jugement en appel ne le lave définitivement de tout soupçon de soutien au terrorisme ou de toute pratique contraire au respect des droits de l'homme.

Il existe pourtant un mystère Markus Wolf que je n'osais pas aborder avec lui. Est-ce la personnalité de son père, brillant intellectuel juif allemand antifasciste réfugié dans l'URSS de Staline ? Une éducation à Moscou ou à l'école du Komintern vers la fin de la Seconde Guerre mondiale avant un retour dans un Berlin marqué par le procès de Nuremberg et la nécessité d'extirper à tout jamais la lèpre nazie ? Toujours est-il que Markus Wolf était communiste jusqu'au plus profond de son âme, avec une pureté qui me rappelle celle des résistants communistes français que je fréquentais, au même titre que Marie-Madeleine Fourcade ou le colonel Rémy lorsque je désirais oublier le basculement du « gaullisme » vers un conservatisme aussi borné que celui des derniers dirigeants de la RDA — pureté qui, selon toute probabilité, lui aurait valu d'être fusillé sous Staline.

Comment un homme de cette qualité, de cette intelligence, de cette connaissance unique de l'Allemagne de l'Ouest qu'il étudiait avec le soin d'un anthropologue ne s'est-il pas néanmoins rendu compte que ce n'est pas la sclérose des chefs qui condamnait le système communiste qu'il servait avec une telle ferveur mais ses propres — et combien utopiques — impossibilités et contradictions internes ? Ce « juste » n'a-t-il pas compris que le fascisme qu'il rejetait à juste titre ne touchait plus, dans la démocratique République fédérale qu'il combattait, que des milieux marginaux et désaxés ? Comment a-t-il pu, surtout, devenir l'outil obéissant — et combien efficace en raison de son exceptionnel talent — de directeurs moins purs du KGB soviétique pour qui l'idéal communiste, foulé aux pieds dans la pénible et lourde réalité du « paradis socialiste », n'était plus qu'un prétexte au service au mieux de la puissance russe ou, au pis, d'une soif de pouvoir personnel ?

La sanction a été effroyable, sans pourtant ébranler en rien les certitudes de Markus Wolf : l'ordre communiste s'est effondré sans gloire dans un pays où, notamment grâce à lui, les services secrets — comment a-t-il pu, mystère de la Foi communiste, cohabiter avec la terrifiante Stasi ? — approchaient de la perfection. La télévision, ses détestables feuilletons et sa criante publicité, les repoussants films hollywoodiens ou l'image rutilante de supermarchés débordant de nourriture et de biens de consommation — « le communisme à visage humain », constatait, on l'a vu, le philosophe dissident Alexandre Zinoviev — sont plus puissants que l'espionnage, fût-il hissé par Markus Wolf à la hauteur d'un art jamais souillé, dans son cas, par la moindre dérive vers la barbouzerie ou la volonté abusive de changer un monde qu'il se contentait d'étudier.

Les pratiques scabreuses des « voisins » de la sécurité intérieure

D'où provient donc cette « mauvaise réputation » du Renseignement extérieur du Saint-Empire communiste ? Si l'on exclut la persistance, jusqu'à la fin des pourtant lointaines années cinquante et ne portant que sur une toute petite poignée de nationalistes ukrainiens, d'assassinats ordonnés par les Grands Prêtres soviétiques[1] ou la « désinformation », forme *soft* de meurtre politique, rapidement remplacée d'ailleurs par les « mesures actives » qui ne sont plus qu'une espèce — infantile à mes yeux — de propagande commu-

1. Je ne possède aucune lumière sur l'affaire vieille de trente ans et dite du « parapluie bulgare ». Mais, tel que je connais les anciens chefs de la PGU, j'ai plutôt tendance à attribuer le meurtre du dissident Markov à une initiative isolée de services secrets bulgares peu renommés pour leur modération, même si l'on en croit le transfuge Kalouguine, il y aurait eu complicité de la PGU sous la forme de la fourniture du poison. Quant à la tentative d'assassinat du pape Jean-Paul II, elle relève indubitablement d'un déséquilibré n'ayant aucun rapport avec les services secrets communistes.
« L'empoisonnement » du leader politique ukrainien, Youchtchenko, ou récemment, du petit escroc Litvinenko, ne constituent, eux, selon toute probabilité, que des fantasmes occidentaux sur « l'Ogre satanique ».

niste clandestine, la PGU russe s'est surtout distinguée par une assez simple et naturelle — certes boulimique mais c'est un autre problème — collecte de renseignements utiles à la sécurité et à la survie économique — le déplorable espionnage industriel — du Saint-Empire.

L'image détestable des services secrets de l'Est provient, je crois, en plus du souvenir effroyable laissé par la participation de leurs ancêtres aux terrifiantes — mais combien lointaines ! — « répressions » staliniennes, de l'association, abusive à nos yeux de démocrates, du Renseignement extérieur de la PGU, Première Direction générale du KGB, avec une autre administration, chargée, elle, au sein d'un organisme unique et monstrueux par son caractère tentaculaire, de la sécurité intérieure et du maintien de l'ordre idéologique du Saint-Empire. Or c'est cet autre « organe », la *Deuxième* Direction générale du KGB — *Vtoroï Glavk* car, en russe, une direction a une résonance masculine : même les abréviations n'ont rien de commun —, logé de surcroît dans la symbolique Loubianka qui traîne derrière soi le souvenir des crimes contre l'humanité commis sous Lénine et Staline. Si les prédécesseurs de la PGU ont été les premières victimes des « répressions », ceux du *Vtoroï Glavk* sont responsables des génocides commis contre les « ennemis de classe » du clergé, des officiers, de la paysannerie, de l'aristocratie et de la bourgeoisie ou des « hérétiques » du Parti, même si aucune comparaison ne peut être effectuée, en ce qui concerne le KGB créé après la mort du Tyran, avec la « Terreur rouge » léniniste ou la « Grande Terreur » stalinienne appartenant à un passé lointain et qui, comme le prouvera la tentative de « putsch » d'août 1991, n'étaient pas susceptibles de se renouveler.

Un deuxième accroc dépare la respectabilité de la Deuxième Direction générale déjà malmenée par les souvenirs des terreurs du passé même si elle a participé à la « réhabilitation » de 1 571 000 innocentes victimes[1]. Sous l'autoritaire bien que paterne Brejnev — « seulement » 70 emprisonnements, aucune exécution, à la suite cette fois de « procès » et non des sinistres « troïkas » décidant de la vie ou de la mort — le *Vtoroï Glavk* n'est-il pas chargé, par son abominable « 5e Département », de la lutte contre « l'agitation et la propagande antisoviétiques » ? Certes les hôpitaux psychiatriques, les procès comme ceux de Daniel et Siniavsky, la censure d'ouvrages tels que

1. 737 000 de la mort de Staline jusqu'à l'année 1961, 844 000 pour les seules années 1988-1989 de la perestroïka. Général Karbainov, *Taïna…*, *op. cit.* p. 79.

Le Docteur Jivago ou des exils analogues à ceux de Sakharov ou Soljenitsyne peuvent paraître naturels pour un croyant marxiste — comment un homme normal et sain peut-il ne pas accepter ou critiquer la Nouvelle Foi ? Il n'en reste pas moins que ces pratiques dirigées contre toute forme de « déviation idéologique » font franchement désordre[1].

Or cette sulfureuse Deuxième Direction générale du KGB ne se cantonnait pas exclusivement de lutter contre « ceux qui pensent autrement ». Lourde d'une tradition d'opérations à l'étranger tels que Syndicat 2 ou Trust dont nous avons souligné toute la perfection technique mais également la haineuse cruauté et inutilité, le puissant *Vtoroï Glavk* désirait — ô folie des hommes et poids des bureaucraties ! — continuer à se tailler la part du lion dans le Grand Jeu des espions. La gigantesque Deuxième Direction générale ne se mobilisait pas seulement, en effet, pour neutraliser les agents du camp « capitaliste » — avec plus ou moins de bonheur : beaucoup sous Staline, moyennement en ce qui concerne Penkovsky et tout à fait insuffisamment avec Poliakov ou la marée des recrutements américains dans les années soixante-dix et quatre-vingt. Arrogante et fière, la Loubianka manifestait la déplorable tendance à concentrer tous ses moyens — immenses dans un régime policier — sur le recrutement d'agents sur le sol national selon les techniques, peu délicates dans un système dictatorial ou autoritaire et donc à mille lieues des pratiques plus subtiles et honorables de la PGU, de la

1. C'est en se fondant sur le tort que ces déplorables pratiques causaient à l'image du Saint-Empire que mon ami d'alors, Me Jean Violet, avocat du Vatican et ancien et talentueux inspirateur et acteur de l'action politique des services secrets français aux débuts de la « guerre froide » et durant la guerre d'Algérie, aura, dès 1972, l'idée — littéralement géniale — de monnayer la reconnaissance occidentale des frontières de l'URSS souhaitée par Brejnev contre une « troisième corbeille » par laquelle l'Union soviétique accepterait la libre circulation des hommes et des idées. Trois années d'intense lobbying politique seront nécessaires dans un Occident encore obnubilé par le fantasme de l'Ogre satanique pour faire aboutir ce projet — que je transmettrai pour ma part à la CIA — qui accroîtra l'une des nombreuses « contradictions internes » du Saint-Empire: respecter la « légalité socialiste » tout en continuant à réprimer tous ceux qui « pensaient autrement ». La nouvelle situation crée par les accords d'Helsinki se traduira en effet tant par l'explosion des « dissidents » ainsi encouragés que par les protestations indignées désormais fondées légalement, de toute — inévitable — violation des droits de l'homme en URSS par la communauté internationale. D'après l'analyste en chef du KGB, le général Leonov, *op. cit.*, c'est bien la « troisième corbeille » imaginée par Me Violet puis reprise à son compte par Henry Kissinger qui a accéléré la décomposition d'un Saint-Empire préjugeant de ses forces et ne comprenant pas le caractère inacceptable de ses répressions policières.

dangereuse nébuleuse que nous avons définie comme le contre-espionnage « offensif ».

Le KGB et sa Deuxième Direction générale !

Pour les diplomates et *opers* des services de renseignement occidentaux, vivre et travailler à Moscou ressemblait bien fort, même dans le calme relatif du temps de paix — mais y avait-il une paix entre le « socialisme » et « l'impérialisme » ? — à un exercice d'équilibre sur une corde raide. Tentaculaire et omniprésent, le *Vtoroï Glavk* disposait, en effet, non seulement de moyens de surveillance proprement inimaginables pour un démocrate — filatures, femmes de ménage autochtones, poses de micros et cambriolages clandestins sans parler bien entendu d'une permanente écoute téléphonique — mais également de possibilités de pression suffisantes sur ses propres concitoyens, de la simple prostituée jusqu'aux ballerines et acteurs les plus flamboyants, afin d'enserrer les « objectifs » étrangers dans un monde de faux-semblants, de faux amis mais de vraies maîtresses et amants qui, tentateurs, tissaient perpétuellement autour de leurs proies les pièges où elles venaient s'engluer.

Certes le mari ou l'épouse fidèle, l'honnête homme opposé à tout trafic, voire le célibataire endurci qui, face à un jeu de photos cochonnes se serait contenté de s'exclamer : « Joli ! Mettez m'en un jeu pour ma collection privée » — l'exemple, souvent cité dans les écoles américaines, n'a jamais, trop risqué, existé dans la réalité — se trouvaient à l'abri. Mais l'homme trop sensible aux charmes féminins, l'individu porté sur les jeux homosexuels tel le représentant de l'Amirauté britannique à Moscou, Vassall, à une époque où les tendances gay n'étaient ni acceptées ni affichées, le gros malin ne résistant pas à la volonté de réaliser une bonne affaire en achetant une icône de valeur à une babouchka ignorant apparemment le prix de ce qu'elle vendait se trouvaient situés à Moscou ou dans les « pays frères » de l'Europe de l'Est au centre d'une toile d'araignée à laquelle il leur était difficile d'échapper. Et cette désolante situation ne s'appliquait pas seulement aux Marines lambda gardant l'ambassade américaine mais enveloppait également les ambassadeurs ou attachés militaires de pays qui, telle la France, n'attachent pas suffisamment d'importance au Renseignement et aux mesures de sécurité qu'implique son existence.

Les choses pouvaient se passer plus facilement. Ayant appris par ses filatures qu'un employé du chiffre de l'ambassade américaine à Moscou avait entamé une liaison enflammée avec une jeune femme russe — non contrôlée, ô surprise, par la section américaine de la Deuxième Direction générale —, il avait suffi à un *oper* de celle-ci de se faire inviter par la dulcinée pour déposer, en toute simplicité, une liasse de dollars sur la table du jeune couple d'amoureux. Une pareille manne tomberait désormais dans leur escarcelle si l'employé américain acceptait, en échange, d'amener à son domicile les codes employés par son ambassade...

Dans d'autres cas, face à des individus plus solides et moins vénaux, c'étaient ses extraordinaires moyens qui permettaient à la Loubianka de créer d'elle-même la « compromission » de « l'objectif », quitte, s'il n'était pas sensible au seul appât du gain, de l'amour ou de l'amitié, de pratiquer sur lui le chantage qu'inspire tout naturellement à une police totalitaire son insondable mépris pour l'homme.

Il y a une justice sur terre et le sidérant luxe de moyens nécessaires pour monter une opération de chantage — opération réalisable sur le seul territoire national et pratiquement impossible donc pour le Renseignement extérieur — n'aboutit pas pourtant à des résultats proportionnellement intéressants. La sélection de représentants diplomatiques en fonction de leur solidité morale ou familiale, la crise de conscience quand, s'écartant de la normalité, vous vous retrouvez entre les griffes d'un représentant des services adverses, le sentiment de rejet que ceux-ci peuvent alors vous inspirer — allant, dans certains cas, jusqu'au suicide comme dans le cas d'un attaché de l'Air français à Moscou — viennent vicier l'efficacité de ce procédé si détestable mais qui ne devient productif que dans le cas où il n'apparaît que comme un révélateur sur un terrain éminemment propice.

Certes l'histoire retiendra l'affaire du fonctionnaire de l'Amirauté britannique, Vassall, que je viens d'évoquer mais d'autres paramètres y jouèrent leur rôle, dont la veulerie profonde du personnage qui dégoûtait même le « directeur » russe qui le prit en main lors de son retour à Londres après ses orgies moscovites. Certes un autre employé de l'Amirauté de Sa Gracieuse Majesté tombera, pour une banale aventure sexuelle, entre les pattes du contre-espionnage offensif en Pologne mais, plus tard, revenu en Angleterre, il associera sa maîtresse à une très juteuse du point de vue monétaire coopération avec l'illégal russe Lonsdale. Certes le malheureux adjudant français Rousseau, du « poste » des services secrets français à Belgrade, fut, dans une société bourgeoise et conservatrice, ébranlé, le malheureux, par la séduction et le « déshonneur » de sa fille de seize ans par un Roméo yougoslave. S'il ne constitue pas une allumette jetée sur une forêt prête à s'embraser, le chantage n'est efficace que dans le cas où il laisse à celui qui en est la victime l'impression effroyable que, dévoilée, la turpitude connue des services adverses entraînerait inexorablement un bouleversement absolu de sa vie et de ses raisons d'exister. Quelle idée aussi que d'envoyer dans un environnement aussi hostile une adolescente désarmée !

Certes les exemples pullulent — le communisme n'était pas un paradis —, mais il n'existe pourtant pas, comme dans les opérations menées par le Renseignement extérieur, de « grand agent », disons de la taille des Cinq de Cambridge ou de Georges Pâques, qui soit issu de ce mode de recrutement qui, pour ma part — un ouvrage entier serait nécessaire pour l'analyser — ne m'inspire, c'est le moins qu'on puisse en dire, aucun sentiment amoureux.

L'espionnage bien pratiqué ne devrait jamais entraîner la moindre humiliation d'un autre être humain[1].

Sauf dans le cas du nazisme et du stalinisme, l'humanité n'est pas toujours aussi noire qu'on le pense et, même dans le domaine combien condamnable du chantage, les événements peuvent prendre, malgré la toute-puissance de la Deuxième Direction générale du tentaculaire KGB, un cours plus subtil que celui décrit et imaginé par les chasseurs d'espions occidentaux emportés par leur fantasme de l'Ogre satanique.

Ancien compagnon du général de Gaulle à Londres, Maurice Dejean est ainsi un diplomate en vue lorsque, la cinquantaine épanouie, il est nommé ambassadeur de France à Moscou en 1955.

Ami sincère de la Russie, ayant notamment participé aux côtés du chef de la France libre au soutien du peuple russe dans sa lutte héroïque contre les nazis, Dejean se lance à son nouveau poste dans une vie mondaine effrénée. Habité par l'absence française de culture du Renseignement, il ne se rend pas compte une seconde que les brillants acteurs ou metteurs en scène, les

1. Si les services de renseignement extérieur, même des régimes totalitaires, ne pratiquent pas le chantage, il peut arriver que les sections de contre-espionnage offensif qu'ils abritent dans leur sein, aient recours à des méthodes plus *hard* que celles de la Recherche pure. Il peut se produire, même en démocratie, que, face aux officiers de renseignement adverses qu'elles combattent, ces sections organisent, tels leurs « cousins » du contre-espionnage intérieur, des compromissions sexuelles — ou autres —, mais celles-ci constituent alors en Occident moins un élément de chantage que la démonstration des avantages des modes de vie démocratiques où la liberté et l'épanouissement sexuels sont des droits inaliénables.

éblouissantes ballerines qu'il fréquente sont des correspondants du *Vtoroï Glavk* du KGB. Comment soupçonnerait-il que ses nouveaux amis sont d'autant plus sympathiques et compréhensifs à son égard qu'ils sont guidés par l'étude approfondie qu'ont menée les services de contre-espionnage offensif russe de sa personnalité — *razrabotka* — grâce à l'interception et au décryptement des rapports rédigés lors de ses postes précédents à l'étranger et au « matériel » procuré par les micros installés dans son ambassade et sa résidence ou aux comptes rendus sur ses faits et gestes par son personnel et ses relations mondaines russes ? Pris dans un tourbillon de sorties en ville ou de séjours dans des datchas de rêve, le subtil diplomate — « diplotame », disait le général de Gaulle — ne comprend pas un instant que cette débauche envoûtante d'« âme slave » n'a pour seul et unique but que d'exécuter une mission fixée par Khrouchtchev en personne à sa Deuxième Direction générale : compromettre l'amical ambassadeur de France d'autant plus profondément que le retour au pouvoir du général de Gaulle en 1958 le rapproche des milieux dirigeants parisiens.

La suite est aussi prévisible que conforme aux pratiques du contre-espionnage offensif de l'omnipuissant *Vtoroï Glavk* : liaison avec une jeune femme russe à la beauté et à l'attentive finesse psychologique à vous couper le souffle ; soirée intime dans un nid d'amour de l'Arbat ; apparition soudaine du « mari » outragé, rossant le « diplotame » ; appel au secours de l'ambassadeur terrorisé par le scandale auprès d'un « ami russe haut placé » qui n'est autre, mais Dejean ne le sait pas, que le général Gribanov, le chef en personne de la Deuxième Direction générale ; transfuge russe venant dévoiler le pot aux roses à des Américains de la CIA ravis de voir les remuants alliés français placés dans une situation aussi scabreuse.

L'opération tourna cependant court. Le général de Gaulle fit rappeler son compagnon de Moscou mais, conformément au semblant de neutralité que lui inspirait son indifférence blasée à l'égard de l'espionnage en général et du KGB en particulier, n'autorisera pas son contre-espionnage défensif de la DST de s'accrocher aux basques de l'ambassadeur amoureux dont d'ailleurs, nos valeureux chasseurs d'espions — tout le monde ne passe pas aux aveux comme l'honnête Georges Pâques — n'auraient, faute de preuves, rien pu obtenir d'intéressant.

« Alors, Dejean, on couche ? » se contentera de lancer le chef de la France libre à son ancien lieutenant de Londres au cours de leur orageux entretien et un épais manteau de Noé, allant jusqu'à l'autocensure des ouvrages américains relatant cette étrange idylle, recouvrira en France toute l'aventure qui continuera, dans un silence russe toujours aussi gêné même de nos jours, à faire les gorges chaudes du Tout-Washington.

Le jeu du chat et de la souris entre l'ambassadeur français et le policier soviétique — ce fut bien, je crois, un jeu — avait pourtant duré trois longues années et, de nouveau, nous ne pouvons que déplorer notre totale ignorance de ses croustillantes péripéties. Néanmoins, je vois difficilement un diplomate de l'envergure de Maurice Dejean revêtir, durant un dialogue inégal entre un homme d'une haute qualité intellectuelle et un *oper* plus obtus même s'il était le chef redouté de la combien offensive Deuxième Direction générale de l'omnipuissant KGB, les habits d'un agent *stricto sensu* heureux et prêt à alimenter, tel Georges Pâques dans un contexte il est vrai tout à fait différent, son maître chanteur de la totalité des informations ou dépêches — permettant ainsi le « cassage » des codes français — passant entre ses mains. Je pencherais plutôt vers un renforcement subtil de « relations confidentielles » de très haut niveau unissant de plus en plus étroitement le diplomate français au général du KGB car, privé de l'arme irremplaçable de l'idéologie, même le *Vtoroï Glavk* ne se trouvait pas en mesure de transformer du jour au lendemain un Dejean en un Kim Philby.

En déployant un luxe extraordinaire de moyens, en mobilisant un nombre ahurissant de participants mal contrôlés — les acteurs et ballerines n'étaient pas tous des agents mais des « personnes de confiance », — *doverenoïe litzo* —, les services de contre-espionnage offensif communiste n'ont-ils pas, en aboutissant finalement au rappel d'une personnalité qui était, de toute façon, profondément favorable à l'Union soviétique[1], œuvré d'une manière profondément inutile contre les intérêts supérieurs du Saint-Empire dont ils étaient pourtant le « bras armé » ?

Le chantage ne saurait remplacer le volontariat et l'enthousiasme idéologiques, et la Deuxième Direction générale ne pouvait, quelle que fût sa toute-puissance, prétendre réaliser des recrutements aussi riches que ceux obtenus par son concurrent de la plus discrète et subtile PGU, mais par ses pratiques scabreuses, elle en ternissait la réputation

1. Dejean le restera même après sa mise à la retraite et ne semble pas, mystères et subtilités de l'âme humaine, avoir nourri de griefs contre personne en Russie pour son aventure moscovite.

Une appréciation russe divergente

Le fossé entre le fantasme occidental de l'Ogre satanique du « KGB » et la réalité plus ambiguë des services secrets communistes — sauf, bien entendu, des terreurs du stalinisme, des répressions post-staliniennes de la dissidence par le 5e département de la Deuxième Direction générale ou des opérations de contre-espionnage offensif si chères au *Vtoroï Glavk* — se creuse encore plus lorsqu'on se penche sur la vision qu'ont gardée du KGB les Russes eux-mêmes qui, qu'on le veuille ou non, sont les premiers concernés dans la mesure où ils étaient les victimes directes de la noire Déesse que nous avons combattue et dénoncée.

Or, qu'il s'agisse de la PGU ou, même, des organes de sécurité intérieure, les services « spéciaux » russes, disposaient d'un prestige sans pareil au sein du Saint-Empire marxiste. Dans une société communiste immobile et refermée sur ses folies, les hommes d'affaires n'existaient que sous la forme sclérosée de directeurs d'usine aux ordres, les avocats étaient pratiquement absents et impuissants, les journalistes ânonnaient le Dogme alors que les pulsions et ambitions politiques se noyaient dans les sordides intrigues et *combinazione* d'un Parti de plus en plus parasitaire et frelaté. Le seul moyen de mener une vie intéressante était donc d'entrer au KGB qui, en outre et tout au moins à la PGU et, surtout, dans ses *rezidentura* à l'étranger, offrait, dans une certaine mesure, une sensation de liberté et d'ouverture sur les vraies réalités du monde — telle fut l'impression de Leonid Chebarchine, lorsqu'il arriva, jeune et brillant diplomate « coopté » par les services de renseignement extérieur en raison de sa connaissance des langues indiennes, à l'ambassade de New Delhi. Dans ces étranges conditions, les « organes » auront, durant l'ère soviétique, joué, au fil des ans, le rôle sociologique de sélection et de formation des élites qui était dévolu en Amérique au « business » ou, dans l'étatique France, à l'École nationale d'Administration.

L'immense et tumultueuse Russie éprouve, en effet, le besoin littéralement vital d'une armature étatique qui, tout en essayant de contrôler un pays démesuré et instable, ne peut pourtant parvenir, en raison des espaces à gérer et de la diversité des peuples et des populations qui y campent plus qu'elles ne les habitent, à la perfection du jacobinisme républicain français. Attirant à soi les élites intellectuelles, habités par un sens indubitable de l'État, les « glorieux tchékistes » procurèrent cette armature — encore sensible de nos jours malgré la chute du communisme —, au service dans un premier temps des pulsions sanglantes du léninisme et du stalinisme mais devenant relativement modérés à partir de la création du KGB en 1954. Au fur et à mesure que le Parti-Église se décomposait, les nouveaux « organes » ne disposaient-ils pas, eux, tant d'une terrifiante et directe mémoire des répressions dont ils avaient été les premières victimes que des bribes, fussent-elles imparfaites, de « connaissance objective » des réalités du monde ?

« Ancien du KGB » est une insulte en Occident. En Russie, c'est plutôt un compliment.

Les fantasmes ont la vie dure et l'opinion publique occidentale a tendance à ne pas tenir suffisamment compte de la profonde réforme des services de renseignement et de sécurité qui, en plus de l'éclatement de l'Union soviétique en autant de Républiques souveraines et indépendantes disposant chacune de ses organes propres de sécurité, s'est produite en Russie après l'effondrement du communisme.

Comme dans les États démocratiques d'Occident, le KGB du Saint-Empire marxiste a, privé de ses attributs idéologiques, été d'une part dégraissé et, d'autre part, coupé en deux. L'essentiel de ses missions est désormais réparti en premier lieu au sein du SVR — *Slujba Vnechneï Razvedki* : Service de renseignement extérieur — chargé de la collecte d'informations sur et à l'étranger[1] et, en deuxième lieu, du FSB — *Federalnaïa Slujba Bezopasnosti* :

1. Un mystère plane autour de ce nouvel organisme du SVR qui attire beaucoup moins l'attention des médias russes ou occidentaux que son homologue de la sécurité intérieure, le FSB. Fortement réduit, notamment en ce qui concerne le volume et les effectifs des *rezidentura* à l'étranger, n'attirant plus, semble-t-il, les élites du pays comme au temps de l'Union soviétique, il n'est pas, non plus, porté par l'esprit d'expansion propre au communisme et ne peut donc plus compter sur le recrutement massif d'agents mus par l'idéologie, voire la simple sympathie. La Russie moderne, qu'elle soit eltsinienne ou poutinienne, est moins attrayante que la « patrie des Soviets ».
Mais n'existe-t-il pas encore des agents qui, recrutés dans les temps glorieux du Saint-Empire, continuent, tel Ames au sein de la CIA américaine, leur collaboration avec « l'ogre » même s'il est devenu moins inquiétant et alléchant ? Et la boulimie russe en matière de recrutements, notamment dans le domaine, combien scabreux, de l'espionnage industriel, peut-elle disparaître du jour au lendemain ?
Le savoir-faire russe dans cet art délicat qu'est l'espionnage ne saurait, en effet, s'évaporer d'un seul coup de baguette magique. Il ne reste qu'à espérer qu'il sera dorénavant, sans trop de glissements contre les « ennemis de la Russie », mis au service de la lutte contre le terrorisme international et de la connaissance objective des problèmes complexes du Proche-Orient, des mutations du monde musulman ou du surgissement des colosses démographiques

Service fédéral de sécurité — responsable, tels le FBI américain ou la DST française, de toutes les menaces organisées pesant sur la sûreté intérieure de l'État.

Quand la presse occidentale parle — le plus souvent en mal : les propagandes et les frayeurs de la « guerre froide » ont du mal à se dissiper — du FSB comme de « l'ex-KGB », elle se trompe lourdement malgré une vague similitude des initiales. Il n'existe plus, dans la Russie actuelle, de service de sécurité unique chargé de l'ensemble des missions ayant trait — même de loin — à la stabilité d'un Saint-Empire à jamais englouti. Le 5e Département s'occupant de la lutte contre les « déviations » par rapport à une idéologie disparue corps et biens a été supprimé et le FSB, succédant à la Deuxième Direction générale du KGB, ne s'occupe plus que du seul contre-espionnage et contre-terrorisme, de la lutte, comme le FBI, contre le crime organisé et la corruption ou, tels les RG français, de la surveillance de la population. Et ne se sentant plus en guerre avec « l'impérialisme capitaliste », cette police, fût-elle assez tentaculaire bien que *grosso modo* impuissante, ne mène plus sans aucune restriction ni réserve des opérations de contre-espionnage offensif s'attaquant aux diplomates et membres des services secrets occidentaux en poste à Moscou. À supposer qu'elles soient encore matériellement possibles, des compromissions à la Dejean ne seraient pas de mise dans la Russie contemporaine, aussi imparfaite et encore tâtonnante que nous apparaît sa jeune démocratie.

Il existe cependant une spécificité russe du FSB qui le distingue radicalement du FBI ou de la DST. Dans la décomposition de l'État qu'a entraînée l'effondrement de l'ordre soviétique, ce service est l'organisme qui, avec son homologue du Renseignement extérieur, a le mieux résisté à la décomposition des structures administratives et morales du pays. Comme il a été, de surcroît, dirigé par Vladimir Poutine sous le règne eltsinien, le nouveau président russe a tendance à piocher dans ses cadres afin de rétablir la « verticale du pouvoir » et d'instaurer la « démocratie dirigée » qui semblent correspondre à ses yeux à l'état présent du développement d'un

— économiques aujourd'hui, politiques demain — de la Chine et de l'Inde qui, selon toute probabilité, joueront un rôle déterminant au cours de notre naissant XXIe siècle.
Riche d'importantes populations et Républiques musulmanes, porteuse, en raison de son passé orthodoxe puis socialiste d'un « modèle » différent de l'égoïste « modèle » anglo-saxon, la Russie ne vit-elle pas à cheval entre l'Europe et l'Asie ?

pays émergeant douloureusement de trois quarts de siècle d'oppression communiste. Pis, il arrive à l'occupant du Kremlin — je ne dis pas : « le maître » — de confier à son FSB la responsabilité de problèmes particulièrement épineux, telle la « normalisation » de la situation militaire et politique en Tchétchénie à la suite de l'effroyable guerre qu'y livre — y livrait ? — la Fédération russe dans des conditions qui, fort heureusement, n'ont rien à voir avec le présent ouvrage.

Or la guerre — surtout lorsque le « glissement vers l'absolu » de la violence se déroule dans les conditions atroces d'attentats terroristes — exerce, nous l'avons vu, les effets les plus désastreux sur les services de contre-espionnage qui, en raison de leur impuissance congénitale, ne peuvent que se sentir désarmés face à un ennemi insaisissable alors que leurs opérations offensives ont pour but l'arrestation — voire l'exécution — de ceux qu'ils prennent pour cibles et qui se considèrent, eux, mobilisés par une juste Cause.

Fort curieusement, ce sont pourtant ces opérations offensives — telle, semble-t-il, celle qui, par l'infiltration d'un « faux résistant », a abouti à l'explosion du convoi du chef de guerre fondamentaliste en Tchétchénie et dans tout le Caucase, Chamil Bassaiev, responsable, ne l'oublions pas quand même, de morts massives d'enfants dans l'école de Beslan — qui paraissent alors *grosso modo* — je pense au chef, lui, politique, Maskhadov — moins effroyables que les dérapages quotidiens d'un contre-espionnage défensif dévoré par des haines décuplées par son impuissance à prévoir et contrecarrer des actes terroristes réguliers et répétés. Il suffit de se rappeler du déchaînement des SS nazis contre la Résistance[1] ou du recours à la torture systématique par les parachutistes français durant la terrifiante « bataille d'Alger » sous la Quatrième République[2] pour constater que le contre-espionnage défensif, s'il n'obéit pas, comme en Grande-Bretagne ou dans la France actuelle à de longues et solides traditions démocratiques,

1. Voir ci-dessous p. 382-385.
2. Je préfère cette formulation précise à l'habituelle « torture en Algérie » inspirée à la France contemporaine par son penchant pour une autoflagellation écartant dédaigneusement toute distinction historique. La torture, tolérée voire instaurée en 1956 par le gouvernement du socialiste Guy Mollet en raison de son inacceptable soumission au pouvoir militaire local et aux pieds-noirs, a été interdite en Algérie par le général de Gaulle dès son retour au pouvoir en 1958.

éprouve une tendance naturelle à s'affoler et peut alors sombrer dans la pire « ascension aux extrêmes » des haines et des passions.

Mais, pour moi, il ne s'agit plus alors de cet espionnage auquel j'ai consacré cet ouvrage mais d'une forme inacceptable de crime de guerre, certes mineure par rapport au génocide de la Shoah mais quand même inadmissible. Ces dérives du contre-espionnage défensif russe en Tchétchénie — hélas fréquentes en temps de guerre et dont nous ne connaissons pas, *terra incognita*, l'exacte ampleur que le gouvernement russe s'efforce, me dit-on, de limiter —, dénoncées par l'admirable mais souvent émotive et approximative défunte Anna Politkovskaïa, n'améliorent en rien, relayées en France par d'anciens maoïstes reconvertis dans la russophobie — parce que la Russie a souillé leur beau rêve communiste ? —, l'image tant du « KGB » que de ses successeurs de la Russie actuelle qu'on aurait voulu être plus proches, même dans l'effroyable situation tchétchène, de la pure démocratie et du respect pointilleux des droits de l'homme. Aucun reproche ne peut, ainsi, être adressé ni à la DST ni à la police judiciaire françaises même face à l'effroyable marée d'explosions aveugles de la « bataille d'Alger » puis, sous de Gaulle, je peux en témoigner, aux vagues d'attentats terroristes fomentés par les nationalistes algériens ou les Européens de l'OAS.

Un bilan mitigé

Au cours du choc des civilisations et des idéologies, des propagandes et des services secrets — ou, épisodiquement, de forces armées marginales en raison des effets bénéfiques de la dissuasion nucléaire — que nous appelons la « guerre froide », qui donc a-t-il gagné le tournoi ayant opposé les espions des deux Empires ?

Écartons sur le champ l'idée répandue dans la Russie actuelle et souvent entretenue hélas par la mégalomanie de certains *opers* occidentaux que l'effondrement de l'Empire soviétique serait dû à l'action ténébreuse des services secrets de l'Occident. « La causalité diabolique », chère à l'historien Léon Poliakov… Le Saint-Empire a implosé de lui-même, par le jeu de ses « contradictions internes » et de l'impossibilité d'imposer une utopie dans un monde de plus en plus ouvert et libéral. Certes l'action d'Allen Dulles et de sa CIA pour empêcher l'extension du stalinisme à l'Europe occidentale a constitué un monumental succès, mais cette réussite provient autant des circonstances historiques et sociologiques du moment — les conditions « favorables » — qu'à l'efficacité propre de « l'Agence » et a été suivie par une série de défaites sans gloire dans son ambition fallacieuse de transformer le tiers-monde.

Si l'analyse du Saint-Empire par la « Compagnie » a été *grosso modo* aussi correcte qu'a été fausse sa vision des convulsions agitant l'Amérique latine, le Proche-Orient ou l'Asie du Sud-Est, aucune opération majeure d'espionnage n'a été réalisée par la Centrale américaine. J'exclus, bien entendu, les transfuges russes et agents *initiativniks*.

En revanche, la PGU peut se flatter, après les miracles des années trente et de la Libération et en dépit de leur globale absence de renouvellement en Occident, de résultats significatifs en Allemagne fédérale ou dans un tiers-monde où, au cours de la croisade anti-américaine succédant, en petit, à la croisade antifasciste, l'image des services secrets communistes continuait à être valorisée — sinon sublimée comme au cours des années trente — par l'idéologie dont ils n'apparaissaient que les fidèles et dévoués serviteurs. Je ne mentionne pas ici les succès de « l'espionnage industriel » tant ils me semblent avoir été mis au service d'une cause désespérée. Mais le dévoilement, grâce au retournement d'Aldrich Ames, de la totalité de l'*agentura* américaine dans un Saint-Empire en pleine décomposition prouve que, dans le délicat et crucial domaine du recrutement d'agents, la PGU possédait et maîtrisait une science dont ne disposait pas la CIA.

L'hémorragie causée par les transfuges et « traîtres » russes a certes, d'un autre côté, saigné à blanc le Renseignement extérieur communiste en Occident. Ce fut cependant, on l'a vu, non le résultat d'un savoir-faire américain mais un phénomène russe et l'un de ces paradoxes qui parsèment le chemin escarpé de l'espionnage se présente alors devant nous. Plus on démasquait en Occident d'« espions soviétiques » — signe indubitable de faiblesse du Renseignement russe — et plus croissait l'impression d'omnipuissance que dégageait — à grand tort — le « KGB ». Ni Ames ni Hansen ni les savants ou ingénieurs occidentaux du boulimique espionnage industriel ne seraient passés de l'autre côté du miroir s'ils ne baignaient pas dans le sentiment général — également faux — que l'effroyable mais hautement fascinant serpent du « KGB » pouvait, selon le fantasme que nous avons déjà rencontré sur notre chemin, recruter n'importe qui, n'importe où et n'importc commcnt[1].

Mais, dans l'ensemble, si, sauf au cours de la tentative d'expansion stalinienne en Europe occidentale, personne n'a en définitive transformé le monde et que le plus performant recrutement d'agents par le Saint-Empire n'a en rien empêché son effondrement final, il n'en reste pas moins que la guerre des images a été gagnée haut-la-main par l'Occident. Le souvenir toujours tenace des horreurs et génocides anciens... Le mélange contre-nature de l'honorable PGU avec une douteuse Deuxième Direction générale poursuivant la chasse aux dissidents — fût-elle homéopathique — et des opérations de contre-espionnage offensif d'une violence toujours aussi déchaînée... La frayeur qu'inspire l'espionnage à la société qui s'en sent la victime et qu'exaspérait l'incessant dévoilement en Occident d'« espions soviétiques » grâce aux transfuges... Tels sont les trois facteurs qui ont installé — ai-je au tort ou raison de participer activement à cette campagne-là ? — l'image d'un « KGB » satanique et omniprésent[2], aux mains couvertes de sang et employant sans scrupules les méthodes les plus détestables du meurtre, de la compromission et du chantage.

L'étonnant don des Russes pour l'espionnage — peut-on attendre d'un artiste qu'il renonce à son art ?... La volonté des Grands Prêtres communistes, profondément naturelle pour eux, de se renseigner au maximum sur l'ennemi « capitaliste » et « impérialiste » et de ne pas trop se faire dépasser par lui militairement et économiquement — il ne s'agissait plus de le « rattraper » ni, encore moins de le « dépasser » comme l'avait rêvé le pauvre Monsieur Khrouchtchev... La routine bureaucratique mortelle consistant à « réaliser le plan » même en matière de recrutements d'agents — qu'y a-t-il de plus

1. De même — la force de l'image, fût-elle fausse — les innombrables et cuisants échecs de la CIA, notamment en Amérique latine, ne faisaient qu'accroître l'impression de la toute-puissance d'un chevalier sans peur et sans reproche au service de la défense du « monde libre », acquise lors de l'« endiguement » du stalinisme en Europe occidentale. Cette impression de puissance et cette allure de « chevalier blanc » ne peuvent être étrangères à la volonté de Penkovsky ou de Poliakov, de Goliniewsky et de Golytzine de se jeter dans les bras d'une aussi séduisante maîtresse.

2. Déjà, la simple formule « CIA contre KGB » — David contre Goliath ? — est fausse à souhait. Si l'on s'en tient au seul Renseignement extérieur, il aurait fallu dire « CIA contre PGU ». Si l'on désirait, en revanche, rendre compte de la globalité de l'affrontement entre services secrets, une réalité plus complexe aurait imposé: « KGB contre CIA, plus FBI, plus NSA, plus, plus... »

stupide que d'essayer de « planifier » un phénomène humain dépendant autant des conditions historiques ?... La profonde incompréhension que la répression de « ceux qui pensaient autrement » à l'intérieur et la boulimie de collectes de renseignements à l'extérieur ne pouvaient que révulser l'opinion publique occidentale... C'est l'interaction de ces incontournables réalités — « Les faits sont têtus », constatait Lénine — qui explique en définitive tant les pratiques scabreuses de la Deuxième Direction générale que les prouesses indubitables et plus honorables de la PGU.

Tout ce déploiement de moyens et de savoir-faire en matière d'espionnage méritait-il, parallèlement aux sursauts répressifs en l'Europe de l'Est, à Budapest ou à Prague, et à la folle — mais logique du point de vue de Grands Prêtres désireux d'imposer l'orthodoxie marxiste — invasion de l'Afghanistan, le coup ainsi porté à l'image du Saint-Empire lui-même ? « L'Empire du Mal », pourra proclamer avec fracas ce grand communicateur qu'était Ronald Reagan, impressionné, me dit-on, autant pas le déchaînement de la guerre à Kaboul que par les révélations de l'*oper* russe Farewell sur le pillage technologique de l'Occident.

Trop d'espionnage tue l'espionnage.

Cinquième Partie

L'ESPIONNAGE DANS L'HISTOIRE : DES SPLENDEURS DU XXe SIÈCLE À LA DÉLITESCENCE DU JEU DES JEUX

CHAPITRE XIII

De l'utilité et des limites historiques de l'espionnage

Une étrange distribution de prix dans le Grand Jeu

Surgi en Russie lors de la création d'un Parti-État original et totalitaire au service de l'Utopie marxiste, imposé à un Occident démocratique endormi jusque là — essentiellement à la petite île britannique assiégée — par le choc des États-Nations durant la Seconde Guerre mondiale puis, après l'écrasement du monstre nazi, par l'affrontement des idéologies que nous appelons la « guerre froide » entre une « République impériale », symbole de toutes les libertés, et un Saint-Empire communiste parvenu au faîte de sa puissance après la victoire de 1945, l'espionnage moderne a-t-il joué un rôle majeur dans cette Histoire riche des bouleversements les plus importants de tous les temps ?

En fait l'utilité du Renseignement se définit d'une manière soit négative soit positive. Négative car le fait de n'avoir pas su prévoir l'agression japonaise de Pearl Harbor ou le raid aérien contre les tours jumelles de Manhattan a laissé les pourtant puissants États-Unis vulnérables et désarmés. De même et bien que disposant en apparence de services spécialisés, l'orgueilleux IIIe Reich, exacerbation démente d'un État-nation — « *ein Reich, ein Volk, ein Führer* » — connaît, lui, des ratages — « ratage : échec complet d'une entreprise ou d'une idée » — aussi impressionnants que sa force militaire démesurée. Négligeant le fait crucial qu'une puissance industrielle d'importance secondaire n'avait pas les moyens matériels de conquérir le monde, l'Allemagne du monstrueux Adolf Hitler se laissa voler son système de codage et se laissa berner par l'Intelligence Service anglais sur les lieux où se produiraient les débarquements alliés dans la « Forteresse Europe », croyant que l'invasion du flanc Sud aurait lieu dans les Balkans ou que l'opération anglo-américaine en Normandie — attendue dans le Pas-de-Calais ! — n'était qu'une diversion. La faillite était telle que les experts américains en concluent, nous l'avons vu, qu'un service de renseignement aussi peu compétent que l'Abwehr nazie est plus dangereux que de ne pas avoir de service de renseignement du tout.

Positive lorsqu'on voit, au contraire, des indications et précisions être obtenues, disons par le Saint-Empire communiste, sur les modalités de fabrication de la bombe atomique par une Amérique hissée au premier rang mondial par sa guerre contre le nazisme.

Quelle que soit son importance historique, aucun service secret ne saurait se limiter pourtant à la seule recherche de ce que l'on peut appeler le « grand renseignement » stratégique : même de « grands agents » transmettent de « petites » informations et eux-mêmes naissent le plus souvent sur un terreau d'activités beaucoup moins flamboyantes. L'espionnage est tel une mine d'or et il faut brasser beaucoup de sable pour en extraire une pépite qu'il ne faut pas, pour autant, confondre, comme le font, hélas, les auteurs fascinés par le seul mot « espionnage », avec les tonnes de vulgaire calcaire laissées au bord de la rivière. On peut également comparer le Renseignement à cette édition que j'ai pratiquée durant de longues années après ma disgrâce politique en France. Il faut faire paraître beaucoup de livres pour dénicher un best-seller, décrocher un prix littéraire ou, ce qui est bien plus rare, offrir au public un chef-d'œuvre de la littérature universelle. En revanche, s'extasier devant « l'édition » en tant qu'activité sacrée ou devant tout « auteur » sous prétexte qu'il écrit des livres aboutirait — ce qui est le cas, hélas, en matière de fantasmes sur l'espionnage — à la plus désastreuse des confusions.

Parmi la masse d'informations collectées par les services secrets ne figurent donc que peu de trésors méritant de trouver leur place dans une « distribution des prix » qui récompenserait les prouesses d'un espionnage ayant sinon « changé la face du monde » — méfions-nous d'une vision policière de l'Histoire — du moins exercé une importance historique indubitable, non maîtresse voluptueuse et omniprésente des bouleversements du monde mais servante zélée et dévouée des grandes pulsations humaines.

Plaçons tout de suite « hors-concours » le rassemblement de renseignements uniques, grâce aux savants atomistes opposés au monopole américain en la matière, sur les secrets de fabrication de la bombe atomique par les États-Unis.

Certes l'Union soviétique, portée au sommet de la puissance par sa victoire sur les nazis, aurait, riche de ses savants et de ses nouvelles capacités industrielles et technologiques, construit de toute façon sa propre bombe et initié ainsi le mécanisme de dissuasion qui, pendant l'affrontement entre l'Amérique libérale et le Saint-Empire communiste, a maintenu le monde dans une paix relative. Mais les succès obtenus par les services secrets russes ont réduit le délai — et le coût — de fabrication de la bombe soviétique d'au moins cinq ans d'après tous les experts — telle était « l'analyse » de la CIA — et limité d'autant le risque — relatif, il est vrai, en raison de la retenue naturelle aux démocraties — qu'aurait pu faire courir au monde la possession unilatérale par les États-Unis — qui étaient alors moins hégémoniques que de nos jours depuis l'effondrement du Saint-Empire — de l'arme de destruction la plus massive de tous les temps.

Un prix d'Excellence peut être alors attribué à la reproduction par les Anglais de la machine à coder nazie Enigma. La Seconde Guerre mondiale ne pouvait qu'être gagnée par les Alliés. Le grand stratège Liddel Hart commençait ses cours par la comparaison de la production industrielle des deux camps, mais la connaissance en amont des opérations militaires planifiées ou menées par le IIIe Reich a accéléré un dénouement fatal et le retour à la paix tout en épargnant des millions de vies humaines. Bien pratiqué et placé entre de bonnes mains, l'espionnage est une arme de paix.

Plus mirobolant encore est le second prix d'Excellence que mérite l'extraordinaire réseau anti-hitlérien monté par Richard Zorgué au Japon. Malgré tout l'héroïsme du peuple russe, Moscou serait probablement tombée en décembre 1941 dans la foulée de l'offensive blindée de la Wehrmacht dans les steppes russes si, en plus d'un miraculeux hiver précoce, des renforts n'avaient pu être amenés du lointain Extrême-Orient grâce à l'information d'un Zorgué, valorisé par sa prédiction correcte de l'invasion nazie, affirmant que le Japon, désireux de régler leur compte dans le Sud aux orgueilleux États-Unis, ne prendrait la Russie en tenaille que si la capitale de l'Empire communiste était conquise.

Après ces trois prouesses hors pair ne viennent plus que cinq prix d'honneur.

Le premier récompense les services secrets communistes pour leur recrutement des Cinq de Cambridge qui, tout en attirant l'attention des Russes sur la bombe atomique américaine et en permettant au Saint-Empire de lire à livre ouvert dans la politique anglaise et américaine aux débuts de la « guerre froide », auront fourni auparavant aux Soviétiques sans aucune perte de vie humaine, les messages d'Enigma décryptés par les Alliés sur les plans allemands concernant la décisive bataille de Koursk en juillet 1943.

Le plus gigantesque choc de blindés de la Seconde Guerre mondiale aurait dû, en tout état de cause, tourner à l'avantage de l'Union soviétique devenue, après deux ans de guerre et massivement aidée par la titanesque industrie américaine, indubitablement plus puissante que l'Allemagne et servie, face à une Wehrmacht ébranlée par deux échecs successifs devant Moscou et à Stalingrad, par l'héroïsme d'un peuple russe défendant son sol natal. Mais les messages allemands décryptés par les Anglais et, transmis aux Russes par un John Cairncross moins connu que Kim Philby, ont permis de détruire les concentrations aériennes, d'artillerie et de blindés nazis à Koursk quelques minutes seulement avant qu'elles ne passent à l'offensive et puis de suivre et de contrer, presque en temps réel, les manœuvres des Panzers hitlériens.

Bien que se situant « hors catégorie » dans le domaine opposé à la collecte d'informations et qu'on pourrait appeler sinon le « contre-espionnage » du moins « l'anti-recherche », le deuxième prix d'honneur revient, en raison de son exceptionnelle efficacité, à l'opération de « déception » alliée Fortitude qui, en faisant croire à Hitler que le vrai débarquement sur le continent européen occupé aurait lieu au Pas-de-Calais, a empêché — en attendant une victoire de toute manière inévitable à terme — une Wehrmacht disposant encore de beaux restes malgré sa saignée sur le front de l'Est et sa criante infériorité aérienne de rejeter les Alliés à la mer en concentrant sur la Normandie tous ses blindés disponibles.

Toujours hors catégorie, en dehors de la recherche traditionnelle de renseignements, le troisième prix d'honneur couronne — mais c'est là un jugement plus subjectif, teinté par la nostalgie que m'inspire cette époque de ma vie — une opération d'« action politique » se déroulant au tout début de la « guerre froide ». En finançant et en soutenant moralement, intellectuellement et politiquement, les forces de la société civile rejetant l'idéologie communiste, la CIA d'Allen Dulles a permis, à la fin des années quarante et à l'aube des années cinquante, à l'Europe occidentale, notamment en France et en Italie où sévissaient de puissants partis, syndicats et intelligentsias communistes, de ne pas tomber d'elle-même, tel un fruit mûr, dans l'accueillant giron de l'expansionniste Saint-Empire marxiste.

Les deux derniers prix d'honneur nous ramènent, eux, au secteur classique de la collecte de renseignements sur un adversaire agressif et secret.

Le premier doit être attribué à la manière dont les États-Unis ont fait face, au début des années soixante, à l'installation des fusées soviétiques à Cuba, dans l'arrière-cour même de leur apparemment inviolable continent. Certes l'analyse de la CIA s'était trompée en affirmant qu'entre des fusées et une base sous-marine l'Union soviétique ferait le second choix. Mais cette erreur fut rapidement corrigée par une prouesse du *Tech-Int* : l'observation aérienne des avions espions U2 rectifia le tir et dévoila à temps, même si elle ne put établir la présence pourtant réelle de fusées, la construction sur l'île castriste de menaçantes rampes de lancement.

La crise internationale qui s'ensuivit fut admirablement gérée grâce, entre autres, à Oleg Penkovsky — prix d'honneur ex aequo avec la surveillance aérienne —, qui, à l'époque, nourrissait services anglais et américains de cinq mille microfilms sur l'état réel de l'Armée rouge. Bien qu'il eût été démasqué par les Russes avant l'épreuve de force des fusées, Penkovsky, en démontrant que l'Union soviétique n'était pas prête à une véritable guerre atomique, a conforté le président Kennedy — qui, j'en suis persuadé par ma participation marginale à cette affaire à partir de la Rand Corporation, aurait agi de toute façon de la même manière — dans sa fermeté durant un tremblement de terre international qui aurait pu déboucher sur une Troisième Guerre mondiale.

Le dernier prix d'honneur, le second de la « guerre froide », couronne l'inconnu dans la littérature occidentale sur l'espionnage : le général-major Dmitri Poliakov qui a, de 1962 à 1987, fourni à la CIA, toujours à partir du GRU de l'Armée rouge, tout ce que son puissant service savait de la situation véritable des forces armées du Saint-Empire et de ses relations avec la Chine dont il s'occupait. Grâce à lui, les présidents Nixon et Reagan ont mené leurs politiques soviétique et chinoise en connaissant parfaitement toutes les possibilités de leur adversaire.

En revanche, le magnifique et héroïque Orchestre rouge berlinois ou le grand Richard Zorgué avant le déclenchement de l'opération Barbarossa ne méritent — « hélas, hélas, hélas » — que des prix de consolation. Leur annonce de l'invasion imminente du Saint-Empire par les armées de Hitler puis la précision — absolument cruciale — de l'Orchestre rouge de Berlin selon laquelle la deuxième offensive de printemps hitlérienne en Russie serait dirigée vers le pétrole du Caucase ont, pour différentes raisons, servi strictement à rien.

Persuadé d'avoir, avec le pacte germano-soviétique, roulé Hitler, dont il pensait qu'il préparait, après sa victoire en France, un débarquement en Angleterre lui évitant de combattre sur deux fronts, Staline est, en effet, en juin 1941, conforté dans sa certitude d'une alliance sans arrière-pensées avec le IIIe Reich par un mirobolant agent double au sein de l'appareil nazi que le Führer nourrissait en personne. Sûr de sa force après avoir, durant la Grande Terreur, éliminé toute opposition interne et fait assassiner son ennemi intime et obsessionnel, Trotsky, le dictateur rouge est, en revanche, dévoré par la peur maladive d'une provocation anglaise. La perfide Albion ne veut-elle pas l'amener, afin de détourner la menace nazie de l'île assiégée, à prendre des mesures militaires imprudentes le brouillant avec Hitler et faisant s'effondrer ainsi l'édifice de protection savamment construit pour éviter une attaque nazie dont Staline estimait avoir, grâce au pacte de non-agression germano-soviétique, retardé l'inévitable échéance de quelques années ?

Et ainsi, lorsque Richard Zorgué annoncera l'imminente invasion, le maître du Kremlin barrera le rapport angoissé d'un rageur : « Ne m'ennuyez plus avec les divagations de ce désinformateur ». Quand son NKVD lui remettra, à la veille de l'opération Barbarossa quatorze pages résumant les indications extraordinairement précises de l'Orchestre rouge berlinois sur les intentions et projets agressifs du Reich, le dictateur, au lieu d'accepter comme le lui demande son état-major, inquiété par l'apparition d'un déserteur dévoilant une colossale concentration de Panzers nazis à la frontière, de placer ses armées en état d'alerte — ce qui d'ailleurs n'aurait, probablement, servi à rien tant était importante la disproportion technique des forces en présence — se contentera de demander à son service d'« approfondir la question ».

Certes la monumentale erreur d'appréciation de Staline s'explique par des raisons particulières à ce moment précis de l'Histoire d'un espionnage que les communistes soviétiques sont seuls à pratiquer alors d'une manière moderne, avec un enthousiasme approchant la perfection en ce qui concerne la Recherche mais d'une façon encore balbutiante au plan de l'exploitation — c'est-à-dire de la manière dont le pouvoir politique tire profit des renseignements collectés par ses « organes ». La coordination entre les services de renseignement militaires soviétiques — dont dépendait un Zorgué qui pouvait effectivement paraître suspect en raison de ses relations intimes avec les plus hauts dirigeants du IIIe Reich — et les services politiques du NKVD dirigeant l'Orchestre rouge berlinois — services d'ailleurs profondément désorganisés en raison de leur féroce répression durant la Grande Terreur — est imparfaite, c'est le moins qu'on puisse dire. Il n'existe pas non plus, dans le Saint-Empire, de service d'analyse qui ne sera créé qu'en 1943, ce qui explique en partie l'importance accordée à l'agent double allemand briefé par Hitler, qui est suivi, à la *rezidentura* de Berlin, par un courtisan du chef du NKVD, Béria, donc écouté par le Kremlin mais parfaitement incompétent. Encore plus crucial est le fait que l'exploitation des renseignements — faramineux —, collectés grâce à l'attrait de l'idéologie communiste et au climat de croisade antifasciste, ne relève que d'un seul homme, génial mais paranoïaque, devant lequel, en raison de la dictature sanglante qu'il exerce, les services secrets et les états-majors ne peuvent que trembler de peur.

Pendant que l'exécuteur de basses œuvres du Guide, le sinistre Béria, couvre d'insultes et promet à la « poussière des camps » tous ceux qui, « se livrant à une insolente provocation », le « bombardent de désinformation sur la prétendue agression de l'URSS par Hitler », le chef du Renseignement militaire, le général Golikov, sombre, lui aussi, dans la flagornerie la plus totale. Bien qu'il dispose, dès mai 1941 et grâce à Zorgué, des grandes lignes du plan Barbarossa, il affirme à Staline que l'offensive hitlérienne contre le Saint-Empire n'aura lieu « qu'après la victoire sur l'Angleterre [...] Les rumeurs et documents relatifs au caractère inévitable de la guerre contre l'URSS dès ce printemps doivent être considérés comme de la désinformation émanant du Renseignement anglais, voire allemand[1] ».

1. Ces indications du GRU confiées à l'historien Karpov (*Generalissimos*, *op. cit.*, t. II, p. 301-302) précisent également que le Renseignement militaire a réalisé, alors, comme dans le domaine de l'*agentura* française d'avant-guerre ou de l'« espionnage atomique », des exploits plus importants encore que ceux de l'Orchestre rouge tellement glorifié par les services secrets civils russes. Outre l'immense Zorgué, la palme revient à l'attaché militaire à Berlin,

Quelle que soit l'horreur de ses crimes, Staline ne peut être accusé de tous les péchés de la Terre.

Limites tragiques de l'espionnage ! Même si la « connaissance objective » procurée par les services secrets ne se heurte pas à une pulsion contraire du pouvoir politique et de la société dont il est l'émanation, l'exploitation de leurs renseignements les plus « solides » peut être entravée par des considérations plus rationnelles, telle que, disons, la simple prudence.

Lorsque l'Orchestre rouge berlinois remis en selle par la justesse de ses informations du printemps 1941 sur l'invasion hitlérienne, annonce que la deuxième offensive d'été allemande aura, en 1942, pour objectif non la capitale soviétique mais le pétrole du Caucase, le commandement russe devant Moscou ne peut, en raison même de sa compétence militaire, courir le risque, qui, en cas d'erreur, aurait eu des conséquences dramatiques, de dégarnir La Mecque stratégiquement cruciale du Saint-Empire ou de ne pas obéir à un Staline nourrissant le rêve fou de lancer une Armée rouge encore imparfaite dans une aventureuse offensive printanière contre la redoutable Wehrmacht. Si, finalement, l'ennemi nazi est attiré dans le piège fatal pour lui de Stalingrad, ce ne sera que grâce à des prouesses de l'intendance et des millions de morts d'une armée russe qui prouvera alors tout son héroïsme et son abnégation. Pour la seconde fois de leur superbe mais tragique histoire, les héros de l'Orchestre rouge auront bravé Hitler — et seront morts — pour rien…

A contrario, les messages allemands décryptés d'Enigma et transmis par Cairncross concernant l'offensive blindée nazie à Koursk l'année suivante joueront, exploités à la perfection en 1943, un rôle éminent car ils s'inscrivaient dans la logique stratégique de la recherche par une Armée rouge redevenue puissante après Stalingrad d'une confrontation décisive, à ce moment précis de la guerre, six mois après la capitulation de la VIe armée de von Paulus, avec les chars de la Wehrmacht hitlérienne, toujours victorieuse jusque là en plein été.

le général-major Toupikov — traité de « général obtus » par Béria — qui prévoit l'agression le 21 juin de trois groupes armés de la Wehrmacht ou à l'attaché militaire à Paris, le général Souslopatov, qui fixe, lui, la date de l'invasion au 22 juin. Sur ce dernier document avant le drame, Staline indiquera : « Déterminez qui est l'auteur de cette provocation anglaise et punissez-le en conséquence ». Au vu de ces textes, on ne peut, de nouveau, qu'espérer que le GRU ouvre bientôt et plus largement ses incomparables archives.

La société n'écoute le Renseignement que lorsqu'elle est prête à l'entendre.

L'importance historique de l'espionnage dépend, en effet et en dernière analyse, d'un facteur qui ne relève pas seulement de l'efficacité des services de recherche sur le monde extérieur : un rôle essentiel est dévolu à la force ou à la faiblesse des États qui bénéficient d'une manne qui ne saurait être certaine et automatique. Après les flottements de Lénine et les purges massives initiées par Staline, le Saint-Empire communiste était un bateau ivre. Même parfaitement renseignée par Zorgué et l'Orchestre rouge berlinois ou les attachés militaires du GRU sur la menace hitlérienne pesant sur elle, l'Union soviétique, n'a pu reprendre un cours normal que lorsque l'arrivée de l'envahisseur devant Moscou a réveillé tant l'héroïsme du peuple russe que, du coup, les performances du nouveau système politique du Parti-État. En revanche, des États forts, tels le Saint-Empire après qu'il eut écrasé l'hydre fasciste, la Grande Bretagne assiégée dans son île par Hitler, les États-Unis portés par leur croisade contre le communisme ou gonflés à bloc plus tard par le début de la décomposition de l'ordre marxiste profitent pleinement des renseignements que leur procurent des services devenant de plus en plus opérationnels par voie de conséquence directe et, grâce à ce sang neuf qui s'injecte dans leurs veines, renforcent encore plus leur force et leur puissance[1].

1. J'ai parlé d'« États forts ». J'aurais dû dire : « États-nations » durant la Seconde Guerre mondiale, « États-idéologies » pour la Russie des années trente ou l'Union soviétique et les États-Unis pendant la guerre froide. Lorsque l'Amérique — « Nation-État » plus qu'« État-nation », dotée d'un État squelettique en dehors de forces militaires de plus en plus puissantes de nos jours mais coupées de la société et privées de tout repère moral, voyez Guantanamo ou les « prisons secrètes » de la CIA, ou de la moindre intelligence politique, voyez la conduite des opérations en Irak — créera, avec le déclenchement de la « guerre froide », de véritables services secrets, ceux-ci seront alors moins l'émanation naturelle de l'État que la réaction de la société américaine tout entière face à la menace communiste et concrétisée par le surgissement d'un organisme — « l'Agence » : le nom est déjà symptomatique — certes superpuissant et bureaucratisé à outrance mais distinct de l'administration politique, bien que plus ouvert que l'Armée sur la société civile.
Que deviendra alors le Renseignement dans la situation nouvelle née de l'effondrement de la menace communiste et caractérisée depuis par la délitescence des États ? Après l'État-nation et l'État-idéologie, « l'État-vacuum » verra la lente décomposition de la CIA comme le prouvent la désastreuse affaire Ames malgré tout le volontarisme de la politique Reagan ou l'impuissance absolue de la « Communauté du Renseignement » américaine face à l'attaque des Twin Towers. Je crains que l'effritement inexorable des États — combiné en Amérique

Limites, ratés et ratages

Plusieurs barrières viennent donc limiter ainsi l'importance historique de l'espionnage.

D'une part malgré ce que prétendent les auteurs à sensation magnifiant le rôle de « l'espion qui a gagné la guerre à lui tout seul », une information isolée d'une unique « source humaine » peut difficilement amener seule un pouvoir à orienter — voire changer — sa politique si elle n'est pas « recoupée » par un nombre de renseignements ou d'analyses allant dans sa direction. L'information de Richard Zorgué, affirmant que le Japon n'avait pas l'intention d'attaquer l'URSS, littéralement vitale pour la défense de Moscou menacée en décembre 1941 par la percée des blindés nazis et pour toute la conduite des opérations militaires sur le front de l'Est, les messages allemands d'Enigma décryptés par les Anglais et transmis aux Russes par Cairncross concernant la préparation d'une offensive blindée nazie en 1943 dans la région de Koursk ont dû être ainsi soutenus par les renseignements — reconnaissances aériennes, interceptions radio, interrogatoires de prisonniers, raids derrière les lignes ennemies, etc. — collectés « sur zone », comme on dit de nos jours, par les services de renseignement militaires soviétiques et établissant soit l'état des forces japonaises accumulées sur la frontière russe d'Extrême-Orient soit le dispositif hitlérien à Koursk[1].

Quelle que soit la force des fantasmes actuels du *vulgum pecus* ou, même, du pouvoir politique — « L'ennui de ce métier, constatait l'avons-nous vu Allen Dulles, c'est que les gens vous prennent pour Dieu. » — il n'est pas possible non plus de collecter des renseignements valables et « solides » sur la totalité des problèmes qui bouleversent le monde et d'innombrables ratés — « déficiences dans le fonctionnement d'un système » — viennent souiller la Déesse immaculée de « l'Intelligence ».

avec la montée en puissance d'une Armée de plus en plus performante au plan technologique mais de plus en plus aveugle politiquement — et la nature diffuse de la nouvelle menace du terrorisme international n'entraîne la mort sinon de la sécurité — phénomène collectif de société — que de l'espionnage d'État qui a joué un si grand rôle au cours d'une phase de l'Histoire qu'on ne peut considérer que comme limitée.

1. En temps de paix, le recoupement peut s'avérer difficile, voire impossible lorsqu'il s'agit de « grands agents » qui, tels Penkovsky ou Poliakov, ne sauraient être multipliés comme des petits pains.

L'absence de prévision de la sauvage attaque-suicide du 11 septembre contre les tours jumelles de Manhattan mérite dans ce domaine — au même titre, cette fois en sens contraire dans le secteur des opérations clandestines, le désastre américain de la baie des Cochons — un flamboyant prix d'Excellence mais comment attribuer prix d'honneur ou accessits ? Affirmation que Saddam Hussein détenait des armes de destruction massive ? Défaut, en 1945, de prévision de l'offensive nazie dans les Ardennes ? De l'intervention durant la guerre de Corée, gagnée de justesse et qui pouvait ne pas être que « froide », de la puissante Chine communiste ? Du déclenchement par les pays arabes de la guerre des Six Jours contre le malheureux Israël ? De la fabrication d'une bombe atomique par l'Inde ? De l'offensive du Têt au Viêt-nam ? De la construction par Khrouchtchev du mur de Berlin ? Les exemples sont tellement nombreux qu'on ne sait sur quel sommet d'ignorance de services secrets, dont la vocation est pourtant de procurer la « connaissance objective » du monde et de ses menaces, fixer son choix[1].

Malgré ce qu'en pensent les esprits simples ou ignorants qui le déifient — ou le critiquent — à outrance, le Renseignement n'est pas une science exacte. Si néanmoins l'on dresse en parallèle la liste de ses impressionnants succès, on ne peut, quelle que soit la gravité de ces ratages et de ces ratés, qu'arriver à une conclusion plus optimiste : une erreur de calcul ne signifie en rien la fausseté des mathématiques.

Des faillites du pouvoir politique

Hélas. Même si l'on parvient à recueillir des perles procurant la connaissance parfaite d'une question donnée, l'exploitation de ces trésors peut, venir se briser contre le mur des préjugés politiques, intellectuels et émotionnels qui

1. La quasi-totalité des « ratés » que je viens d'égrener sont à inscrire au passif de la CIA — ou, pour la guerre des Six jours, du Mossad israélien — et ils ont été étalés sur la place publique grâce à des médias américains faisant preuve d'une culture certaine du Renseignement et aux commissions d'enquête parlementaires qui, après le Viêt-nam ou le Watergate, ont dénudé « l'Agence » autant que si elle avait été, telle l'Abwehr nazie, vaincue au cours d'une désastreuse guerre. En revanche, les services russes qui aiment tellement se glorifier de leurs prouesses opérationnelles ne communiquent, mise à part la monumentale erreur de Staline en juin 1941 sur un fond, il est vrai, de succès techniques hors du commun, aucune information sur leurs déficiences passées.

sous-tendent et soudent une société. L'exemple de Zorgué ou de l'Orchestre rouge prouve que l'histoire de l'espionnage n'est pas exempte de renseignements qui, même s'ils ont été collectés au prix du sang, n'ont pas été utilisés correctement par le pouvoir politique[1].

Nous avons déjà rencontré Staline qui, tout en poussant au maximum — jusqu'au meurtre ! — les possibilités techniques de son NKVD, n'a pas écouté son *agentura* lorsque ses informations sont venues contredire sa vision idyllique de ses rapports avec Hitler et battre en brèche le désir profond de son peuple et de son État, incapables à l'époque d'affronter victorieusement le monstre nazi. De son côté, le général de Gaulle, alors que durant la Seconde Guerre mondiale, Winston Churchill atteignit presque à la perfection dans la gestion et la direction du Renseignement allié face au belliqueux IIIe Reich, ne comprenait pas et méprisait « l'espionnage », manifestant ainsi l'attitude classique d'un militaire du XIXe siècle. Le chef de la France libre n'a donc pas pu, après pourtant les faramineux succès de la Résistance, donner aux services secrets d'une France qu'il réformait de fond en comble après son retour au pouvoir mais qui ne désirait jouer un rôle mondial qu'à travers son flamboyant Verbe, les moyens ne serait-ce que de participer modestement à la « connaissance objective » d'un monde dont il affrontait pourtant tous les immenses dangers.

Au cours du choc des deux grands blocs durant la guerre froide, des errements aussi voyants ont été évités, du moins à la tête des Empires idéologiques se déchirant la planète. On ne voit pas le président Kennedy — saisi, il est vrai, de renseignements du *Tech-Int* totalement indiscutables de l'observation aérienne — nier l'installation de fusées soviétiques à

1. Que le Deuxième Bureau français insistait dès l'arrivée au pouvoir de Hitler sur la préparation par les nazis d'une « guerre éclair » rendue possible par la puissance de rupture des chars et de l'aviation ou sur l'absence de scrupules du nouveau « Führer » comptait peu par rapport aux plans établis de longue date par l'état-major hexagonal — plans voulus par le pouvoir politique et approuvés par une opinion publique traumatisée par les massacres de Quatorze — d'une guerre défensive derrière la ligne Maginot et fondés sur l'idée reçue de l'inviolabilité de la neutralité de la Belgique. Et, à supposer — hypothèse peu réaliste — que la poignée d'officiers chargés d'un espionnage alors balbutiant avenue de Tourville eût réussi à renouveler son exploit de la machine à coder Enigma en recrutant un « grand agent » cette fois au sommet de la Wehrmacht, il est probable que les révélations de « l'espion » relatives à l'invasion de la Belgique et à la percée des Ardennes n'auraient pas été écoutées tant étaient fortes la frayeur devant un possible renouvellement des horreurs de la « Grande Guerre » et la difficulté de concevoir le degré de folie de Hitler.

Cuba ou Brejnev ne pas octroyer de pleines possibilités d'action à sa PGU. Néanmoins, lors des convulsions du tiers-monde, les présidents successifs des États-Unis n'ont pas pris au sérieux leur CIA lorsqu'elle leur prédisait sinon une défaite du moins l'impossibilité de vaincre au Viêt-nam — à partir, il faut le concéder, d'analyses et non de renseignements « solides » — alors qu'à lire les rapports flous et approximatifs de la CIA sur l'Irak, George W. Bush aurait dû conclure, s'il avait été intelligent, que Saddam Hussein ne disposait pas d'armes de destruction massive.

Il en va de même du 11 septembre. Même si un agent miraculeux avait, tel l'immense Richard Zorgué, dévoilé les plans de destruction massive des Twin Towers ourdis par Ben Laden, qu'il n'aurait pas été écouté, selon toute probabilité, par une Amérique permissive et laxiste, convaincue de son éternelle invulnérabilité. De même le meilleur agent chez Saddam Hussein, même valorisé par la fourniture préalable d'une série de renseignements indiscutables, aurait-il proclamé que le Raïs ne disposait pas de la moindre arme de destruction massive que son information se serait heurtée tant à la pulsion de guerre — « croisade », avait imprudemment dit l'inepte Bush — qui habitait la totalité de la société américaine désireuse de se venger de l'humiliation et de l'immonde frayeur du 11 septembre qu'à la volonté de George W. Bush d'exploiter cette indignation et cette panique collectives pour, en se transformant en chef d'une « guerre » mythique contre le terrorisme, compenser les déplorables conditions de son élection face au démocrate Al Gore qui le dépassait en nombre total de voix.

Un phénomène de société

L'espionnage n'est pas, en effet, une nébuleuse indépendante, flottant, souveraine, au-dessus des circonstances générales de l'Histoire et des calculs particuliers des dirigeants politiques. Le couple interactif formé par la société et le pouvoir politique, de moins en moins intéressé, sous le règne du « Tout-Individu » par la recherche du bien collectif et national, même s'il n'oriente pas — ce qui n'est pas, hélas, toujours le cas — les conclusions conscientes ou inconscientes des services de renseignement, ne s'en remet pas à eux s'ils ont le malheur de ne pas lui dire ce qu'il veut entendre.

Telle la situation après la disparition du tyrannique Staline et la lente transformation de son système totalitaire en un autoritarisme plus ou moins paterne sous Khrouchtchev et, surtout, Brejnev. Malgré la masse littéralement démentielle d'informations que ses services secrets collecteront sur le monde occidental, le pouvoir soviétique n'en tirera aucune conséquence politique ou stratégique, économique ou idéologique. Seul, à la mort du Guide, le chef des polices secrètes, Béria, en prise directe il est vrai sur les services de renseignement, semble avoir été conscient, quarante ans avant le lucide mais faible Gorbatchev et comme le font de nos jours les dirigeants chinois, de la vitalité existentielle du capitalisme et de la nécessité consécutive de modifier drastiquement l'ordre communiste.

Hélas. Le fossé entre le totalitarisme marxiste et la « pensée unique » ou le « politiquement correct » libéral n'est pas aussi profond qu'il y paraît. Le choc entre la « connaissance objective » du monde procurée par un Renseignement efficace et les idées reçues auxquelles peut se heurter son exploitation est capable de se creuser même au sein d'une démocratie, libre en apparence de ce préjugé idéologique qui, dans le totalitarisme soviétique, faisait paraître secondaires par rapport aux inébranlables vérités du Dogme marxiste les analyses et renseignements de services secrets, à supposer qu'ils n'étaient pas, eux aussi, déformés et faussés par l'idéologie officielle.

Personne ne peut prétendre, en effet, que l'optimisme béat instauré par Bill Clinton, brutalement remplacé par le va-t'en-guerrisme affolé de George W. Bush, n'ait pas accru tant le malaise de la « Communauté du Renseignement » américaine que son manque d'écoute par la société et le pouvoir politique des États-Unis. Minée par sa complexité bureaucratique et ses luttes politiques, par son admiration sans bornes des apparentes facilités du *Tech-Int*[1], par son incompétence abyssale face au tiers-monde née de l'incompréhension congénitale en matière de Renseignement « humain » propre à l'arrogant et naïf *homo americanus*, par son penchant pour la

1. Au moment où j'écris ces lignes — début 2008 — les deux principaux responsables du Renseignement américain, le Directeur national du Renseignement et le chef de la CIA, sont deux militaires ayant dirigé… la NSA. Peut-être capables d'introduire un semblant de coopération entre les seize agences de renseignement américaines ou de sortir, de la masse monstrueuse des informations collectées, la perle sur les intentions d'Al-Qaida, ces braves spécialistes de l'interception peuvent-ils comprendre quoi que ce soit en matière de Renseignement « humain » ou de « connaissance objective » du monde terrifiant où il nous est donné de vivre ?

barbouzerie et la volonté consécutive et abusive de transformer le monde, « l'usine à gaz » des puissants USA ne s'est pas montrée plus performante — ou plus influente — dans le climat euphorique précédant la catastrophe du 11 septembre que lors de l'invasion sauvage — et non réfléchie — de l'Irak. La CIA, le FBI, la NSA et les autres fanfreluches qui flanquent ces monstres ont-ils, influencés par le dévorant — et changeant — « politiquement correct » du moment, non écoutés lorsqu'ils ont le malheur de s'en écarter, procuré à leur pays la « connaissance objective » tant de la révolte fondamentaliste qui couvait bien avant le 11 septembre que du caractère désastreux du recours contre elle à la seule force militaire brutale ? « On peut tout faire avec des baïonnettes, disait déjà Clemenceau, sauf s'asseoir dessus ». L'islamisme relève certes de la lutte implacable contre toute dérive terroriste mais, en écartant soigneusement « l'ascension aux extrêmes » de la « guerre contre le terrorisme », son éradication suppose également une politique de générosité et d'humanité, une mobilisation sociétale en faveur de l'éducation et de l'instauration d'une prospérité économique chassant à jamais la pauvreté et la misère de la société musulmane.

Où est la pulsion admirable et enthousiaste du plan Marshall, soutenue par l'engagement qu'elle a rendu possible de la CIA d'Allen Dulles — qui, eux, possédaient la compréhension et la « connaissance objective » de la civilisation qu'ils défendaient — et qui, reconstruisant l'Europe occidentale après la guerre, l'a sauvée des mains sanglantes de Staline ? Si l'Amérique ne retrouve pas l'esprit du New Deal, cet Empire que j'ai profondément aimé avant qu'il ne me rejette, lui aussi, lorsque je lui ai conseillé de se dégager le plus rapidement possible, tel de Gaulle en Algérie, du Viêt-nam, est condamné, face aux émergentes Chine ou Inde — épuisés par l'épopée stalinienne et aidés par personne lors de l'effondrement du communisme, les Russes sont, plutôt et malgré toutes nos peurs, absents de cette aventure-là —, à un irrémédiable déclin, entraînant dans sa chute une Europe et un « Occident » tout entier, déjà en un bien piteux état.

Quant aux services de recherche de la « République impériale », privés d'un « grand dessein » — toujours de Gaulle ou le communisme — aussi réaliste sinon rationnel que mobilisateur, écartelés entre les bribes de « connaissance objective » qu'ils ne peuvent pas ne pas acquérir même s'ils accomplissent insuffisamment leur mission et les impératifs médiatiques et politiciens d'une politique internationale dangereuse car ne tenant pas compte de la réalité de « faits têtus », ils risquent, je le crains, de ne pas obtenir les prix que je leur ai — peut-être trop généreusement — distribués en raison de leur rôle durant une « guerre froide » appartenant heureusement au passé. Les temps sont, en effet, révolus lorsqu'il s'agissait, dans un effort général de toutes les sociétés de l'Outre-Atlantique, de « contenir » l'expansion communiste en Europe occidentale ou d'essayer, avec Penkovsky, Poliakov ou Golytzine, de déstabiliser un Saint-Empire marxiste tellement prêt de l'implosion qu'il procédera de lui-même, après l'échec afghan, à son « auto-refoulement » en Europe orientale dès 1989, ses révolutions de « velours » et sa chute du mur de Berlin.

CHAPITRE XIV

LA LÈPRE DU XXIe SIÈCLE

DE L'INCONSCIENCE AUX GLAPISSEMENTS ET AU MÉPRIS DE L'ENNEMI

Revenons au 11 septembre. Au mois d'août précédent la catastrophe des Twin Towers, une poignée d'éminents spécialistes américains de la sécurité et du terrorisme vinrent me rendre visite à mon modeste pied-à-terre parisien — mes multiples engagements et mon travail de chien dans une édition germano-pratine encore plus pourrie que les services « spéciaux » hexagonaux n'ont pas fait de moi un homme riche. Mes visiteurs d'Outre-Atlantique allaient-ils me parler du directeur de la CIA, l'habile Georges Tenet qui courait alors le Tout-Washington en affirmant que « quelque chose d'important allait se produire » ou des policiers locaux du FBI qui, saisis d'ailleurs parallèlement de suspicions de la pourtant minuscule DST française, n'arrivaient pas à intéresser leur complexe hiérarchie à des individus suspects, arabes et musulmans, prenant en toute simplicité des cours de pilotage dans une Amérique ouverte au moindre caprice du Tout-Individu ? Non. Les braves cow-boys me demandaient plus prosaïquement de me joindre à eux afin de participer à un juteux jeu de « téléréalité » dont ils étaient devenus les conseillers grassement rétribués. Deux équipes d'« espions » et de « contre-espions » allaient, dans un ballet médiatique effréné, s'affronter sur l'immense territoire américain pour le plus grand bonheur de téléspectateurs émerveillés.

La conclusion était tout aussi navrante que lourde d'inquiétude. La société américaine n'était pas prête à cette mobilisation générale de la population et des élites, du pouvoir politique et de l'État qui permet seule — la « toile d'araignée rouge », le sursaut britannique de la Seconde Guerre mondiale, les exploits des réseaux de renseignement de la Résistance française, les succès dans l'« endiguement » du communisme réalisés par la CIA d'Allen Dulles en Europe occidentale — d'obtenir des résultats significatifs, politiques et stratégiques, dans le champ d'activité spécialisée propre aux services secrets.

« *Intelligence ! Intelligence !* » glapissent aujourd'hui en sautillant comme des cabris sur leurs fauteuils de Washington les politiciens ou les experts américains devant la faillite dramatique du 11 septembre sans se demander un instant si le Renseignement de la plus grande puissance du monde a connu un simple raté ou a révélé de profondes limites structurelles face à cette « lèpre du XXIe siècle » que constitue le terrorisme islamiste international[1].

Les services secrets vont-ils donc, devant cette « Quatrième Grande Crise mondiale », jouer le rôle historique de premier plan qui a été le leur, après leur absence dans la Première Guerre mondiale, durant les deux épreuves suivantes, le choc des États-nations sous Hitler ou l'affrontement sans merci des Grandes Idéologies tout au long de la « guerre froide » ?

Oui et non.

Non car les services de recherche extérieure, le *Tech-Int* en plein développement et l'espionnage humain par les « grands agents » si présents dans la bataille des Empires semblent totalement inadaptés à la lutte contre les actes de terreur que les Américains, emportés par leur frayeur face à la destruction de leurs orgueilleuses tours jumelles de Manhattan et par leur goût immodéré pour les croisades et l'hégémonie, qualifient si pompeusement et si faussement de « guerre contre le terrorisme ». Excusez du peu.

1. Même la minuscule France, si peu douée pour le Renseignement tant qu'il n'est pas intérieur et policier, commence à le glorifier sans effectuer, telle l'Amérique d'après le 11 septembre, les distinctions les plus élémentaires. Ô suprise, la prestigieuse revue des anciens de l'ENA, *op. cit.*, consacre un numéro entier à la mode du moment et les énarques, qui ont remplacé, fort heureusement, les généraux assoupis ou les « adjudants-chefs alcooliques et intellectuels ratés » dont me parlait en son temps Georges Pompidou, s'y bousculent pour déposer un peu tard mais mieux vaut tard que jamais des brassées de fleurs aux pieds d'une Déesse parée de tant de voluptueux mystères.

L'« analyse » qui a été si performante pour comprendre et disséquer les structures de pouvoir, matérielles et morales, du Saint-Empire communiste ? L'imbécile le moins bien renseigné sait aujourd'hui ce que veulent Al-Qaida ou ses ramifications spontanées : s'attaquer, en causant le maximum de pertes humaines possibles, aux valeurs et à la stabilité psychologique de l'Occident. Peaufiner cette pulsion de haine et cette volonté de destruction ne procurera aucun indice nouveau et probant. Le *Tech-Int* ? Les observations aériennes, jadis si précieuses pour déterminer les possibilités militaires et industrielles du Saint-Empire, ne peuvent photographier les états-majors et les commandos d'un Ben Laden qu'elles n'ont pas su localiser après la chute des talibans ou les réseaux terroristes locaux qui s'inspirent du Symbole et du Mythe qu'il est devenu. Il ne reste que l'interception électronique des communications d'une nébuleuse qui ne dispose pas de transmissions d'État sécurisées, mais cette arme ne peut apporter — éventuellement ! — que des précisions isolées, secondaires et marginales. Certes, mondialisation de la menace oblige, la coopération entre services secrets étrangers s'est développée et renforcée — et devrait le faire encore plus — dans des proportions qu'on n'aurait jamais pu imaginer durant la « guerre froide » que j'ai connue, mais il ne s'agit là en rien d'une spécificité propre à cet espionnage que je chéris.

Il y a pis encore. Si l'on examine objectivement les motivations des « grands agents » dont nous avons souligné à satiété le caractère crucial durant l'affrontement des idéologies, il faut bien constater — je vais choquer de nouveau les adeptes de la pensée unique — que l'Idéologie et la Foi, la force morale des êtres allant jusqu'au sacrifice de leur vie, le rejet d'une société qui vous pousse à choisir une allégeance différente ne se trouvent pas du côté de l'Occident ou de l'immense majorité des musulmans modérés mais au sein de la poignée de fondamentalistes islamistes qui, comme au temps de la « guerre froide » face aux « espions soviétiques », nous inspirent de si forts sentiments d'incompréhension et de rejet, de haine et de frayeur.

Au cas où il faudrait établir une comparaison avec les kamikazes des attentats-suicide — faut-il avoir la foi chevillée au corps pour aller aussi allègrement et courageusement à la mort ? — c'est du côté d'un Richard Zorgué ou d'un Harro Schultze-Boyzen, d'un Kim Philby ou d'un Georges Pâques qu'il serait nécessaire d'aller chercher. Un insondable fossé sépare, en effet, ceux qu'on ne peut, si l'on rejette toute passion ou jugement de valeur, que qualifier de « héros » et les assez pitoyables Smiley qui, de nos jours où toutes les énergies personnelles ou sociétales en matière d'espionnage se concentrent plutôt en Amérique sur les officines du juteux, facile et amusant renseignement économique privé, peuplent les états-majors ou les *rezidentura* — je ne parle même pas des lamentables « gorilles » des « prisons secrètes » et autres interrogateurs de Guantanamo — d'une CIA moribonde depuis qu'elle a perdu l'ennemi qui lui ressemblait tant du Saint-Empire et de son KGB pour se retrouver uniquement face à un tiers-monde devant lequel elle a toujours été désarmée intellectuellement et politiquement, moralement et techniquement.

Ne nous berçons donc pas d'illusions. Le fanatisme religieux est une muraille contre laquelle se heurte le meilleur savoir-faire des meilleurs services de recherche extérieure du monde. Aucun sublime Breitenbach ne viendra donc nous renseigner sur les véritables intentions meurtrières d'un Ben Laden ou d'un groupuscule mettant un point d'honneur à suivre son « glorieux » exemple. Et il faudra — probablement — attendre des décennies avant que n'apparaisse le phénomène des « repentis » qui, tels Penkovsky, Poliakov ou Golytzine, rejetteront la cause qu'ils ont servie.

Une affaire de contre-espionnage

Quelles que soient ces dramatiques et structurelles limites, la participation des services secrets est, néanmoins, loin d'être absente de la lutte contre le terrorisme. Un fait essentiel, bien que profondément négligé d'habitude par les commentateurs, devrait cependant être souligné : ce ne sont pas les organismes de recherche extérieure qui se trouvent ici en première ligne de ce nouvel affrontement entre l'Occident et un ennemi qui veut sinon le détruire définitivement et à le pousser à des réactions affolées inadaptées — de ce point de vue Ben Laden a gagné lorsque Bush a commis la folie d'envahir l'Irak — mais les services de police chargés de la sécurité intérieure. Le « contre-terrorisme » — j'emploie ce terme qui me paraît valable au plan technique malgré l'horrible souvenir des Européens se livrant à des actes de terreur en représailles contre les indépendantistes nationaux durant les guerres coloniales — se révèle, en effet, assez proche, par ses techniques « défensives » et « offensives » du contre-espionnage du passé — que ces temps paraissent lointains aujourd'hui ! — de la bataille contre les nazis ou « l'espionnage soviétique ».

Analogue au contre-espionnage traditionnel en ce qui concerne son orientation générale — bien que pouvant être mis en œuvre par toute police ou tout magistrat comme en France un tant soit peu compétents —, le « contre-terrorisme » présente cependant, nous l'avons déjà indiqué, de profondes différences par rapport à la lutte contre l'espionnage classique d'État. Face à la nouvelle menace qui pèse sur le monde, les « chasseurs de terroristes » sont moins frappés, fort heureusement, par l'impuissance congénitale qui paralysait leurs prédécesseurs, les « chasseurs d'espions ».

Le terrorisme, hélas, n'est pas, lui, un « crime sans cadavre » et les investigations menées après chaque attentat — certes, le mal est déjà fait mais on peut espérer en éviter le renouvellement — permettent d'établir, notamment grâce aux constatations de la police scientifique ou à des dispositifs tels que la vidéosurveillance, la composition des groupes ennemis, leurs caractéristiques sociales et psychologiques, leurs *modus operandi*, leurs éventuelles complicités locales ou internationales. De surcroît, si l'agent classique d'une recherche étrangère se trouve en mesure de déjouer facilement la surveillance des services de sécurité des organismes au sein desquels il est tapi, les terroristes — moins « professionnels » en matière de *konspiratzia* que les *opers* d'État ou les agents qu'ils dirigent et dépourvus de moyens de communication étatique imperméables — peuvent être obligés, pour préparer et organiser leurs actions, de se dévoiler, attirant ainsi l'attention du « contre-espionnage défensif » : prosélytisme et recrutement de volontaires, voyages et formation dans des Mecque tels que l'Afghanistan ou le Pakistan, l'Irak ou la Tchétchénie, achat ou vol d'explosifs, réception d'argent de l'étranger, échange de messages sur des circuits non sécurisés, etc. On est loin de l'agent totalement semblable au reste de la population ou de l'*oper* protégé par son ambassade.

Déjà plus opérationnel en matière d'espionnage classique d'État, le versant « offensif » des « chasseurs de terroristes » peut également, dans certaines conditions — « favorables », auraient dit les « Esquisses de l'Histoire du Renseignement extérieur russe » — être pratiqué avec plus de facilité et d'efficacité face aux cellules terroristes qui, d'un point de vue technique, rappellent plus les flous, peu structurés et mal protégés réseaux de la Résistance contre les nazis que les sophistications imprégnées de *kons-*

piratzia du traditionnel espionnage d'État moderne. Le caractère éclaté des réseaux après la destruction du « Centre » d'Al-Qaida en Afghanistan, s'il rend plus difficile leur repérage défensif, offre la possibilité d'effectuer la « pénétration » de certains d'entre eux par des méthodes offensives — ne serait-ce, en Occident, que par de petits délinquants musulmans de banlieue qui pourraient se voir proposer, forme de chantage mineur et ne portant pas atteinte à la dignité de l'homme, l'apparente conversion à l'islamisme radical et la coopération consécutive avec les services de police en échange de l'oubli de leurs légères entorses à la légalité[1].

J'ai dit que les opérations du « contre-terrorisme offensif » peuvent se révéler efficaces dans certaines conditions que les Russes qualifient de « favorables ». Ainsi, durant la lutte contre le terrorisme de l'OAS à laquelle, par un hasard de ma curieuse vie, il m'a été donné de participer plus activement qu'à la bataille, que je n'ai fait qu'observer de loin, avec le terrorisme des nationalistes algériens, le général de Gaulle talonnait son Premier ministre pour que les services « spéciaux » mettent le plus rapidement possible hors d'état de nuire celui qui prétendait commander l'OAS européenne, le général Salan, que le nouveau président de la République considérait comme le chef dangereux de l'organisation terroriste extrémiste qui le combattait. Comme à son tour, le Premier ministre se plaignait auprès de moi de « l'inefficacité » des services de police et de renseignement — je fais volontairement figurer en tête les services de police —, je lui indiquai que la célèbre formule du baron Louis devant le roi Louis-Philippe, « Sire, faites-moi de la bonne politique et je vous ferai de bonnes finances », me paraissait d'une aveuglante actualité. Face aux dangers du terrorisme, seule une « bonne politique » pouvait permettre aux services de sécurité de « faire de la bonne police ».

1. Il semble que le nouvel assaut contre les avions de ligne dévoilé par le contre-espionnage britannique en août 2006 a été déjoué — dans une indifférence d'ailleurs assez sidérante de l'opinion publique occidentale qui ne se réveille pour tomber dans l'hystérie que lorsque le sang a coulé — grâce à, tout à la fois, à des indications recueillies lors d'une arrestation, peut-être provoquée par une opération offensive, par le contre-espionnage pakistanais — caractère crucial de la coopération internationale en matière de lutte contre le terrorisme —, à la surveillance des populations « à risques » d'origine pakistanaise dans les banlieues de Londres, à la « pénétration offensive » des nébuleuses ainsi détectées et, enfin, à l'interception de messages et de mouvements de fonds entre la Grande-Bretagne et Islamabad.

Au plan tactique, en effet, ce sont la détermination gouvernementale concrétisée par une méthode policière nouvelle de lutte contre le terrorisme de l'OAS — l'implantation à Alger d'une force métropolitaine spécialisée, multidisciplinaire et coupée de la population favorable à la rébellion, constitue l'une des rares idées dont je sois satisfait pendant mon passage à l'hôtel Matignon —, le coup d'arrêt donné par l'Armée régulière et loyale tant au soulèvement armé des Européens dans leur fief algérois de Bab-el-Oued qu'à la manifestation de masse rue d'Isly qui, parallèlement à la poursuite inébranlable du processus de paix négocié avec les nationalistes musulmans, permirent, quelle que soit la perfection technique de l'opération de « pénétration[1] », l'arrestation du général Salan — arrestation qui, d'ailleurs, n'apporta pas, comme je le prévoyais, le moindre terme aux violences européennes.

Car, au niveau stratégique, c'est l'aboutissement du cessez-le feu avec les nationalistes arabes et l'enclenchement inexorable de la marche vers l'indépendance de l'Algérie prouvant aux Européens l'impossibilité absolue de leur rêve d'une « Algérie française » qui entraînera leur découragement, puis leur exil, et, par voie de conséquence, la cessation totale de leur terrorisme. De même et en sens opposé, c'est la concrétisation du désir arabe d'indépendance qui se traduira par une fin immédiate des campagnes d'attentats nationalistes.

La France de l'époque se trouvait alors, en effet, face au phénomène strictement local d'un terrorisme qu'on peut qualifier de « revendication » — ô le flux actuel et combien dangereux de la dénonciation du « terrorisme international » qui n'a d'égal, dans ses approximations hystériques, que l'appel angoissé aux vertus magiques d'une « guerre » et d'une « intelligence » dont les buts ou les moyens et possibilités d'action ne sont jamais définis ! Il suffisait alors de satisfaire — ou de ne pas satisfaire dans le cas de l'OAS — ces revendications pour que le terrorisme qui en découlait s'arrêtât d'une manière absolument automatique.

Tout différent est le terrorisme né dans les milieux islamistes fondamentaux à la toute fin du XXe siècle et à l'aube du nouveau millénaire : terrorisme non de pure revendication — comme l'avait été également, dans les années soixante-dix, le terrorisme palestinien — mais terrorisme de rejet, de haine et de destruction pour la destruction qui évoque plutôt le terrorisme

1. Voir ci-dessous p. 390.

nihiliste et anti-tsariste de la Russie du XIXe siècle ou les bouffées de refus de la société consumériste et libérale occidentale par les Brigades rouges italiennes ou la « bande à Baader » allemande[1].

Un marais à assécher

Mais que veut dire alors « bonne politique » face à cette révolte sanglante des musulmans extrémistes contre toutes les valeurs dont nous sommes si fiers, un peu abusivement je le crains ?

L'octroi *de facto* par la Russie de l'indépendance à la Tchétchénie après la première guerre qui a ravagé ce malheureux pays s'est traduit non par le retour à la paix mais par des attentats terroristes à Moscou — plus de 300 morts ! — ou par des incursions djihadistes dans le Caucase mitoyen. Le rejet du « Grand Satan » russe était, en effet, plus puissant que le désir de liberté et de démocratie dans une contrée dont le moins qu'on puisse en dire c'est qu'elle n'est pas, en raison de son dramatique passé — isolement dans ses rudes montagnes, colonisation tsariste, déportations staliniennes —, un modèle de stabilité.

En revanche, l'instauration en Tchétchénie d'un pouvoir local musulman bénéficiant d'une réelle autonomie sans remettre en cause pour autant l'appartenance à la Fédération de Russie a permis de neutraliser — « assassiner », dit-on en Occident — les chefs nationalistes modérés, tel le Président anciennement élu, Maskhadov — trahi semble-t-il, par un proche désireux de toucher la faramineuse récompense offerte pour sa capture. Mieux encore au plan technique, c'est l'insaisissable chef de guerre fondamentaliste, Bassaiev, responsable — la prise d'otage de l'école de Beslan ! — des attentats terroristes les plus sauvages qui a pu être éliminé à la suite, prétend-on en Russie, d'une brillante opération offensive dans la plus efficace tradition des services de contre-espionnage russes. Cette probable infiltration dans les rangs de la « résistance tchétchène » d'un « faux djihadiste » suppose d'ailleurs tant une certaine forme d'acceptation par une fraction non négli-

1. Une bouffée d'un tel terrorisme de haine pure apparut en France après la chute du terrorisme de revendication de l'OAS et manqua coûter la vie au général de Gaulle lors de l'attentat du Petit-Clamart en août 1962, les services de sécurité intérieure n'ayant su ni prévoir ni appréhender ce nouveau phénomène.

geable de la population tchétchène de son nouveau pouvoir, plus musulman et nationaliste que ne le pense un Occident obnubilé par sa russophobie et donc révulsé par le côté « pro-russe » de l'actuel gouvernement tchétchène que l'organisation de milices — combien discutable au plan du respect des droits de l'homme — le défendant avec un fanatisme tribal et clientéliste qui ne peut que nous paraître hautement répréhensible.

A contrario, l'instauration par les États-Unis de la « démocratie » en Irak a donné naissance à un déferlement sans précédent d'attentats terroristes qui, appuyés par des sanglants règlements de comptes entre communautés religieuses et malgré l'élimination du chef local d'Al-Qaida, El Zarkaoui, dont je ne sais pas dans quelles conditions exactes elle s'est produite bien que tout laisse à penser que ce fut grâce à un « faux djihadiste » provenant des services secrets jordaniens, fait paraître — ô cruel paradoxe ! — l'actuelle mais toujours souffrante Tchétchénie comme une relative oasis.

En dépit de la sacralisation assez bêtifiante qu'en fait aujourd'hui la « pensée unique » d'un Occident que le président Poutine appelle fort méchamment mais justement « les matous gras », la démocratie n'est ni une réponse automatique à tous les problèmes d'un monde caractérisé par sa disparité ni une solution magique à tous ses maux. Certes, bienfait béni des dieux — je l'ai servie toute ma vie durant dans la mesure de mes faibles moyens tant en analysant et combattant la « nouvelle civilisation » marxiste qui voulait la remplacer par la « dictature du prolétariat » qu'en défendant, *perinde ac cadaver*, le général de Gaulle contre tous ceux qui s'opposaient, souvent les armes à la main, à sa combien difficile politique de paix, de progrès et de liberté en Algérie —, elle constitue un lent et complexe processus, une conquête patiente et ardue, politique et économique, sociale et morale que doivent mériter et se construire d'elles-mêmes les sociétés évoluées.

L'imposer quand elle n'est pas mûre peut aboutir à des catastrophes. Certes l'effondrement du nazisme germanique et du militarisme nippon, le choc de la bombe atomique, l'existence de terreaux « favorables » et le généreux plan Marshall — ô la géniale idée, à la suite de l'erreur de l'après-Quatorze, que la politique n'est pas la poursuite de la guerre par d'autres moyens ! — ont entraîné des succès proprement miraculeux dans l'Allemagne et le Japon vaincus à la suite de l'affrontement des États-Nations durant la Seconde Guerre mondiale. Hélas ! L'implantation d'une démocratie inadaptée à l'état de la société dans la Russie de février 1917 ou dans l'Allemagne de Weimar secouée par l'esprit de revanche et la crise économique a abouti, elle, à des résultats dramatiquement contraires au but poursuivi : l'accouchement par la violence et dans la douleur des dictatures sanglantes de Lénine et de Hitler.

Installer aujourd'hui par la force une « démocratie » — qui se limite d'ailleurs à la seule tenue d'élections politiques — en Afghanistan, en Irak ou en Iran — voire dans la Russie actuelle sous sa forme occidentale la plus « avancée » — ne correspond pas à l'état d'évolution de ces pays à ce moment précis de leur histoire. Ce n'est pas pourtant une raison pour maintenir au pouvoir *ad aeternam* des régimes autoritaires — Arabie Saoudite, Égypte, Jordanie, Pakistan, etc. — sous le prétexte, comme l'a fait bêtement et amoralement l'Amérique pour lutter contre le Saint-Empire durant la « guerre froide », qu'ils sont à même, s'ils bénéficient d'un soutien suffisant d'une fraction de leurs peuples, de participer, musulmans « modérés », à la sacro-sainte « guerre contre le terrorisme ». L'évolution — et non le conservatisme obtus ou des révolutions irresponsables — devrait être le chemin à suivre, à condition qu'il soit naturel et adapté aux désirs et à l'état de développement des populations, à la marche — lente et progressive, malheureusement — de l'Histoire vers la liberté des choix politiques et la défense des droits de l'homme, la prospérité économique et la justice sociale, bref vers le maximum de bonheur qu'on peut attendre sur la difficile terre des hommes.

« Il faut laisser du temps au temps », « Les choses étant ce qu'elles sont », disaient respectivement ces immenses hommes d'État qu'étaient François Mitterrand et Charles de Gaulle.

Certes un Irak ou un Afghanistan, une Tchétchénie ou une Palestine pacifiés, prospères et démocratiques éradiqueraient à terme le terrorisme de rejet comme l'Italie ou l'Allemagne l'ont fait par des méthodes policières appropriées, soutenues et inspirées par la société, mais il s'agit là, ne nous berçons pas d'illusions, d'une question de générations.

Et, en attendant que la situation se normalise au Proche-Orient ou dans un monde musulman ravagé par la pauvreté et le retard culturel, le terrorisme islamiste risque de devenir un phénomène de société — voyez les attentats de Madrid et de Londres — avec lequel il nous faudrait apprendre à vivre. En effet et quelle que soit la qualité de son travail — qui peut et devrait être encore fortement amélioré —, le « contre-terrorisme » défensif et même offensif semble, même s'il bénéficie de sérieux avantages par rapport à son frère aîné du contre-espionnage classique, souffrir de l'impuissance congénitale que nous avons identifiée chez les chasseurs d'espions de la « guerre froide ». Malgré les cocoricos habituels des services de police ou notre volonté de nous rassurer, le meilleur des services de contre-terrorisme ne saurait, même s'il était plus compétent que les gigantesques FBI ou FSB moins performants que les plus petites et multiples structures européennes, prétendre à parvenir à détecter l'ensemble des activités suspectes au sein des communautés musulmanes immigrées, de neutraliser à temps la totalité des menaces pesant sur le monde occidental.

Vivre donc avec la terreur de voir d'autres frères humains vouloir votre mort dans des lieux où l'on devrait, dans notre société de recherche du bonheur, se sentir en pleine et entière sécurité ! Et pourtant ! En dépit de cette horreur littéralement pétrifiante, le terrorisme international provoque moins de morts que les accidents de la route. Même le nombre de victimes de « l'hyper-terrorisme » des Twin Towers ne peut se comparer avec celui d'un raz de marée asiatique. Il faudrait donc, éviter de se lancer, tête baissée, sans réserve ni retenue et en appelant au secours à grands sons de trompe une « Intelligence » dont on ignore tout, dans une « guerre contre le terrorisme » à laquelle on octroie un caractère sacré sans que soient jamais clairement définis ses moyens et ses objectifs ni suffisamment souligné qu'elle ne peut, comme toute guerre, qu'entraîner « l'ascension aux extrêmes » de la violence génialement définie par Clausewitz. Contemplez l'instauration du terrorisme après l'invasion américaine dans un Irak qui en était totalement dépourvu. La seule mais combien difficile solution consiste à garder plus que jamais la tête froide comme le faisait le général de Gaulle face aux vagues de terreur, nationalistes ou européennes, qui assaillaient son pourtant faible régime aux débuts chancelants de sa naissante Cinquième République.

« N'ayez pas peur », proclamait admirablement le pape Jean-Paul II. Et c'est cette absence de frayeur qui devrait nourrir l'Occident — et la Russie — face à cette nouvelle forme de catastrophe naturelle que constitue le terrorisme islamiste. À condition toutefois que le pouvoir politique, essentiellement américain, ait enfin l'intelligence — c'est le cas de le dire — de comprendre qu'on ne combat efficacement le terrorisme qu'en éradiquant ses causes. Il ne sert à rien de tuer les moustiques — il n'existe pas de DDT miraculeux pour neutraliser les auteurs éventuels d'attentats — si l'on n'assainit et n'assèche pas le marais.

En guise de conclusion

Interception boulimique de tout ce qui se dit ou se transmet sur la planète… Ordinateurs accumulant et triant n'importe quelle communication ou information « ouverte »… Satellites photographiant le moindre mouvement sur la surface de la terre des hommes… Pléiade d'analystes formés par le pointillisme du web… Investissements dévorants dans le renseignement économique privé au service exclusif de l'égoïsme des entreprises… Marée de coups d'épingle portés par le contre-espionnage défensif et surtout offensif aux fanatiques du terrorisme islamiste… Coopération quotidienne entre des services secrets d'État, peu efficaces et mal mobilisés dans ce que nous ne ressentons pas encore suffisamment comme la Quatrième Crise mondiale après les horribles conflits de 14-18 et de 39-45 suivis de la « guerre froide »… Absence dramatique de « grands agents » dans la nébuleuse du terrorisme international… Le renseignement moderne du début sanglant de ce XXIe siècle a-t-il encore quelque chose de commun avec l'espionnage que j'ai connu et chéri ?

Née avec l'apparition d'un Saint-Empire marxiste, universaliste et tout naturellement porté à l'expansion, la recherche par « grands agents » n'est-elle pas morte après l'effondrement de ce communisme qui l'a portée sur les fonds baptismaux de l'Histoire ?

Certes la presse rend compte régulièrement — sans faire pour autant les gros titres qui avaient marqué, disons, le dévoilement des Cinq de Cambridge — de croustillantes mais désormais marginales *spy stories*. Un illégal russe est arrêté au Canada : au lieu d'un emprisonnement interminable, il ne fera l'objet que d'une expulsion… Une mystérieuse et séduisante Chinoise pille les ordinateurs d'une grande entreprise française… Un réseau d'espions de l'encore totalitaire et marxiste Corée du Nord est découvert dans la démocratique Corée du Sud… La CIA s'attache à prix d'or la collaboration de personnalités iraniennes au courant des projets nucléaires de la République islamique… Les Russes condamnent des savants tentés de profiter de la décomposition d'une société disposant encore de beaux restes technologiques… Une pierre émettrice creuse, disposée par un légal de l'ambassade britannique pour communiquer avec ses agents est découverte dans un parc de Moscou… Sans prendre au sérieux ces deux dernières péripéties, correspondant pourtant à une réalité d'espionnage indubitable, les médias occidentaux crient d'ailleurs aussitôt à une « provocation » du contre-espionnage d'un Poutine devenu le Docteur Moreau d'un Occident toujours empreint des modes de pensée de la « guerre froide » et ne parvenant pas à comprendre — c'est difficile — la nouvelle Russie qui émerge péniblement d'un passé tsariste discutable, couronné par trois quarts de siècle d'oppression au nom d'une irréalisable utopie.

Activité humaine essentielle, l'espionnage survivra-t-il donc toujours ou cette litanie d'anecdotes actuelles ne relève-t-elle pas plutôt, écume sur la mer démontée de la Nouvelle Histoire, que d'un assez pitoyable « petit jeu » dont sont désormais absents les Kim Philby ou Georges Pâques, sans parler bien entendu de l'immense Richard Zorgué ou des héros de l'Orchestre rouge ? Avec la chute des idéologies et le surgissement d'un terrorisme islamiste international ne dépendant que des seules techniques du contre-espionnage, le Grand Jeu et ses gigantesques moines-soldats d'une nouvelle religion et d'une nouvelle civilisation qui faillit conquérir le monde ne sont-ils pas, à jamais morts et enterrés ?

Des relents fantasmagoriques subsistent pourtant de ce choc des propagandes et des espions. De vagues documents datant d'un demi-siècle font-ils surface dans l'Europe de l'Est libérée qu'un hebdomadaire français renommé n'hésite pas à afficher en couverture : « Hernu, espion soviétique ». Un homme politique ukrainien attrape-t-il une maladie mystérieuse — conséquence d'un traitement esthétique mal maîtrisé ? —, un petit escroc ayant troqué, me dit-on à Moscou, le seul transfert, au sein de la police luttant contre le crime organisé, de détenus d'une prison à une autre, pour des trafics plus juteux dans l'entourage d'un douteux oligarque en délicatesse avec le pouvoir russe, décède-t-il, il est vrai d'une mort plus qu'étrange — au polonium ! — que l'on crie, en Occident, à des interventions sanglantes de l'« ex-KGB ». Qui est, en effet, conscient du fait, pour moi incontournable, que les dernières éliminations par les services secrets soviétiques d'un transfuge ou d'un nationaliste ukrainien datent soit d'avant la Seconde Guerre mondiale — Ignace Reiss — soit des rudes et combien lointaines années cinquante lorsque l'Ukraine n'était pas un État indépendant et reconnu comme une partie prenante de la communauté internationale. Golytzine ou Gordievsky, Soljenitzyne ou Zinoviev ont coulé, ou coulent, des jours heureux alors qu'ils présentaient une toute autre capacité de nuisance pour un Saint-Empire pourtant peu regardant sur les moyens que ne le faisait l'insignifiant bien que complètement mégalomaniaque Litvinenko pour une Russie moderne qui connaît quand même, *grosso modo*, une forme de démocratie. Les mythes de la « Causalité diabolique », de « l'Ogre satanique » ou du « Super-Espion » ont, en effet, la vie dure. « L'espion qui en savait trop », titrera le pourtant sérieux *Courrier international* du sous-fifre du FSB qui n'était au courant que des bizarres *combinazione* se nouant autour de son nouveau protecteur exilé dans un Londres moins vertueux qu'il ne le prétend.

Non seulement, les épisodes réels du Grand Jeu restent, tant que la totalité des archives des services secrets ne sera pas ouverte à des historiens professionnels, une *terra incognita*, mais toute péripétie contemporaine un tant soit peu scandaleuse est automatiquement attribuée aux agissements criminels de services secrets d'une Russie qui continue à attiser les frayeurs, voire les haines irrationnelles.

L'espionnage moderne a changé de visage avec le remplacement de la « guerre froide » par l'hystérique « guerre contre le terrorisme ». Un « petit jeu » banal a succédé au Grand Jeu des idéologies. Les lumineux Richard Zorgué et Harro Schulze-Boyzen n'appartiennent plus qu'à un passé englouti dont les superbes profondeurs ne sont, à part quelques rares exceptions, qu'éclairées imparfaitement. Néanmoins, face à une vérité relativement simple, les Mythes, eux, perdurent, maquillés et aguichants à outrance. « Ô fangeuse grandeur ! Sublime ignominie ! » écrivait déjà Baudelaire.

Inégal est, dans la difficile exploration des terres encore mystérieuses de l'espionnage, le combat entre le David de la réalité et le Goliath du fantasme.

ANNEXES

ANNEXE N° I

Des techniques très spéciales

Au cours de notre exploration, imparfaite et subjective de la *terra incognita* de l'espionnage et de notre tentative de dissiper les brouillards des fantasmes dans lesquels elle est encore noyée, nous avons beaucoup fréquenté l'*oper*, légal et illégal, tapi dans ses Centres et ses *rezidentura*. Tout en ne faisant qu'effleurer, faute de connaissances précises et spécialisées, l'univers de plus en plus envahissant du *Tech-Int* ou en rendant l'hommage qu'elle mérite à l'analyse et en condamnant la barbouzerie, l'association de malfaiteurs et les autres « opérations spéciales » et clandestines — la *covert action* américaine — visant à transformer le monde, nous avons surtout concentré notre attention sur l'agent et la merveilleuse *agentura*, alpha et oméga nimbés du secret le plus opaque de la Recherche bien comprise et bien mise en œuvre.

Sur notre difficile chemin, nous avons vu se dresser alors la Déesse, pour moi lumineuse, de l'Idéologie, mais nous n'avons pas été en mesure d'approfondir l'ensemble des techniques très spéciales qu'au fil des décennies ayant suivi la naissance de l'espionnage moderne ont dû se forger les *opers* pour assurer leur mission de connaissance du monde grâce au recrutement, dans la plus parfaite des clandestinités — l'imagée *konspiratzia* des Russes —, au cœur de pays étrangers qui, dévorés par la haine et la frayeur, le considèrent comme hostile et criminel.

C'est ce manque à gagner qu'il s'agit maintenant de combler car si le continent miraculeux de l'espionnage reste inconnu — et le restera probablement encore durant une longue période —, ses méthodes et pratiques, ses traditions et techniques sont plus correctement identifiées à la suite de l'activité incessante des chasseurs d'espions, souvent guidés, dans ce domaine plus pragmatique et précis, par les coups de projecteurs procurés par les transfuges. Ainsi une lumière irremplaçable peut-elle être jetée sur la manière dont, dans la réalité et à mille lieues du Mythe des non-initiés ou de la mégalomanie de certains acteurs, est véritablement pratiqué cet espionnage moderne qui n'a pas fini d'exercer sur nous son envoûtante fascination.

AMOUR

Les amateurs de romans galants ou de la grande fresque amoureuse d'*Autant en emporte le vent*, voire des *Liaisons dangereuses* dont le titre reflète pourtant d'une manière assez évocatrice les relations ambiguës de l'agent avec les services de sa nouvelle allégeance, ne pourront qu'être déçus par les péripéties du Grand Jeu.

Il n'existe qu'un seul exemple où l'amour a servi de base à des recrutements réussis. Durant la « guerre froide », l'Allemagne était coupée en deux mais de jeunes Allemands de l'Est appartenant aux services orientaux pouvaient passer facilement dans une République fédérale aussi libre qu'ouverte à tous les vents de l'Histoire et, donc, de l'espionnage. Or, dans ce paradis permissif fleurissaient de nombreuses femmes esseulées en raison des coupes sombres taillées par la Seconde Guerre mondiale dans la jeunesse masculine germanique. Est-ce Markus Wolf qui eut l'idée ou est-elle due à d'inventifs Agayants de sa puissante HVA ? Toujours est-il que les services de l'Est ont décidé de profiter de l'existence d'un lot important de femmes souffrant de la solitude pour infiltrer à l'Ouest de virils jeunes gens — nom de code : Roméo — susceptibles de venir séduire, voire épouser, de mûres et célibataires secrétaires travaillant dans les principales administrations gouvernementales de la République de Bonn.

La livraison par les couples ainsi formés d'importants secrets était au bout d'un chemin amoureux qui prenait toutes les couleurs du cauchemar si les chasseurs d'espions de la République fédérale dévoilaient la « trahison » et que l'épouse ou la maîtresse découvrait alors, affolée et désespérée, que son mari ou amant n'était habité d'aucun sentiment mais agissait uniquement sur ordre de sa Centrale. Circonstance aggravante : disparaissant à l'Est en cas d'arrestation de sa bien-aimée, le Roméo démasqué pouvait très bien avoir été déjà marié dans son pays d'origine.

Si l'on met de côté cette exception, rien de spécial ne peut être signalé dans le domaine amoureux car l'agent mène une vie sentimentale semblable en tous points à celle de ses congénères qui ne sont pas passés de l'autre côté du miroir. La vie privée de Georges Pâques — ou d'Aldrich Ames — était celle d'un bon père de famille alors que celle d'un Guy Burgess affichait une homosexualité hautement provocatrice tandis que ses autres confrères des Cinq de Cambridge passaient, comme tout un chacun, de liaisons en mariages, même si la chaleur des relations amicales qui les unissaient présentait une tonalité « gay ». En tous cas, ce ne sont pas ces aventures plus ou moins mouvementées qui, n'entraînant aucun chantage, ont joué le moindre rôle dans le recrutement et la collaboration avec les services secrets soviétiques des *Magnificent Five*.

Quant aux officiers de renseignement de la Centrale ou de ses *rezidentura*, ils mènent, dans leur écrasante majorité, une vie amoureuse d'autant plus normale — à mes yeux, ce sont les plus belles avec leurs mariages paisibles et leurs enrichissants enfants — qu'aucun service secret ne peut prendre le risque d'envoyer à l'étranger un homme qui, célibataire ou obsédé ou déviant sexuel, serait une cible rêvée pour les pressions ou chantages des chasseurs d'espions adverses.

Si vous désirez, tel James Bond, vivre couvert de femmes et sauter d'une liaison à l'autre, ne vous engagez pas dans les services secrets !

ANALYSE

Entouré de femmes plus ravissantes et sensuelles les unes que les autres, bardé de gadgets jusqu'à la pointe de ses chaussures de grand luxe, James Bond n'a rien d'un philosophe grec. Si le QI de ce bellâtre est désespérément plat, il n'en va pas de même, dans la réalité, des services auxquels il appartient, abusivement à mes yeux. Au même titre que le recrutement d'agents humains — le *Hum-Int* pour les Américains — et la mobilisation des moyens techniques telles que l'observation aérienne ou l'interception électronique — le *Tech-Int* —, l'analyse est, en effet, un pilier essentiel du Renseignement moderne.

Nécessaire, l'analyse n'est pourtant pas suffisante et rien ne remplace l'agent placé en plein cœur du dispositif adverse ou ennemi.

ARGENT

Si l'argent est le nerf de la guerre, il n'en va pas de même lors des affrontements de la guerre secrète que se livrent — se livraient ? — États et nations, services et civilisations, sur « le front invisible ».

Certes entretenir une puissante Centrale et de volumineuses *rezidentura* légales et illégales coûte cher et ne se trouve pas à la mesure de petits pays telle que la France, habitée de surcroît par un scepticisme inné à l'égard du Renseignement. Mais deux facteurs viennent relativiser ce coût qui était, mis à part, dans une certaine mesure, la Grande-Bretagne et Israël, à la seule portée des grands Empires soviétique et américain. D'une part, les plus belles opérations du Saint-Empire communiste dans les années trente et quarante, voire cinquante, ont été réalisées avec des moyens étonnamment faibles car la foi marxiste submergeait le monde et une partie significative des élites occidentales. D'autre part, le coût final de la Recherche est malgré les sommes qu'on peut être amené à verser de nos jours, réduit lorsqu'on fait entrer en ligne de compte les gains financiers que l'espionnage industriel peut rapporter, aux pays économiquement arriérés qui, en s'emparant des secrets technologiques et scientifiques de pays plus développés, réduisent le montant des recherches scientifiques ou industrielles — c'était le cas de la poussive Union soviétique ou de la miséreuse Allemagne de l'Est de Markus Wolf — qu'elles n'ont pas à conduire sur une vaste échelle afin de s'aligner sur leurs adversaires et concurrents. Ainsi « l'espionnage atomique » — mené, lui aussi, avec une surprenante économie de moyens — a-t-il permis au Saint-Empire communiste de fabriquer sa bombe atomique à un coût — et dans des délais — très réduits.

Si la machinerie du Renseignement revient cher, cet argent ne passe pas pour autant dans les poches des acteurs du Grand Jeu. Les *opers* touchent le salaire de fonctionnaires et, lorsqu'ils partent en poste à l'étranger, ne bénéficient que des avantages d'un diplomate normal alors qu'un illégal ne vit, tel Abel, que sur un pied très modeste pour ne pas attirer l'attention et parvient même quelquefois, tel Lonsdale, à gagner de l'argent dans ses activités commerciales de couverture.

Quant aux agents, mises à part les habituelles exceptions, leur changement d'allégeance provient — provenait ? — le plus souvent de motivations extra-monétaires. Ni les Cinq de Cambridge dans le camp soviétique ni Penkovsky ni Poliakov du côté américain n'ont touché un sou de leurs recruteurs ou directeurs.

De surcroît, un agent bien placé bénéficie déjà, par définition, du salaire et des avantages liés à la haute fonction qui lui permet seule d'avoir accès aux renseignements importants qui intéressent la Centrale alors qu'il ne lui est généralement pas possible de mener un train de vie dispendieux qui le rendrait suspect aux yeux de ses propres services de sécurité. S'il lui arrive, dans les temps récents qui ont vu le déclin de l'idéologie au profit de l'attrait du billet vert, de réclamer de l'argent, tels Ames chez les Américains ou Farewell chez les Soviétiques, il ne peut s'agir que de sommes d'appoint. Même l'avide Ames, détenteur de secrets vitaux pour les Russes au moment de la quête de l'argent facile sous Reagan, ne touchera en neuf ans de collaboration qu'une somme voisinant les trois millions de dollars, soit environ trois cent mille dollars par année de trahison, ce qui lui a permis certes de s'acheter des voitures de luxe et une belle maison de style colonial mais paraît ridicule par rapport aux grandioses commissions versées à n'importe quel « Dédé-la-Sardine » par la généreuse société Elf qui, soit dit en passant, aura désiré, dans l'habituelle ambiance française de « barbouzerie », se transformer en une gigantesque mais lamentable Centrale d'influence et de corruption tous azimuts. Farewell, lui, ne touchera que cinq cent mille francs pour tous les secrets de l'espionnage « scientifico-technologique » du KGB. Les services secrets sont avares de nature et, adeptes de la psychologie, exploitent plutôt toutes les autres passions de l'homme.

Seuls les transfuges reviennent relativement cher parce qu'il faut organiser et financer leur vie — sur des bases d'ailleurs modestes — dans la nouvelle patrie qu'ils se sont choisie mais, même dans ce cas, travailler pour un service secret ne constitue en rien le « casse du siècle ».

Amateurs d'argent coulant à flots, abstenez-vous ! Ce n'est pas en servant dans une Centrale et une *rezidentura* ou en changeant de camp, que vous ferez fortune ! Les plaisirs que procure le Grand Jeu sont bien plus subtils.

ASSASSINATS

Procéderait-on à un sondage que je suis convaincu — « hélas, hélas, hélas » — que l'opinion publique affirmerait que la célèbre « *licence to kill* » de James Bond — l'assassinat pour appeler les choses par leur nom — fait partie des pratiques et missions habituelles des services secrets.

Pour ma part et avec toute la force dont je me sens capable, je m'inscris en faux contre cette détestable croyance : l'assassinat ne constitue en rien la vocation de services dont la seule et unique mission devrait être la collecte d'un maximum de renseignements sur le « monde littéralement terrifiant » où il nous est donné de vivre.

C'est uniquement en temps de guerre — je dis bien *uniquement* — et, surtout, dans des situations aussi particulières que l'occupation d'une partie du territoire national, que les services secrets peuvent avoir à organiser des unités de commandos, de partisans ou de guérilla urbaine afin de procéder à l'exécution des personnels militaires, voire politiques, de l'ennemi.

Le glissement vers le paramilitaire obéit alors aux lois socio-psychologiques qui caractérisent la guerre et se trouve donc emporté par « l'ascension aux extrêmes » de la violence et des passions qu'a définie Clausewitz. En cas d'occupation du territoire, on ne connaît que trop bien l'escalade entre la montée des attentats et les mesures répressives de l'occupant. La même spirale infernale s'installe d'ailleurs dans des conflits moins classiques : durant la douloureuse Intifada, les « assassinats ciblés » des Israéliens répondaient aux attentats-suicide palestiniens qui eux-mêmes provoquaient de nouvelles interventions armées d'Israël — les services secrets se contentant d'ailleurs de désigner les cibles aux drones et autres roquettes de Tsahal.

Quand la violence s'installe en dehors du cadre de l'affrontement armé entre États-nations qui a marqué la première moitié du « court XXe siècle », la situation se complique. Le conflit israélo-palestinien — de même, dans une certaine mesure, que les guerres coloniales au Viêt-nam et en Algérie — obéissant au « glissement vers l'absolu » des violences et des haines identifié par Clausewitz, les opérations montées par Israël paraissent, du point de vue de la légitime défense de la communauté juive, justifiées aux dirigeants politiques et militaires ou à la population israéliens comme semblaient justifiées les exécutions des nazis dans l'Europe occupée. En revanche, le reste de la communauté internationale — à l'exception des États-Unis pris, eux aussi, dans la spirale de la « guerre contre le terrorisme » depuis le 11 septembre et la stupide intervention en Irak — adopte une attitude plus réservée et condamne — fort justement à mes yeux — toute élimination qui aurait une apparence ou une résonance politiques.

Cinq circonstances, tout à fait spécifiques et ne présentant aucun caractère universel, continu et existentiel, expliquent pourtant la croyance, aussi fausse qu'abusive, que le « droit de tuer » est accordé, en tout temps et toujours, aux services secrets.

En premier lieu, les opérations contre l'occupant nazi donneront naissance en Occident à un romantisme d'autant plus puissant que l'action des commandos aura été marginale sur le front de l'Ouest. En Russie, comme la guerre des partisans et des services secrets aura eu une importance stratégique, elle fera l'objet d'une glorification historique alors qu'en Europe occidentale les demi-soldes des « opérations spéciales », frustrés par l'arrêt d'une « Action » rarement arrivée à maturité, se lanceront dans la fiction musclée. Souvenons-nous, bien qu'ils ne le méritent pas tellement, d'Ian Fleming, le père anglais de James Bond, ou de Dominique Ponchardier en France, qui, dans la « Série noire », donnera naissance au discutable « Gorille », géniteur spirituel avec d'autres auteurs de « polars » exploitant cette manne juteuse, de l'abominable « barbouze[1] ».

Les effroyables guerres coloniales, surtout la guerre américaine au Viêt-nam et, dans une bien moindre mesure, la guerre française en Algérie, ont entraîné, en deuxième lieu, des pratiques tout à fait inacceptables de certains services secrets sur le terrain qui, à juste titre, ont frappé les imaginations et interpellent aujourd'hui notre conscience collective malgré qu'il s'agisse d'événements historiques vieux de près d'un demi-siècle et, comme tels, Dieu en soit béni, totalement dépassés et révolus. Le colonialisme ne constitue-t-il pas, en effet, une forme d'occupation injuste d'un territoire national, riche, comme dans la lutte des nazis avec la Résistance, de toutes les terrifiantes escalades entre

1. Interaction de l'écrit et de la vie. Durant la guerre d'Algérie, Dominique Ponchardier, tournant le dos à son activité « littéraire » qui s'essoufflait, deviendra, revenant à ses premiers amours, l'un des animateurs des « polices parallèles » luttant contre l'OAS et qui donneront naissance à l'abominable mot « barbouze ».

le terrorisme des « humiliés et offensés » — qui, eux, donnent effectivement à leurs combattants et militants le « droit de tuer » — et une répression qui, dans un climat de guerre, ne parvient pas toujours à garder la « réserve » et la « retenue » qui sont, nous n'en sommes conscients qu'aujourd'hui, indispensables dans ce genre de conflit. Sur ordre d'un pouvoir politique ou d'un commandement militaire dépassés par un problème structurellement insoluble, les services secrets — même démocratiques et commandés par des gens honorables et éloignés des passions du terrain — ne pouvaient être insensibles, eux aussi, à l'ascension aux extrêmes de la violence. Cependant et même dans cette situation proprement abominable, les « services » ne semblent avoir glissé vers l'absolu des haines et des passions — sauf, je crois, la CIA au Viêt-nam — que d'une manière relativement modérée et quasi homéopathique si l'on pense au volume d'insoutenables exactions qui s'empare de la meilleure des sociétés, de ses structures civiles et de ses forces armées, lorsqu'elle doit affronter cette aberration que constitue une guerre coloniale, nimbée des pires racismes et de la croyance dans la supériorité — fût-elle bienveillante au niveau du surmoi — de l'homme blanc[1].

1. Si la société américaine ne s'est pas arc-boutée massivement — c'est le moins qu'on puisse en dire — en faveur de la guerre au Viêt-nam qui verra une mobilisation assez effrayante du « complexe militaro-industriel » commettant ce qui aurait, en cas de défaite globale des États-Unis, été jugé comme d'abominables crimes de guerre, il n'en va pas de même de la France durant sa pénible guerre coloniale en Algérie. À son retour au pouvoir en 1958, le général de Gaulle qui, sous différentes formes évoluant au fil du déroulement des événements, désirait mettre fin à ce conflit contraire à la « certaine idée » qu'il se faisait de la France, héritera d'une Quatrième République pourtant socialiste ou socialisante d'une panoplie assez terrifiante: mythe de « l'Algérie française » et d'un pays s'étendant « de Dunkerque à Tamanrasset », autorisation donnée à une armée déboussolée par la débâcle de 40, ou par sa peu glorieuse défaite en Indochine de pratiquer la torture durant la « bataille d'Alger », exécution de prisonniers au cours d'inacceptables « corvées de bois », lois d'exception permettant de procéder à des « internements administratifs », forme, amoindrie il est vrai, de déportation dans des camps, etc., etc. Ne verra-t-on pas dans cette époque de fureur et de sang dont l'immense mérite du général de Gaulle aura été d'y apporter un terme dans des conditions d'autant plus difficiles que ce sont ses participants les plus actifs qui ont contribué à son retour au pouvoir, le public français transformer en un best-seller un mauvais roman où des parachutistes beaux comme des dieux se conduisaient en abominables bourreaux ? Les protestations contre la guerre d'Algérie, la dénonciation de ses méthodes, voire le soutien matériel apporté au FLN algérien ne constituaient, malgré la glorification légitime — je pense à Pierre Vidal-Naquet, au général de la Bollardière ou à certains éditoriaux d'Hubert Beuve-Méry dans *Le Monde* — qui leur est accordée aujourd'hui, qu'un phénomène tout à fait marginal dans une société balayée par un vent de folie collective qui rappelle plus les violences de la Seconde Guerre mondiale que le respect inébranlable des valeurs traditionnelles de la « patrie des droits de l'homme. »

Le troisième pilier du mythe du « permis de tuer » remonte à un passé encore plus lointain et englouti, lorsque Staline s'arc-boutait à son rêve, dans un monde que sa paranoïa estimait en état de guerre avec lui, de sa « construction du socialisme dans un seul pays » — en l'occurrence, l'Empire russe rétabli dans ses droits et privilèges. L'assassinat combien spectaculaire de Trotsky en 1940, le meurtre des nationalistes ukrainiens Konovaletz et Bandera ou de transfuges du NKVD tel que l'illégal des années trente, Ignace Reiss, l'enlèvement à Paris des généraux monarchistes Koutiépov et Miller ont secoué une opinion publique habitée par la vision du « bolchevik au couteau entre les dents ».

Je ne veux en rien justifier ces abominations mais, avec le recul du temps, il faut bien tirer certaines conclusions qui battent en brèche le mythe de la terrifiante *licence to kill. Primo*, ces assassinats et enlèvements, bien que parfaitement exécutés, reflètent moins la nature profonde des services soviétiques de l'époque[1] que, disons, le recrutement par leurs soins des grands agents idéologiques des années trente. *Secundo*, ces opérations ne découlent pas, « maladie infantile » des services secrets, de leur volonté propre mais leur ont été imposées par la paranoïa personnelle de Staline. « Permis de tuer » ? Non. « Ordre de tuer », oui. D'ailleurs, cette maladie et cet infantilisme s'arrêteront définitivement vers la fin des années cinquante — il y a plus d'un demi siècle — après que la mort du Dieu vivant aura fait sentir tous ses bénéfiques effets. *Tertio*, le nombre de meurtres est, si on le regarde d'un œil froid, étonnamment faible — moins d'une dizaine — quand on le compare au flot de sang, de massacres ou de génocides — dékoulakisation, industrialisation esclavagiste, Grande Terreur, déportations, fusillades et Goulag — qui, au cours de ces temps de démence collective, a submergé la malheureuse terre russe.

La quatrième raison de la persistance dans la croyance du « permis de tuer » vient du côté de la démocratie américaine qui, semblant influencée par les dérives des guerres coloniales et par les pratiques attribuées aux Soviétiques, ira, au moment de l'exacerbation de la « guerre froide » mais sur le seul plan des idées et des intentions, beaucoup plus loin, malheureusement, que les maîtres communistes du Kremlin et de leur « bras armé » du KGB. « Si Hitler avait été éliminé à temps, affirmaient alors certaines têtes pensantes de la CIA, les massacres de la Seconde Guerre mondiale et l'Holocauste auraient pu être

1. On ne peut que regretter cependant que les « Esquisses actuelles de l'histoire du Renseignement extérieur russe », *op. cit.*, continuent à exalter leur perfection technique — notamment de l'assassinat de Trotsky ou de l'enlèvement du général Miller — en insistant d'ailleurs, d'une manière significative, non sur les conditions du meurtre ou de l'enlèvement eux-mêmes mais sur les subtilités du recrutement de fidèles fictifs qui les a rendus possibles.

évités » en oubliant de préciser avec clarté que des mesures aussi draconiennes de prévention n'auraient pu, éventuellement, s'appliquer d'une manière tout à fait exceptionnelle qu'à des planificateurs incontestables de génocides et de crimes contre l'humanité.

Du coup, la CIA recevra, dans le terrifiant début des années soixante, l'ordre — toujours : l'ordre — d'une Maison Blanche, pourtant dirigée par le modéré Eisenhower ou le vertueux Kennedy, d'assassiner Fidel Castro sous le seul prétexte qu'il était une épine inacceptable plantée dans l'arrière-cour des États-Unis. Mais l'impossibilité d'exécuter cet ordre aberrant, la maladresse naïve des tentatives entreprises — établir des contacts avec la Mafia ! — confirment, s'il en était besoin, que ce genre d'opération n'est pas seulement condamnable au plan moral : il ne constitue en rien, répétons-le pour donner plus de force à mon raisonnement, la vocation des services de pays non seulement démocratiques mais tout simplement — je pense à l'Union soviétique post-stalinienne — civilisés.

Rien n'est parfait en ce bas monde, la démocratie — à supposer, lent processus et conquête de la perfection, qu'elle soit adaptée à tous les pays de la terre — ne s'est pas encore étendue à la totalité de la planète. Et il existe donc encore, cinquième raison de l'existence de la croyance dans le « permis de tuer » des États qualifiés de « voyous » par les Américains et qui donnent l'ordre à leurs multiples et proliférants « organes de sécurité » — je ne dis pas : services de renseignement — d'exécuter, voyez la Syrie au Liban, leurs adversaires politiques en négligeant une vérité pourtant fondamentale : en procurant aux parties en présence la connaissance objective du monde, les services secrets se doivent, au contraire, d'être une arme de paix.

BOÎTE AUX LETTRES MORTE

Si l'espionnage est affaire de relations humaines, l'indispensable liaison entre un agent et l'*oper* se heurte, lorsqu'elle est effectuée à partir d'une *rezidentura* légale, à la surveillance continuelle par le contre-espionnage adverse de l'ambassade officielle qui abrite cette *rezidentura*. Pour ne pas multiplier les « rencontres conspiratives » — selon la terminologie russe — et les limiter, pour des raisons impératives de sécurité, au strict minimum nécessaire à la « direction » de l'agent, le transfert d'instructions, la demande de précisions — le sacro-saint « questionnaire » —, la remise éventuelle d'argent par l'*oper* ou la transmission de documents secrets par la « source » sont généralement effectués, de nos jours, grâce au procédé aussi simple qu'efficace que les Russes appellent « *taïnik* » et les Français, d'une manière beaucoup plus confuse et pompeuse « la boîte aux lettres morte ». Une fois de plus en France, une pesante théorisation — découlant, souvent, hélas, d'une déplorable absence de pratique — vient distinguer, en effet, la « BLM » dans le jargon pseudo-technique, de la « boîte aux lettres vivante », « BLV », c'est-à-dire d'une personne humaine servant de dépôt et de relais dans la chaîne de transmission des renseignements collectés — pratique qui s'est surtout imposée durant les combats de la Résistance et qui n'est plus guère utilisée à l'heure actuelle en raison des graves risques et des lourdes pertes humaines qu'elle entraîne[1].

« *Taïnik* » donc : cachette, de « *taïna* », secret. Il existe, en effet, dans toute ville ou dans toute campagne des lieux déserts où se trouvent de possibles et discrètes « cachettes » : un trou dans un mur disjoint, le dessous d'un banc isolé dans un jardin public désert, etc. C'est donc dans ces emplacements patiemment recensés par les membres de la *rezidentura* — à Moscou, une difficulté particulière provenait du fait que les possibles caches étaient constamment utilisées à des fins d'entraînement par les élèves de l'école spéciale du KGB — que sont déposées les instructions — rédigées à l'encre sympathique ou au « carbone blanc » —, l'argent nécessaire à l'opération ou les documents secrets — photographiés et miniaturisés par l'agent s'il se révèle, ce qui n'est pas toujours le cas, doué pour le bricolage — qui constituent le flot continu et incessant de l'espionnage. Une boîte défoncée de coca-cola — ô les charmes discrets de la société de consommation ! —, un paquet froissé de cigarettes, un emballage vide de médicaments ou un tube usagé de dentifrice servent d'habitude de *container*, mais il arrive, de plus en plus souvent de nos jours, que c'est le *container* qui devient lui-même le *taïnik* : de fausses pierres creuses en polyester sont ainsi dispersées dans les parcs ou sur les routes et chemins mal goudronnés.

Un système simple de signaux, généralement des traits et des croix à la craie sur un réverbère ou la passerelle d'un pont, un arrêt d'autobus peu fréquenté ou un coin de mur désert, vise à indiquer que le *taïnik* a été approvisionné et peut être — ou a été — « relevé ». Des plans et des croquis d'une précision de topographe — il ne s'agit pas de laisser pourrir le précieux contenu du *taïnik* ou de risquer qu'il tombe entre des mains étrangères ou, pis, malveillantes — viennent préciser à l'agent, au même titre d'ailleurs que le lieu et les modalités

1. Le terme anglais « *dead drop* » n'est guère plus satisfaisant. Certes le mot « *drop* » reflète bien la réalité, mais l'idée de « *dead* » est étrange quand on connaît le grouillement de vie autour d'une boîte aux lettres « morte ». Il s'agit, là encore, d'une théorisation datant des incompétents services américains de l'OSS durant la Seconde Guerre mondiale. En revanche, le terme « *cut-out* » est plus correct, dans son sens de coupure et de coupe-circuit.

d'une « rencontre conspirative », l'endroit exact où sont tracés les signaux de liaison, situés les *taïnik*, placés les *containers*.

Le seul inconvénient de ce procédé — qui, bond en avant technologique oblige, peut être remplacé ou étayé aujourd'hui par les liaisons radios satellitaires, ultrasecrètes car ultrarapides et ultra-miniaturisées —, efficace bien que rudimentaire malgré sa croissante sophistication, provient du fait que l'agent doit entreposer à son domicile les encres sympathiques, les « carbones blancs », les révélateurs ou les appareils photo miniatures, voire les appareils de liaison radio par satellite. La découverte de ce « matériel d'espionnage » par les services de sécurité intérieure — généralement à la suite d'une « perquisition illégale » afin de n'intervenir qu'à coup sûr — constitue une preuve irréfutable mais aléatoire car, protégé par les mesures de précautions rigoureuses de la *konspiratzia* et du *taïnik*, l'agent reste, à moins d'une « défection » ou d'une trahison, tel une aiguille dans une meule de foin.

Le hasard ou la malchance, cette déesse noire de l'espionnage, peuvent également venir perturber le déroulement harmonieux des opérations autour d'un *taïnik*. Leonid Chebarchine, le brillant *rezident* russe à New Dehli, aime raconter comment, ayant déposé un container en forme de pierre creuse sur une route indienne et étant revenu flâner sur les lieux pour plus de précautions, il vit, effaré, une équipe de la voirie s'attaquer à la chaussée défoncée. Retour précipité à l'ambassade soviétique. Mobilisation d'une voiture qui, miraculeusement, « tombe en panne » devant les terrassiers. Le groupe russe les appelle à l'aide, leur fait pousser la voiture à grands coups de roupies pendant que Chebarchine, après avoir effacé le signal de remplissage, récupère le *taïnik* dont la destruction — ou pis : la remise à la police — aurait compromis une collecte cruciale de renseignements provenant d'un agent indien particulièrement important sur l'identité duquel le discret Chebarchine continue, bien entendu, à garder le silence le plus opaque.

Mais, quels que soient ces risques et ces dangers ou l'ampleur des innovations de la technologie en matière de transmission radio par satellite, le bel et simple *taïnik* — qu'y a-t-il de plus inoffensif qu'une boîte de coca-cola vide dans le trou d'un mur ou de plus séduisant qu'une fausse pierre posée dans un chemin ? — aurait encore de beaux jours devant lui si l'agent lui-même n'appartenait plus qu'à un passé glorieux mais fortement ébranlé.

CHANCE

Lorsque le Saint-Empire communiste apprend dès 1941 que ses alliés anglo-saxons travaillent sur une arme de destruction massive sans précédents, une chance également sans pareille s'offre à ses services secrets : une pléiade de savants atomistes se mettent à la disposition de l'Union soviétique afin de lui dévoiler les secrets de la nouvelle bombe. Sans chance, il n'y a pas de réussite marquante dans le domaine mystérieux et fluctuant de l'espionnage mais encore faut-il relativiser ce don céleste. Si les *rezidents* communistes du GRU puis du NKVD n'avaient pas déployé un savoir-faire hors du commun, la Russie aurait dû attendre encore de longues années pour devenir une superpuissance malgré la force et le volume de ses armées conventionnelles. En revanche, lorsque la chance frappera, dans les années quatre-vingt, à la porte du contre-espionnage français quand Farewell viendra lui offrir tous les secrets de l'espionnage « scientifico-technologique » de son KGB, la petite DST ne saura la saisir que durant une brève année. « Aide-toi, le ciel t'aidera » devrait, l'avons-nous dit, être inscrit en lettres d'or sur tous les frontons des services d'« intelligence ».

Mais qui dit « chance » ne dit pas « hasard » : les savants atomistes n'apportent pas sur un plateau d'argent leurs trésors aux Russes par simple accident mais parce que le Saint-Empire vient, à la tête de la croisade antifasciste, de remporter des batailles décisives sur le monstre nazi et incarne, pour beaucoup, tous les espoirs de l'humanité.

Et quand, quelques décennies plus tard, le fleuve tumultueux de la « trahison » aura changé de cours et que ce seront les services américains qui verront venir à eux des Penkovsky ou des Poliakov — des Farewell pour les Français — désireux de leur communiquer le moindre détail sur la politique et le potentiel militaire de l'Union soviétique, c'est que le Saint-Empire aura entamé sa décomposition.

L'espionnage, répétons-le, est fils de l'Histoire ou, du moins, du sens que lui attribuent certains des protagonistes du Grand Jeu.

CHANTAGE

L'espionnage fait peur à la société. À la mythologie secrétée par l'ignorance de la réalité s'ajoutent donc souvent des interprétations simplistes qui s'acharnent à accentuer la noirceur de l'adversaire tout en expliquant d'une manière rassurante les motivations de ceux sur lesquels il exerce sa « manipulation ». Si un haut personnage a « trahi » ce n'est pas volontairement ou par conviction mais parce qu'il était, le pauvre, soumis à cette forme de pression ignoble que constitue le chantage. L'« espion » imaginaire ne dispose pas seulement, tel James Bond, de l'horrible *licence to kill* mais se trouve paré, comme dans le beau *Dossier 51* de l'imaginatif Gilles Perrault, de tous les attributs les plus inquiétants du maître chanteur parfait.

Si le viol de la société se trouve ainsi identifié, éclairé et dénoncé, rien n'est pourtant moins exact. Les coopérations pullulent sur la base de l'idéologie, de l'appât du gain ou de la volonté de puissance, mais je ne connais pas d'exemple significatif où un service de renseignement extérieur et ses *rezidentura* à l'étranger aient effectué des recrutements d'agents sur la base du chantage. Difficile voire impossible à mettre en œuvre en dehors du territoire national, ce procédé si cher au contre-espionnage offensif des pays totalitaires ne semble, en temps de paix tout au moins — lorsque commence à couler le sang, le chantage exercé sur les résistants capturés prend la forme absolument terrifiante d'un choix entre la collaboration ou la mort[1] — n'avoir jamais accouché d'un « grand agent » de l'importance des Cinq de Cambridge ou de Georges Pâques.

CHIFFREMENT

Le chiffrement de ses messages grâce à un code ou à un chiffre est essentiel pour un État afin de préserver le secret de ses communications diplomatiques. L'hermétisme est encore plus vital pour les services secrets — et leurs représentants légaux et illégaux à l'étranger — dans la mesure où leurs transmissions comportent des noms ou des détails d'opérations considérés comme criminels par les États sur le territoire desquels ces hommes agissent ou ces actions se déroulent. Une précaution supplémentaire consiste donc à truffer les messages chiffrés de noms de code dissimulant, dès que possible, les noms de famille, de pays, de villes ou d'organisations. Exemple (très simplifié) : « À Pierre. Vérifiez si Lucy dans son travail de consulting pour Démon à Péloponnèse connaît les projets de Tahiti concernant le problème de Pepsi. Paul ». En clair : « À Ivan Ivanovitch Ivanov, (*rezident* du KGB à Washington). Vérifiez si Smith dans son travail de consulting pour la CIA à New York connaît les plans des États-Unis concernant le problème de Berlin. Piotr Petrovitch Petrov (directeur de la Première Direction générale du KGB). »

À cette mission défensive, qui consiste à empêcher l'adversaire de percer vos secrets les mieux gardés, s'ajoute, pour les services secrets, la mission offensive cruciale qui s'attache à « casser » les codes et les chiffres de l'ennemi.

COMPÉTENCE

L'espionnage est la terre bénie des paradoxes et des dualités. Simple pour les uns, une opération constitue un « coup tordu » pour les autres, un « traître » condamnable dans un camp est un héros pour ceux avec qui il a accepté de

1. Cette insupportable déviation est analysée ci-dessous p. 368-388 dans l'entrée « Manipulation 2. Les horreurs de la guerre ».

collaborer. Il peut arriver que l'indifférence et l'ignorance du pouvoir politique et de l'opinion aboutissent à une situation particulièrement curieuse : ne connaissant ni l'utilité ni le mode de fonctionnement des services secrets, certains États en arrivent à entretenir en leur sein des organisations puissantes mais dont ils ne sont pas en mesure — souvenons-nous de l'Abwehr nazie — d'apprécier la profonde inefficacité.

Toute autre était la situation dans le Saint-Empire communiste — ou aux États-Unis, en Grande-Bretagne et en Israël — où le Renseignement était — je parle volontairement au passé en ce qui concerne l'Amérique — une partie intégrante et reconnue comme essentielle de la politique de l'État et du Parti.

L'exemple communiste met en valeur les composantes de la compétence des services de renseignement. « Le professionnalisme », dit-on en leur sein et « c'est un vrai professionnel » constitue le plus beau des compliments.

En premier lieu, la sélection des *opers* se faisait en Union soviétique — ou en Europe de l'Est : voyez Markus Wolf — non dans des milieux militaires ou marginaux mais en plein cœur des couches les plus prometteuses de la société. La « nouvelle civilisation » soviétique étant ce qu'elle était, aucune carrière véritablement intéressante ne se révélait possible dans la politique, dans les affaires, le barreau ou le journalisme. Seuls les services secrets ouvraient une voix royale vers une vie passionnante et, ô nouveau paradoxe, relativement libre.

Or, une fois les meilleurs triés sur le volet, une formation rigoureuse leur était prodiguée dans des écoles spécialisées leur apprenant non seulement toutes les ficelles de la *konspiratzia* mais également les langues étrangères et les subtilités des relations internationales, humaines et diplomatiques.

Affectés à l'étranger, les vrais faux diplomates légaux ou les anonymes de l'illégalité pouvaient compter sur toute l'expérience des anciens du Centre. Une opération n'était pas laissée à la seule appréciation des hommes sur le terrain mais était analysée et dirigée à partir du Centre par une pléiade de « professionnels » expérimentés. Une marée de documents écrits — comptes rendus de « rencontres conspiratives », étude psychologique des agents potentiels, propositions, autorisations et « conversations de recrutement », projets et compte rendus de liaison clandestine, etc. — permettaient de suivre dans le moindre détail chaque mouvement en territoire adverse ou ennemi, sur ce « front invisible » cher aux Russes.

La richesse des archives ainsi accumulées rendait possible, enfin, d'étudier et de faire apprécier sans cesse — souvent par des retraités du service et des historiens spécialisés — les affaires du passé afin d'identifier les erreurs commises ou d'établir les causes les plus profondes des succès obtenus.

On est loin de l'officier d'état-major français parachuté dans des services secrets qu'il ne connaît pas et qui, une fois parti à la retraite sans les avoir compris, exhibe sa belle stature de « James Bond » dans les dîners mondains en ayant comme seule activité — c'est mieux que de se livrer à de la barbouzerie dans des officines de « sécurité » privées — d'aller pêcher à la ligne. Pour paraphraser François Mitterrand quand il parlait de sa politique adorée : « Le Renseignement est un métier ».

CONTACT

Le représentant à l'étranger d'un service secret, qu'il s'agisse d'un vrai faux diplomate légal ou d'un anonyme illégal mène la vie privée de Monsieur Tout-le-Monde et n'investit pas la totalité de son temps à s'occuper de ses agents. Un *oper* affecté à une ambassade fréquente donc les réceptions officielles, lance des invitations à dîner d'autant plus facilement qu'en dehors de la nécessité de défendre sa « couverture », il accroît ainsi l'étendue de son terrain de chasse.

Un fait essentiel doit être ici souligné : ce n'est pas parce qu'il est considéré comme un criminel par l'État où il travaille que toute l'activité de l'*oper* est criminelle pour autant. Tant qu'il n'a pas, dévoilant sa qualité de membre d'un service secret, fait une proposition précise de coopération avec sa ténébreuse organisation, l'*oper* reste dans la légalité et son interlocuteur — ou interlocutrice — n'est pas un « espion » — un « agent », dirons-nous plus correctement — mais garde la place d'un simple « contact » voire d'une « relation confidentielle », même si le doute ou le soupçon — qui ne sont pas des crimes — sur la nature réelle de son nouvel « ami » ou relation peuvent venir l'effleurer.

CONTACT CLANDESTIN

Je préfère la formulation russe, simple et imagée, de « rencontre conspirative » au jargon pseudo militaire français : « organiser et mener une rencontre conspirative » correspond mieux à la réalité que le sec et faussement technique « établir le contact ».

COOPÉRATION

Quitte à décevoir le profane, notons que la coopération entre services secrets est courante et de plus en plus essentielle.

« Les États, disait de Gaulle, sont des monstres froids. » « Un État n'a pas d'amis. » La constatation ne s'applique que partiellement aux services de renseignement même s'ils sont dévorés, tels les États d'ailleurs, par des passions et des emballements souvent mal contrôlés. Certes les arrière-pensées et les soupçons pullulent au même titre que la défense prioritaire des intérêts nationaux mais la coopération entre services secrets alliés a toujours été cruciale. Si la CIA n'avait pas communiqué ainsi aux autres pays occidentaux — pour accroître, bien entendu, la force de sa croisade contre « l'Empire du mal » — les indications transmises par les transfuges soviétiques qu'elle était seule à même d'accueillir sur son sol — ou par les agents opérant pour elle à Moscou ou fournies par l'opération de décryptement Venona née de sa superpuissance — les chasseurs d'espions anglais ou français seraient morts idiots. De même, bien que les relations entre le KGB et les services des « pays frères » étaient plutôt de nature hégémonique et au service exclusif du Saint-Empire soviétique, leur coopération n'en était que plus indubitable et les proprement extraordinaires connaissances de l'Allemagne de l'Ouest par Markus Wolf nourrissaient la boulimique « recherche » de Moscou qui disposait à Berlin-Est d'une *rezidentura* d'au moins mille personnes.

La mondialisation a fait exploser le phénomène et l'on peut affirmer que la coopération des services secrets contre le danger du terrorisme international constitue une arme aussi importante que l'interception par la NSA américaine ou l'Echelon américano-britannique — « les Grandes Oreilles » — de tout ce qui se transmet sur les ondes de la planète. Notons accessoirement qu'il est plus facile de se documenter sur les adeptes d'Al-Qaida ou de l'extrémisme islamiste à partir du Pakistan, de la Jordanie ou de l'Égypte — voire de Paris — qu'à partir des bureaux de Washington.

« COUP TORDU »

L'expression revient souvent dans les services dotés d'une compétence insuffisante.

En réalité, « tordu » pour celui qui en est la victime, le coup est le plus souvent d'une simplicité presque biblique pour le service secret qui l'a porté. Lorsque le transfuge soviétique, Golitsyne, a révélé, au début des années soixante, que le minuscule SDECE français comptait en son sein cinq à six agents du KGB, l'affaire a été ressentie comme « tordue » au sein du Renseignement hexagonal amené au bord de l'hystérie. Et pourtant une connaissance élémentaire du phénomène de « la toile d'araignée rouge » aurait dû amener à la conclusion dépassionnée que de telles opérations étaient simples dans la France d'après la Libération. Les nouveaux services secrets issus de la Résistance n'engageaient-ils pas, sans aucun examen sérieux, des pléiades de combattants de « l'armée de l'ombre » en coquetterie plus ou moins poussée avec leurs camarades de lutte communistes ?

Je crois que la maturité d'un service secret est atteinte quand il en arrive à considérer comme normal le « coup tordu » qui lui est asséné. « Il est évident qu'Ames n'était pas le seul chez nous à renseigner les Soviétiques », me disait ainsi, sans l'ombre d'une émotion, un ancien de la CIA et un vétéran du KGB me confiait, tout aussi impassible, que l'arrestation récente d'agents russes aux États-Unis ne pouvait s'expliquer que par l'existence de « taupes » au sein des nouveaux services de la Fédération de Russie. Un cancer n'est considéré par l'homme fort que comme une maladie semblable aux autres, même si elle peut être mortelle.

En revanche, lorsqu'un service secret, abandonnant la technique simple du recrutement d'agents, monte des opérations qu'il estime lui-même « tordues » — souvenons-nous des montages photographiques cherchant à déconsidérer la femme d'un ancien Premier ministre du général de Gaulle —, il bascule, quelquefois sans s'en rendre véritablement compte, dans une barbouzerie contraire à sa mission de collecte de renseignements utiles à la communauté nationale. Effectivement « tordues », et donc intolérablement barbouzardes, étaient la « désinformation » soviétique ou certaines *covert actions* de la CIA en Amérique latine qui constituent à mes yeux, des déviations inacceptables — et le plus souvent d'une efficacité très relative — de la part de services secrets dont l'unique fonction devrait se limiter à la connaissance objective du monde.

COUVERTURE

L'officier de renseignement, l'*oper* ou le *case officer*, ne participent pas au Grand Jeu armés d'un pistolet, au volant d'une voiture de luxe bardée de gadgets ou vêtus par Armani mais protégés par une « couverture ». « *Cover* » disent les Anglo-saxons alors que les Russes, toujours aussi pratiques et imagés, parlent de *Krysha* — le toit.

L'illégal dispose, tel le colonel Abel, tant d'un vrai faux passeport de citoyen du pays où il agit — les convulsions de la Seconde Guerre mondiale ont permis aux Soviétiques de s'emparer de nombreuses vraies identités à usage factice — que d'une « légende » soigneusement établie et devenue une seconde nature afin que l'intéressé soit à même de répondre aux questions les plus insidieuses de voisins curieux ou d'administrations, voire de policiers soupçonneux.

L'*oper* légal se voit attribuer, lui, souvent sous un faux nom afin de masquer encore mieux son appartenance aux services secrets, des fonctions diplomatiques en bonne et due forme dans une ambassade de son pays à l'étranger. Cette « couverture diplomatique », qui présente l'immense avantage de lui procurer, on l'a vu, l'immunité du même nom, est choisie soit pour détourner l'attention du contre-espionnage adverse soit, dans des contrées plus laxistes, pour élargir le terrain de chasse de l'*oper*. L'espion légal peut être ainsi un humble attaché culturel, voire un simple chauffeur, s'il est chargé d'assurer la liaison avec un agent important ou un flamboyant premier secrétaire d'ambassade quand sa mission suppose qu'il fréquente le grand monde sans éveiller les soupçons de ses proies potentielles.

Est-il utile de préciser que j'ai connu une époque où le Quai d'Orsay français manifestait un tel mépris pour les « barbouzes » qu'il refusait de leur octroyer des fonctions en vue ni, même, de les inscrire sur des annuaires diplomatiques ? Le plus souvent « attaché militaire adjoint », le bon espion français, incapable d'établir, en dehors des services de police alliés, le moindre contact intéressant et livré à la curiosité du contre-espionnage ennemi attirait ainsi l'attention de tout un chacun comme une verrue incongrue au beau milieu du visage d'une diplomatie française qui, malgré son apparente subtilité, m'a toujours parue, tel d'ailleurs le Renseignement hexagonal, plus imbue d'elle-même que d'une efficacité sans appel.

DÉCEPTION

Outre ses abstractions pseudo-théoriques et paramilitaires — « Action », « BLM », « contact » —, la France a la détestable habitude d'habiller les opérations de renseignement de formulations personnalisées et à connotation agressive : « pénétration », « manipulation », « retournement ». Tirée de la vie courante, cette terminologie familière, attribuée à des services hexagonaux qui ne lui donnent vie que rarement, envahit en retour l'existence quotidienne. Telle « l'intoxication ». « Action nocive, d'après *Le Petit Robert*, qu'exerce une substance toxique sur l'organisme, ensemble des troubles qui en résulte, V. Empoisonnement » mais également : « Action insidieuse sur les esprits, tendant à conditionner certaines opinions, à démoraliser, à dérouter ».

L'abominable abréviation « l'intox » est ainsi employée à tout bout de champ dans une société française curieusement pourrie par le soupçon, voire une pointe de paranoïa, alors que la réalité qu'elle recouvre est pourtant rarement utilisée par ses services secrets si l'on excepte l'assez discutable opération dite de la « bleuite » durant la guerre d'Algérie lorsqu'un capitaine plus imaginatif — plus vicieux ? — que les autres est parvenu à convaincre les chefs de la rébellion interne nationaliste qu'ils étaient entourés de traîtres à sa solde — « retournés » par des harkis vêtus de bleus de chauffe. Une terrifiante campagne de tortures et d'exécutions sommaires vint bouleverser alors la wilaya III, inspirant à l'Armée française une satisfaction, je peux en témoigner, que, pour ma part, j'ai toujours considérée comme foncièrement malsaine.

Je préfère donc, pour rendre compte de la réalité des activités des services secrets dans ce domaine, utiliser la formulation anglo-saxonne — le mot russe *dezinformatzia*, désinformation, correspond plutôt au sens français d'intoxication que je viens de donner — où l'action d'induire en erreur de la « *deception* » vient du verbe anglais *to deceive*, tromper, abuser, et a été incarnée, durant la Seconde Guerre mondiale, par des opérations britanniques dont nous avons eu l'occasion de décrire la prodigieuse efficacité et la rare intelligence.

DÉCRYPTEMENT

On confond trop souvent, dans une France où n'existe pas de véritable culture du Renseignement, le déchiffrement, opération inverse du chiffrement, qui consiste à traduire en clair ses propres messages codés grâce à la clé qu'on a utilisée, avec le décryptement qui vise, en « cassant » le code adverse, à percer le secret dont il couvre ses communications.

L'exemple le plus célèbre d'une opération réussie de décryptement, qui présente, tels les « grands agents », l'immense avantage de procurer des documents d'une vérité incontestable — renseignement dit « solide », étiqueté A-1 dans la classification française qui évalue la valeur de la « source » de A à F et la véracité de l'information de 1 à 6 —, d'une importance cruciale, est l'opération Ultra quand, durant la Seconde Guerre mondiale, les Alliés ont réussi à reconstituer l'alors révolutionnaire machine à coder Enigma sur laquelle l'état-major allemand comptait pour rendre invulnérable la connaissance de ses opérations militaires. De même, les Américains sont parvenus — cet art-là est confié à des mathématiciens de haut vol qui n'ont rien à voir avec des « espions » de roman de gare — à décrypter, au cours de l'opération Magic, tous les messages de la Marine de guerre japonaise — ce qui joua un rôle décisif au cours de la bataille navale de Midway. *A contrario*, les lenteurs du décryptement des messages nippons concernant l'attaque surprise de Pearl Harbor n'ont pas permis d'éviter ou d'atténuer cette tragédie.

Durant la lutte contre l'autre totalitarisme qui a menacé la liberté des démocraties, l'opération Venona a pu, à la fin des années quarante et dans le domaine cette fois du contre-espionnage défensif, profiter de ce que, en raison des tensions de la guerre, les Soviétiques avaient, à partir de leur ambassade de Washington, commis l'erreur d'utiliser deux fois de suite la même clé de code, pour « casser » une partie des messages russes que les services d'interception américains avaient eu la sagesse d'enregistrer et de conserver malgré l'alliance entre les deux pays et le fait qu'ils leur étaient totalement hermétiques. L'identification de certains membres de l'*agentura* atomique ou du groupe des Cinq de Cambridge fut le résultat de ce tour de force[1] devenu impossible de nos jours par l'utilisation des ordinateurs qui, en rendant les codes totalement imperméables, suppose qu'un agent recruté dans le service de chiffrement adverse, tels les employés de la NSA américaine retournés par le KGB, vous apporte les clés utilisées par l'organisation de chiffrement où il travaille. Importance du facteur humain malgré la montée en puissance du renseignement dit « technique »...

Quelle que soit son importance littéralement cruciale, le décryptement dépend cependant, tel d'ailleurs le Renseignement tout entier, de la puissance et de l'intelligence des États qui y ont recours. Si lire à cœur ouvert dans les plans militaires nazis a contribué d'une manière décisive à la victoire d'Alliés mobilisant toute leur énergie pour venir à bout de la lèpre brune, les services secrets français annonçaient eux aussi, jour après jour, durant la triste guerre en Indochine, la progression des divisions viet-minhs vers la cuvette de Dien-Bien-Phu où l'état-major français, englué dans un conflit colonial stupide et inutile, mené par des effectifs squelettiques, restait persuadé qu'il anéantirait facilement les forces de « macaques » profondément méprisés et donc sous-estimés. Dans un ordre d'idées identique, le décryptement des messages du FLN algérien — il y avait, durant les guerres coloniales, un déséquilibre entre les services de décryptement des uns et la vulnérabilité, malgré l'aide russe, des codes des autres —, s'il a rendu possible la neutralisation des bandes insurrectionnelles sur le terrain, n'a diminué en rien le pouvoir d'attraction politique et diplomatique du mouvement nationaliste, porté par le bel idéal d'indépendance.

Le plus réussi des espionnages ne saurait compenser une erreur et une faiblesse politiques.

DÉSINFORMATION

Peu de temps après ma prise de fonction à l'hôtel Matignon comme conseiller de Sécurité du premier Premier ministre du général de Gaulle, amené à lire la production de tous les services secrets et de police et de tenter d'en assurer la coordination et le bon fonctionnement, je me retrouvai, malgré ma tendre jeunesse et mon complet anonymat, mais en raison probablement de mes origines de « Russe blanc », au cœur d'une petite tempête médiatique et poli-

1. Tour de force qui fut réalisé également par les services de contre-espionnage nazis qui, en décryptant les messages russes relatifs au légendaire Orchestre rouge berlinois, sont parvenus — mais trop tard comme dans le cas de l'*agentura* atomique car le mal était déjà fait — à provoquer sa chute dramatique.

tique. Un plumitif de droite connu pourtant pour ses sympathies à l'égard du Saint-Empire communiste affirmait dans sa « lettre confidentielle » que j'étais un dangereux activiste alors que le politicien de gauche — De Gaulle disait : « politichien » —, Charles Hernu, dont personne ne savait qu'il était en contact avec les représentants à Paris des services secrets de l'Est, se précipitait chez le préfet de police pour lui signaler le péril que je faisais courir à la République à la tête d'une organisation secrète d'extrême droite appelée les « Templiers ». Pendant qu'une feuille satirique se déchaînait contre moi, — « le Serbo-Croate de service » —, un journaliste « bien informé », on ne disait pas encore « d'investigation », brossait ma biographie dans un hebdomadaire moralisateur de la gauche « caviar » : je serais né en Russie, serais arrivé en Europe occidentale dans les fourgons de l'armée hitlérienne en retraite et aurais fait de l'anticommunisme actif aux États-Unis dans les bureaux du sinistre sénateur Mac-Carthy.

Telle est la désinformation soviétique qui, à la différence de la déception anglo-saxonne, fonctionnait en temps de paix — mais y avait-il une paix véritable entre « le socialisme en marche vers l'avenir radieux » et « l'impérialisme moribond » ? — et aurait pleinement correspondu à la définition française de « l'intoxication », « action visant, avons-nous vu, à conditionner certaines opinions, à démoraliser, à dérouter », si l'on y avait ajouté le sens : « discréditer, déstabiliser un adversaire[1] ».

Sur le plan technique, la désinformation russe s'appuyait pourtant, telle la déception anglo-saxonne, sur des faits certes faux mais aussi vraisemblables que possible. Mes origines russes, soulignées par « un nom slave et un prénom impérial » comme l'écrivait *Le Monde* — « Changez de nom » m'avait fort justement conseillé mon premier mentor dans la vie politique française, le remarquable ministre de l'Intérieur radical-socialiste de la Quatrième République, Charles Brune — pouvait prêter à toutes les confusions et interprétations pour qui ne connaissait pas ma naissance à Grenoble, mes études à Nice durant l'Occu-

1. Omniprésente dans la pensée soviétique, la *dezinformatzia* était pourtant — plutôt : par voie de conséquence — une notion floue à souhait en Russie. Durant la guerre contre les nazis, nous avons vu que certaines brillantes opérations des services secrets russes correspondaient en tout point à la déception britannique. Mais lorsque Staline écartait avec rage les avertissements d'invasion de Richard Zorgué ou des héros de l'Orchestre rouge berlinois en les traitant de « désinformation », il ne soupçonnait pas seulement une possible « déception », technique visant, en l'induisant en erreur, à provoquer un redéploiement de son Armée rouge qui aurait été interprétée comme une provocation par Hitler. Il manifestait alors également, selon la traditionnelle paranoïa communiste, une crainte, elle irrationnelle, devant une obscure manœuvre anglaise s'attachant, en le brouillant avec Hitler, à faire voler en éclats le pacte germano-soviétique.

pation ou aux Sciences Po de Paris après la Libération. Quant aux mystérieux « templiers » dont j'aurais été le chef nocif et omnipuissant — je n'ai jamais fait partie d'aucune organisation secrète ni même d'aucun parti politique —, le Centre de Moscou ne pouvait ignorer la maison que j'habitais dans une lointaine campagne — mes faibles ressources ne me permettaient pas de m'offrir un appartement à Paris — car j'étais abonné à toute la presse soviétique dans le cadre de mon travail d'analyste du Saint-Empire communiste non pour l'ignoble sénateur Mac-Carthy mais pour l'apolitique et plutôt libérale Rand Corporation américaine. Or la consultation du premier guide touristique venu — les services secrets ne négligent pas la documentation ouverte — ne pouvait que faire apparaître que mon ravissant village avait été au Moyen Âge un haut lieu du Temple avant sa destruction par la royauté.

Utilisant des sympathisants, des « compagnons de route », voire de simples bavards peu portés sur des vérifications approfondies — les vrais agents ne sont pas généralement « brûlés » dans des opérations aussi voyantes —, la désinformation distille ainsi des pseudo-vérités qui sont prêtes à être acceptées tant par ceux qui les véhiculent que par l'opinion qui les reçoit. « Votre nom est impossible, m'avait averti Charles Brune. Constantin fait tailleur grec et Melnik franchement cagoulard ». Or le racisme de la France de l'époque — ce mal est-il totalement extirpé ? —, exacerbé par la russophobie française plongeant ses racines dans les défaites napoléoniennes, enrichissait aux débuts difficiles de la Cinquième République un terrain déjà très favorable. Ramené au pouvoir par la révolte de l'Armée et de pieds-noirs dévorés par l'activisme de « l'Algérie française », le général de Gaulle n'apparaissait-il pas lui-même — on l'a, bien entendu, oublié — comme un dangereux comploteur antirépublicain, entouré, après l'effondrement sans gloire de la Quatrième République, de parfaits inconnus qui pouvaient légitimement susciter tous les soupçons ?

La désinformation est, en effet, une allumette lancée sur une forêt desséchée, prête à s'embraser, et, bien que je sois plutôt classé au centre aux États-Unis et dans la Russie contemporaine, l'étiquette d'homme de droite me collera toujours à la peau en France, de même que ma direction de « templiers » qui, un demi-siècle plus tard, continue à émerger sur des sites internet oniriques.

Bien que les services secrets russes ne s'en glorifient pas dans les ouvrages historiques qu'ils consacrent à leurs succès — j'ai déjà dit qu'à mes yeux, la désinformation relève de la barbouzerie —, ils semblent l'avoir pratiquée dans des cas autrement plus importants que celui de ma modeste personne, à un point tel qu'une direction spécialisée de la PGU — la direction D, transformée plus tard en direction A dite des « mesures actives », en sera chargée à partir de

1959 et confiée, avant sa mort, au subtil Agayants, formé à Paris aux finesses de la politique à la française. Lorsque le transfuge Kravtchenko fera paraître au début de la « guerre froide » son retentissant *J'ai choisi la liberté*, un mystérieux Américain confiera à un journal français proche du parti communiste qu'il n'était qu'un voleur et un escroc, provoquant une campagne de presse diffamatoire d'une violence qu'on peut difficilement imaginer aujourd'hui. Quand le général américain Ridgway prendra le commandement de l'OTAN en Europe aux débuts des années cinquante, des feuilles du tiers-monde reprises par la presse communiste — autre technique habituelle — l'accuseront d'avoir utilisé des armes bactériologiques durant la guerre de Corée. Sa nomination à Paris entraînera alors, dans un invraisemblable climat de haine contre « Ridgway-la-peste », des émeutes proprement insurrectionnelles dans la capitale française en 1952.

Même plus tard, lors de la délitescence de la « guerre froide », de faux documents — le recours à des faux peut être essentiel et ne nécessite pas une qualité irréprochable si l'opinion est prête à les accepter — s'efforceront de faire croire que l'épidémie de sida en Asie et en Afrique était due aux expériences militaires des États-Unis. Car, on ne le souligne pas assez, « désinformation » possède, à la différence de « déception », un préfixe éminemment destructeur qui, dans le dictionnaire, fait figurer le terme entre « désinfection » et « désintégration ».

La réaction de l'Occident sera typique. Au lieu d'analyser froidement et sans passion cette technique particulière des services secrets soviétiques, l'opinion — surtout française — récupérera le mot pour l'employer sans réserve dans la vie courante et condamnera sans véritable compréhension la noirceur de l'hydre du KGB. Personne ne se souciera alors du fait pourtant essentiel que la Centrale du Saint-Empire communiste ne pouvait monter ses discutables opérations que sur un terrain « favorable », nourri d'une ignorance passionnelle préférant une « pensée unique » gauchisante, moralisatrice et émotive — « les Belles Ames », disait Raymond Aron — à l'examen impartial des réalités du monde. La désinformation n'est pas possible sans une certaine dose d'« autodésinformation » et la meilleure arme contre elle reste l'information pleinement objective qui devrait être — nous en sommes encore loin — un pilier irremplaçable de la démocratie.

AGENT DOUBLE

« Espion double (ou agent double), écrit, on l'a vu, *Le Petit Robert*, celui qui sert à la fois deux puissances, trahissant l'une au profit de l'autre, ou les deux à son profit ».

Rien n'est plus faux, inspiré soit de vieilles pratiques d'amateurs soit par des fantasmes romanesques exprimant moins la réalité de l'espionnage que l'inconscient de nos sociétés durant l'affrontement sans merci entre l'idéologie communiste et l'Empire libéral américain. Si l'on parle dans certains services modernes d'un « double » ou de « prendre (un agent ou un service) en double », le phénomène est pourtant d'une simplicité absolue : un « agent double » possède certes, d'où son nom, une double allégeance mais l'une d'entre elles est purement fictive et factice alors que l'autre est réelle, profonde, irréversible.

Kim Philby ne « sert » pas « à la fois deux puissances », surtout pas « à son profit ». Il n'est qu'en apparence lié moralement à l'Intelligence Service britannique dont il est l'un des éminents *opers*. En fait, il est un collaborateur, entièrement dévoué jusqu'au plus profond de son être, d'une seule et unique organisation : le KGB soviétique.

Même lorsque, durant la Résistance, un agent arrêté par la Gestapo faisait l'objet d'un « retournement » par le contre-espionnage défensif des nazis — ou de la Tchéka pendant la lutte des bolcheviks contre les socialistes russes et les services secrets anglais après la révolution d'Octobre —, l'engrenage de la trahison est tel que l'homme libéré afin de servir de tête chercheuse ou d'appât auprès de ses anciens chefs — Jean Moulin ! — ou camarades ne pouvait venir leur annoncer : « Voilà. Durant mon arrestation, j'ai livré tout ce que je savais sur vous et notre organisation. Si je suis maintenant parmi vous, c'est pour vous envoyer à la mort ou en prison ». « Sous contrôle » selon le jargon, l'agent « retourné » par le contre-espionnage répressif ou offensif est certes un « double » mais ne se trouve plus qu'entre les mains — impitoyables en temps de guerre, — d'un seul maître.

La complication ne naît dans les esprits que de ceux qui ne connaissent pas le Grand Jeu dont la simplicité, non dénuée bien entendu de technicité et de professionnalisme, est l'une des vertus majeures. « La guerre, disait déjà Napoléon, est un art simple et tout d'exécution ».

ÉCHANGES

À la différence des faux diplomates travaillant sous couverture, l'illégal ne bénéficie pas, tel l'agent, d'aucune protection. Cependant une pratique spectaculaire venait, durant la « guerre froide », diminuer la longueur des peines d'emprisonnement qu'il encourrait en cas d'arrestation. Des échanges ont ainsi eu lieu : le colonel soviétique Abel a été troqué contre le pilote de l'U2 américain abattu au-dessus de l'Union soviétique, Gary Powers ; l'illégal russe Lonsdale, arrêté en Angleterre au début des années soixante a retrouvé la liberté, en même temps que ses adjoints, les lumineux Cohen, en échange de l'homme d'affaires britannique, Greville Wynne, agent de liaison du colonel de l'Armée rouge, Oleg Penkovsky, emprisonné à Moscou dans le cadre de cette grandiose affaire du commencement des mêmes années soixante.

L'échange est un processus lent — plusieurs années — et délicat, négocié par des intermédiaires de confiance car les États ne veulent ni avouer leur responsabilité ni faire preuve de précipitation en risquant de perdre trop tôt la carte maîtresse qui leur permettrait un jour de récupérer un gros poisson dans l'éventualité d'une catastrophe majeure.

Un fait important vient limiter la portée de l'échange des « espions » : s'il est arrivé que plusieurs dizaines de « petits agents », surveillant, disons, le mouvement de trains en Allemagne de l'Est aient servi de monnaie de transaction, il n'existe que peu d'exemples de trocs de « grands agents ». Ainsi l'Américain Ames aurait-il pu être échangé contre le Russe Poliakov qu'il a dénoncé mais il n'en a rien été : l'homme de la CIA ayant livré au KGB toute l'*agentura* américaine dans le Saint-Empire communiste purge toujours une peine de prison à perpétuité aux États-Unis alors que le général-major du GRU a été, purement et simplement, fusillé à Moscou. L'horreur qu'inspire la « trahison » de l'un de ses citoyens est si forte qu'aucune nation ou idéologie n'accepte qu'elle ne soit pas châtiée avec la plus implacable vengeance. D'où l'importance, si l'on désire protéger l'étranger qui a accepté de se rallier à votre camp, de l'amener à l'intérieur de vos propres frontières avant que le contre-espionnage répressif de son pays d'origine ne s'empare de lui.

L'ENGRENAGE DE L'ESPIONNAGE

« Espion un jour, espion toujours ». « Lorsqu'on est happé par l'espionnage, on ne lui échappe jamais ». Comme tous les dictons de la sagesse (?) populaire, ces belles et péremptoires affirmations demandent à être nuancées d'autant plus qu'elles semblent surtout inspirées par une frayeur irraisonnée.

« Les services secrets soviétiques ne lâchent jamais leur proie », affirmait un expert pourtant particulièrement compétent du contre-espionnage intérieur français pour conclure que Charles Hernu ne pouvait, à partir des contacts douteux de sa jeunesse avec les services de l'Est, qu'avoir poursuivi son activité nocive d'« espion soviétique ». Faux, archifaux. Si un contact établi par un service de renseignement n'aboutit au recrutement que si l'étude psychologique et une « accroche » le rendent possible, celui-ci ne débouche pas non plus obligatoirement sur une collaboration *ad aeternam*. À converser avec les anciens de la PGU, on constate chez eux non l'acharnement du chien de chasse ne voulant pas rendre son gibier mais le pragmatisme et le réalisme de « professionnels » adeptes d'une vérité fondamentale : un agent qui manifeste de la réticence ou, *a fortiori*, qui n'a plus accès à d'importants renseignements secrets ne présente plus le moindre intérêt. S'acharner à le fréquenter constitue pour l'*oper* une désastreuse perte d'un temps précieux qui serait mieux investi à recruter et diriger des agents qui seraient, eux, pleinement opérationnels.

Certes, une fois la coopération lancée et tant que l'agent reste placé au cœur du secret, on ne rencontre pratiquement pas d'exemples d'agents interrompant leur collaboration. La routine, les liens personnels tissés lors des rencontres conspiratives avec l'*oper*, la pérennité des facteurs psychologiques qui ont entraîné le passage de l'autre côté du miroir, le plaisir de jouer un rôle qui peut être historique exercent ici tous leurs effets. De surcroît, si jamais la coopération était volontairement interrompue par l'agent, les services secrets ne disposent, malgré le mythe généralement admis, d'aucun moyen efficace pour lui redonner vie. Les preuves de la « trahison » — signature d'un engagement de collaboration ou de reçus pour l'argent éventuellement versé, liste des documents secrets communiqués — ne peuvent, en dépit de ce qu'on pense habituellement avec l'effroi qu'inspire le chantage, qu'être inopérants : voit-on le KGB faire parvenir à une police adverse les signes de sa propre vilenie, faisant détonner ainsi la bombe d'un scandale international ?

Il n'en reste pas moins qu'un agent est susceptible — la durée des opérations peut, voyez Pâques ou Poliakov, se compter en décennies — prendre sa retraite comme tout le monde, se coupant ainsi l'accès à des documents secrets, éprouver des doutes qui le poussent, tel le collaborateur du général de Gaulle à Londres, André Labarthe, à changer d'activité ou désirer même couper tout lien — John Cairncross ou Anthony Blunt des Cinq de Cambridge — avec un service dont il n'est plus amoureux. Un agent rétif ou, surtout, un agent ne disposant plus de secrets d'État n'est plus un agent du tout. On se souvient ainsi parmi les anciens du KGB de tous les efforts déployés pour procéder au recrutement d'un jeune diplomate à l'ONU qui, devenu, à la longue, représentant de son pays à la maison de verre, avait été, juste à ce moment-là, brutalement rappelé chez lui à la suite d'un changement de régime. Condamné à une vie morne d'exilé de l'intérieur, le brave homme ne présentait plus du coup aucune valeur pour personne. Répétons-le tant les écrits sur l'espionnage ont tendance à le glorifier *per se* en oubliant superbement qu'il n'a pour seule raison d'être que la collecte d'informations : un agent sans renseignements ou ne désirant plus les transmettre est, même si on lui colle l'étiquette infamante, disons d'un « espion soviétique », aussi mort et inutile qu'un poisson hors de l'eau.

Et que dire des *oper*s ayant travaillé dans une Centrale ou exercé des responsabilités dans une *rezidentura* ? Ce n'est qu'au sein du Saint-Empire communiste après la fin des purges staliniennes et, dans une certaine mesure en Grande-Bretagne et en Israël, ou dans les services policiers du contre-espionnage intérieur des démocraties que des hommes peuvent — avantage purement technique du totalitarisme à l'Est ; primauté de la police sur le renseignement à l'Ouest — investir la totalité de leur vie professionnelle à améliorer et épanouir leurs connaissances des subtilités complexes du jeu des jeux. En France, le va-et-vient entre les services, les états-majors ou les « corps d'origine » des militaires, aux États-Unis l'attrait de métiers mieux rétribués ou les convulsions politiques et médiatiques — l'épuration sauvage des *cold warriors* après la guerre du Viêt-nam et le scandale du Watergate — ne font pas du Renseignement un métier d'une stabilité à toute épreuve. Cependant en Amérique comme en Russie — à la différence d'un Hexagone où, à part quelques « barbouzards » reconvertis dans « l'intelligence économique » ou « la sécurité privée », la pêche à la ligne et le Rotary club sont l'apanage d'une retraite heureuse —, de nombreux « anciens » continuent à rester fidèles à la vocation de leur vie, publient des revues spécialisées ou des livres d'histoire et des Mémoires, voire mettent leurs connaissances et leur savoir à la disposition de leurs Centrales.

Quelles que soient la faiblesse et l'intermittence des joies professionnelles et sociales procurées en Occident par « l'espionnage », il n'y a pas que moi à éprouver, confirmant ainsi à tort le mythe de l'engrenage auquel on ne saurait échapper, un amour éperdu pour le Grand Jeu.

EXFILTRATION

Une anecdote veut qu'une personnalité civile nommée à la tête des services secrets français eût été, le jour de son entrée en fonctions, enlevée à son domicile par un commando du « Service Action » et transportée sous bonne garde à l'étranger. « Mission accomplie », aurait claironné le chef du commando avant un banquet arrosé célébrant cette « exfiltration ».

Même si elle était inexacte, l'anecdote est significative de certains errements hexagonaux : volonté de faire vivre le « DG » du service dans une atmosphère irréelle de toute-puissance dont certains esprits faibles n'arrivent pas à se désengluer, primauté des parachutistes expéditifs du « Service Action », emploi de termes barbares à caractère pseudo-technique et militaire et, surtout, survie de pratiques datant d'une Occupation révolue. La France, que je sache, ne vit pas sous la botte de l'Armée rouge.

Toute autre est « l'exfiltration » — « *vyvod* », « l'évacuation » — exercée pourtant sur une grande échelle par les services secrets russes qui sont parvenus à faire replier sur l'Union soviétique la plupart de leurs agents menacés par le contre-espionnage répressif de leur pays, qu'il s'agisse des époux Cohen après l'aventure atomique ou trois des Cinq de Cambridge, Maclean, Burgess et Philby. Il est essentiel, en effet, d'assurer la liberté de ceux qui ont accepté de travailler pour vous afin tant de récompenser leur engagement à vos côtés que pour asseoir l'image de votre service, respectueux des sacrifices consentis et démontrant au monde entier sa puissance et les avantages dont il fait bénéficier les hommes et les femmes qui ont accepté de collaborer avec lui.

Tels la guerre et le Renseignement, l'exfiltration — je préfère dire : « la récupération d'agents » — est « un art simple et tout d'exécution ». Il suffit, facilement à partir de pays démocratiques, d'établir l'itinéraire le moins surveillé par les polices locales et, éventuellement avec l'aide de faux papiers — toute Centrale abrite en son sein un groupe de faussaires — remis à l'agent de lui indiquer comment passer les frontières de son pays d'origine puis, par des escales successives et choisies en raison de leur faible danger, gagner le refuge soviétique. Il ne s'agit pas en effet de prendre simplement le vol très surveillé Londres-Moscou ou, même si l'on est parvenu à quitter la Grande-Bretagne, d'embarquer tout bêtement sur le courrier Paris-Leningrad. Des instructions dans ce sens sont, au cours de « rencontres conspiratives », données à l'agent pour le cas où il se sentirait compromis ou lorsque l'ordre de fuir lui est transmis par l'*oper* dirigeant ses activités.

Menacés par l'opération de décryptement Venona — révélée aux Soviétiques par Philby —, les admirables époux Cohen se virent ainsi enjoints après avoir raconté à leur entourage la fable d'un voyage de routine, de quitter leur New York natal pour le voisin Mexique par une voie maritime, encore secrète de nos jours, moins surveillée que les aéroports et sous la fausse identité — et tout l'attirail étayant la « légende » — d'un marchand de livres et de sa compagne. Enfermés dans un « appartement conspiratif » au sein d'une ville envahie par des limiers du FBI mobilisés par la soudaine disparition des « espions atomiques », Morris et Léontine ne le quittèrent que pour embarquer, sous une nouvelle fausse identité d'un couple mexicain, sur un bateau polonais vers la laxiste Amsterdam d'où, cette fois avec des passeports de businessmen américains, ils gagnèrent la Suisse à partir de laquelle ils devaient rejoindre Prague par un vol aérien direct.

Un grain de sable peut venir gripper la machine la mieux huilée : leur bateau polonais ayant pris du retard à cause d'une tempête, Morris et Léontine ratèrent leur avion Genève-Prague. Comme les vols hebdomadaires vers la capitale tchécoslovaque étaient pleins et qu'une présence prolongée à Genève leur paraissait dangereuse, les Cohen décidèrent de prendre le train, ignorant — ô utilité des reconnaissances préalables et nécessité absolue de respecter les instructions du Centre qui en découlent ! — que la traversée de l'Allemagne exigeait un visa pour entrer en République fédérale.

Seule l'extraordinaire présence d'esprit de Léontine Cohen permettra aux époux de l'espionnage atomique — dont les photos étaient déjà accrochées dans tous les postes de police américains — de s'en sortir lorsque la police germanique refusera, au poste frontière avec la Tchécoslovaquie, de les laisser sortir sans avoir tamponné un visa qu'ils ne possédaient pas. Retrouvant ses talents d'improvisation qu'elle a déployés à la gare d'Albuquerque, la belle « Leslie » joue alors le rôle acariâtre d'une arrogante femme d'affaires américaine faisant fi des caprices tatillons d'une méprisable petite police locale. Pour gagner de toute urgence Prague afin d'y conclure des affaires cruciales pour le sacro-saint business américain, l'inventive Léontine ne fait pas moins que de réclamer le soutien...de la police militaire américaine, trop heureuse de sortir des compatriotes de ce mauvais pas avec des Allemands qui n'avaient qu'à s'en tenir à leur rôle de vaincus de la Seconde Guerre mondiale[1].

Plus complexe et difficile se révèle la récupération d'agents à partir de pays totalitaires, « fermés » et dotés de polices fortes et de contrôles méticuleux. L'opacité des services de contre-espionnage répressifs et de leurs investigations en cours, les surveillances exercées sur les ambassades des démocraties et les *rezidentura* fonctionnant en leur sein, les restrictions apportées à la circulation des diplomates, l'étanchéité des frontières constituent autant d'obstacles à surmonter bien que l'immunité diplomatique et l'absence de contrôle des « valises » du même nom peuvent procurer certains avantages pour mener les indispensables reconnaissances, voire organiser ce qu'on peut effectivement appeler une « exfiltration ». Les services secrets anglais, maîtres en la matière, sont ainsi parvenus à faire sortir — la manière de parler russe me paraît plus correcte que le faisandé romantisme militaire français — d'Union soviétique, à une époque, il est vrai, où le Saint-Empire commençait sa décomposition, leur précieux agent, le chef de la *rezidentura* de Londres, Oleg Gordievsky, rappelé à Moscou pour cause de soupçon ou, après la chute du communisme, l'archiviste Mitrokhine et ses volumineuses valises. Les procédés employés restent encore

1. Pour plus de détails sur la périlleuse « évacuation » de Morris et Léontine, voir Vladimir Tchikov, *op. cit.*

voilés de secret aujourd'hui car ils pourraient être employés face à une Russie qui a pourtant cessé d'être communiste.

En revanche, et à la différence des Russes avec Philby, Burgess ou Maclean, les Anglo-Saxons n'ont réussi à sauver aucun de leurs « grands agents » au sein du Saint-Empire, qu'il s'agisse du célèbre Oleg Penkovsky, arrêté et exécuté après seulement dix-huit mois de fonctionnement et dont la chute n'était donc pas prévisible ou du général-major Dmitri Poliakov démasqué et fusillé en pleine perestroïka. Dans ce dernier cas pourtant, une meilleure analyse des pertes subies par l'*agentura* moscovite et une enquête plus rapide sur le très suspect Aldrich Ames qui, si on négligeait l'autosatisfaction américaine, ne pouvait qu'en être la cause, aurait dû amener la Centrale américaine à conclure que son proprement extraordinaire agent de l'Armée rouge se trouvait sur le fil du rasoir. Des mesures de sauvetage auraient dû être aussitôt prises, que méritaient ses vingt-cinq années d'une collaboration dévouée. Quant à la petite DST française, elle ne semble pas, lorsque le hasard l'amènera à jouer dans la cour des grands, ne serait-ce qu'avoir envisagé — et proposé — « l'exfiltration » de son pourtant miraculeux — et très instable psychologiquement — agent Farewell qui, sous une pression que personne n'a cherché à atténuer, avait choisi de lui remettre tous les secrets de l'espionnage scientifique et technologique du KGB.

Simple et tout d'exécution, plus facile au sein d'une démocratie ouverte et permissive, l'art de la récupération d'agents chez l'adversaire est réservé aux services compétents et désireux — le KGB n'avait pas que des défauts — de faire le maximum afin de sauver ceux qui ont accepté de changer d'allégeance à votre profit.

FAUX ET USAGE DE FAUX

Dans le monde d'illusions destinées à garder l'adversaire dans l'ignorance ou à l'induire en erreur, toutes les Centrales du monde font appel à des équipes de faussaires.

Le premier usage est légitime lorsqu'il s'agit de fabriquer les faux papiers d'identité — qui gagnent, d'ailleurs à être aussi vrais que possible — ou les « matériels » fictifs qui établissent la légende d'un *oper* ou d'un agent afin de les faire passer pour ce qu'ils ne sont pas et voiler leur appartenance aux services secrets de leur pays.

Bien plus discutable est le second usage qui, pour moi, relève de la pure et simple — et totalement inacceptable — barbouzerie. Tels étaient les faux documents fabriqués par la désinformation soviétique dans le but de jeter la suspicion ou l'opprobre sur des personnalités ou des actions du monde occidental. Et quel fossé sépare-t-il le faux matériel — « vrais faux » identités et uniformes, faux plans de débarquement dans les Balkans — qui ornait le cadavre anonyme jeté par l'Intelligence Service devant les côtes de Sicile durant la Seconde Guerre mondiale du répugnant montage photographique effectué par quelques seconds couteaux du gaullisme « pur et dur » et présentant une prostituée, sosie de la femme d'un ancien Premier ministre tombé en disgrâce, dans les poses les plus pornographiques !

Lors du choc mortel des États-nations en 1939-1945, on verra même les nazis fabriquer de la fausse monnaie britannique sans influer en rien, faute de pouvoir l'écouler massivement dans l'île assiégée, sur l'économie de l'ennemi abhorré. Les services secrets ne devraient jamais, je l'ai suffisamment martelé au fil de ces pages, se transformer en une association de malfaiteurs et, donc, de faux-monnayeur ou, plus simplement, de faussaires professionnels.

FEMMES

Si l'on excepte les lumineuses Bertie Albrecht, l'inspiratrice du mouvement Combat, et Marie-Madeleine Fourcade, la créatrice et le chef du réseau de renseignement Alliance — ou les admirables femmes qui sacrifièrent leurs jeunes vies dans la résistance aux nazis en Russie occupée —, la gent féminine n'a pas joué un rôle essentiel dans le Grand Jeu. Même dans la Résistance où leur courage et leur abnégation leur ont réservé une place d'honneur, elles se cantonnaient plutôt dans le rôle modeste — mais combien dangereux ! — d'agents de liaison, telle plus tard Léontine Cohen au cours de l'épopée de l'*agentura* atomique, alors que les Centrales modernes ne leur proposaient le plus souvent que des fonctions d'analystes ou de secrétaires sans prendre le risque de les envoyer dans une *rezidentura* à l'étranger.

Activité essentiellement masculine, le Grand Jeu s'est donc, dans un premier temps marqué par un machisme accentué, servi des femmes comme d'appâts utilisés par les services de contre-espionnage offensif pour compromettre — et soumettre au chantage — les hommes, diplomates, membres des services secrets ou simples gardes, affectés en dehors de leurs frontières. *Lastotchki*, les hirondelles, dit-on joliment en russe.

Puis, la libération des mœurs, la moindre emprise des hommes sur les fonctions de responsabilité a transformé les femmes en proies et en « objectifs », surtout sous l'influence de la coupure de l'Allemagne en deux. L'inventivité des services de Markus Wolf, la raréfaction de la population masculine après le bain de sang de la Seconde Guerre mondiale poussa les opérateurs de l'Allemagne de l'Est à envoyer en République fédérale des « Roméos » chargés de séduire et de pousser vers la collaboration des secrétaires mûres et esseulées de la démocratique Allemagne.

Ce n'est que tout récemment que l'évolution sociale a amené des femmes — encore très isolées même dans un Occident plus libéral que la conservatrice Russie — dans le saint des saints des « services » : le commandement du contre-espionnage britannique, le petit mais efficace MI 5, a été ainsi confié à une représentante d'un sexe qui n'est que « faible » dans l'imagination masculine. En effet, rien ne saurait empêcher les femmes — bien au contraire en raison du courage et de la subtilité que nous avons découverts tout au long de ces pages — de participer activement à un Grand Jeu qui a singulièrement besoin d'être enrichi face aux nouvelles menaces de terrorisme international, cette lèpre du XXIe siècle.

GONIOMÉTRIE

Des camionnettes sombres qui, antennes tournant sur le toit, glissent lentement, en un terrifiant triangle, dans la nuit des villes et de campagnes endormies dans le black-out et le couvre-feu : tel était le cauchemar des héroïques opérateurs radio de la Résistance qui, nichés sous les toits et condamnés à une perpétuelle mobilité, émettaient des renseignements vitaux vers les Centrales alliées implantées hors du territoire occupé par les nazis.[1]

Essentielle durant la Seconde Guerre mondiale, portée jusqu'à la perfection par ces techniciens doués qu'étaient les Allemands, ayant causé, avec l'aide du décryptement, la chute tragique du légendaire Orchestre rouge, la goniométrie joue un moindre rôle dans l'espionnage classique du temps de paix. La plupart des liaisons se fait alors avec les Centrales par la transmission chiffrée des ambassades et les renseignements des agents sont le plus souvent collectés lors de rencontres conspiratives ou grâce à des boîtes aux lettres mortes.

De toute façon, la révolution technologique a bouleversé la donne : les émissions radio clandestines se font désormais en quelques brèves secondes à

1. Il peut s'avérer que les admirables radios risquaient leur vie pour rien. Le chef d'un important réseau de renseignement m'a ainsi raconté que toute son organisation était mise en péril par l'émission quotidienne dans sa région de messages interminables ne faisant qu'exprimer, à l'intention de l'entourage du général de Gaulle à Londres, les points de vue politiques de leur auteur. Expulsé *manu militari* de la zone d'opérations, l'imprudent bavard n'en est pas moins devenu après la guerre, auréolé par le nombre de ses prises de position politiques, une figure mythique de la « Résistance » dans une France qui ne fera jamais la distinction entre la collecte et la transmission de renseignements importants pour la conduite de la guerre et des simples parlotes politiques — les secondes revêtant, dans les batailles politiciennes d'après la Libération, une plus grande valeur marchande que les premières.

partir d'un matériel miniaturisé, rendant ainsi facile et indétectable la liaison avec la Centrale ou, même, ses *rezidentura* légales à l'étranger. N'a-t-on pas vu le général-major Dmitri Poliakov déverser, passant en autobus devant l'ambassade américaine à Moscou, des flots d'informations en tripotant l'inoffensif attaché-case qu'avait fabriqué pour lui la CIA ? Du coup, la goniométrie, si elle reste un outil du Renseignement technique ou militaire afin de localiser, à partir d'appareils aériens ou de bâtiments de surface, un sous-marin tapi au fond des eaux, un téléphone satellitaire d'un chef terroriste ou, durant la guerre d'Algérie, les radios diffusant les discours et proclamations des chefs de l'OAS est entrée, du moins en ce qui concerne la détection du renseignement « humain », dans la catégorie attrayante du dinosaure qui, tout en continuant à frapper les imaginations, n'en appartient pas moins à un passé certes mythique mais révolu.

HC

Le détestable terme français d'« honorable correspondant » — « HC » selon les ridicules initiales qui foisonnent dans le jargon des malheureux services hexagonaux — date des temps immémoriaux où les orgueilleux officiers du Deuxième Bureau considéraient, avant la Seconde Guerre mondiale, que les agents qu'ils « manipulaient » étaient essentiellement mus par le goût pour les femmes ou les petits garçons, par l'appât du gain ou l'attrait du jeu.

Au « correspondant » qui, lui, était « honorable », je préfère, et de loin, la définition russe de « *doverennoe litzo* » — l'homme de confiance. Lorsque les services secrets sont compétents et dotés d'une bonne image, il existe toujours — et c'est fort heureux à mes yeux — des personnes, le plus souvent de la nationalité des services, qui, sans être des agents ou des *opers* professionnels du renseignement, estiment qu'il est de leur devoir patriotique ou idéologique, de communiquer les informations qu'il peut leur arriver de recueillir, voire d'apporter leur aide au cours d'opérations clandestines, à des services secrets dont ils se sentent proches.

Après la guerre d'Algérie, il est de bon ton de glorifier aujourd'hui les « réseaux de soutien » français aux nationalistes algériens — « les porteurs de valise » —, même si le FLN ainsi appuyé employait des moyens terroristes, fût-ce au service d'une cause qui, elle, était légitime et juste. Pourquoi n'accorderait-on pas une considération analogue à tous ceux qui, d'une manière hautement désintéressée, soutiennent des organismes utiles à la sécurité du pays et à la défense des valeurs qu'il incarne ?

HIRONDELLE

Seule cette appelation russe — *lastotchka* — est belle et romantique dans cette opération qui consiste à placer auprès d'un « objectif » une jeune femme attrayante destinée à le compromettre et à l'exposer au chantage.

Pour le reste, le lecteur connaît trop bien, je l'espère, les réticences que m'inspire ce type de procédé du contre-espionnage offensif, surtout utilisé par les régimes totalitaires.

IDÉOLOGIE

Avec leur penchant à la théorisation, les commentateurs américains aiment affirmer que le recrutement d'un « espion » se fait selon la formule magique MICE : *Money, Ideology, Constraint, Ego.*

Comme toute généralisation, cette légèrement emphatique prolifération de « souris » — quelque part péjorative et effrayante par son évocation d'une invasion de rongeurs peu sympathiques — contient une part de vérité. Nous avons déjà rencontré, tout en soulignant leurs limites, l'Argent et le Chantage, moyen du *Constraint.* Quant à l'« Ego », il joue un rôle tellement important que tout recrutement est précédé, l'avons-nous vu également, par une étude approfondie chez les services secrets russes, *razrabotka*, de la psychologie du possible participant au Grand Jeu. Il est de fait que l'écrasante majorité des agents, quelles que soient leurs autres motivations ou conditions de coopération, déploient un ego surdimensionné qui semble seul leur permettre de changer d'allégeance et de jouer un rôle déterminant dans l'Histoire « se faisant » au péril de leur liberté voire de leur vie.

Néanmoins, prise au pied de la lettre, la formule magique risque de dégager une impression de fausseté. Si le gonflement de l'ego constitue une constante, les trois autres facteurs sont éminemment variables et, surtout, ne jouent pas tous en même temps ni à la même époque ni dans n'importe quel camp. Nous avons souligné que le chantage n'est appliqué que par le contre-espionnage, offensif et principalement totalitaire, opérant sur son propre territoire. Or ni lui ni l'argent ne se mélangent à l'idéologie exploitée par les services de renseignement extérieurs qui, le plus souvent, l'utilisent d'autant mieux qu'ils se prosternent eux-mêmes devant cette fascinante déesse. On ne voit pas un Kim Philby ou, dans le camp soviétique, un Dmitri Poliakov, être, natures nobles et généreuses, soumis au moindre chantage ni accepter la moindre rémunération, mis à part de petits cadeaux qui, même dans la vie courante, entretiennent, on le sait, l'amitié.

L'idéologie ! Mêlée à l'enflement de l'ego, cette lumineuse Vierge noire constitue — ou plutôt, « a constitué » dans les années trente ou après la victoire sur le nazisme — le levier le plus puissant de l'expansion ou de la défense de la Grande Cause communiste avant sa dilution progressive à la suite de la disparition de Staline et sa renaissance, sous une forme atténuée, lors des combats anticolonialistes d'un tiers-monde « humilié et offensé ». Et même si l'argent lui a succédé comme méthode de recrutement dans le camp occidental au cours des années quatre-vingt, on peut prétendre que l'adoration du « Dieu Vert » était devenue, sous Ronald Reagan, une forme, certes subalterne mais réelle, d'une Nouvelle Foi et d'une Nouvelle Idéologie.

À ce propos, les Russes qui, en bons praticiens, ne s'extasient pas devant le « MICE », introduisent une distinction intéressante entre l'espionnage « idéologique » et l'espionnage « d'idée ». Les savants atomistes n'étaient pas habités — tel d'ailleurs, George Pâques — par l'idéologie communiste mais par la volonté, pour défendre la paix dans le monde, de ne pas laisser aux seuls États-Unis le monopole de la puissance et, dans le cas précis de la bombe atomique, de l'arme de destruction la plus massive de tous les temps. De même, l'admirable Harro Schulzen-Boyzen de l'Orchestre rouge berlinois n'était en rien communiste mais estimait, en bon officier professionnel, que seule la force militaire de l'Union soviétique pouvait jeter à bas le monstre nazi.

À la distinction judicieuse entre l'idéologie et l'idée, il faut ajouter un facteur qui ne figure pas — à grand tort — dans la formule MICE : le rejet de la société, du pays ou du service auquel on appartient. Sous-tendant les motivations de la plupart des idéologues — et, dans une certaine mesure, des agents « d'idée » —, cette puissante pulsion semble avoir joué à plein dans le changement d'allégeance au profit de l'Occident de la part des officiers du GRU de l'Armée rouge, Oleg Penkovsky et Dmitri Poliakov. Il n'existait pas, en effet, du côté des États-Unis et de l'Europe de l'Ouest, d'idéologie susceptible de mordre efficacement sur les certitudes quasi-religieuses imprégnant le Saint-Empire communiste. L'idéologie du « monde libre » ne touchait que les sociétés occidentales — ce qui explique, en partie, l'absence significative de grands agents russes durant le stalinisme, si l'on excepte de rares exceptions comme celle du transfuge Gouzenko. Et ce n'est que lorsque l'idéologie communiste a entamé sa marche, lente mais inexorable, vers la mort que sont apparus des agents soviétiques, mus soit par l'attrait de l'argent soit — les deux ne se mêlent pas — non par l'idéologie mais par un rejet viscéral, comme chez Penkovsky et Poliakov, de l'ordre soviétique.

Tout change avec le terrorisme international. L'idéologie et la foi, la force de l'ego allant jusqu'au sacrifice de sa propre vie, le rejet d'une forme de société et le mépris pour l'argent sont du côté des fondamentalistes musulmans et aucune des composantes du MICE ne semble pouvoir être employée contre eux. Les uniques exceptions sont à rechercher, peut-être, du côté du contre-espionnage défensif le « *constraint* » exercé sur de « petits poissons » — dans l'espoir, peu fondé dans ce cas, que « petit poisson deviendra grand » — pris la main dans le sac de délits mineurs et, le plus souvent, d'une autre nature. Mais n'oublions pas, même s'ils sont rarissimes et réservés à des services particulièrement compétents, les « espions de mort » du contre-espionnage offensif qui, par haine ou gonflement excessif de l'ego, peuvent être infiltrés dans certains réseaux adverses lorsque des situations « favorables » émergent — combien difficilement ! — soit dans des pays musulmans modérés soit, même, en Tchétchénie avec l'implantation — très discutable du point de vue démocratique — d'un pouvoir local musulman lui aussi mais haineusement et tribalement hostile aux fondamentalistes.

IMAGE DES SERVICES SECRETS

Comme dans toute activité humaine fondée sur le rapport avec autrui, le « faire savoir » est, en matière d'espionnage, aussi important que le « savoir-faire ». Nous avons déjà rencontré Allen Dulles, qui, à son arrivée à Berne durant la Seconde Guerre mondiale a fait apposer une plaque sur le devant de l'ambassade américaine : *Office of Strategic Services*. Du coup, la victoire alliée étant proche, les correspondants, informateurs et agents sont tout naturellement venus vers quelqu'un qui, affable et chaleureux, n'avait pourtant rien d'un tortueux « maître-espion ».

Si la CIA, l'Intelligence Service britannique ou le Mossad israélien peuvent ainsi recruter facilement des hommes de qualité, qu'il s'agisse de transfuges, d'agents ou d'*opers* professionnels souvent cooptés directement dans les universités par la CIA à l'heure de sa — lointaine ? — gloire, séduits et fiers de collaborer avec des services prestigieux, il n'en va pas de même d'officines surtout renommées pour leur absence de compétence ou leur barbouzerie. Infernal cercle vicieux : un service barbouzard n'attirera à lui, comme dans les États-voyous ou les Républiques bananières, que des personnages douteux qui auront tendance à le plonger encore plus dans la barbouzerie.

Le cas des services russes est particulier. Dans un premier temps, au cours de la construction de l'« avenir radieux » de la croisade antifasciste ou de la victoire sur le nazisme, leur image est valorisée — voire sublimée — par l'idéologie communiste dont ils n'apparaissent, d'une certaine façon que comme la boîte aux lettres. Ironie de l'Histoire : c'est au moment où l'idéologie entame sa lente descente vers la mort que le dévoilement des grands agents, tels les espions atomiques ou les Cinq de Cambridge qu'elle a attirés vers elle vient, dans un craquement de fin du monde des valeurs pépères du patriotisme traditionnel, installer dans l'opinion l'image d'une toute-puissance que les services secrets communistes n'auront pourtant plus jamais, en raison précisément de la déliquescence de l'idéologie qui leur donnait leur force.

Les propagandes échevelées de la « guerre froide » sur l'extrême nocivité de « l'espionnage soviétique », bien que freinées en Europe par les survivances du stalinisme dans l'intelligentsia française ou la présence, comme l'indiquent les archives livrées par Mitrokhine de « relations confidentielles » russes dans les médias, contribuaient à dissuader certains de collaborer avec le « monstre » du KGB. En revanche, le mythe de la toute-puissance de la CIA — forgé en partie tant par les succès de sa *covert action* dans l'Europe occidentale menacée par l'expansion stalinienne, en Iran ou au Guatemala que même, ô paradoxe, par son cuisant échec à Cuba — attirait vers la lumineuse « Agence » des transfuges et des agents russes tels que Golytzine, Penkovsky ou Poliakov. Quant aux irritants cocoricos de la minuscule DST française, ils contribuèrent à influencer en sa faveur le faible et déséquilibré Farewell. De même, la désormais fausse image du KGB en tant que maître incontesté du recrutement tous azimuts exercera ses effets sur Aldrich Ames ou sur les ingénieurs et savants occidentaux tentés par l'espionnage industriel au profit d'un Saint-Empire ayant pourtant entamé sa marche inexorable vers la mort.

Cependant, même si son étonnante aura de champion toutes catégories en matière d'espionnage a pu aider le renseignement extérieur russe, sa « mauvaise réputation » — toujours Brassens — a, nous l'avons vu, desservi en fin de compte le Saint-Empire communiste dans la gigantesque opposition de communications qui fut l'une des composantes de ce que nous appelons approximativement la « guerre froide ».

La sanctification de l'espionnage par une société et une civilisation données peut, en raison de la frayeur immonde qu'il inspire, être porteuse des plus dangereux effets pervers.

INFLUENCE

Si l'on égrène les synonymes d'« influence » donnés par *Le Petit Robert*, « Ascendant, domination, empire, emprise, pouvoir, puissance », on constate que se présente sous nos yeux apeurés une notion aussi terrifiante que floue.

Néanmoins, si le terme « agent d'influence » est fréquemment employé même chez les professionnels, il ne correspond pas à une réalité véritablement précise des techniques clandestines des services secrets.

Durant la phase d'exacerbation qui a immédiatement suivi le déclenchement de la « guerre froide », l'exemple des partis communistes en Europe occidentale, des syndicats ou organes de presse qui leur étaient inféodés, des mouvements qu'on appelait de « masses », depuis ceux défendant des causes généreuses, tel le Mouvement pour la paix, les associations style France-URSS jusqu'au regroupement par métiers et affinités — anciens combattants, juristes, écrivains etc. — des personnes et personnalités favorables à la « patrie du socialisme » prouve qu'on peut pratiquer de l'influence sans appartenir en rien aux services secrets. Dans le système de Parti-État soviétique, en effet, tous ces organismes s'efforçaient d'exercer de l'influence en faveur du Saint-Empire et de l'ordre marxiste — « Le parti communiste, disait fort justement le socialiste Guy Mollet, n'est pas à gauche mais à l'Est » — dans les pays ou sociétés où ils opéraient, mais ce n'était pas sous les ordres du NKVD ou du KGB qui ne se voyaient chargés que de missions ponctuelles de financement ou de liaison clandestine. L'impulsion déterminante venait de l'Église-Parti communiste elle-même et de ses « départements internationaux » ou autres Kominform.

L'« influence » est alors, en quelque sorte, « ouverte » même quand elle est mise en œuvre, en plus des partis, des syndicats, des journaux ou des mouvements de masses, par des « compagnons de route », personnalités politiques, intellectuelles ou artistiques flamboyantes. Leurs adversaires les soupçonnent alors à tort d'une collaboration avec les services secrets alors qu'ils ne font renforcer leurs convictions ou approfondir leurs opinions qu'auprès d'ambassadeurs officiels ou de dirigeants des pays et des idéologies admirés — voire, mais sans qu'il s'agisse en rien d'un recrutement mais d'une « relation confidentielle », de *rezidents* de la compétence d'un Agayants. « Agent d'influence » ? Pourquoi pas, bien que je préférerais le moins émotif et confus « homme d'influence », si l'on retient la définition générale de « celui qui agit », mais cette appellation n'implique en rien le rattachement à de mystérieux et néfastes services secrets.

Mieux encore. Lorsqu'on est un agent de ces services, dans le sens qu'ils donnent à ceux qui, après un recrutement, acceptent de coopérer avec eux, on assiste à une contradiction entre le caractère clandestin de cette collaboration et la nature publique des prises de position ouvertes en faveur des pays et de l'idéologie dont ils sont l'incarnation. À un certain niveau, « l'homme d'influence » ne peut que révéler au grand jour ses sympathies et orientations — ce que, précisément, les grands illégaux communistes des années trente demandaient aux agents qu'ils recrutaient d'éviter à tout prix[1]. De toute façon, l'activité politique ou intellectuelle du « compagnon de route » — « l'idiot utile », disait aimablement Lénine ; « Les Belles Ames », précisait Raymond Aron — est tellement complexe, fruit de son intelligence et de ses passions personnelles et de la conjoncture historique à laquelle elles s'adaptent, qu'elle échappe aux possibilités et compétences d'un « directeur » d'agents classique, habitué à l'étude psychologique, au recrutement et à la collecte — simple et tout d'exécution — d'informations secrètes. L'art du rapport avec le « compagnon de route » ne peut que relever de *rezidents* particulièrement doués ou des chefs des services secrets eux-mêmes. Mais ceux-ci, tels, Markus Wolf ou le général français Paul Grossin avec l'avocat du Vatican, Me Jean Violet, n'interviennent pas alors — face à « l'homme de confiance » ou à la « relation confidentielle » — non en tant que spécialistes du renseignement mais en participants pleins et entiers — quoique le plus souvent marginaux — de la direction politique du pays.

Tout aussi ouverte était l'influence — la « contre-influence » ? — exercée par les États-Unis d'Amérique durant les rudes années où l'Europe occidentale paraissait prête à basculer dans le communisme. Les ambassades des USA ne chômaient pas plus que l'administration du plan Marshall, les officiers de l'OTAN ou les représentants des syndicats « libres » d'Outre-Atlantique, mais une différence importante est à noter par rapport à l'expansionniste Saint-Empire du marxisme triomphant. Comme l'Amérique ne disposait pas, à part ses syndicats dont le rôle fut primordial — Irving Brown fut un personnage aussi important qu'Allen Dulles — ni de partis communistes ni de mouvements de « masses », elle fit largement appel à sa CIA pour conseiller et financer, voire faire éclore si cela s'avérait nécessaire, partis politiques, syndicats non-communistes, clubs d'intellectuels ou organismes de propagande.

1. Un cas particulier est celui de journalistes d'un niveau inférieur voire moyen. Le recrutement *stricto sensu* d'un journaliste de haut vol est, bien qu'il puisse devenir souvent une précieuse « relation confidentielle », pratiquement irréalisable en raison de la richesse de sa personnalité. En revanche, des seconds couteaux peuvent, eux, dans des rédactions bruissant d'échanges intellectuels, exprimer, sur ordre de leur « directeur », des opinions favorables au camp choisi — à condition qu'elles ne soient pas trop voyantes — tout en cachant par qui elles ont été suggérées. D'une importance significative dans la presse de l'Europe occidentale « pénétrée » par le KGB soviétique dans les premières années d'exacerbation de la « guerre froide », cette pratique ne semble pas avoir été théorisée par les services secrets russes bien qu'elle leur ait permis d'implanter les désinformations qui fleurissaient dans cette époque de passions et d'approximations.

Cette intervention des services secrets américains dans la *covert action* en faveur de l'Europe occidentale ne modifie en rien cependant les conclusions que suggèrent la faiblesse et la marginalité des services russes en matière d'influence. Certes la CIA s'est impliquée à fond, certes ses financements étaient clandestins pour ne pas compromettre ceux qu'elle soutenait, mais son action d'influence se déroulait elle aussi à ciel ouvert, sans recrutements d'agents, qui ne se produiront, semble-t-il — encore une *terra incognita* car la « déclassification » de la CIA ne porte pas sur ceux qui lui ont rendu de précieux services — que plus tard à partir du terreau ainsi formé. Si son chef charismatique, Allen Dulles, s'engageait personnellement ainsi que ses *rezidents* dans le monde occidental, tels Jim Hunt à Paris ou les plus célèbres William Colby, Richard Helms ou James Angleton à Rome, Berlin ou Tel Aviv, ils le faisaient sans masque, pratiquant des contacts presque publics et de nature essentiellement politique, au nom moins des intérêts des États-Unis que de ce qu'on appelait alors la « défense du monde libre[1] ».

Les limites en matière d'« influence » des services secrets ne diminuent pourtant en rien la terreur qu'elle inspire. Un auteur proche du contre-espionnage français consacrera ainsi un volumineux ouvrage à « *La France sous influence*[2] », soviétique bien entendu, alors que le néanmoins très professionnel bien qu'un tantinet fanatique ancien chef du KGB, Vladimir Krioutchkov, verra dans certaines manifestations, par trop excessives à son goût, de la perestroïka de Gorbatchev, la présence à un très haut niveau du Kremlin, d'« agents d'influence » de la CIA qu'il dénoncera avec vigueur mais sans aucune preuve concrète dans les Mémoires que son limogeage et son emprisonnement après le putsch qu'il aura raté lui donneront le loisir d'écrire.

Les peurs et frayeurs des sociétés n'ont pourtant rien à voir avec les possibilités réelles des services secrets. Personnalités et organisations répandant leurs convictions à ciel ouvert et selon les circonstances historiques du moment, oui, mille fois oui. Ténébreux « agents d'influence » obéissant *perinde ac cadaver* à de machiavéliques services secrets, non, catégoriquement non. Or, de tels « compagnons de route » peuvent être, dans une situation de crise, hautement efficaces — bien plus que d'éventuels mystérieux « agents d'influence » — comme sont

1. À son retour au pouvoir en 1958, le général de Gaulle, constatant la fin de la phase exacerbée de la « guerre froide » suite à la mort de Staline, la possible normalisation de ses rapports avec Khrouchtchev et l'effondrement de l'attrait exercé par le parti communiste français, apporta, rencontrant ainsi d'ailleurs le propre point de vue d'Allen Dulles, un terme à cette situation qu'il jugeait, à juste titre, préjudiciable aux intérêts nationaux.
2. Thierry Wolton, Paris, Grasset, 1997.

particulièrement performantes de nos jours, face aux dictatures « souples » de l'après-communisme, les structures du « *soft power* » des ONG et autres fondations américaines plus liées au département d'État et au Congrès qu'aux services secrets. Mais ces acteurs médiatiques n'avancent pas le visage masqué et relèvent plutôt d'un phénomène propre à la grande politique lorsqu'elle s'efforce de peser sur l'Histoire « se faisant ».

Si le général de Gaulle initiera, tout en soutenant l'Amérique dans toute crise sauf lors de la désastreuse guerre du Viêt-nam, une politique de neutralité relative entre les « deux blocs », ce n'est pas à la suite de manœuvres obliques du KGB ayant truffé son entourage de prétendues « agents d'influence[1] » mais en raison de sa conception propre de la stabilité du monde et de l'absence de tout intérêt pour la France de participer à une croisade américaine contre un Saint-Empire en pleine évolution. Et le système soviétique ne s'effondrera pas, comme on le pense trop souvent en Russie, sous les coups des services secrets occidentaux mais sous les effets des « contradictions internes » de l'ordre marxiste qu'une déplorable « médiocratie » se révélera incapable de résoudre.

L'espionnage, l'avons-nous dit et répété, n'est pas la maîtresse flamboyante de l'Histoire mais son humble — et souvent intermittente — servante.

INTELLIGENCE ÉCONOMIQUE

Tarte à la crème de certains milieux français à prétention intellectuelle gravitant autour du monde du Renseignement et celui des affaires.

1. Le précédent de l'affaire Dejean ou les révélations du transfuge russe Golytzine pousseront certains spécialistes du contre-espionnage français à voir ces « agents d'influence » partout. Pour ma part et contrairement à ce que je proclamais durant les propagandes de la guerre froide, je n'en ai repéré que trois, dont un homme d'affaires en liaison si ouverte avec l'URSS et le KGB qu'il en était moins « influent » que les personnalités politiques et diplomatiques françaises, favorables, autour du Général, à une certaine forme de rapprochement avec l'Union soviétique, sans qu'on puisse, pour autant, les soupçonner d'un quelconque rapport sinon avec ses brillants diplomates du moins avec ses services secrets. Quant aux deux autres — un journaliste talentueux et un homme politique de la meilleure gauche —, leurs prises de position pro-soviétiques étaient si voyantes qu'elles ne leur permettaient pas, à eux non plus, d'exercer aucune « influence » significative.
Particulièrement difficile — quasiment impossible à mes yeux — à recruter et à diriger, un « agent d'influence » — dans le sens d'une personne agissant sur instruction formelle d'un service secret — se révélerait, de toute façon, beaucoup moins performant que les autres moyens d'action politique — je préfère ce terme à la terrifiante « influence » — dont disposent les États et leurs sociétés, leurs économies et leur diplomatie, leurs possibilités de communication télévisuelles et cinématographiques — hier: leurs idéologies ; aujourd'hui: le *soft power* des ONG et fondations de tous ordres.

Curieuse France ! Alors que le renseignement d'État est dévalorisé par des termes péjoratifs — « espion », « barbouze » etc. nous les avons épinglés à satiété —, le renseignement et la sécurité au profit des entreprises sont, c'est la mode du moment, drapés dans la noblesse de « l'intelligence économique » et noyés dans un pathos charabiesque par des zélateurs ne connaissant d'habitude ni le renseignement ni l'économie — de marché tout au moins — mais qui en dissertent savamment comme d'un processus miraculeux résolvant tous les problèmes par sa seule invocation.

Dans ces conditions, « l'intelligence économique » à la française, si populaire de nos jours, me laisse plutôt l'impression — assez plaisante, soit dit en passant — d'un autobus bariolé d'inscriptions multicolores et absconses mais roulant sans pneus. Le problème c'est qu'il n'existe pas en France ni de puissants et efficaces organismes de renseignement d'État, dont ce ne serait d'ailleurs pas la vocation que de prendre en charge des entreprises privées bien que le capitalisme d'État reste une constante française malgré la libération et la globalisation ambiantes, ni de véritable culture du renseignement qui imbiberait, comme en Amérique, les chefs d'entreprise. Un dense tissu d'organisations privées de « recherche » et de « connaissance » économiques caractérise, en effet, les États-Unis actuels et les « Kroll Associates » en ont été pendant longtemps le symbole le plus connu.

« Je pars chez Kroll. Je vais y effectuer un travail plus intéressant et y doubler ou quadrupler mon salaire. »

L'exclamation était fréquente à la fin du siècle chez les rares amis que j'avais gardés au sein de la CIA ou de la Rand Corporation américaine avant que la chute du communisme ne me permette plutôt d'essayer de comprendre le fonctionnement réel d'un KGB que nous avions eu tendance à trop diaboliser — c'est la règle du genre — durant les rudes années de la « guerre froide ».

Jules Kroll ! Charismatique, attiré par la publicité comme une mouche par le miel, ce grand et massif « Américain tranquille » au prénom impérial d'un dignitaire rubicond de la IIIe République et aux larges bretelles tellement rutilantes qu'elles en apparaissent phosphorescentes, symbolise, en effet, l'explosion du renseignement économique privé dans les dynamiques États-Unis lors des années Reagan de l'argent facile puis des espoirs et illusions de la « nouvelle économie ». Comme toujours en matière d'espionnage, il est pourtant difficile de distinguer la mythologie de la réalité d'autant plus que, dans mon cas si je crois saisir d'instinct le service de l'État, compris comme le meilleur moyen de se placer à la disposition de l'intérêt général, je suis moins à l'aise dans le monde de l'argent avec lequel, miséreux émigré russe élevé dans un culte passéiste « Pour la Foi, le Tsar et la Patrie », j'entretiens des rapports aussi ambigus que maladroits.

Il n'en va pas ainsi de Jules Kroll qui, jeune procureur idéaliste de l'entourage du président Kennedy, balayé aux élections par la vague nixonienne, découvre qu'il est plus intéressant de mettre ses talents d'enquêteur rigoureux et inventif au service d'un univers des affaires avide d'informations mais mal renseigné que de faire tourner tant bien que mal la petite entreprise familiale dont il a hérité. Alors que dans la France prétendument républicaine et démocratique, le détective privé est un personnage douteux qui ne s'occupe que de sordides adultères d'une bourgeoisie qui monte des affaires entre elle, au sein d'un milieu qu'elle croit connaître, le *private eye* joue un rôle plus noble et plus étendu aux États-Unis. Dès le XIXe siècle, le célèbre Pinkerton ne s'est-il pas imposé aux grandes compagnies lancées dans la jungle du « business » — la conquête de l'Ouest ! — où les services d'État ne déploient ni la puissance ni les traditions de la vieille et policière Europe ?

Au moment de la marée des fusions et acquisitions ou des OPA plus ou moins sauvages marquant la restructuration d'un capitalisme américain qui, plus tard, va étendre son expansion au monde tout entier, Jules Kroll prospère, recrute d'autres procureurs et des avocats de renom, des directeurs et des experts financiers, des membres des services secrets ou des chefs de police afin de procurer à de plus en plus nombreux dirigeants d'entreprises la connaissance économique dont ils ont, de jour en jour, un besoin croissant. Quelle est la réalité concrète qui se cache derrière les bilans flatteurs de juteux actifs d'une société à vendre ou qui désire fusionner ? Que représente véritablement un « raider » qui se lance dans une OPA « hostile » ? Quels sont le passé et le poids d'un homme d'affaires qui se présente comme un partenaire idéal, paré de toutes les vertus ? Mobilisant banques de données — c'est également l'époque de l'explosion de la « Toile » —, fouillant toutes les archives publiques ou privées aux quatre coins du globe, faisant du porte-à-porte dans de minutieuses enquêtes de voisinage, Jules Kroll se bâtit la réputation d'un « chevalier blanc » qui introduit la transparence — et, plus tard, la sécurité — dans un monde de plus en plus mouvant et dangereux. Son quartier général à New York acquiert bientôt, avec trois cents investigateurs hautement qualifiés, la taille d'une Centrale d'un service secret d'un petit État, alors que des bureaux s'ouvrent partout sur une planète où les entreprises américaines entament leur expansion. Globalisation et mondialisation aidant, les « Kroll Associates » vont bientôt, en sens inverse, fournir des informations aux entreprises étrangères, désireuses d'investir en toute sécurité dans des États-Unis qu'elles connaissent mal[1].

Jules Kroll sera victime de son succès. Profitant de l'appel créé par les réussites et l'expansion du renseignement économique privé aux États-Unis, d'autres firmes américaines apparaîtront sur un marché « porteur » et lui feront une concurrence acharnée. Des regroupements se produiront et ce qui fut une aventure personnelle et flamboyante — qui m'a inspiré une brève bouffée amoureuse — se transformera aux USA en un service commercial aussi banal — mais essentiel quoique de plus en plus discret de nos jours — que l'assurance, dont il deviendra d'ailleurs souvent le naturel adjuvant.

Trois problèmes sont posés par cette nouvelle existence d'un puissant renseignement économique privé au service d'une particulièrement dynamique économie américaine.

En premier lieu, la barbouzerie, « maladie infantile » de tout service de renseignement, peut séduire des aventuriers — ils émanent surtout d'anciens officiers des forces spéciales, essentiellement britanniques — venant proposer à des entreprises peu scrupuleuses ou habitées par un douteux romantisme, de voler les secrets industriels d'un concurrent, de le déstabiliser par des manœuvres psychologiques occultes ou d'exposer sur la place publique les secrets de la vie privée de ses dirigeants, etc. Jules Kroll ou tous les puissants et structurés organismes qui lui ont succédé ont toujours écarté, à juste titre, l'acceptation de telles missions ou le recours à de pareils procédés que, bien au contraire, ils proposent à leurs clients de combattre dans le cadre de leur lutte générale contre le « *corporate crime* ».

Plus dangereuse est, en deuxième lieu, la tentation d'utiliser les moyens illégaux qui constituent l'une des forces des services d'État. Travaillant sur de la « documentation ouverte », fouillant les banques de données et les archives, établissant des contacts avec les polices officielles, les enquêteurs du Renseignement

1. « Vertige du succès », comme constatait Staline. Jules Kroll ne se limitera pas à la transparence des actifs ou à la sécurité des entreprises, à « l'analyse des risques » ou à la « gestion des crises ». Emporté par une certaine mégalomanie, le « chevalier blanc » du renseignement économique privé américain prétendra réussir n'importe quelle investigation. S'il enquêtera, pour le gouvernement haïtien, sur la fortune scandaleusement accumulée par l'ancien dictateur Duvallier avec un succès égal à celui de ses recherches démontrant le creux derrière certaines spectaculaires mais trop époustouflantes OPA, il se couvrira de ridicule en ne trouvant pas pour le compte du gouvernement de Boris Eltsine, aucun « trésor » — inexistant — du Parti communiste soviétique ou en se perdant, cette fois financé par le gouvernement koweitien après la guerre du Golfe, dans les méandres des colossales sommes transférées à l'étranger par Saddam Hussein.

économique privé fonctionnent plutôt comme des journalistes d'investigation — à l'énorme différence près que l'importance des intérêts financiers en jeu met à leur disposition des sommes d'argent qui peuvent se révéler littéralement colossales. Ainsi, pour établir, au profit d'une compagnie d'assurance américaine assignée en justice par un client — américain lui aussi — qui prétendait que ses entreprises en Somalie n'avaient pas été détruites par un acte de guerre, non couvert par sa police, mais par de banales émeutes, les *private eye* proposèrent en tout simplicité... au KGB une somme rondelette en dollars — les indemnités en cause étaient gigantesques — en échange de photos obtenues par les satellites soviétiques et établissant, sans aucune contestation possible, la présence sur place de chars de combats. Tout n'est pas toujours aussi idyllique et, lorsque la recherche « ouverte » atteint ses limites, n'est-il pas tentant de faire poser une bretelle téléphonique ou de « piéger » un fax — il existe, la demande suscitant l'offre, des officines douteuses spécialisées dans ce genre de sport ? Et pourquoi ne pas engager un « hacker » pour pénétrer dans un fichier informatique ou de soudoyer un employé d'une banque gérant un plantureux compte offshore ? Il n'est pas sûr, dans un domaine d'intérêts privés aussi éloigné de la sécurité supérieure de l'État, que la fin ici justifie les moyens.

Le troisième problème est posé par les rapports que les grandes firmes de renseignement économique privé américaines ne peuvent, ne serait-ce que pour survivre et fonctionner correctement, qu'entretenir avec les services secrets officiels de leur pays. Réel le danger me paraît moins important que le craignent la plupart des services de contre-espionnage défensif d'une vieille Europe affolée par sa situation d'infériorité par rapport à la dynamique économie américaine. Le patriotisme américain est, en effet, moins développé que le chauvinisme européen dans une nation où l'État est moins sacré et, de toute façon, les services secrets des États-Unis, saisis d'une information sur une initiative étrangère, ne sauraient pas, dans la plupart des cas, quoi en faire. Le respect de la libre concurrence ne leur permettrait pas, en effet en dehors peut-être d'une situation de monopole absolu comme dans l'industrie aéronautique, de favoriser une entreprise américaine par rapport à une autre.

Malgré les frayeurs de la vieille Europe, peut-être parce qu'elle n'est pas, elle, entièrement innocente en matière d'espionnage industriel en raison des relations incestueuses entre ses États et son capitalisme souvent quasi-public — une trouble affaire de vol de secrets électroniques américains perturbera ainsi, dans les années quatre-vingt, les relations entre les services secrets d'une France par trop gourmande et des États-Unis plutôt placides et magnanimes dans ce cas particulier —, Georges Tenet, le compétent directeur de la CIA écarté après la faillite du 11 septembre, est pourtant d'une clarté méritoire : « Nous n'espionnons pas des pays pour le profit des compagnies américaines. Je ne vais pas risquer la vie — ô l'emphase ! — d'un homme ou d'une femme ou engager d'importantes ressources pour permettre à des compagnies de faire de l'argent qu'elles peuvent gagner toutes seules [...] Nous jouons la défense (lorsqu'une compagnie américaine est « volée, trompée, soumise à des chantages ou déstabilisations »), pas l'offensive[1]. »

Même si le mythe de la vilaine CIA se profilant derrière le renseignement économique américain — les nouveaux « Ogres sataniques » des chasseurs d'espions européens — a la vie dure, je pense au contraire que loin de renforcer l'espionnage d'État américain, l'intelligence économique — aux États-Unis, cette formulation est justifiée — l'a affaibli. Avant le sursaut patriotique, relatif d'ailleurs, du 11 septembre, une véritable hémorragie de cadres compétents et motivés est venue, à la suite des dramatiques épurations consécutives à la guerre du Viêt-nam et au scandale du Watergate, diminuer encore plus l'efficacité de la CIA et du FBI. Ces massifs transferts d'*opers* expliquent d'ailleurs en partie la débâcle du Renseignement et du contre-espionnage d'État américains face au « nouveau terrorisme » de Ben Laden qui, lui, n'a fait que se renforcer et s'adapter aux faiblesses du monde occidental[2].

INTERCEPTION

« Interception, dit *Le Petit Robert*, prendre au passage et par surprise » — pourquoi « par surprise ? » — ce qui est adressé, envoyé ou destiné à quelqu'un... Intercepter un message. » Malgré le flou familier de cette définition, l'interception est le terme technique employé pour caractériser l'action d'intercepter tout ce qui, de nos jours, se déverse dans les airs de la planète, par téléphone, par radio ou même par Internet. Le mot est préférable aux trop émotives « écoutes » et autres « Grandes Oreilles ».

L'interception est relativement peu opérante dans la vie quotidienne de l'espionnage d'État qui, la pratiquant et connaissant donc sa dramatique efficacité, ne tolère pas les bavardages au téléphone, donne un caractère conspiratif à ses liaisons entre *opers* et agents et ne se sert que de messages chiffrés

1. *The literary spy, op. cit.*, p. 131-32.
2. D'une certaine manière, les affaires Ames et Hansen sont, également, des retombées de l'expansion du renseignement économique privé aux États-Unis. Experts de l'Union soviétique, n'ayant ni l'un ni l'autre de savoir-faire spécialisé à monnayer auprès de Kroll ou de ses concurrents, Ames et Hansen ne pouvaient trouver de l'argent facile qu'auprès du KGB.

— aujourd'hui indécryptables — dans ses relations entre les Centrales ou les *rezidentura* légales et illégales.

En revanche, l'interception moderne peut s'avérer utile face à des structures éclatées telles que les cellules terroristes et ne disposant ni d'un savoir-faire clandestin ni de liaisons chiffrées d'État, de même qu'elle procure une masse d'informations qui s'ajoutent aujourd'hui à la documentation ouverte que les services secrets ont brassée de tout temps.

Si les violations de la vie privée et du secret des affaires sont indubitables, on ne peut pas s'attendre pour autant dans la lutte contre le terrorisme aux immenses succès qui ont marqué l'affrontement des États-nations ou des « États-idéologies ». Alliée à la goniométrie, l'interception a alors coûté la vie à de nombreux réseaux de renseignement de la Résistance et, procurant le matériel brut sur lequel peut jouer le terrifiant scanner du décryptement, causé la perte tragique de l'héroïque Orchestre rouge soviétique. D'une manière encore plus cruciale au plan stratégique, elle a participé à la victoire des Alliés durant la Seconde Guerre mondiale soit en accumulant les messages militaires secrets du IIIe Reich soumis à la performante réplique anglaise de la machine à coder nazie Enigma soit en gonflant face au Pas-de-Calais les messages factices offerts aux services allemands de la « *Funk-Abwehr* ». Plus tard, le stockage des télégrammes, alignement de chiffres totalement hermétiques, des ambassades russes sur le territoire américain durant les hostilités a rendu possible, lorsque les améliorations dans les possibilités de décryptement ont permis de lancer l'opération Venona, la découverte de l'ampleur de « l'espionnage soviétique » aux États-Unis et le dévoilement tant de l'*agentura* atomique que des Cinq de Cambridge.

Est-ce l'effet de ces proprement faramineux succès ou une pulsion propre au Renseignement ? Toujours est-il que la voracité des services d'interception est légendaire, qu'il s'agisse des services d'écoutes spécialisés nés avec l'apparition des liaisons par radio — telle la tentaculaire NSA américaine, plus riche aujourd'hui en effectifs et en crédits que la CIA — ou des organes de pure recherche qui ne sauraient se priver, si l'occasion s'en présente, d'avoir recours à un moyen de collecte d'informations aussi juteux. Au plus fort de la « guerre froide », la CIA a percé ainsi un tunnel sous la ligne de démarcation entre les deux Berlin afin de « piéger » les communications téléphoniques de l'Armée rouge ou, même en pleine perestroïka, creusé un puits dans la banlieue de Moscou pour obtenir un accès aux câbles de transmission du KGB. Fait significatif, ces deux opérations — proches d'une certaine façon d'un cambriolage clandestin car constituant une effraction sur le territoire d'autrui — n'ont pas été dévoilées par des contre-mesures de sécurité mais par les toujours irremplaçables sources humaines : respectivement George Blake ou Aldrich Ames.

Éternelle concurrence entre le *Tech* et le *Hum-Int* et primauté de l'homme sur la technique.

INTOXICATION

Nous quittons malheureusement la belle et riche lettre « i » et sa superbe « idéologie » avec la désastreuse « intoxication » française dont la vulgarité pseudo-médicale — « l'intox » ! — ne saurait faire oublier les charmes discrets de la « déception », voire de la « désinformation ».

JEU-RADIO

Lorsqu'un service de contre-espionnage s'empare d'un opérateur radio clandestin, il s'efforce — ce qui est, hélas, facile en temps de guerre grâce au recours à l'abominable chantage et au choix offert alors entre la vie et la mort — de le convaincre à continuer à émettre « sous contrôle » vers sa Centrale afin d'apprendre les intentions de l'ennemi et ses besoins en matière de renseignement, de le désinformer tout en s'emparant de nouveaux pans de son dispositif.

Les plus célèbres jeux-radio datent de la Seconde Guerre mondiale, qu'il s'agisse de l'*England Spiel* monté par le colonel Giskes de l'Abwehr allemande avec des parachutistes alliés largués pour soutenir la résistance hollandaise, du jeu-radio — *Funk Spiel* — mené avec le réseau « Prosper » de l'organisme de sabotage britannique SOE en France occupée ou avec les *rezidents* illégaux du GRU à Bruxelles et à Paris, capturés par la Gestapo après la liaison dont ils avaient été chargés en plein cœur du IIIe Reich avec le sublime Orchestre rouge berlinois.

La précaution prise pour éviter d'aussi périlleuses situations est le « signal de sécurité » — *security check* en anglais — par lequel l'opérateur radio indique, grâce à des altérations de chiffres inoffensives en apparence mais convenues avec la Centrale, qu'il est contraint — toute écriture radiophonique est personnelle, donc reconnaissable — d'émettre entre les mains de l'ennemi. Le procédé s'est révélé plutôt d'une faible efficacité soit parce que le captif terrorisé — nul ne peut juger de ce qu'il aurait fait entre les mains des tortionnaires nazis — ne s'en sert pas soit, cas plus fréquent, parce que le Centre, débordé par le flux de messages reçus en temps de guerre, ne s'aperçoit pas des subtils signaux convenus. Tel fut le cas lors du pathétique jeu-radio Breitenbach : les spécialistes des transmissions du Centre de Moscou ne repérèrent pas le signal de détresse lancé par le déserteur allemand chargé de reprendre le contact, au cœur du IIIe Reich, avec le miraculeux agent russe lové au sein de la Gestapo et lui livrèrent donc son nom et son adresse — ce qui n'empêcha pas le malheureux déserteur, le Grand Jeu est tragique, d'être fusillé pour trahison par les Soviétiques après la fin des hostilités.

Plus heureux furent les jeux-radio anglais où des parachutistes « retournés » de l'Abwehr annonçaient un débarquement allié au Pas-de-Calais ou la centaine d'autres « jeux opérationnels » montés par les Russes sur un « front de l'Est » où l'Abwehr et le SD nazi parachutaient à tout-va derrière les lignes rouges une marée d'agents et de commandos qui ne faisaient guère le poids face aux efficaces services de sécurité d'un Staline soutenu par la volonté de résistance de tout un peuple[1].

LÉGENDE

Si je trouve grotesque que certains officiers de renseignement français s'abritent — romantisme déplacé ou sentiment qu'en France l'espionnage est un métier de pestiférés ? — sous de faux noms dans une Centrale qu'ils ne quittent guère, il peut arriver qu'un membre légal d'une *rezidentura* apparaisse à son ambassade, voyez Agayants-Avalov, couvert par une identité d'emprunt car les chasseurs d'espions adverses s'efforcent de tenir à jour la liste des *opers* ennemis. De même, au cours de certains contacts délicats avec des personnages qui ne sont pas « de confiance », les *rezidents* et, même, les responsables de la Centrale doivent-ils s'inventer une « légende » : faux nom et faux passé, fausse éducation et fausse profession.

La légende est particulièrement travaillée lorsqu'il s'agit d'illégaux implantés dans des pays étrangers — nous avons vu le Russe William Fisher passer des années aux États-Unis à jouer à la perfection le rôle d'un photographe américain aussi anonyme que sympathique avant de proclamer au moment de son arrestation qu'il était, autre légende, le colonel Abel du KGB — ou d'opérations en territoire ennemi en temps de guerre comme lorsque le faux Aryen Kouznetzov, exhibait en Russie occupée d'impeccables papiers d'identité et uniforme de la Luftwaffe hitlérienne.

Ainsi, quand un Hitler aux abois donne l'ordre à son monstrueux SD d'assassiner Staline en 1944, le brutal officier SS Skorzeny ne procure pas seulement à l'agent soviétique qu'il se réjouit d'avoir « retourné » — il s'agissait en fait d'un prisonnier russe qui s'était avéré, au cours des interrogatoires, être un aventurier profondément douteux — les lance-roquettes miniatures pouvant

1. Voir ci-dessus p. 177-180.

percer une voiture blindée mais, également, un jeu complet de faux papiers — au cours de leur offensive éclair, les Allemands s'étaient emparés d'un nombre impressionnant de documents ou, même, d'imprimeries russes — lui attribuant le grade d'un commandant moscovite du redoutable NKVD stalinien en mission ultrasecrète sur la ligne de front. Cerise sur le gâteau, un article du journal officiel de l'Armée rouge, *Krasnaïa Zvezda*, racontait même les exploits grâce auxquels l'officier du NKVD aurait été décoré de l'ordre de « héros de l'Union soviétique ». Seuls l'atterrissage accidentel de l'avion nazi derrière les lignes russes, la vigilance des paysans signalant l'accident à la *Kommandantura* voisine et les suspicions d'un vague soldat de l'Armée rouge fouillant — on ne sait jamais — la pelisse aux roquettes de l'impressionnant policier stalinien que son chef recevait dans la chambre voisine avec les honneurs dus à son rang ne permirent pas au tueur des SS d'arriver jusqu'à Moscou[1].

La perfection de la légende peut, si elle est maniée par des experts et servie par la chance, atteindre des sommets presque incroyables. « Une affaire extraordinaire », titrent ainsi les « Esquisses de l'histoire du renseignement extérieur russe » à propos de l'opération « Max » et « Louise » — le couple Grigoulevitch d'après Soudoplatov —, illégaux soviétiques travaillant dans une Amérique latine à laquelle les attachent des liens d'enfance.

En 1949, « Max » et « Louise » viennent s'installer à Rome comme citoyens d'un pays de l'Amérique centrale dont les Esquisses russes ne disent rien — le Costa-Rica d'après le moins discret Soudoplatov. Le couple réussit, crée une firme prospère d'importation de café, devient la coqueluche des originaires de l'Amérique latine installés en Italie, reçoit sur un grand pied les représentants et visiteurs politiques, commerciaux ou diplomatiques du « pays d'Amérique centrale » en déplacement dans la péninsule.

Le succès est tel que « Max », sans avoir jamais mis les pieds dans le pays dont il prétend être originaire, parvient à se faire passer pour le fils illégitime d'un de ses plus importants dirigeants politiques, décédé bien entendu, et se trouve nommé… représentant diplomatique du « pays d'Amérique centrale » en Italie. Cette promotion inattendue lui permet — prouesse inimaginable pour un illégal russe — de participer en personne à des conférences interna-

1. Un jeu-radio s'ensuivit. Accompagné d'une ravissante secrétaire du NKVD, le faux major fit savoir au Centre de Berlin qu'il était bien parvenu aux alentours du Kremlin mais qu'il rencontrait, réclamant des instructions et des renforts, des difficultés inattendues pour monter l'attentat projeté. L'amusant (Voir: *Loubianka* 2, *op. cit.*) c'est qu'après la fin de la guerre, le NKVD proposa, cette fois… aux Alliés, de mener à bien l'assassinat de Staline. Aucune réponse ne parvint à ces scabreux messages radio.

tionales de premier plan, notamment à l'ONU, et de nouer des relations de franche amitié — l'homme est particulièrement ouvert et avenant — avec tout le corps diplomatique de Rome et les milieux du Vatican les plus proches du pape Pie XII qui reçoit volontiers et librement l'ambassadeur chaleureux d'un continent profondément attaché à la foi catholique.

Le seul regret exprimé par les « Esquisses » russes, c'est que la légende était devenue si parfaite qu'elle ne permettait pas à un diplomate tellement en vue de pratiquer en personne des recrutements en bonne et due forme[1]. L'avidité de l'espionnage n'a pas de limites mais sa prudence naturelle le pousse à ne pas avoir les yeux plus grands que le ventre[2].

LIAISON

Tout renseignement qui ne parvient pas à temps à la Centrale pour y faire l'objet d'une exploitation immédiate et appropriée est, tel un poisson tiré hors de l'eau, un renseignement mort.

Or la transmission de renseignements humains de services spécialisés dans leur collecte se heurte à d'innombrables difficultés posées d'une part par la nécessité impérative de garder secrets à l'égard de l'adversaire leur contenu et leur origine et, d'autre part, par les multiples obstacles que « l'ennemi » pose sur la voie de leur cheminement lorsque l'information est recueillie en pays hostile ou, tout simplement, étranger.

La liaison — aussi essentielle donc que le recrutement — est fortement fonction des évaluations de la technique. Je ne suis ni un spécialiste de cette forme d'activité hautement sophistiquée ni un historien de formation — « Le secret du roi » ou « l'espion de Napoléon » m'ennuient tant ces diplomaties parallèles ou ces individus infiltrés derrière le front paraissent éloignés de l'espionnage moderne né du surgissement de l'universaliste idéologie communiste ou du

1. La légende est tellement travaillée lorsqu'il s'agit de créer une organisation fictive destinée à induire l'ennemi en erreur (voir ci-dessus p. 168-173) que les Russes parlent alors d'une organisation « légendée » — *legendirovanaia organizatsia.*
2. Soudoplatov révèle — ce que ne font pas les « Esquisses » russes — l'usage que désirait faire Staline de cette légende proprement extraordinaire: profiter d'une visite officielle de diplomates d'Amérique latine en Yougoslavie pour ... assassiner Tito. L'affaire n'aboutit pas en raison de la mort du Guide mais aussi, probablement, parce que le beau « Max » n'était pas habité par le fanatisme suicidaire de l'assassin de Trostsky, Ramon Mercader. Mais pourquoi faut-il que ces années de l'immédiate après-guerre eussent-elles été marquées, pénible conséquence de l'embrasement du monde et de l'Europe, par tant de violences inacceptables à nos yeux actuels mais, fort heureusement, noyées dans un passé hautement lointain qui ne semble pas, grâce en soit rendue à Dieu, pouvoir se renouveler de nos jours ?

choc des États-nations durant la Seconde Guerre mondiale. On peut néanmoins dire *grosso modo* qu'on est passé de l'encre secrète — qui reste opérationnelle pour protéger encore plus les instructions, informations ou plannings déposés dans une « boîte aux lettres morte » — et des codes utilisés dans les anciennes communications au microfilm collé dans la ponctuation d'une lettre quelconque — ou, de nos jours, sur un papier ou emballage anonyme, si l'agent est bricoleur, dissimulé dans le container d'un *taïnik* —, au recours aux messages radio chiffrés des États puis, dernièrement, aux transmissions ultrarapides — des fractions de seconde — portées à la perfection par les liaisons radio par satellites.

L'essentiel c'est que la liaison entre la Centrale et ses *rezidentura* légales ou illégales est désormais — à la différence de ce qui s'était passé avec l'Orchestre rouge soviétique en Europe occupée ou lors de l'opération américaine de décryptement Venona des messages russes émis depuis les États-Unis — devenue invulnérable en raison de l'impossibilité tant de repérer par la goniométrie une émission clandestine ultrarapide que de procéder, à moins d'un agent vous livrant le chiffre, au décryptement de messages d'État codés par ordinateurs.

Tout n'est pas pourtant, et quels que soient les révolutionnaires bonds en avant de la technologie, parfait dans le meilleur des mondes. Comme l'espionnage demeure — et c'est ce qui le rend si passionnant à mes yeux — une affaire de relations humaines, on ne saurait, malgré le fait que tout individu dûment équipé peut désormais entrer en liaison radio avec une Centrale ou une *rezidentura* et que le recours au remplissage et au relevé de « boîte aux lettres mortes » reste un procédé relativement sûr, éviter les « rencontres conspiratives » destinées à assurer la « direction » de l'agent, de lui remettre des instructions ou d'obtenir de lui des informations particulièrement importantes et urgentes. Il peut arriver, également, que l'agent, piètre bricoleur ou désireux de jouer un rôle qu'il estime historique, refuse purement et simplement, tel Georges Pâques, toute utilisation d'une forme technique de liaison clandestine, se braquant devant un appareil photographique ou face à l'idée de courir la ville à la recherche d'une « boîte aux lettres morte » — que je préfère appeler à la russe : *taïnik*.

Or le seul inconvénient des *rezidentura* légales, c'est qu'elles attirent la police tel le miel les guêpes[1].

1. En cas de guerre et de rupture consécutive des relations diplomatiques entre le pays destinataire des renseignements et le pays de leur recueil, la meilleure pratique consiste à remplacer la *rezidentura* légale par une *rezidentura* illégale — méthode qui suppose avoir été organisée par avance et qui peut s'avérer nécessaire lorsque de multiples raisons — anarchie, trop

Néanmoins un fossé sépare l'officier de renseignement occidental à Moscou qui était englué sous Staline dans un filet policier dont il lui était difficile de se dépêtrer[1] de l'*oper* russe qui parvenait, grâce à des techniques assez élémentaires à déjouer les surveillances relâchées du contre-espionnage à Paris ou même dans la plus sévère et plus riche en moyens Washington : départ en groupe de l'ambassade dans une voiture qui déverse l'un après l'autre chaque *oper* devant une bouche différente de métro ; nouvelle cassure de la filature par des changements systématiques de lignes et montée, juste avant le départ de la rame, dans le dernier wagon pour repérer les « filocheurs » qui doivent se retourner ; plongée dans de grands magasins où les limiers du *khvost* sont obligés de changer d'apparence grâce à des vêtements réversibles et des couvre-chefs différents ; arrêt prolongé devant des vitrines qui reflètent ce qui se passe derrière vous pour mieux détecter les suiveurs avec, éventuellement et si les moyens le permettent, un coéquipier marchant en sens inverse, etc, etc.

Et à supposer qu'on soit parvenu à se libérer des mailles policières — après la guerre, Paris avait, l'avons-nous vu, pour nom de code à Moscou : Polynésie, et, de tout temps, le KGB y organisait les rencontres conspiratives difficiles à tenir à Washington ou à New York — qu'y a-t-il de commun, pour « relever » ou « remplir » un *taïnik*, entre une calme et déserte ruelle de Montmartre et, au moment de la gloire du Saint-Empire, une rue de Moscou épiée par une population soupçonneuse à l'égard de tout étranger et sillonnée par les élèves de l'école spéciale du KGB qui, opposant des équipes formées par des étudiants du renseignement extérieur et du contre-espionnage interne, effectuaient des exercices de filatures, contre-filature et remplissages de *taïnik* ?

Même pour les maîtres russes formés dans ces sanctuaires, la situation n'était pas identique non plus dans, disons, le laisser-aller grouillant de New Delhi ou lors des jours embrasés de la révolution islamique à Téhéran quand les foules exaltées envahissaient les rues et entouraient les ambassades. Obligés de recueillir des renseignements humains sur cette ambiance révolutionnaire, les *opers* russes ne pouvaient, en ce qui concerne la *rezidentura* dirigée par

forte surveillance policière, etc. — rendent difficile ou peu efficace la vie et le travail des ambassades.

1. Poids de l'Histoire et incessante escalade technique entre renseignement et contre-espionnage : la situation à Moscou changera du tout au tout à partir de la décomposition du Saint-Empire communiste. Les Américains tireront alors, malgré la persistance de la prolifération policière, un parti maximal d'une innovation — dévoilée par Ames aux Russes — lorsque des masques de latex donnaient aux opérateurs de la CIA s'aventurant hors de l'ambassade les traits d'un diplomate considéré comme « propre » et donc soumis à une surveillance policière moins systématique.

Leonid Chebarchine, qu'utiliser des officiers de la PGU originaires des pays musulmans de l'Empire soviétique ou se déguiser en femmes cachées sous des voiles protecteurs...

Le Renseignement est fils de l'Histoire, avons-nous martelé au fil de ces pages et, tel le recrutement, la liaison avec les agents varie selon les circonstances, du lieu et du moment. Le plus célèbre exemple de liaison réussie reste celui que nous avons rencontré en faisant la connaissance de la belle et dynamique Leontine Cohen de l'espionnage atomique[1], petit bijou de courage et d'exceptionnelle créativité conservé comme tel à la Loubianka dans les archives les plus riches du monde. Ô le nombre d'écrits — comptes rendus, instructions, analyses, etc. — dans ce surprenant métier qui se nourrit perpétuellement, tel Phoenix renaissant de ses cendres, de la réflexion sur les turbulences du présent et les expériences du passé.

MANIPULATION 1. DE LA FAUSSETÉ DU CONCEPT DE LA « MANIP »

Et voilà que se présente maintenant à nous, trouble, fausse et équivoque, la « manipulation » — « la manip », bégaient avidement les ignares zélateurs français dans leur gourmand jargon — au cours de laquelle un officier « traitant », nouvelle horreur, « manipule » — « manipuler : exercer une domination (politique) sur (un groupe, un individu) » — une proie parée, bien entendu, de tous les charmes d'une virginale innocence.

Pragmatiques et moins vicieux, les Anglo-saxons ne parlent pas, l'avons-nous noté, d'officier « traitant » mais, d'une manière plus neutre, d'un « *case officer* », voire d'un « *operator* ». Quant à *l'oper* des Russes, il conduit ou suit une affaire selon des méthodes habillées de nuances linguistiques multiples tournant, en russe où l'on utilise les termes de *roukovodit'*, *kourirovat'*, de la notion d'orientation ou de direction, comme un metteur en scène ou un chef d'orchestre oriente ou dirige ses acteurs ou musiciens. Ce n'est pas pour rien que l'appellation « Orchestre rouge » est entrée dans l'Histoire.

Lorsqu'un Arnold Deutsch convainc sans grand mal, sur un banc d'un jardin public désert du Londres d'avant-guerre, le jeune et enthousiaste Kim Philby que la meilleure manière de servir la cause communiste dans laquelle il croit consiste non à distribuer des tracts à la sortie des usines mais à collaborer avec les services secrets du Saint-Empire, lorsque, plus tard, les successeurs de l'ancien du Komintern — qu'il s'agisse de l'illégal Alexandre Orlov durant la guerre d'Espagne ou des faux diplomates légaux de l'ambassade russe à

1. Voir ci-dessus p. 136-141.

Londres — recueillent les états d'âme et les confidences du jeune Anglais face à l'expansion fasciste ou de l'impérialisme américain et discutent avec lui de l'opportunité d'entrer dans les services secrets britanniques et d'y acquérir les plus hauts postes possibles, qui peut prétendre que les uns et les autres « manipulent » le généreux et libre Anglo-Saxon ? « Mes camarades de Cambridge », titrera ses souvenirs l'*oper* Modine dans un livre qui, dépourvu de tout étalage de troubles manœuvres psychologiques, n'obtiendra en Occident aucun succès. Et quand, une ou deux décennies plus tard, les *case officers* de la CIA écoutent le colonel Penkovsky du GRU de l'Armée rouge leur exprimer sa volonté inébranlable d'abattre, en les renseignant, un régime qu'il abhorre, est-il possible d'affirmer qu'ils « exercent sur lui une domination » ?

Certes, ces *operators* américains, dont la constante amitié me fait chaud au cœur, ont étudié la personnalité de leur agent. Qui ne le fait pas, même d'une façon moins approfondie, au cours de la plus innocente des relations ? Certes, ils ont abondé dans son sens, d'autant plus facilement que c'était le leur propre. Va-t-on dire à la femme qui vous aime et qu'on aime qu'elle est laide et idiote ? Certes, des petits cadeaux ont été offerts : il n'y a pas d'amour mais des preuves d'amour et les cadeaux entretiennent la plus désintéressée des amitiés. Il est tout aussi évident que les *case officers* de la CIA se sont appliqués à obtenir de l'homme qui venait volontairement vers eux un flot, fût-ce au péril de sa vie qu'ils s'efforçaient de protéger au maximum de leurs moyens, des renseignements particulièrement riches : un chef de ballet ne veut-il pas que sa danseuse étoile atteigne la perfection ? Mais est-ce à dire qu'en agissant ainsi ils asservissaient un être humain auquel, bien au contraire, ils donnaient le moyen de réaliser pleinement le rêve de son existence ou qu'ils le considéraient comme un instrument qu'on jette tel un kleenex ?

Si « manipulation » il y a, elle existerait alors — mais c'est hélas le cas trop souvent, voyez Balzac ou Zola, dans l'égoïste et bourgeoise civilisation française — dans toute forme de relation humaine ou sociale. À vrai dire « l'espionnage » me paraît bien plus limpide et désintéressé que certaines manifestations qu'il m'a été donné d'observer dans le monde de la politique, des lettres et des affaires. Le Grand Jeu ? L'un des derniers refuges non seulement de l'héroïsme mais de l'idéalisme et de la pureté.

MANIPULATION 2. LES HORREURS DU TEMPS DE GUERRE

Tout change en temps de guerre et, surtout, lors de l'intervention des services de contre-espionnage offensif dans le cas de l'occupation d'une patrie bien aimée par des forces militaires et idéologiques brutales.

Lorsqu'un jeune résistant hollandais, arrêté par les Allemands dès son atterrissage, était amené dans le bureau du colonel de l'Abwehr, Giskes, grand homme impressionnant au visage froid à la Erich von Stroheim que je connaîtrai plus tard, durant la guerre d'Algérie, comme un représentant pro-arabe du général Gehlen à Tunis, et que ce mannequin d'officier prussien lui demande, pour éviter le peloton d'exécution, d'émettre sur Londres sans avoir recours à son « signal de sécurité », le malheureux parachuté se trouve face à un personnage effrayant qui, effectivement, s'efforce d'« exercer sur lui une domination ».

Et Dieu sait si la racaille nazie ne s'en est pas privée ! Le répugnant Klaus Barbie confiera aux services français, qui l'interrogeront après la guerre alors que les Américains l'employaient quarante ans avant sa capture en Amérique latine et son procès à Lyon, que lors de l'arrestation d'un important résistant français qui pouvait le mener au grand chef politique de la Résistance, Jean Moulin, il avait, en bon SS, soigné sa mise en scène de l'horreur. Un quai de gare désert à trois heures du matin... La sombre lumière bleuâtre du black-out et un groupe d'uniformes en vert-de-gris... L'infortuné résistant est tiré *manu militari* de son wagon envahi par une meute hurlante de SS et traîné sur le quai de fin du monde devant un Klaus Barbie en grand uniforme...

Pour assurer son déguisement et parfaire sa légende, le résistant porte de grosses lunettes à verres neutres. Klaus Barbie s'approche lentement de lui, agrippe la monture, la projette à terre et, dans un craquement sinistre, l'écrase sous le talon de sa botte.

« Vous n'aurez plus besoin de cela, Monsieur N », gronde-t-il dans un français guttural en employant le vrai nom du résistant.

Le convoi de voitures noires rugissant dans la nuit, les locaux faiblement éclairés de la Gestapo où s'entassent les victimes et où résonnent les hurlements des suppliciés font le reste : le grand Jean Moulin sera trahi.

Les Allemands ne sont cependant pas de fins psychologues et la bestialité nazie ne saurait servir de modèle. Tout semble indiquer, en effet, que, même dans les conditions extrêmes du « retournement » en temps de guerre par un service de contre-espionnage offensif, il peut exister des approches plus souples que celles des brutes de cette association de malfaiteurs que constituait le SD nazi.

Un autre officier allemand, Hugo Bleicher, membre, lui, d'une Abwehr moins inhumaine mais qui, hypocrite, ne se privait quand même pas de promettre de remettre à la Gestapo ceux qui lui tenaient tête, racontera à ses interrogateurs français d'après-guerre, avant de redevenir un paisible vendeur de cigares dans un petit village bavarois, qu'ayant arrêté la célèbre résistante appelée « la

Chatte », il ne l'avait pas envoyée à la Santé dans un panier à salade mais l'avait galamment installée à l'arrière de sa traction avant. Dans la voiture fonçant à tombeau ouvert dans les rues désertes et noires du Paris occupé, il remarqua que la jeune femme, au lieu de s'enfermer dans un mutisme hautain ou accablé, se désolait, en se caressant la jambe, que son bas de soie avait filé. Bleicher en tira toutes les conséquences et, au lieu d'envoyer « la Chatte » dormir en prison, l'invita, afin d'« exercer sa domination », à dîner dans un somptueux restaurant réservé à la Wehrmacht. Le soir même, il la mettait dans son lit pour obtenir, dès le lendemain matin mais cette fois dans son austère bureau de l'hôtel Lutetia, les noms de tous les membres du réseau.

Sans être aussi torrides et sexuelles, les méthodes du contre-espionnage britannique durant la Seconde Guerre mondiale étaient bien entendu, avantages de la démocratie et de l'*habeas corpus*, moins brutales, elles aussi, que les pressions des Klaus Barbie. Quoique placé sous l'épée de Damoclès d'une possible exécution pour espionnage en temps de guerre, le retournement des officiers de l'Abwehr allemande infiltrés en Angleterre ne semble pas avoir été d'une violence physique et psychologique extrême. La suite de la « manipulation » — cette fois, le terme est correct — consistant à leur faire transmettre à Berlin des fausses informations sur les intentions stratégiques des Alliés, notamment sur la date, et surtout, l'endroit du débarquement, s'est déroulée dans une ambiance de coopération de plus en plus, tout est relatif, libre et confiante. Un membre éminent de l'Intelligence Service m'a ainsi raconté que vers la fin des hostilités, les Allemands retournés étaient tout heureux, dans une atmosphère devenue quasiment amicale au fil des ans, d'induire en erreur leur ancienne hiérarchie.

Même la Tchéka bolchevique, dont la réputation est pourtant effroyable en raison des répressions, Goulags et exécutions sommaires qui ont ensanglanté la terre russe après le coup d'État d'Octobre, ne paraît pas avoir fait preuve, comme dirait le doux M. Le Pen, d'une « particulière inhumanité » au cours de la « manipulation » — de nouveau, le terme est hélas approprié — des deux socialistes de l'émigration russe qui, arrêtés après leur franchissement illégal de la frontière soviétique, ont accepté de collaborer avec la police secrète communiste dans le cadre de la célèbre opération Syndicat 2[1]. Certes la recherche de la domination est manifeste là aussi mais bien que les récits laudatifs du FSB actuel ne dévoilent pas le détail du retournement, il ne paraît pas que la brutalité absolue — « sans restriction ni réserve » — ait malgré l'exécution

1. Voir ci-dessus p. 170-173.

immédiate d'un troisième complice, été seule au rendez-vous. En effet, revenus à Paris, les deux émissaires socialistes ne profitèrent pas de la liberté qu'ils avaient retrouvée dès qu'ils avaient franchi la frontière de la terrifiante Union soviétique ni du fait qu'ils n'avaient trahi personne durant leur détention car ils avaient été introduits *blind* en Russie — ô le poids des révélations arrachées aux résistants lorsqu'ils étaient renvoyés dans leurs réseaux par les tortionnaires de la Gestapo ! — pour avouer à leur chef, le charismatique leader socialiste Boris Savinkov, que la Tchéka les avait convaincus de le trahir — en l'occurrence de le persuader de revenir à Moscou afin de l'y juger et fusiller.

Malgré ce que pensaient les gangsters nazis, la force et la violence ne sont pas une panacée et la « direction » d'agents, même retournés en temps de guerre, même menée par les services de contre-espionnage les plus agressifs et les plus offensifs ne peut être fondée sur le seul socle de la domination.

MANIPULATION 3. LES CHARMES PEU SÉDUISANTS DU CONTRE-ESPIONNAGE OFFENSIF DES PAYS TOTALITAIRES

En temps de paix — mais les régimes totalitaires ne se sentent-ils pas toujours en guerre, tel le Saint-Empire communiste, avec la démocratie ou le « capitalisme » ? —, le contre-espionnage offensif des pays dictatoriaux, dont nous avons noté l'avidité et le manque de scrupules, cherche-t-il, lui aussi et grâce aux méthodes de chantage que lui inspire son mépris de l'homme — « petite vis », d'après Staline — à exercer sa domination sur les malheureux hommes ou femmes qu'il désire faire tomber dans ses filets[1] ?

Là encore, la réalité paraît plus complexe même si l'on exclut le fait pourtant crucial qu'à la différence de ce qui se passe durant une vraie guerre, la « manipulation » n'est plus sous-tendue par le choix terrifiant entre la survie et le peloton d'exécution.

1. Bien qu'amplifiés presque jusqu'à l'absurde par l'imagination lyrique de l'auteur, de pareilles et discutables pratiques ont inspiré le remarquable *Dossier 51* du talentueux Gilles Perrault. Pourquoi, d'ailleurs, « 51 » ? Dans ce domaine, on comptait plutôt par milliers en Union soviétique. Toutefois, le romancier n'indique nulle part qu'il ne dépeint *que* les méthodes spécifiques au seul contre-espionnage offensif d'un régime totalitaire, installant ainsi l'impression, détestable et inexacte, qu'il dévoile la nature profonde des services secrets *per se*. Telle était l'attitude de l'intelligentsia française avant sa découverte du Goulag vingt ans après qu'il eut fermé ses portes. Ne désirant causer aucun tort au KGB communiste, nos clercs s'attaquaient, au contraire, à leurs propres services qui, avec quels moyens dérisoires dans les démocraties européennes — le pot de terre contre le pot de fer — s'efforçaient, isolés, calomniés et mal compris, à lutter tant bien que mal contre l'hydre communiste.

Lorsque la « domination » a été assise par le chantage, on assiste en effet, semble-t-il — je ne suis pas, et j'en suis heureux, un expert en la matière — à des procédés plus souples que ceux du répugnant M. Barbie. Une fois que l'employé de la Navy britannique, Vassall, eut été recruté à Moscou, par le biais d'orgies homosexuelles organisées par la Deuxième Direction générale, l'*oper* de la PGU chargé de la direction de l'agent revenu à Londres se plaint plutôt d'avoir dû jouer la comédie de l'amitié avec un personnage qui le dégoûtait moins par ses pulsions sexuelles que par la joie trouble qu'il mettait à trahir son pays. Quant à l'ambassadeur français Maurice Dejean, dont nous avons vu les tribulations mondaines et sentimentales à Moscou, il ne paraît pas en avoir voulu beaucoup à ses « manipulateurs », qui ne se présentaient pas d'ailleurs en maître chanteurs mais en « amis » le tirant d'un mauvais pas dont le naïf diplomate ne soupçonnait pas qu'ils l'avaient organisé. Limogé par le général de Gaulle, Dejean troquera, on l'a vu, sa carrière diplomatique brisée pour un travail de lobbying au profit d'associations ouvertement prosoviétiques.

Malgré le coup de pouce initial de « l'exercice de la domination », notamment par un chantage qui peut être moins appuyé que suggéré dans une ambiance appropriée, la libre acception de la collaboration avec les services secrets reste une composante essentielle même dans les pays totalitaires. C'est sur elle, par exemple, que tablent les chasseurs d'espions offensifs des démocraties qui se contentent de créer, par une politique de contacts amicaux plus ou moins saupoudrés de légères « compromissions » de l'*oper* des services adverses, les conditions favorables pour une collaboration qui doit être aussi franche et spontanée que possible.

Bien que menée à bien non par le contre-espionnage mais, dans une affaire strictement « franco-française » par la police judiciaire hexagonale dont les méthodes plongent leurs racines dans le plus lointain des passés d'un pays de tempérament policier, l'arrestation du chef de l'organisation terroriste européenne, OAS, durant les derniers soubresauts de la guerre d'Algérie, le général Salan, protégé par des commandos expéditifs et soupçonneux dans une ville d'Alger acquise à la rébellion, confirme, modèle de subtilité psychologique, ces conclusions quelque part réconfortantes pour la dignité de l'homme.

Une poignée de parachutistes proche des services secrets s'occupaient, en effet, pour la préfecture de police de Paris, d'action sociale en milieu musulman tout en entretenant, au profit des services de Renseignement extérieur, des liaisons avec une organisation plus ou moins factice de « résistance » nationaliste qui s'opposait tant au FLN anti-français que, cette fois prétendument, à la « présence française ». Personne n'est parfait et les braves paras avaient basculé dans la fabrication de tracts OAS sans se priver de mener à côté — il n'y a pas de petits profits — des activités de racket et de prostitution, encore plus contraires à la loi.

Tombée sur le pot aux roses, la PJ centrale du ministère de l'Intérieur français adopta l'attitude policière classique « Je ferme les yeux sur tes petits délits si tu collabores avec moi » pour convaincre — en un chantage caractérisé mais subtil : la prison ou la coopération — un membre peu compromis de la petite cellule de demander un rendez-vous au chef de l'OAS afin de lui proposer le « ralliement » de la factice organisation de résistance nationaliste. Le nouvel agent pourrait alors servir de poisson-pilote à toutes les forces de police d'Alger,

Séduit par l'idée d'élargir sa base musulmane, Salan accepta de recevoir l'émissaire dans sa secrète tanière, mais le succès final de cette opération menée de main de maître par l'immense policier que fut mon ami Michel Hacq fut autant dû au savoir-faire français qu'à l'inéluctabilité, à cette époque, de l'effondrement de l'OAS après la signature du cessez-le-feu avec le FLN. Et ne négligeons pas le ressentiment personnel de « l'émissaire » contre un ancien commandant en chef en Indochine qui, comme il me l'a raconté avec une amertume toujours aussi vivace, était passé, distant et lointain, devant le lit d'hôpital où il souffrait d'une blessure récoltée dans une jungle que le général Salan ne faisait plus qu'examiner sur une carte d'état-major.

La suite est significative du glissement de la « domination » vers la libre coopération. Le parachutiste qui, au péril de sa vie mais peut-être excité par l'odeur de la chasse à l'homme, accepta de servir ainsi d'appât prit, après la réussite de l'opération, la tête d'une petite cellule chargée d'organiser en France métropolitaine le ralliement d'anciens OAS au gaullisme victorieux. L'éventuelle « pression » initiale — bien que j'en admets la nécessité dans des circonstances particulières ou exceptionnelles, de tels procédés ne m'inspirent aucun sentiment amoureux — ne peut et ne doit être qu'un marchepied vers une « direction » d'agents plus subtile et dépourvue de toute violence.

« Il faut, constatait déjà un chef de la police secrète tsariste, établir avec un agent les mêmes relations intimes et affectueuses qu'avec une femme dont on désire conquérir l'amour[1]. »

MANIPULATION 4. DE LA COMPRÉHENSIVE TOLÉRANCE DANS LA DIRECTION D'AGENTS

Entre le compagnon de combat idéologique — Philby ou Penkovsky selon les camps — qui vous inspire de l'amitié et, n'ayons pas peur des mots, une

1. I. Linder et V. Tchourkine, *Istoria spetzialnykh ...*, *op. cit.*, p. 243.

réelle affection et l'ennemi ou l'adversaire sur lequel il faut, en un premier temps tout au moins, « exercer une domination » mais qui fait surgir plus tard des sentiments plus nuancés se trouve la zone grise de tous ceux qui acceptent ou désirent collaborer avec les services secrets étrangers pour des raisons qu'on ne partage pas soi-même — qu'il s'agisse d'un gonflement excessif de l'ego ou, le plus souvent, de l'appât du gain.

Mais, là encore, le terme « manipulation » ne s'applique pas car cette formulation due aux services militaires français du Deuxième Bureau date des temps immémoriaux où la « trahison » apparaissait comme un crime abject et inexplicable. Des hommes d'armes fiers de leur éthique s'efforçaient alors de faire basculer dans leur camp d'autres soldats qu'ils ne pouvaient, en ces époques quasiment préhistoriques, considérer que comme ennemis, pourris et corrompus[1]. L'infortuné capitaine Dreyfus ne pouvait qu'être coupable aux yeux d'antisémites primaires car il appartenait, pour eux, en tant que Juif et malgré une vie en tous points irréprochable, à ces terrifiantes catégories.

L'Histoire a évolué et l'ingénieur ou le savant occidental acceptant, à la fin du XXe siècle, de vendre au KGB les secrets de son usine ou de son laboratoire n'a rien de commun avec le militaire encore empreint de la morale rigide du XIXe siècle mais travaillé par des dettes de jeu ou par l'entretien dispendieux d'ensorcelantes maîtresses. Même dans le cas extrême où l'agent *new look* est guidé par son goût de l'argent, des femmes et de la vie facile, accompagné souvent de frustrations dans sa vie professionnelle, on ne peut prétendre qu'il fait l'objet d'une « domination » — encore moins s'il ne fait qu'accumuler, pour des raisons personnelles, un petit magot comme d'autres collectionnent des timbres-poste.

Le « directeur » de ce nouveau type d'agent a donc tout intérêt de ne pas « exercer une domination » mais, tout en comprenant et en acceptant ses motivations, de se conduire plutôt comme un « grand frère », amical et attentionné

1. Primauté de la pratique sur la théorie. Commencée sur des bases strictement vénales, renforcée par des sentiments de jalousie envers un frère mieux placé dans l'armée hitlérienne, la « manipulation » de Hans Thilo Schmidt, l'agent allemand qui, avant la guerre, a livré au Deuxième Bureau français les premières indications concernant la machine à coder nazie Enigma semble s'être développée assez vite dans une direction idéologique et amicale. Il est d'autant plus regrettable que les « as » du Deuxième Bureau aient — conséquence du mépris pour le « manipulé » ? — laissé à son destin l'agent qui leur avait été si précieux, au moment où ils ont été contraints par l'occupation de la zone libre d'abandonner pour l'Afrique du Nord un Vichy où ils servaient Pétain tout en renseignant les alliés anglais. On ne peut, en effet, comme le font les gaullistes purs et durs, leur nier le mérite d'avoir été les premiers à le faire.

et d'autant plus irremplaçable qu'il satisfait tous les besoins. Malgré le fait qu'Ames envoyait à la mort d'autres êtres humains pour de sordides histoires de gros sous, de l'acquisition d'une voiture de luxe et d'une resplendissante maison coloniale, l'*oper* russe qui a traité son affaire — sans le « traiter » — le trouvait plutôt sympathique. Même au début du XXe siècle avant la Première Guerre mondiale, le recrutement et la direction par les Russes du célèbre colonel Redl, chef du Deuxième Bureau de l'Empire austro-hongrois, semblent, prodigieuse anticipation de l'espionnage des temps modernes, avoir été menés sur de pareilles bases, jouant sur les origines modestes de Redl qui ne permettaient pas à un homme pourtant brillantissime de mener une vie mondaine digne de son rang dans le glorieux Empire des Habsbourg, sur ses élans homosexuels ou sur son appartenance, également difficile à assumer, à la minorité méprisée des Slovènes slaves.

Malgré la mythologie occidentale sur la Russie impériale, les officiers de renseignement de l'armée tsariste, plutôt issus du peuple et proches des professionnels de la police secrète, ne se prenaient pas, tels les Français du Deuxième Bureau ou leurs adversaires orgueilleux de l'Abwehr allemande, pour des « seigneurs » placés au-dessus d'une Armée composée, elle aussi, d'êtres d'exception. Quant aux Anglais, leur adoration de l'aristocratie ne les empêche en rien, bien au contraire, de s'intéresser, à la différence d'une société française « bloquée » par la bourgeoisie, aux « classes inférieures », promises comme elles le sont en démocratie, à l'élévation sociale.

Une bonne direction d'agents suppose l'ouverture empreinte de respect sur l'autre.

« MICE »

Ce concept américain — *Money, Ideologie, Constraint, Ego* — me paraît tellement approximatif que je l'examine sous sa composante essentielle : l'Idéologie.

RENSEIGNEMENT MILITAIRE

Le même glissement, en raison de la mort de l'Idéologie, depuis la participation active à la plus haute des politiques jusqu'aux opérations d'espionnage purement techniques et presque subalternes que nous avons constaté dans l'histoire et le développement du KGB et de sa PGU se retrouve au sein de la recherche à l'étranger menée, elle, par la Direction générale du Renseignement de l'Armée rouge, le célèbre GRU, *Glavnoe Razvedatelnoe Upravlenie,* plus opaque et moins porté sur la publicité que son homologue civil et politique du KGB.

Lorsque, après la révolution d'Octobre, le bolchevisme s'empêtrera dans les rapports profondément incestueux entre les visions clausewitziennes et léninistes de la « guerre » et de la « politique » — « La guerre est la poursuite de la politique par d'autres moyens » pour Clausewitz, « La politique est la poursuite de la guerre, etc. » pour Lénine —, le GRU militaire montera des opérations stratégico-politiques d'une efficacité et d'une finesse proprement inouïes. L'immense Richard Zorgué dépendra de lui et de son légendaire chef de la période révolutionnaire, Ian Berzine. C'est également sa *rezidentura* illégale à Paris qui s'occupera de « l'aide aux républicains espagnols[1] » et, obtenant des « informations et documents précieux de nature militaire et militairo-technique[2] », recrutera les grands agents de la France du Front populaire dont nous avons déploré que le rôle reste encore peu connu de nos jours.

Sauvagement épuré lors de la Grande Terreur, probablement en raison de ses pulsions révolutionnaires et de la peur qu'inspiraient ses généraux à Staline, le GRU retrouvera, après cette purge sanglante, des missions plus strictement militaires. Après ses remarquables performances durant la « Grande Guerre patriotique » ou pendant les débuts de la recherche sur l'arme atomique, il rassemble alors une partie des renseignements russes du *Tech-Int* — notamment en matière d'observation par voie aérienne — tout en restant, bien que moins célèbre et plus discret que le KGB, particulièrement efficace dans le recrutement d'agents occidentaux au sein — en attendant son intervention en Afghanistan et en Tchétchénie — du secteur délicat des industries d'armement et de haute technologie.

La discipline militaire a-t-elle ses limites sans parvenir à remplacer la formation idéologique civile ? Toujours est-il que le GRU abritera dans ses rangs durant la « guerre froide » les plus importants grands agents de la CIA, qu'il

1. Lurié et Kotchi, *op. cit.* p. 62
2. *Ibid.* Les spécialistes noteront que ces comptes rendus visiblement officiels, qui dévoilent pour la première fois l'identité du célèbre « Harry » Robinson et de son prédécesseur, Ivan Vinerov — « Mort » — ne mentionnent pas Leopold Trepper dans ce glorieux contexte. Formulons donc le vœu que le GRU ouvrira enfin, comme il vient de le faire pour « Harry » Robinson ou « l'espionnage atomique », ses riches archives sur le mystérieux Léopold, nom de code du Komintern : « Otto ». Déjà réhabilité par la justice soviétique après la mort de Staline, ce n'est qu'alors que le controversé Trepper pourra acquérir sa véritable dimension. Était-il le « Super Espion » glorifié par Gilles Perrault ou ses propres « Mémoires » ? Le médiocre et marginal *oper* dénoncé par ses concurrents du service civil russe ? Ou le « traître » ayant livré le grand « Harry » Robinson, que n'apprécie guère la DST française — toujours : « l'Ogre satanique » —, condamnée d'ailleurs pour diffamation lorsqu'elle s'est fondée sur le témoignage — sujet à caution ? — d'un des chasseurs d'espions nazis ayant participé à la traque de l'Orchestre rouge ?

s'agisse du colonel Penkovsky du temps de la crise des fusées de Cuba ou du général-major Dmitri Poliakov. Il n'en reste pas moins, en dépit de ces pénibles affaires pour lui, que le GRU se situe, par la qualité intellectuelle et technique de son travail de recherche et d'analyse, à mille lieues des réserves que m'inspire son homologue américain de la *Defence Intelligence Agency*, la combien orgueilleuse DA du puissant secrétariat d'État à la Défense[1]. Primauté des Russes sur les Américains en ce qui concerne le Renseignement humain…

DOCUMENTATION OUVERTE

Une querelle de sexe des anges déchire régulièrement la paisible communauté des analystes américains de la CIA.

« Soixante-dix pour cent du renseignement vient de sources ouvertes ! proclament les uns.

– Non ! répliquent les autres. Soixante-dix pour cent n'est pas suffisant ! Il faut compter plus large et dépasser les quatre-vingt-dix pour cent… »

Il est de fait qu'une marée d'informations « ouvertes », puisées dans la presse et l'édition avant que notre époque ne découvre les charmes quasi inépuisables de la « Toile » et des « banques de données » submerge les services secrets que ce soit dans le domaine politique, voire militaire, ou, encore plus, dans les champs techniques et scientifiques. Un analyste de la CIA recruté en tant qu'éminent

1. Je ne nie pas — bien au contraire — la nécessité absolue pour les forces armées de se fonder, lors d'opérations militaires, sur des renseignements aussi précis et en temps réel que possible sur la nature, l'emplacement et les mouvements des forces armées ennemies — possibilité qui, de nos jours, atteint des sommets grâce au développement proprement faramineux du *Tech-Int*, des observations aériennes par drones ou satellites, des interceptions en tous genres de ce qui se passe, dans le moindre détail, sur le champ de bataille.
Cette nécessité vitale et ce bond en avant technologique n'atténuent en rien, pour autant, une vérité cruelle pour les États-Unis — dans l'arrogant Hexagone, la Direction de Renseignement militaire n'a été créée, d'une manière hélas typique, qu'en 1991 après que la guerre du Golfe eut démontré la totale dépendance de la glorieuse France par rapport à l'hégémonique Amérique. En effet et en raison de sa puissance et de la proprement phénoménale efficacité de son « recherche et développement », la « République impériale » n'a pas un besoin vital, tel le somnolent Saint-Empire communiste, de voler les secrets de concurrents qu'elle n'a pas. En conséquence, dans une Amérique déjà pénalisée par ses déficiences structurelles dans le domaine de la recherche par agents, le Renseignement militaire en matière stratégico-politique — voyez l'abusif gonflement par le Pentagone des « *bombing* » ou « *missile gaps* » avec l'Union soviétique afin d'augmenter ses faramineux crédits ou les prévisions délirantes d'optimisme des têtes galonnées de Washington sur ce qui passerait en Irak après l'écrasement facile des forces obsolètes de Saddam Hussein — est, à la différence de ce qui se passe en Russie, à la connaissance du monde et de ses terrifiantes fluctuations, ce que la musique militaire est à la musique.

connaisseur de l'Union soviétique, disons, c'était souvent le cas, à l'université de Harvard, était ainsi non seulement formé par une documentation académique ouverte mais continuait, dans son calme bureau de Langley, à lire quotidiennement tous les journaux et revues, livres et encyclopédies publiés en Russie — et que les services secrets sont à même d'amasser mieux que les bibliothèques ou centres de documentation universitaires — en attendant de se brancher sur les radios et télévisions locales. De même, un analyste, supposons, des fusées était — et est — plongé dans un flot d'informations techniques charriées par les communautés scientifiques nationales ou internationales.

Même s'il peut ressembler à un professeur Tournesol, un membre des services secrets n'est cependant ni un universitaire ni un journaliste. Écrivant dans un style d'une rare concision afin d'être compris et pouvoir être utilisé par le pouvoir politique dont il est — du moins aux États-Unis — la tête chercheuse et pensante, il doit s'attacher à déterminer l'évolution probable des événements qu'il surveille, à établir, d'une manière « opérationnelle », les orientations et pulsations de l'Histoire « se faisant ».

Autre différence : les analystes des services secrets peuvent aussi chercher à percer le sens caché de la documentation ouverte, « blanche », en quelque sorte, qu'ils triturent en la transformant en une documentation qu'on peut qualifier de « grise ». Un analyste anglo-saxon de la Seconde Guerre mondiale, chargé d'établir l'emplacement probable des raffineries de pétroles nazies — la localisation définitive étant procurée à l'aviation de bombardement par la reconnaissance aérienne — s'appuyait ainsi sur les catalogues de prix pratiqués avant-guerre en partant de l'idée que les coûts allemands étaient calculés en fonction de la longueur du transport par chemin de fer. Pour ma part, si j'ai pu — membre alors non des services secrets mais du Deuxième Bureau du maréchal Juin, chef d'état-major général de l'Armée française — avancer que le profondément inconnu Khrouchtchev avait le maximum de chances de devenir le successeur de Staline au lieu des plus célèbres Malenkov et Béria, ce ne fut pas seulement en partant de l'hypothèse que la société soviétique avait besoin d'un changement dans la continuité mais en établissant, tout bêtement, la courbe du nombre de fois où les noms des successeurs éventuels du Guide étaient cités dans la *Pravda*, organe central d'un parti communiste qui était l'âme et la matière du système politique entièrement original que constituait le « Parti-État » soviétique.

Quelle que soit la valeur de la documentation ouverte, « blanche » ou « grise », il n'en reste pas moins qu'elle ne peut supporter la moindre comparaison avec la documentation « noire » — qu'il s'agisse de décryptements ou de renseignements provenant de sources humaines. Un agent placé au ministère de l'Industrie de Hitler aurait fourni avec une miraculeuse aisance la liste précise et complète des raffineries du IIIe Reich alors qu'une « source » au Kremlin aurait permis de suivre au jour le jour, tant la lutte pour le pouvoir autour du lit de mort de Staline que les intentions réelles — ce que je n'étais pas en mesure de faire quel que fût le caractère méticuleux de mon dépouillement de la presse soviétique — du nouveau Grand Prêtre de la nouvelle religion marxiste. Lorsque les analystes évaluent le pourcentage de la documentation ouverte dans la grande masse de renseignements collectés, ils ne tiennent compte que du volume et non de la qualité. Même en portant à quatre-vingt-dix-neuf pour cent le volume des informations ouvertes brassées par une Centrale, le un pour cent qui reste écrase — et de loin, pépite d'or dans des tonnes de sable s'il s'agit d'un « grand agent » ou d'un télégramme « cassé » par un savant décryptement — la valeur de la documentation ouverte accumulée fut-ce avec le soin de moines bénédictins.

En temps de guerre — et nous sommes en guerre avec le terrorisme international —, la documentation « noire » devient encore plus essentielle. D'une part, la documentation ouverte se tarit en raison des mesures d'opacité prises par l'ennemi ou par un régime aussi totalitaire que celui de Saddam Hussein qui ne publiait rien sur ses éventuelles armes de destruction massive. D'autre part, fait absolument incontournable la meilleure des documentations ouvertes n'est pas en mesure de répondre aux questions pourtant vitales du « Quand ? Où ? Comment ? ». Le dépouillement de la littérature belliqueuse d'Al-Qaida pouvait — il l'a fait — déterminer la volonté de Ben Laden de porter un coup mortel aux États-Unis. La lecture des appels en forme de fatwas ne pouvait, pour autant, indiquer que l'attaque serait menée sur le territoire même de l'invulnérable Amérique, le 11 septembre 2001, contre les Twin Towers de Manhattan par le biais d'avions de lignes détournés à partir d'aéroports et de vols commerciaux précisément désignés.

Ô la splendeur — que ces temps paraissent lointains ! — de la *Grande Encyclopédie soviétique* ou des écrits de Lénine suintant de la certitude elle aussi religieuse que « l'impérialisme, stade suprême du capitalisme » serait précipité dans les « poubelles de l'Histoire » ! Pour l'avoir beaucoup caressée[1], je suis en

1. Notamment dans mon ouvrage, *La Troisième Rome, Expansion ou déclin de l'Empire communiste*, Grasset, 1985. Bien qu'abondamment cité et utilisé par le grand historien Léon Poliakov, dans son propre *Moscou, Troisième Rome, les intermittences de la mémoire historique*, Hachette, 1989, cet ouvrage a atteint en France le score faramineux de 723 exemplaires vendus et n'a été traduit que par la CIA — résumé, il semble avoir contribué à la formule de Ronald Reagan, « l'Empire du Mal » — et le KGB qui l'a dénoncé en tant que « tentative

mesure de certifier que la documentation ouverte est une bien belle femme. Mais, à la différence des sources humaines dont les possibilités sont quasi infinies à condition, toutefois, que les flux de l'Histoire les portent, cette attrayante — mais non envoûtante — beauté ne peut donner que ce qu'elle a.

PÉNÉTRATION

Parmi tous les détestables termes français familiers — intoxication, manipulation — la « pénétration », action de recruter une proliférante *agentura* dans une organisation adverse, est voilée en France et, dans une certaine mesure, dans les pays anglo-saxons — toujours aussi pragmatiques, les Russes parlent plus prosaïquement d'« introduction » — d'une abominable et d'une profondément significative connotation sexuelle. Est-ce la raison scabreuse pour laquelle cette pénétration, tout en provoquant l'enthousiasme douteux des profanes provoque, lorsque vous vous en sentez la victime, de si puissants haines et rejets, d'aussi intenses paniques et épouvantes ?

Une crise particulièrement dramatique et difficile à gérer éclate lorsque la pénétration, assez facile à monter malgré les apparences par des « professionnels » avertis, porte sur vos propres services secrets, qui, entourés d'une ignorance contre laquelle nous avons buté à chacune des lignes de cet ouvrage, sont pourtant ressentis comme le « saint des saints » de l'État et de la nation.

Ainsi, au début des années soixante, les déclarations du transfuge russe, Golytzine, sur la pénétration des services secrets occidentaux par le KGB a-t-elle plongé le SDECE français et même la CIA dans un véritable et dangereux climat d'hystérie et de suspicion collectives. L'« orgueil démesuré » et la « méfiance » propres aux services ont alors entraîné — les Russes gardent plutôt en la matière le calme serein de vieux artisans blasés — la « fausseté de jugement, avec tendance aux interprétations engendrant un délire » qui, d'après *Le Petit Robert*, caractérisent la paranoïa[1]. L'espionnage est, en effet, une affaire de contact humain et l'on ne peut enquêter sur — et surveiller — tous ceux qui ont été « exposés » par leurs fonctions à des « approches » étrangères surtout

---

de déstabilisation idéologique ». Le grand public préfère moins connaître et comprendre le monde que se divertir avec ce qu'il prend pour des « *spy stories* ».

1. Précisons que, facile à monter, la pénétration des services secrets est particulièrement difficile à détecter et à dévoiler. Pensons, par exemple, à l'impasse dans laquelle se sont trouvés les services de contre-espionnage français face aux révélations de Golitzyne concernant le fonctionnement au sein des services de renseignement extérieur français de tout un réseau d'agents du KGB, appelé « Saphir » à la Loubianka. Même de nos jours et malgré les précisions complémentaires apportées par les archives vendues en 1992 par Mitrokhine, cette affaire continue à être nimbée d'un mystère aussi épais que non élucidé.

quand, comme en France, le recrutement du personnel des services secrets a été, en partie, effectué à la Libération à partir de l'aventure peu contrôlée de la Résistance.

L'investigation n'est facilitée que si l'adversaire prend des mesures de sécurité et de répression indiquant qu'il est au courant de la pénétration — ce qui permet de concentrer l'enquête sur ceux qui ont eu accès aux renseignements ayant fait l'objet de « contre-mesures » ennemies. Ainsi les Russes étaient-ils profondément indifférents à la survie de leur agent, Aldrich Ames, au sein de la CIA ou étaient-ils, eux aussi, emportés — plus au niveau de la politique, du contre-espionnage défensif qu'à celui des services de renseignement extérieur — par la terreur haineuse de la pénétration ? En tous cas, ils ont, en parfaite simplicité, arrêté et fait exécuter la totalité des agents américains qui, d'après les renseignements fournis par Ames, « pénétraient » le Saint-Empire. Néanmoins l'autosatisfaction et les copinages propres aux gens de la CIA — comme on dit : « gens d'armes » — les rivalités entre « l'Agence » et le FBI, les obstacles apportés par le respect scrupuleux du droit — notamment en ce qui concerne les investigations bancaires — ont retardé le dévoilement d'Ames que tout désignait pourtant comme le responsable de la dramatique hécatombe qui était venue frapper l'*agentura* des USA au sein de son rival de l'Union soviétique.

Faiblesse des États-Unis en particulier et des démocraties en général…

PROVOCATION

Fin 1945. Un capitaine russe en permission flâne dans le secteur américain de Berlin. Malgré la destruction de la ville, il semble admiratif devant ce qui reste de ses monuments et magasins. Un officier américain aborde le Russe. Une conversation s'engage, qui se poursuit dans un bar accueillant avant que l'Américain ne propose de la prolonger dans un endroit plus discret : une maison isolée où fourmillent les uniformes décontractés de l'*US Army*.

« Vous êtes un homme libre et de qualité qui parlez un anglais parfait, proclame un gros major blond en tirant des ronds voluptueux de son gros cigare. Vous devriez passer à l'Ouest.

Le capitaine russe hésite, demande des précisions.

– NKVD ! beugle soudain le major américain. Tu n'es qu'un traître à la patrie soviétique et tu seras jugé comme tel. »

… Trente ans plus tard, mais cette fois à Washington, un ingénieur américain d'origine russe est fréquemment invité aux réceptions de l'ambassade de l'URSS. Tout paraît bénin et inoffensif jusqu'au jour où il est accosté dans une rue déserte par un Russe qui lui dit, diplomate soviétique, l'avoir entrevu à un cocktail de l'ambassade. Des relations se nouent, qui aboutissent, au sein d'un restaurant douillet, à une proposition de collaboration avec les services secrets de la Sainte Russie. Séduit par la chaleureuse ambiance slave qui s'était créée autour de ces retrouvailles avec la patrie perdue, l'émigré russe accepte.

« FBI ! rugit "l'officier du KGB" dont l'infortuné ingénieur avouera qu'il lui était apparu plus authentiquement russe que tous les diplomates soviétiques qu'il avait côtoyés à l'ambassade du Saint-Empire. Vous êtes en état d'arrestation. »

... La provocation est une arme propre à certains services de contre-espionnage offensif — la loi française interdit cette pratique — et elle constituait une crainte permanente pour toutes les *rezidentura* légales du Grand Jeu. Les *operators* du « monde libre » — ou les *opers* russes — vivaient ainsi dans la continuelle peur que les potentiels agents soviétiques — ou anglo-américains — qui les sollicitaient n'étaient que des « appâts » destinés à dévoiler leur dispositif de recrutement, à « exposer » — voire à faire expulser — ceux qui pratiquaient « l'espionnage » en provoquant un scandale diplomatique analogue à celui qui, durant les chaudes années cinquante, naquit d'une bataille rangée dans un bar de Vienne entre de prétendus diplomates américains et les Soviétiques qui entouraient discrètement l'« objectif » russe qui, à grand tort, paraissait mûr pour la CIA.

Une frayeur, plus grande encore mais à laquelle, pour ma part, je ne suis jamais parvenu, malgré le recours par les services secrets russes à de « faux résistants » après la révolution d'Octobre ou à de « faux déserteurs » durant la « Grande Guerre patriotique », à attribuer l'importance qu'elle avait acquise parmi mes amis de « l'Agence », vint torturer la CIA des années soixante après que des transfuges soviétiques aient fait leur première apparition significative lors des errements khrouchtchéviens. Les Russes n'allaient-ils pas utiliser de *faux* transfuges afin non seulement de découvrir les secrets du maniement américain des *initiativniks* mais, surtout, de jeter, par des informations contradictoires, le doute sur la valeur des renseignements transmis par les « vrais » transfuges ? Le soupçon frappa ainsi de plein fouet le transfuge de la Deuxième Direction générale du KGB, Igor Nossenko, qui ne fut blanchi qu'après trois années de détention illégale dans, déjà !, une « prison secrète de la CIA ». Ou, revenant à Moscou, le « défecteur » factice n'allait-il pas dénoncer publiquement et à grand fracas — tel aurait été le rôle, attribué par certains anciens chasseurs d'espions américains au diplomate soviétique Vitali Yurchenko aussi tard que dans les années quatre-vingt — toute la vilenie de « l'espionnage américain » et les « provocations » — voire : les « enlèvements » — qu'il montait contre des « innocents » citoyens russes afin de semer le trouble dans les relations « amicales » entre les peuples des deux pays ?

« L'orgueil démesuré » et la « méfiance » sont, presque par nature, l'avons-nous vu, les déformations qui guettent ceux des services secrets qui ne sont pas psychologiquement solides et dotés d'un sang-froid qui ne peut que découler d'une longue pratique et de réconfortantes traditions. L'effroi devant la provocation — « la provoc », disent horriblement les Français — peut donc entraîner un effet identique à celui que nous avons constaté lors de la bouffée de terreur suscitée par la pénétration. Aux deux talons d'Achille congénitaux de services secrets chancelants peut s'ajouter, en effet, alors la « faute de jugement avec tendance aux interprétations engendrant un délire et une réaction d'agressivité » qui constituent la troisième caractéristique de la paranoïa. Comment expliquer autrement l'attitude de Staline qui, sans être en rien — et de loin — un imbécile, invoquait frénétiquement une « provocation » anglaise pour ne pas écouter ses réseaux d'espionnage qui, au faîte de leur efficacité, lui dévoilaient jour après jour l'imminence d'une agression par Hitler et, loin de tirer les conséquences de leurs avertissements, les désorganisait par des purges particulièrement sanglantes ?

Et lorsque, vingt ans plus tard, le transfuge soviétique Golitzyne, affirmera que la CIA et, surtout, les services français n'étaient qu'une meule de gruyère pour l'omnipuissant KGB, l'épouvante devant cette « pénétration », jointe à la panique qu'une « provocation » soviétique, discréditant Golitsyne, ne permette pas d'en venir à bout, ne feront pas du contre-espionnage de la CIA, dirigé pourtant alors par le légendaire James Jesus Angleton, un modèle d'équilibre et de rationalité. La confiance aveugle en Golitzyne, une chasse effrénée aux sorcières « rouges » au sein même de la CIA, l'isolement pour cause de « provocation » de l'infortuné Nossenko, le lancement contre la France gaullienne d'accusations de plus en plus « abracadabrantesques » dont je serai le témoin sidéré n'étaient-ils pas une réédition, en plus « *soft* » et plus démocratique, des « fautes de jugement », des « interprétations engendrant un délire » et des « réactions d'agressivité » propres aux effroyables dérapages staliniens ?

En revanche, c'est avec une tout aussi dangereuse passivité que la CIA réformée, épurée et affaiblie après la défaite au Viêt-nam et le lamentable scandale du Watergate accueillera dans les années quatre-vingt l'effondrement de son abondante *agentura* au sein d'un Saint-Empire pourtant en pleine décomposition. Or la logique la plus élémentaire aurait dû amener « l'Agence » à déduire, beaucoup plus vite qu'elle ne l'a fait, qu'il existait dans ses rangs une « taupe » russe qui ne pouvait qu'être Aldrich Ames. La passivité — dépressive ? — et la paranoïa seraient-elles les deux versants d'une même maladie entraînée par « l'orgueil démesuré » ?

L'ignorance haineuse de l'adversaire, l'effroi immonde qu'il inspire constituent, en effet, un terrain favorable pour le surgissement d'une démence qui — voyez Staline avant l'invasion allemande — ne peut être que paralysante, voire dramatiquement destructrice. « Chaque matin, en me rasant, en arrivait à dire le grand Angleton qui, il est vrai, avait été lié d'une profonde amitié personnelle et professionnelle avec Kim Philby, je me demande, devant mon reflet dans la glace, si je ne suis pas un espion soviétique. »

THE RAND CORPORATION

La célèbre RAND Corporation où, après avoir été un analyste pour le Vatican, au cabinet d'un ministre de l'Intérieur de la Quatrième République française et au Deuxième Bureau du maréchal Juin, chef de l'état-major général français, j'ai ouvert la parenthèse américaine de ma vie, brusquement interrompue par le retour au pouvoir du général de Gaulle, est née durant la Seconde Guerre mondiale vers la fin de laquelle elle assurait « la recherche et le développement » — contractés en RAND — de l'aviation de bombardement stratégique de la puissante *US Air Force*. N'effectuant aucune collecte de renseignements secrets mais ayant accès à la totalité des informations rassemblées par les services américains spécialisés, regroupant les meilleurs chercheurs universitaires des États-Unis dans un petit *think tank* civil à dimension encore humaine, la RAND menait, à un moment où, aux débuts de la « guerre froide », le Saint-Empire communiste apparaissait comme « un secret qui entoure une énigme qui enveloppe un mystère », les analyses à long terme dont ne pouvaient se charger ni une CIA écrasée sous la pression quotidienne des crises et des appétits de connaissance du pouvoir, ni des états-majors gérant les colossales forces armées dont l'Amérique de l'époque pensait, comme Clemenceau, que « la guerre est une chose trop sérieuse pour être confiée à des militaires ». La définition de la doctrine de dissuasion nucléaire ou du « code opérationnel » du Politburo, l'obligation de garder en vol un tiers des appareils du *Strategic Air Command* afin d'éviter une frappe au sol destructrice comme celle de Pearl Harbor ou l'organisation, grâce aux alors volumineux premiers ordinateurs, du pont aérien de Berlin sont les points d'orgue des « recherches opérationnelles » réussies par ces « têtes d'œufs » immortalisées par le fameux Dr Folamour du talentueux Stanley Kubrick. Bien que ne faisant pas partie formellement de la « Communauté du Renseignement » américaine, « The Rand » en était, néanmoins, une pièce essentielle en ces temps d'ignorance, d'incertitudes et de dangers qui auraient pu être mortels.

Dès le début des années soixante, la Corporation change pourtant de nature. Les possibilités de faire carrière à Washington offertes par la révolutionnaire présidence du jeune et dynamique John Kennedy, la guerre du Viêt-nam qui la divise entre faucons désirant aller combattre à Saïgon et colombes qui, tel l'admirable Daniel Ellsberg dévoilant au grand public les belliqueux plans et « papiers du Pentagone », condamnent un enlisement sans espoir, l'effritement de l'État américain après la défaite sans gloire dans la péninsule indochinoise et la scandaleuse barbouzerie du Watergate, la disparition progressive des générations ayant connu tant la Seconde Guerre mondiale que les débuts combien difficiles de la « guerre froide » anticipent les effets plus insidieux de l'ère Reagan ou la multiplication à Washington d'autres *think tanks* politisés à outrance et exploitant sans vergogne les connaissances superficielles et dispersées procurées par Internet. Ajoutons que l'apparition de « grands agents » soviétiques, couverts par le secret le plus rigoureux même à l'égard de la Rand, faisait voler en éclats la carapace d'opacité qui avait, jusqu'à leur surgissement, recouvert les mystères et secrets du Saint-Empire communiste.

J'avais naïvement pensé que le choc du 11 septembre et la Quatrième Crise mondiale qu'il déclenchait feraient renaître de ses cendres la Rand lumineuse et percutante dont mon inconsciente — et, avouons-le, bien peu compétente — jeunesse avait été follement amoureuse. Il n'en a rien été et, à fréquenter ses bureaucrates falots ou dévorés par le désir de briller dans les médias — prédire « la fin de l'Histoire » ! —, je dois bien constater que la Rand que j'ai chérie n'est plus qu'un *think tank* parmi les autres alors que les défis posés par notre temps — qui reste, comme le constatait jadis Raymond Aron, « littéralement terrifiant » — mériteraient la mobilisation sereine, dans un organisme situé au-dessus des mêlées politiciennes et médiatiques, des plus grands esprits de l'époque. Mais, question à cent mille dollars, de telles intelligences existent-elles encore dans notre société de loisirs, de divertissements et de spectacle, de gestion repue et de « pensée unique » — par respect pour la pensée, je préférerais dire de « magmas unique » ? Les tumultueux États-Unis ou le fascinant mais instable monde musulman dont le développement économique, culturel et politique devrait être la priorité des priorités — la Chine et l'Inde, voire la Russie malgré tout ce qu'elle a subi, ne se portent pas trop mal — ne sont-ils pas plutôt dévorés par des passions mal contrôlées pendant que la vieille et usée Europe s'enfonce de plus en plus dans le pesant sommeil du déclin et de la démission ? Tel Dieu jadis et face au bateau ivre du monde moderne, les Raymond Aron et Hannah Arendt sont morts.

RAZRABOTKA

En russe : l'étude ou, en plus argotique, « le dépiautage ». Lorsque l'on se plonge dans la riche littérature russe actuelle sur l'espionnage, on trouve plus souvent ce mot, ainsi que ceux de « *verbovka* », le recrutement, ou de *konspirativnaïa vstretcha*, la rencontre conspirative que tout ce qui se rapporte, comme en France, à l'horrible « manipulateur », aux rapports psychologiques ou directionnels entre l'*oper* et l'agent.

Ainsi, malgré mes origines russes et mon profond attachement à ma patrie de sang dans laquelle mes ancêtres, les célèbres Botkine de ma mère, petite-fille du « Pasteur russe » et fille chérie du médecin personnel de l'Empereur Nicolas II, assassiné à ses côtés à Ekaterinburg, ont joué un si grand rôle dans la vie intellectuelle et médicale, commerciale ou artistique du brillantissime XIXe siècle russe, je n'ai jamais fait l'objet, durant l'épopée soviétique, d'aucune « approche » du KGB, d'aucune manœuvre de séduction de la part d'une ambassade communiste à laquelle je n'ai jamais été convié. Pour les mêmes raisons, il ne me viendrait pas à l'idée aujourd'hui, au cours des rencontres chaleureuses qui me réunissent à Moscou, trop rarement à mon goût, avec mes nouveaux amis de l'ancienne PGU, de poser la moindre question à ces hommes rigoureux et profondément patriotes sur les recrutements qu'ils ont pratiqués mais qui restent encore inconnus de l'Occident. Et de leur côté, ils ne m'interrogent pas sur les opérations — je rappelle que je n'ai personnellement participé à aucune d'entre elles — dont j'aurais pu entendre parler de la part de mes relations dans les services de renseignement et de contre-espionnage de la France ou des États-Unis.

Les « professionnels » de l'espionnage, *case officers* et autres *opers* ne sont pas, en effet, de purs sociologues ou des psychiatres désincarnés. Pragmatique et « opérationnel », l'*oper* recherche « l'accroche » — *zatsepka* — qui, par l'établissement des spécificités humaines et sociales de l'« objectif », va permettre son recrutement. « La poésie de l'accroche, écrit le brillant ancien officier du KGB, Lioubimov, est connue de peu de monde, elle est le « cristal magique » de Pouchkine ou « la rime des mots sous l'ivresse » de Verlaine. »

Ou encore : « Il est possible d'accumuler sur un individu des tonnes d'informations, leur ajouter des océans sur ses parents, ses amis ou de simples connaissances faites par hasard mais si l'accroche n'existe pas, toute la *razrabotka* va au diable, tel un poème avec une mauvaise rime et le dossier se recouvre de moisissure avant que, sous un prétexte quelconque, on l'envoie aux archives[1] ».

RECRUTEMENT 1. LA LIGNE JAUNE DE L'ESPIONNAGE

Début essentiel — et proprement initiatique — de la collaboration consciente et acceptée d'une personne avec un service secret étranger, le plus souvent adverse, voire ennemi.

Alors que ce passage vertigineux de l'autre côté du miroir est magnifié, d'une manière d'ailleurs aussi simple que naturelle par les Russes avec leur mot-clé *verbovka* — qui dégage plutôt la tonalité presque naturelle d'une « inscription » plus proche de « l'embauche » que de l'embrigadement forcé —, il n'est même pas mentionné, on l'a noté, dans le pourtant remarquable dictionnaire américain des plus importantes citations sur l'espionnage collectées par un ancien analyste de la CIA.

La proposition de collaboration avec votre service — la « conversation de recrutement » pour les Russes — constitue une phase particulièrement délicate car l'*oper* légal dévoile alors à son interlocuteur sa véritable qualité non de diplomate mais d'officier de renseignement étranger en risquant ainsi l'expulsion si « l'objectif » au lieu d'accepter la coopération choisit de venir se confier à la police. Quant à l'illégal, il prend un risque encore plus grand car il apparaît non comme un inoffensif citoyen lambda mais comme un « espion », passible de la prison, voire de la mort.

Des précautions essentielles sont donc prises par les « professionnels » du Grand Jeu durant cette phase réellement existentielle.

En premier lieu, la tentative de recrutement est précédée, on l'a souligné à satiété, par l'étude approfondie de la personnalité à qui, homme ou femme, est faite une proposition qui peut modifier son destin ou, si elle est refusée, placer le « recruteur » dans une situation périlleuse. La *razrabotka* est menée, au cours et du repérage de « l'objectif » et de la phase du simple — et donc parfaitement légal — « contact », tant par le « recruteur » — *verbovtchik* dans les services secrets russes où l'on note que ces spécialistes sélectionnés pour leur inventivité et leur sens des rapports humains, leur pouvoir de conviction et de séduction, sont plutôt difficiles à commander en raison même de ces qualités d'ouverture et d'indépendance d'esprit — que par les officiers du Centre. Nourris par les innombrables comptes rendus du « recruteur » ou des enquêteurs sur l'environnement familial, amical ou social de l'« objectif », les gens

1. Mikhaïl Lioubimov, *Dekameron chpionov*, *op. cit.*, p. 409.

de la Centrale apportent, en effet, leur expérience — ce sont, généralement, d'anciens hommes de terrain — et le recul ou l'absence de l'émotivité que peut provoquer l'excitation de la chasse mais, surtout, une trop grande proximité — amitié ? — avec le potentiel recruté.

En deuxième lieu, la décision de tenter le recrutement n'est pas laissée à la seule appréciation du recruteur mais doit, après mûre réflexion — en plus des risques courus, il faut éviter une provocation des chasseurs d'espions adverses qui peuvent chercher à dévoiler votre dispositif, compromettre la *rezidentura* ou introduire un agent dans vos rangs — être autorisée par les spécialistes et chefs du Centre, à qui sera envoyé un compte rendu de la « conversation de recrutement » tellement détaillée que certains ressemblent à de véritables dialogues et pièces de théâtre.

Ce n'est que lorsqu'a eu lieu la proposition de recrutement et que la personne simplement contactée jusque là accepte, en toute connaissance de cause et à la différence de la « relation confidentielle », d'entamer une collaboration consciente avec un service étranger qu'on peut, en ce qui la concerne tout au moins, parler d'« espionnage ». La ligne jaune du Grand Jeu.

RECRUTEMENT 2. DES « *VERBOVKI* » TRÈS ORDINAIRES

Un sergent allemand de la Légion étrangère française roule en voiture, au cours d'une permission, dans les rues sinistres et encore dévastées de Berlin-Est. Un cycliste surgit soudain devant lui. Choc. L'homme gît ensanglanté pendant qu'apparaissent des policiers particulièrement agressifs :

« Vous avez tué ce malheureux !

L'interrogatoire s'adoucit pourtant dans les sales locaux de la police :

– Entre compatriotes on peut s'arranger… Nous pouvons étouffer cette pénible affaire si… »

Tout ne peut aller que pour le mieux dans le meilleur des mondes du contre-espionnage offensif de l'inventive Allemagne de l'Est, organisateur talentueux de la macabre mise en scène. Le sergent de la légion posera des micros dans la salle de réunions ultra-secrètes de l'état-major français à Berlin où il est affecté…

… « Donne des cours de physique », proclame une petite annonce d'une revue française spécialisée dans la physique nucléaire.

Parmi les rares élèves attirés par ces leçons privées se trouve un homme aussi charmant que discret dont seul un léger accent laisse deviner une origine étrangère.

Des liens d'amitié se tissent au grand jour : l'élève aimable et assidu est prêt à gagner de petites sommes — une fortune pour le chercheur au Commissariat français à l'énergie atomique — pour des informations qui, banales et presque ouvertes au départ, toucheront, petit à petit, au fil du déroulement de la « direction » d'agent, des domaines de plus en plus secrets.

… Un vague employé parisien d'origine russe rencontre un jour un compatriote chaleureux. Dîners arrosés à la vodka. Mélodies tziganes. Nostalgie slave. Patrie perdue mais retrouvée.

Le petit employé — une version moderne du pathétique Akakiï Akakiévitch de Gogol ? — officie à l'OTAN où il est aliéné dans un travail aussi ennuyeux que peu valorisant. Tous les jours que Dieu fait, il photocopie, heure après heure, les innombrables documents que secrète, comme tout état-major de scron-gneugneux, l'autosatisfaite machine de l'alliance militaire occidentale.

Son nouvel « ami russe » devient la raison de vivre d'Akakiï Akakievitch. On devine la suite.

… Un sergent anonyme mais légèrement alcoolique des transmissions de l'Armée américaine rencontre, un soir dans un bar, un diplomate russe atterri par un miracle inexpliqué dans le Sud profond des États-Unis où le brave GI s'ennuie à mourir tel un héros de Faulkner. L'offre de vendre des renseignements aux services secrets soviétiques est accueillie comme une distraction sans véritable risque ni conséquence — que connaît-il d'important dans sa garnison du bout du monde à la sécurité tout à fait somnolente ? — et un moyen facile et agréable de financer les quotidiennes tournées dans les pubs qui constituent l'unique plaisir existant dans ce « Désert des Tartares ».

Un beau soir, le Russe est porteur d'une nouvelle — où et comment l'a-t-il obtenue ? — aussi imprévue qu'intéressante : un poste de secrétaire est disponible en Europe, au centre de transmissions de l'état-major interallié du SHAPE, installé dans l'envoûtante et douce France. C'est donc par des sacs entiers que, dans les locaux aux coffres-forts futuristes mais à la surveillance bon enfant et qui n'intéressent guère la police française, que des télégrammes chiffrés ou en cours de chiffrement sont amenés par le sergent au-dessus de tout soupçon vers une voiture qui, toutes les nuits, fait une navette pépère avec l'ambassade soviétique à Paris. Le paradis[1]…

… « Désirons maximum matériel sur réunions Bison à Péloponèse ». D'accord. Pour l'exigeant Centre, « Bison », c'est l'OTAN, « Péloponèse » Bonn, mais comment faire ?

1. D'après la version moins fantasmagorique et moins autoglorificatrice du général-major Pavlov (*Upravlenie S*, *op. cit.*), le sergent américain — nommé Johnson — se serait, beaucoup plus simplement, présenté de lui-même aux Soviétiques durant son service en Allemagne fédérale. Il a été dénoncé par sa femme.

L'adjoint du *rezident* russe en Allemagne fédérale spécialisé dans les recrutements a déjà, en prévoyant *oper*, dressé la liste de tous les participants aux réunions secrètes et effectué des filatures pour établir leurs habitudes. Une femme allemande légèrement mûre paraît particulièrement intéressante : malgré son physique peu avenant, elle va, tous les soirs après son travail, danser dans une discothèque à la mode.

Jeune et séduisant, le *verbovtchik* aime la danse qu'il a apprise à l'école spéciale du KGB. Il se rend à la discothèque, repère et invite la dulcinée et, après s'être trémoussé toute la soirée avec elle, la raccompagne à son domicile de célibataire. En parfait gentleman, il la quitte après un chaste baiser sur la joue et, le lendemain, lui envoie des fleurs. Au bout d'une semaine de soirées dansantes et de baisers sous le porche, une idylle est née. Le beau et délicat danseur est un journaliste suédois connu, spécialisé dans les relations internationales — il montre à sa nouvelle maîtresse des liasses d'articles de Stockholm signés du nom sous lequel il s'est présenté — et c'est en toute innocence que la mûre Allemande lui communique désormais sur l'oreiller, après chaque séance de danse, les comptes rendus des réunions secrètes de l'OTAN auxquelles elle a participé dans la journée.

... Tous les agents ne sont pas des Kim Philby ou des Georges Pâques qui, placés au cœur du dispositif dont les *opers* adverses doivent dissiper tous les mystères, leur amènent les renseignements les plus précieux. C'est donc une multitude de petits ruisseaux que doivent faire couler les *rezidentura* légales, à condition, toutefois, qu'elles disposent, à la différence des pratiques françaises, de moyens humains et financiers appropriés. La *rezidentura* du KGB à Paris comptait plus d'une centaine d'*opers* et celle de la CIA soixante.

Des tonnes de sable sont ainsi charriées. Elles ne se sont pas toujours utiles — sauf dans le domaine du renseignement qualifié de « scientifico-technique » par les Russes ou, pour parler plus simplement, de l'espionnage industriel —, confinent quelquefois au ridicule comme lorsque les stakhanovistes de l'espionnage soviétique — certains en arrivaient, pour plaire à leur chef, à inventer des agents entièrement imaginaires — recrutaient uniquement afin, partie prenante de la grotesque économie soviétique, de « réaliser le plan ». Mais petit poisson peut devenir grand, la chance, cette déesse du Grand Jeu, sourit aux audacieux et il est possible, comme dans les cas que j'ai choisi d'égrener, que l'on découvre, dans des magmas informes, de superbes et étincelantes pépites.

De toute façon, qui ne risque rien n'a rien, « Aide-toi, le Ciel t'aidera » et « le boulot a peur du compagnon » comme aimait à le répéter le distingué dernier chef du KGB, l'honorable Vladimir Aleksandrovitch Krioutchkov.

RENCONTRE CONSPIRATIVE

La « rencontre conspirative », belle terminologie russe, préférable au sec et paramilitaire « contact » français, est la cerise sur le gros gâteau crémeux de l'espionnage.

Depuis les discussions clandestines entre le jeune Kim Philby et l'illégal, Arnold Deutsch, sur des bancs publics de parcs déserts du Londres des années trente jusqu'à l'église romane, trois décennies plus tard, de Faucherolles dans les environs paisibles de Paris où Georges Pâques aurait été arrêté en flagrant délit par les chasseurs d'espions français de la DST si le légal russe de la *rezidentura* de Paris n'avait été alerté par une inopportune sirène de gendarmerie étrangère à l'affaire, la rencontre conspirative ne saurait être évitée. Elle permet à l'*oper*, tout en transmettant ses instructions en ce qui concerne, notamment, les futures procédures de liaison ou la nature des renseignements ou documents à obtenir, de galvaniser l'enthousiasme de son agent, d'atténuer sa solitude et de dissiper ses inévitables doutes.

Riche et complexe, la rencontre conspirative n'est pas un bavardage de bistrot. Si le « directeur » de l'agent doit savoir déployer séduction et diplomatie, solidité et compréhension d'autrui — ces qualités s'étiolaient lors du traitement de Georges Pâques —, il doit également, comme on le lui a enseigné à l'école spéciale du KGB, déjouer les surveillances du contre-espionnage adverse, surtout lorsqu'il est un membre légal d'une ambassade officielle attirant, nous l'avons vu, la police ennemie comme un fruit mûr les guêpes. Les pratiques de la « contre-filature » ont fait de tels progrès qu'on assiste rarement dans le Grand Jeu à une arrestation durant une rencontre conspirative — l'exception, qui confirme la règle est fournie par la spectaculaire interpellation de l'illégal Lonsdale en Grande-Bretagne. Mais on ne souligne pas assez que le bon déroulement de ce joyau de la clandestinité suppose non seulement des qualités intellectuelles et psychologiques hors pair mais également, dans le jeu du chat et de la souris avec les chasseurs d'espions adverses, une vigilance, une inventivité — souvenons-nous de l'admirable Léontine Cohen — et un effort physique qui ne doit pas venir perturber la conduite d'un entretien toujours pointu et délicat. La tête et les jambes...

RETOURNEMENT

Opération qui consiste à convaincre — voire à contraindre — un agent ou un *oper* des services secrets adverses de travailler désormais non pour son service d'origine — auquel il continue d'appartenir en apparence — mais à votre propre et exclusif profit.

D'une violence et d'une brutalité proprement insoutenables dans certaines conditions de guerre lorsqu'il est pratiqué par les chasseurs d'espions de régimes totalitaires, le retournement peut prendre des formes plus souples, notamment quand il porte sur des officiers de renseignement adverses. Ainsi l'Intelligence Service britannique — ou, à un moindre degré la CIA américaine surtout dans les pays du tiers-monde — saisissait ou provoquait toutes les occasions possibles pour attirer dans son camp les *opers* de la PGU ou du GRU en poste à l'étranger. Le plus célèbre exemple récent est celui d'Oleg Gordievsky qui, membre de la *rezidentura* russe au Danemark avant de devenir le *rezident* légal du KGB à Londres, accepta de ne plus travailler que pour l'Intelligence Service avant d'être « exfiltré » de Russie au moment où des soupçons commençaient à peser sur lui à la suite d'un autre retournement, mené celui-ci par les Russes, d'un haut responsable de la CIA, Aldrich Ames.

Considéré comme l'art des arts par les services français — bouleversés par les retournements de résistants par la terrifiante Gestapo mais qui, à ma connaissance, n'en ont pratiqué aucun face au KGB —, auréolé dans l'ignorant Hexagone de toutes les craintes et mythologies imaginables, le retournement paraît plus naturel aux Anglo-Saxons — « *turn-over* » — et carrément banal pour les Russes qui lui attribuent le nom combien simple de « *pereverbovka* » — le « contre-recrutement », voire la « contre-inscription ».

REZIDENTURA

À l'appellation française « un poste » — on n'est pas aux PTT ou dans l'avant-garde d'un angoissant mais assoupi *Désert des Tartares* — ou à l'anglo-saxonne « *station* » qui fait un peu gare à mes yeux, je préfère de loin, on l'a vu, la *rezidentura* russe. Prosaïque et pragmatique à souhait, ce beau terme rend compte assez parfaitement de l'implantation au sein de toute ambassade à l'étranger — chez les Soviétiques, au dernier étage dans des locaux isolés et super protégés et sécurisés — d'une « résidence » de professionnels du Renseignement, légaux car disposant d'une solide couverture diplomatique, bien qu'il puisse exister des *rezidentura* illégales, éclatées et noyées au sein de la population autochtone.

RG

Les Renseignements généraux, ou RG, constituent une spécialité française du plus haut intérêt car cette petite police semi-secrète, interdite de toute action répressive ou judiciaire, collecte avec un talent indiscutable et à des fins de « connaissance objective » de la société dont elle est la servante, des renseignements exclusivement à l'intérieur du territoire national concernant les menaces qui pèsent sur la population et l'ordre démocratique et républicain qu'elle s'est choisie.

Jadis s'étendant à l'état d'esprit tout entier de la société et donc chargés de missions aussi grotesques que le compte rendu de réunions politiques et syndicales, le suivi des journaux ou des maisons d'édition ou la conduite de sondages d'opinion — voire d'interventions dangereuses pour les libertés publiques lorsque les RG étaient contraints, par un pouvoir politique que j'aurais aimé avoir connu plus respectueux des droits de l'homme ou du simple respect de la vie privée, d'informer le ministre de l'Intérieur dont ils dépendent des intentions ou, même des secrets intimes de leurs adversaires politiques —, les Renseignements généraux ont changé de nature au fil du temps. Aujourd'hui, ils se concentrent essentiellement sur la détection et la surveillance de toute forme de manifestation susceptible de porter atteinte à la République, à ses institutions et à ses valeurs et ordres démocratiques.

Collaborant avec une population dont nous avons souligné le penchant paysan pour la sécurité, disposant en son sein d'une multitude d'informateurs dévoués, utilisant avec intelligence mais modération les moyens techniques de surveillance et autres routines scabreuses de l'espionnage, analysant souvent avec talent les grandes mutations de la société, dotés à la longue d'une déontologie qui, malgré les pressions voire la tendance à la barbouzerie du pouvoir politique, leur a évité tout dérapage majeur — sauf, pour certains de ses éléments fusillés à la Libération, durant la nuit noire de l'Occupation —, les Renseignements généraux, sort pourtant moins médiatisés et mythifiés que le contre-espionnage de la DST ou les services secrets de recherche extérieure. Ils n'en constituent pas moins un outil efficace et utile de collecte de renseignements et de connaissance, notamment en ce qui concerne le développement de pulsions terroristes ou anti-républicaines dans certains milieux heureusement marginaux.

Seul service qui, après avoir procuré des informations et analyses de haute qualité sur les menaces de communisation du pays aux débuts de la « guerre froide », m'eut informé à l'hôtel Matignon — malheureusement avec un préavis trop bref de huit heures — de la préparation d'un putsch militaire à Alger en avril 1961, les RG ont également fourni plus tard les renseignements — ils n'ont pas, rappelons-le, le droit d'intervenir directement — qui ont permis l'arrestation des terroristes d'Action directe dans leur tanière perdue du Loiret. Dirigés le plus souvent par des professionnels apolitiques non affectés par les « alternances », les Renseignements généraux sont un des éléments qui expliquent les succès obtenus par la France en matière de lutte contre le terrorisme où notre minuscule mais policière République dispose en plus de la DST, des sections spécialisées de la PJ, de la centralisation des ressources judiciaires et de l'arme préventive de la possibilité de poursuivre une « association de malfaiteurs en relation avec une entreprise terroriste[1] ».

Je ne doute pas, par exemple que, plus efficaces que les gigantesques FBI américain ou FSB russe, les petits « RG » français auraient détecté à temps des étrangers suivant des cours de pilotage d'avions de ligne. Hélas. Je n'en reste pas moins persuadé que tout leur talent policier, ainsi que celui de la DST, de la PJ ou des juges antiterroristes, ne met pas la France à l'abri d'attentats terroristes semblables à ceux qui ont ensanglanté Madrid ou Londres.

« Du sang, de la sueur et des larmes », promettait à son peuple le grand Churchill durant l'épreuve nazie, mais, dans notre siècle de recherche d'un bonheur sans réserves, l'Occident préfère se cacher derrière les dangereux mirages de la « guerre contre le terrorisme » ou s'en remettre à des polices ou services secrets dont je voudrais être certain que les moyens, organisations et méthodes se révèlent moins insuffisants que durant la « guerre froide ».

ROMEO

Nom donné au procédé porté à la perfection par le grand Markus Wolf — et qu'il était pratiquement le seul à pouvoir utiliser en raison de l'interpénétration de l'Allemagne de l'Est qu'il servait avec la société ouverte de la libre et démocratique République fédérale — et qui consiste, pour des jeunes

1. Curieuse France ! Je ne suis pas sûr que les gardes à vue prolongées, les interminables détentions provisoires, les condamnations plus sur des intentions que sur des actions qui découlent du système antiterroriste français soient pleinement conformes à nos incessantes proclamations sur le « respect des libertés » dans la glorieuse « patrie des droits de l'homme ». L'efficacité du Renseignement policier allié à des profondes réformes politiques, économiques et sociales devrait être la seule forme d'action face au phénomène de société que constitue un terrorisme avec lequel il nous faut apprendre à vivre.
Ce livre faisait l'objet de dernières corrections lorsque le gouvernement a décidé de fusionner les RG et la DST dans une unique police de « Renseignement (sic) intérieur ». Certes les doublons seront éliminés et la coordination mieux assurée entre la recherche de renseignements et la répression judiciaire, mais le caractère plus volumineux de la nouvelle structure — heureusement relative dans la minuscule France et donc moins dangereuse que dans le cas des gigantesques FBI américain et FSB russe — risque, en privant le pays des avantages de petites cellules éclatées, de rendre plus difficile le mariage entre la carpe du renseignement préventif et le lapin du « conte-espionnage » répressif. Le génie policier français parviendra-t-il à donner naissance à une création aussi originale qu'efficace ou cette nouvelle manifestation sarkozienne de la volonté de « rupture » ne posera-t-elle plus de problèmes qu'elle n'en résoudra ?

gens séduisants à souhait, à établir une intimité amoureuse avec une femme, « Juliette », que son « Roméo » pousse à collaborer avec les services secrets auxquels il appartient.

Malgré l'horreur de l'incitation à la « trahison » et du fait abominable que le Roméo obéit sur ordre, exploitant les points faibles de sa cible, solitude, vieillissement, etc., et peut se volatiliser dans la nature une fois sa mission accomplie ou le pot aux roses découvert par les chasseurs d'espions, les opérations Roméo montées par Markus Wolf — à distinguer de la compromission, bien plus rare, de diplomates vrais ou faux par le contre-espionnage offensif des pays où ils sont affectés grâce au recours, à des fins de chantage, d'« appâts » féminins — se révèlent pourtant moins dramatiques sur le plan humain qu'on pourrait le supposer. Une affection devenant réelle avec le temps peut s'ajouter à une évolution vers des motivations idéologiques qui viennent, sous l'influence de Roméo, habiter l'âme, souvent pure, de « Juliette ».

LES ROUTINES SCABREUSES DE L'ESPIONNAGE

S'il n'accepte pas de vous le confier lui-même comme le fait un agent digne de ce nom, savoir ce que dit ou écrit, pense ou fait un détenteur de secrets — ou ce que dit ou écrit, etc. le groupe auquel cette personne appartient — est le rêve et la mission de tout officier de renseignement. La réalisation de ce rêve dépend néanmoins de circonstances qu'on peut appeler « opérationnelles » et le micro, la filature, le cambriolage clandestin — « visite domiciliaire », dit-on dans le jargon français qui parle aussi, plus ou moins pudiquement, de « perquisition illégale » — ou les écoutes téléphoniques et les interceptions de courrier constituent la panoplie sinon du « parfait petit espion » comme on dirait dans la littérature populaire, du moins de Centrales ou de *rezidentura* disposant d'une puissance considérable et peu regardante sur les moyens à utiliser pour percer les secrets qu'ils sont chargés de dévoiler.

L'installation de micros est d'autant plus l'arme préférée du contre-espionnage lorsqu'il profite des facilités procurées par les opérations menées sur son propre territoire national que la miniaturisation de la haute technologie moderne offre des possibilités de plus en plus alléchantes. Toutes les ambassades de l'Ouest à Moscou ou l'ambassade russe à Washington étaient ainsi, notamment à l'occasion du moindre travail effectué par des autochtones, truffées de « dispositifs d'écoute », comme l'a révélé aux Russes le haut responsable du FBI, Robert Hansen, ou, plus curieusement aux Américains, le premier ministre de l'Intérieur russe, Vladimir Bakatine, après la chute du communisme.

Lorsque les conditions s'y prêtent, on peut également pratiquer ce sport soit à partir de *rezidentura* à l'étranger soit en l'alliant aux techniques de recrutement d'agents. Nous avons déjà rencontré ainsi le sympathique sergent de la Légion étrangère français qui, terrifié par les conséquences d'un accident de la route provoqué par le contre-espionnage offensif de l'Allemagne de l'Est, a installé, sur son ordre, un micro dans la salle de réunions de l'état-major français à Berlin.

Des dispositifs de détection visent à découvrir — difficilement — les minuscules micros cachés dans les plafonds ou les lambris — ou, d'une manière bien plus aisée, dans les téléphones —, mais les réunions secrètes devaient se tenir à Moscou dans de véritables cuves d'acier, « sécurisées » contre toute écoute de la vorace Deuxième Direction générale du boulimique KGB.

Le cambriolage clandestin constitue, lui aussi, une pratique courante mais tout dépend, dans cette aimable distraction, du degré de vigilance de la « cible ». Depuis la visite de la chambre d'hôtel par du personnel collaborant avec le contre-espionnage lorsqu'il opère sur son propre territoire ou par une femme de ménage soudoyée — ainsi fut obtenu, semble-t-il, en Asie du Sud-Est, le renseignement sur la préparation des attentats du 11 septembre que la CIA n'a pas exploité correctement — jusqu'à l'ouverture du coffre de la mission militaire française dans la Vienne de l'après-guerre immortalisée par l'incomparable *Troisième Homme* qui me fut révélée par le général du KGB Kondrachev, lors de la première, et jusqu'à présent unique, confrontation télévisée entre spécialistes de l'Est de l'Ouest après la fin de la « guerre froide », les gemmes ne dépendent que de l'équilibre entre les possibilités d'action des uns et le degré de vigilance des autres.

Faire irruption clandestinement dans l'ambassade américaine à Moscou était plus difficile pour la Deuxième Direction générale — bien que les exemples pullulent de séduction des Marines de garde par de ravissantes *lastotschki* — que de « visiter » le domicile privé d'un diplomate dont le KGB désirait établir, à des fins de chantage, le profil psychologique, alors qu'effectuer une « perquisition illégale » se heurte, lorsqu'on opère à l'étranger, à tous les risques provenant des possibles soupçons et attentions de la police ou de la population locales.

Une forme particulière de ces cambriolages d'État — où, contrairement au « casse » classique, les documents ne sont pas dérobés mais scrupuleusement remis à leur place après avoir été dûment photographiés — est la visite clandestine des valises diplomatiques, que je préfère ne pas appeler « interception » comme on le fait en France pour réserver ce terme aux charmes discrets du *Tech-Int*. Bien qu'échappant, selon les coutumes internationales, à tout contrôle douanier ou policier, « la valise » — qui, en fait, est plutôt constituée d'immenses sacs plombés — n'échappe pas à l'intérêt de services habiles à reproduire sceaux et plombs. Elle doit donc, c'est le cas pour toute grande puissance, être accompagnée à tout moment par des gardes sur un qui-vive permanent et dont la surveillance ne peut plus être déjouée — c'était fréquent dans les temps préhistoriques car les routines scabreuses que je décris sans la moindre fascination sont bien plus anciennes que le recrutement idéologique des agents — par des boissons bourrées de somnifère.

La filature — agrémentée, bien entendu, par des prises de photos ou des tournages de films réalisés avec des appareils ou des caméras de plus en plus miniaturisés — est le troisième jouet préféré du contre-espionnage intérieur, voire de *rezidentura* du Renseignement extérieur disposant à l'étranger d'un personnel suffisant et bien formé.

Là encore, tout dépend du rapport entre moyens qui s'affrontent. Si la centaine d'*opers* de la *rezidentura* du KGB à Paris échappait facilement aux filatures des sept cents policiers de la DST — pour aller effectuer eux-mêmes la « filoche » de personnalités françaises, hommes politiques, fonctionnaires, voire membres de services secrets[1], dont ils désiraient établir les habitudes et, donc, la psychologie — il n'en allait pas de même à Moscou où, avantage d'un pays totalitaire et policier, la Deuxième Direction générale du KGB enserrait tous les personnels diplomatiques étrangers dans une toile particulièrement serrée.

Si l'écoute téléphonique — et, dans une moindre mesure, l'interception, je ne vois pas d'autre terme, du courrier postal — est un outil essentiel de la police judiciaire face à la délinquance et au crime peu organisés et une tentation permanente pour la basse police désireuse d'apprendre des secrets savoureux sur la vie politique et privée, elle ne joue, avant le surgissement tant des envies d'espionnage industriel dans un monde de plus en plus bavard et explosé que des réseaux éclatés du terrorisme international, qu'un rôle secondaire dans la surveillance du véritable espionnage d'État[2]. Alors qu'un ambassadeur, dont

1. Un ancien du KGB m'a confié que lors de chacun de ses nombreux déplacements en Afrique, Jacques Foccart était ainsi « filoché » par les Russes qui s'efforçaient par ce moyen de découvrir la composition de ses célèbres « réseaux » que le KGB essayait ensuite de pénétrer.
2. Comme toujours, l'exception confirme la règle. Les « Esquisses de l'histoire du Renseignement extérieur russe » racontent (*op. cit.* t. 2 p. 320) comment — mais il s'agit d'un épisode datant d'avant la Seconde Guerre mondiale — la surveillance de l'appartement privé de l'attaché militaire japonais à Rome avait établi que le brave scron-gneu-gneu commettait la folie de s'y faire adresser par la poste des documents importants sur les plans guerriers de l'Empire du Soleil levant. Le recrutement du facteur italien permit d'intercepter et de

la vie politique et mondaine se mène à ciel ouvert, ne téléphone pas à son ministère avec lequel il est relié par des télégrammes chiffrés, le *rezident* légal qui opère à ses côtés, compte encore moins sur le combiné ou l'e-mail pour correspondre avec son Centre ou pour recueillir les informations de l'*agentura* locale, se débrouillant pour garder aussi clandestins que possible même ses simples contacts, surtout s'ils servent à une action d'influence ou paraissent susceptibles de déboucher un jour sur un recrutement.

L'écoute, sous prétexte de contact — normal tant pour le *rezident* légal que pour un journaliste — d'Edwy Plenel du *Monde* avec un faux diplomate de l'ambassade américaine à Paris par la cellule « antiterroriste », si l'on peut dire, de l'Élysée de François Mitterrand ne se justifie donc en rien par les impératifs techniques du Grand Jeu. Incontournables mais combien peu alléchants, les micros, cambriolages et autres filatures ou écoutes téléphoniques, utilisés d'une manière massive par les contre-espionnages intérieurs des États totalitaires, ne sauraient, en effet, être employés par les démocraties que lorsque la sécurité de l'ordre politique et social est profondément et véritablement menacée. Le caractère moralement douteux de tels procédés, la facilité avec laquelle ils peuvent basculer dans la barbouzerie — souvenons-nous, lors des années Giscard, de la tentative d'installation de micros dans la rédaction du *Canard enchaîné* —, les atteintes qu'elles portent alors aux libertés ou à la vie privée apportent autant d'arguments en faveur du contrôle des services secrets par des Commissions spécialisées du Parlement. Mais encore faut-il, ce qui n'est malheureusement pas encore le cas en France, que les représentants du peuple soient dotés d'une véritable culture du Renseignement et ne se laissent pas tenter par des indiscrétions ou bavardages irresponsables.

Revanche de l'éthique : multiples et quasi-systématiques, ces routines scabreuses de l'espionnage ont beau être riches de plaisirs sournois, elles n'ont jamais ramené dans leurs filets peu ragoûtants, des renseignements de la qualité unique de ceux procurés soit par le décryptement de messages codés soit par ces extraordinaires sources humaines que furent Richard Zorgué, l'Orchestre rouge berlinois, les Cinq de Cambridge ou, de l'autre côté de la barricade, Oleg Penkovsky ou Dmitri Poliakov[1].

---

photographier tout ce courrier avant sa distribution. Détail typique: rémunéré au début de l'opération, le fonctionnaire transalpin se verra vanter les charmes du communisme avec une telle conviction par son « directeur » d'agent, qu'il deviendra, pendant la guerre, un membre important des maquis antifascistes.

1. Encore une exception que j'ai, elle, vécue directement: l'écoute téléphonique par le ministre des Armées des éléments militaires les plus activistes en métropole a permis, en avril 1961, de

SÉDUCTION

Si ce don psychologique n'apparaît jamais dans la littérature sur l'espionnage, si le héros du roman de gare est présenté, voyez James Bond, comme un Don Juan de bal dominical — l'*oper* mène plutôt une vie bien rangée de père de famille —, la séduction n'en est pas moins un atout essentiel du Grand Jeu.

Séduction exercée par le service, le pays et la Cause qu'il défend... Séduction des professionnels du recrutement et des « directeurs » qui parviennent à convaincre un agent d'effectuer, puis de poursuivre, le grand saut dans l'inconnu... Séduction du « grand agent » — Kim Philby ! — qui obtient l'accès aux documents les plus secrets et qui, grâce à son charme unique, arrive à atteindre, pensons à Richard Zorgué, les plus hauts postes dans la hiérarchie de l'adversaire, d'où il renseignera le service et l'Idée auxquels il a décidé de faire allégeance...

Les liaisons dangereuses.

SEXE

Si le « permis de tuer » — « l'ordre de tuer », l'avons-nous vu, imposé par un pouvoir politique peu scrupuleux — qui auréole le mythique James Bond n'appartient plus qu'à un passé vieux d'un demi-siècle, la boulimie de sexe propre à « 007 » — sexe d'ailleurs fortement aseptisé et réduit à un jeu avec d'appétissantes mais stupides poupées Barbie — n'est pas, elle, strictement absente de l'espionnage moderne même si celui-ci a radicalement tourné le dos aux anciennes, douteuses et incompétentes illusions concernant la possibilité de confidences sur l'oreiller après de torrides ébats avec de voluptueuses Mata-Hari.

Cependant ce facteur charnel est limité, comme nous avons pu le constater, aux chasseurs d'espions offensifs des pays totalitaires qui, essentiellement à l'intérieur de leur territoire, pratiquent, à des fins de chantage, la compromission sexuelle grâce à des « hirondelles » — *lastotchki* — féminines ou masculines.

Pour le reste, le sexe n'est qu'une composante du phénomène bien plus complexe de l'amour, tel celui qui a dévoré l'ambassadeur Dejean, l'analyste

---

les déférer à la justice dès le déclenchement du putsch des généraux en Algérie, avant qu'ils n'aient eu la possibilité de passer à l'action à Paris afin de soutenir leurs petits camarades d'Alger. Mais il ne s'agit là ni de la lutte avec un espionnage d'État ni d'une barbouzerie car ces comploteurs, assez risibles du point de vue du respect de la clandestinité, représentaient néanmoins une menace gravissime pour la sécurité intérieure du pays. Si de Gaulle s'était retrouvé face à deux soulèvements militaires de chaque côté de la Méditerranée, c'est pour le coup qu'il aurait été vraiment mal.

du BND, Gabriella Gast, ou les secrétaires allemandes séduites par les Roméo de Markus Wolf. Mais, là encore, ce recours à l'arme amoureuse ne constitue pas une pratique universelle des services secrets *per se*. Pratiquement jamais utilisée par la PGU russe, cette technique résulte de l'apport personnel de Markus Wolf dans les conditions spéciales et uniques de la coupure de l'Allemagne en deux.

À la différence de James Bond, les grands et subtils recrutements de la recherche extérieure, fondés sur l'idéologie ou, de nos jours, l'argent et toujours sur le jeu sur l'ego, sont, contrairement à la mythologie habituelle, plutôt asexués. À condition d'exclure, bien entendu, l'approche psychanalytique — totalement étrangère à la marxiste PGU — qui attribue une motivation sexuelle inconsciente à toute relation ou action humaine…

SIGNAL DE LIAISON

Procédé — généralement une marque rapide à la craie dans un lieu, rue ou jardin, public — indiquant selon une procédure préalablement convenue avec les participants du Grand Jeu, l'organisation d'une rencontre conspirative, le remplissage d'une boîte aux lettres morte, etc.

SIGNAL DE SÉCURITÉ

Altération, bénigne et qui doit paraître naturelle, introduite dans un message adressé à sa Centrale pour la prévenir que l'on est contraint d'écrire ou d'émettre sous contrôle ennemi.

L'inconvénient — majeur — de ce système d'alerte c'est que, noyé notamment dans un flot de transmissions radio, il ne fonctionne généralement pas.

SOLITUDE

La solitude est la plaie secrète de l'espionnage.

Si dans des pays tels que l'Union soviétique et la Russie, la Grande-Bretagne ou les États-Unis de la « guerre froide », les services secrets sont parfaitement intégrés dans la société civile, politique ou administrative, il peut ne pas en aller de même au sein de certaines nations telles que la France et l'Italie ou, dans une certaine mesure, l'Allemagne contemporaine où ils sont marginalisés, méconnus, voire méprisés. Repliés sur eux-mêmes, les services de renseignement mènent alors une existence solitaire, puisant leur réconfort dans leur homogénéité et singularité ou dans leurs rapports avec des services alliés plus favorisés. Mais ces béquilles peuvent s'effondrer lorsque surgit une crise semblable à celle provoquée par les révélations du transfuge russe Golytzine concernant leur terrifiante pénétration par l'effroyable adversaire du KGB.

L'agent, lui, n'a droit à aucune de ces compensations collectives. Noyé dans une société, une administration, un service dont il doit faire semblant d'être un serviteur fidèle alors que, si sa véritable allégeance était connue, il y serait considéré comme un « traître » répugnant, ne pouvant se confier à personne, l'unique rayon de lumière qui illumine sa profonde solitude provient de ses relations — hélas sporadiques en raison de la nécessité littéralement vitale d'assurer sa survie en respectant les règles rigoureuses de la *konspiratzia* — avec l'*oper* étranger qui recueille ses renseignements secrets et le guide dans son action de pénétration. D'où la nécessité absolue pour le « directeur » d'un agent de tisser avec lui des liens d'une réelle et chaleureuse amitié, d'entretenir son enthousiasme lorsque l'époque s'y prête comme lors de la croisade contre le fascisme durant les années trente, de le réconforter en dissipant ses doutes éventuels — autre torture qui guette le « traître » quand il n'est pas porté par un grand flux idéologique — et de lui procurer, toujours et quelle que soit la difficulté des circonstances, une impression de totale et inébranlable solidité.

On est loin, dans la « direction » d'agents, de la trouble « manipulation » tant vantée par les néophytes.

SOURCE

Ce terme technique est utile car, plus large — par exemple : « source ouverte » —, il n'entraîne, à la différence d'agent ou de « taupe », aucune confusion lorsqu'on parle d'une « source humaine ».

OPÉRATIONS SPÉCIALES

Bien que « spéciale » aux yeux du profane, toute opération des services secrets n'est pas une « opération spéciale » dans le sens moderne, né de la Seconde Guerre mondiale et des conflits limités de la fin du sanglant XXe siècle et du début tumultueux du XXIe siècle.

Les guerres modernes ont démontré, en effet, l'efficacité, à côté des opérations « conventionnelles » menées par les grandes masses des armées engagées sur le front, des interventions de petits commandos, infiltrés le plus souvent derrière les lignes ennemies et qui, par des coups d'épingle sélectifs bénéficiant de l'effet de surprise, peuvent contribuer à désorganiser et décapiter l'adversaire. Ainsi, à côté du choc de forces blindées, aériennes ou maritimes proprement titanesques, la Seconde Guerre mondiale vit-elle l'exécution de généraux allemands en Crète par des parachutistes britanniques, la libération de Mussolini par le

SS Otto Skorzeny — en fait par des éléments de la division Brandenbourg de l'Abwehr —, la libération des villes bretonnes derrière le front de Normandie par des unités légères de quelques dizaines d'hommes, etc. Cependant, les conflits modernes, telles que les guerres en Afghanistan ou en Irak, ont, malgré le recours systématique et médiatisé à outrance aux « forces spéciales », abouti à moins de prouesses entrées dans l'Histoire, quelle que soit la prolifération cinématographique des « Rambo » dans la grande mythologie hollywoodienne.

On ne voit pourtant pas pourquoi de telles opérations relèveraient, malgré la tendance naturelle à tout organisme d'accroître ses pouvoirs, des services secrets. Tout corps militaire est capable de les concevoir et de les mener à bien — voyez les « SAS » en Grande-Bretagne ou les « bérets verts » aux États-Unis —, alors que leur rattachement aux services de renseignement risque, selon la détestable tendance française, d'entraîner la militarisation excessive des services secrets et de les détourner ainsi de leur mission principale de collecte d'informations destinée à parfaire la connaissance du monde et de ses dangers.

L'exemple des « organes » soviétiques est significatif. Échappant moins que d'autres à la boulimie bureaucratique en raison de son statut idéologique de « bras armé du Parti », le tentaculaire KGB disposait en son sein de troupes spéciales particulièrement puissantes. Cependant, même si elles ont réalisé avec brio le renversement d'un président hérétique en Afghanistan en prélude à l'intervention de l'Armée rouge et à l'instauration d'un régime communiste orthodoxe, ces « *spetznatz* » se sont montrées absolument inopérantes lors de la grotesque tentative de « putsch » des caciques du Parti communiste contre Gorbatchev en août 1991. C'est que ces troupes spéciales rattachées aux services secrets communistes et tellement craintes en Occident ne jouaient en définitive qu'un rôle strictement marginal — et presque décoratif —, sans modifier en rien, malgré la réputation sulfureuse du KGB, la nature profonde d'un service qui restait, du moins en ce qui concerne le Renseignement extérieur de la PGU, tourné essentiellement vers la recherche — quasi obsessionnelle, mais c'est un autre problème — d'informations secrètes sur le terrifiant « ennemi capitaliste ».

TAUPE

De toutes les images plus ou moins frelatées qu'inspire l'espionnage à un Occident peu préparé à ce genre de défi, la seule qui trouve grâce à mes yeux — elle est souvent reprise, entre guillemets, *krot*, dans une littérature russe plus technique et pragmatique — est celle de la « taupe ».

Les galeries souterraines et invisibles, causant des dégâts irrémédiables par de petites bêtes soyeuses et d'une apparence somme toute sympathique, correspondent bien aux ravages provoqués par un agent, enfoncé sans pouvoir être détecté, au plus profond des terres meubles de l'adversaire.

Des différences existent pourtant. Dans la réalité envoûtante de l'espionnage, la « taupe » ne laisse — d'où le secret de sa longévité : vingt ans pour Georges Pâques, un quart de siècle pour Dmitri Poliakov — aucune taupinière apparente. Or si elle résiste à la plupart des techniques de destruction courante, la taupe du jardin, elle, n'en est pas moins à la mesure de « taupiniers » professionnels. Que les chasseurs d'espions seraient heureux, si au vu de monticules visibles comme le nez au milieu du visage, il suffisait de déverser autour d'elle, au lieu de la guetter avec une fourche, du gaz lourd pour venir ramasser les cadavres des nuisibles prédateurs !

OFFICIER TRAITANT

Le détestable « officier traitant » français n'existe pas dans la langue anglo-saxonne ou russe. Pourquoi, d'ailleurs un « mirlitaire » ? Pourquoi, consultez *Le Petit Robert*, cette parenté avec « le médecin qui traite les malades d'une manière suivie » ? L'agent n'est pas un malade et ne saurait, autre sens de « traiter », être « soumis [...] à l'action d'agents physiques ou chimiques, de manière à modifier ».

Les Américains de la CIA parlent, nous l'avons vu, d'*operators* ou de *case officers* — l'*officer* n'ayant pas, en anglais, une connotation strictement militaire — et les Russes, qui ne « traitent » pas mais « dirigent » leurs agents, d'*operrabotnik*, et, familièrement comme nous l'avons dit, d'*opers*.

L'opéra des espions ?

TRAÎTRES ET TRAHISONS

Tout au long de cet ouvrage, j'ai placé les mots, rarement utilisés, de « traître » et « trahison » entre des guillemets dubitatifs tant ces notions me paraissent relatives. Dira-t-on que le grand Zorgué était un « traître » ? De père allemand et d'une mère russe, quelle était sa véritable nationalité de cœur et, dès son plus jeune âge, au vu de ses origines familiales, liées, du côté paternel, à Karl Marx dont il était le petit-neveu, et de son expérience personnelle, à seize ans, des horreurs de la Première Guerre mondiale, n'a-t-il pas été, tout le temps, fidèle — inexorablement et jusqu'au sacrifice de sa vie — aux généreux engagements de la religion marxiste ? Et qui ou quoi aurait-il « trahi » ? Hitler ? Le monstrueux nazisme et sa volonté terrifiante d'étendre à l'Europe — voire au monde tout entier — son horrible régime d'oppression et son système d'extermination ou de mise en esclavage de tous les « sous-hommes » juifs, slaves ou tziganes ?

Converti au marxisme à Vienne dans les années trente par son contact charnel avec la lèpre brune, Kim Philby a, lui aussi, été, toute sa vie durant, dévoué à l'idéal communiste et à son bras armé des services secrets soviétiques alors que Georges Pâques a voulu, sans nuire aux intérêts directs de sa patrie de cœur et de sang, établir — tels, d'ailleurs, les savants de l'*agentura* atomique américaine — un équilibre entre les deux blocs dont l'affrontement nucléaire aurait pu entraîner les plus graves conséquences pour l'avenir de l'humanité. Et, dans l'autre camp, « nourris dans le sérail et en connaissant tous les détours », les officiers du GRU soviétique, Oleg Penkovsky ou Dmitri Poliakov, se sont arc-boutés afin de détruire un système dont ils étaient mieux placés que quiconque pour apprécier l'oppression interne et la dangerosité extérieure et faire triompher la démocratie qui leur paraissait — qui pourrait les en blâmer ? — un bienfait de nature presque divine.

« Traîtres » pour les uns, Zorgué ou les résistants berlinois de l'Orchestre rouge berlinois, les Cinq de Cambridge ou les savants atomistes, Penkovsky ou Poliakov sont des héros pour les autres et la fin de la « guerre froide », de ses périls et de ses frayeurs, devrait permettre de formuler sur la « trahison » idéologique des jugements plus sereins ou objectifs. Ce n'est pas, hélas, chose facile. « *Right or wrong, my country* », disent les Anglais, et le général Gehlen m'a confié que, malgré l'aversion que lui inspirait Hitler et la certitude que son aventureuse politique de conquêtes menait l'Allemagne à sa perte morale et physique, il n'aurait pourtant jamais cherché à renverser le chef d'une patrie en guerre, bien qu'il était convaincu que le « Führer » donnerait, un jour ou l'autre, l'ordre de l'exécuter. Heureusement dans notre temps, la défense les valeurs supérieures — disons : le respect des droits de l'homme ou le maintien de la paix — a rendu moins aveugle et contraignant un patriotisme qui, bien souvent, hélas, a servi, dans le passé, à justifier les pires excès. Souvenons-nous, à notre porte, de la guerre d'Algérie…

Faut-il pour autant, excuser, voire glorifier tous ceux qui, changeant d'allégeance, se mettent à la disposition *perinde ac cadaver* d'un service secret étranger ou, pis, ennemi. En combattant le fascisme, Zorgué renforçait les horreurs — et génocides ! — staliniennes, constatation qui nous amène à la question fondamentale de la comparaison entre les crimes nazis et communistes — question oiseuse à mes yeux car elle consiste à placer sur le même plan des crimes permanents commis au nom du Mal, d'une pulsion de mort et de destruction d'autrui, et des crimes certes inadmissibles mais temporaires et découlant d'une certaine idée, fût-elle profondément fausse et utopique, du Bien, de l'« avenir radieux » de l'homme sur terre. Le cas de Philby est plus difficile puisque le leader intellectuel des Cinq de Cambridge sacrifiait, lui, au stalinisme — dont il ignorait, probablement, toute l'abomination — non le terrifiant hitlérisme mais la plus acceptable et lumineuse démocratie. Peut-on, néanmoins, lui reprocher d'avoir « trahi » ou ne s'est-il pas, tout simplement, fourvoyé ?

Le problème se complique encore lorsqu'il y a mort d'hommes, le droit à la vie étant la valeur suprême que nous défendons. Philby, ai-je dit, a livré aux Soviétiques le nom non seulement de ses camarades de l'Intelligence Service mais, pis, celui d'agents russes ou ukrainiens qui, travaillant pour les Anglais, étaient ainsi, le Saint-Empire communiste étant ce qu'il était, condamnés au peloton d'exécution lorsqu'ils étaient « infiltrés » en Russie. Et, en temps de guerre, la Grande Faucheuse amplifie encore ses boulimiques appétits : quels que soient la pureté de ses intentions et l'héroïsme de ses résistants, l'Orchestre rouge berlinois envoyait à la mort des millions de soldats de sa patrie allemande — outils, il est vrai et fussent-ils souvent inconscients, de l'oppression nazie et de l'extermination des « sous-hommes » — tout en sauvant la vie de soldats russes qui, à leur tour et après avoir commis l'acte admirable de protéger leur patrie et ses populations slaves — ou juives — allaient permettre à Staline d'opprimer l'Est de l'Europe en y déportant et fusillant tous ceux qui nuisaient à son dessein d'expansion de la foi et de l'ordre communistes.

Complexité et tragédie de l'Histoire : une vie de réflexion ne me permet pas d'apporter une réponse définitive à cette douloureuse problématique. En fin de compte, tout dépend, me semble-t-il, de la motivation de celui qui change d'allégeance — définition préférable, je l'ai beaucoup employée, à celle de « traître ». L'idéaliste et généreux Zorgué, dont il existe une statue bien méritée à Moscou, n'a rien de comparable avec ces produits de notre temps que sont le vénal Ames vendant l'*agentura* russe de la CIA ou l'aventureux et déséquilibré Farewell, comptable indélicat piochant avec allégresse dans la caisse de l'espionnage scientifique et technique du KGB auquel il appartenait, même si ce service n'était pas le modèle de toutes les vertus.

Le deuxième facteur qui entre en ligne de compte lorsqu'une société porte un jugement moral sur un « traître » provient de la nature des renseignements qu'il fournit. Le musulman qui accepterait de toucher les primes colossales offertes pour la capture de Ben Laden — on n'est jamais trahi que par ses proches — bénéficierait de la reconnaissance éperdue — à tort car le terrorisme ne s'arrêterait ni dans le monde ni en Irak — d'un Occident soulagé tout en étant maudit par les islamistes, alors qu'il ne se serait conduit que par avidité, voire désillusions envers sa Cause ou esprit de vengeance contre ses chefs. Ainsi, en livrant à une Union soviétique expéditive et sans merci le nom des agents russes de la CIA, Aldrich Ames se comportait moins en « traître » de l'Amérique mais, sans attirer l'admiration de ses acheteurs du KGB, comme — l'esprit de lucre pouvant se combiner à la pulsion de mort — un « *serial killer* » envoyant au peloton d'exécution des hommes qu'il méprisait.

En tout cas, et quels que soient les motivations et les résultats, le changement d'allégeance n'est pas suffisamment illustré et défini par les mots de « traître » ni de « trahison », termes émotifs et insuffisamment précis. « Traître, dit *Le Petit Robert*, personne qui trahit, se rend coupable d'une trahison ». « Trahison : crime d'une personne qui trahit » — avec quelle beauté le serpent se mord la queue ! —, « passe à l'ennemi ». Mais alors que les synonymes de « traître » sont plus péjoratifs les uns que les autres — « délateur, judas, parjure, renégat, transfuge » —, le verbe « trahir » est riche, lui, de nuances plus subtiles : « Livrer ou abandonner celui à qui l'on doit (sic) fidélité… Cesser d'être fidèle à qui on est lié par une parole donnée ou une solidarité… Livrer un secret. Voir : Divulguer, Révéler. »

L'action terrorise moins que son auteur ou le résultat auquel elle aboutit : « Haute trahison, martèle *Le Robert*, intelligence avec une puissance étrangère en vue de guerre et en cours de guerre. »

« Un jugement de valeur, constatait le philosophe Ayers dont j'ai découvert « l'empirisme logique » à la Rand Corporation, n'est pas un jugement qui a plus de valeur. C'est un jugement qui n'a pas de valeur du tout. »

TRANSFUGES

Bien que le terme « défection » — du latin *defectio* : « Abandon d'une cause, d'un parti auquel on appartient » — soit hautement correct, je préfère le mot français de « transfuge » au jargonneux et anglo-saxon « défecteur » pour caractériser l'*oper* qui, décidant de changer de camp, demande l'asile politique au pays qu'il a combattu et lui révèle en échange tous les secrets qu'il détient sur le service de renseignement auquel il a appartenu.

À la différence de l'agent qui reste implanté au cœur de sa Centrale ou de ses *rezidentura* à l'étranger, le transfuge ne court aucun risque s'il est, à la différence de ce qui se passait durant les tâtonnements occidentaux à l'égard des transfuges soviétiques avant la Seconde Guerre mondiale, correctement protégé et souvent doté d'une identité nouvelle. Cependant et quelle que soit la richesse des informations qu'il détient sur le passé et le présent de son service secret, le transfuge ne peut, par définition, permettre d'en suivre les opérations futures.

Débutant avec Igor Gouzenko en 1945 — avant-guerre, le capitaine Krivitsky du GRU ne sera ni cru ni entendu par un Occident qui, ne disposant que de services squelettiques mais riche d'élites intellectuelles ayant pour le naissant « paradis socialiste » les yeux de Chimène, ne comprendra pas le rôle éminent dévolu au renseignement dans la société communiste —, le phénomène ponctuera la « guerre froide » avec une nette prééminence des transfuges venant du froid sur ceux émanent du « monde libre ».

Les transfuges soviétiques qui, après des cas rarissimes sous le stalinisme, se sont épanouis après la délitescence de la Foi communiste consécutive à la disparition du Guide, se suivent, se ressemblent sans se ressembler. Tous guidés par le désir de magnifier leur rôle et la portée de leurs révélations — ne serait-ce que pour accroître les avantages psychologiques et matériels dont ils bénéficient dans leur nouveau camp —, habités par la haine du service qu'ils ont décidé de fuir et de « trahir », pressés comme des citrons par les investigateurs du contre-espionnage où ils ont atterri, ravis de ce don du ciel mais prisonniers du fantasme de l'Ogre satanique, les adeptes du « passage à l'Ouest » peuvent tout naturellement sombrer dans la mythomanie, voire dans la plus délirante des paranoïas.

Si dans les années soixante, le Polonais Goliniewsky s'en tiendra aux faits qu'il connaissait directement — permettant, notamment, de démasquer George Blake ou le réseau de l'illégal Lonsdale en Grande-Bretagne — avant, toutefois, de se faire passer pour le fils du tsar assassiné en 1918, le petit Alexis Nicolaievitch, si, une vingtaine d'années plus tard, le Russe Oleg Gordievsky, chef de la *rezidentura* de Londres, déploiera le même sérieux face au MI 5 britannique bien qu'acceptant plus tard, de cosigner avec un « spécialiste » anglais une volumineuse et assez sidérante compilation de toutes les bribes d'informations, le plus souvent approximatives et biaisées, parues en Occident sur un KGB qu'il ne pouvait qu'ignorer dans sa globalité présente et passée, le major de la PGU, Anatoly Golytsine, ira, lui, beaucoup plus loin en présentant, après sa défection en 1961, le conflit entre la Chine et l'URSS comme une « désinformation » soviétique. Quant à tout nouveau transfuge russe — en l'occurrence le malheureux Nossenko de la Deuxième Direction générale —, l'inventif major le dénoncera comme l'outil d'une opération visant à le discréditer. Analyste de l'OTAN ne connaissant pas l'identité des agents mais leur seule production — ce qui rendra possible, à la suite d'une longue et remarquable enquête, à la DST française de dévoiler Georges Pâques —, Golytsine en arrivera, après des indications aussi précises que précieuses sur « la toile d'araignée rouge » — 80 agents démasqués — à fournir au contre-espionnage américain, emporté il est vrai par une véritable hystérie aux forts relents anti-français et anti-gaulliens, les indications les plus « abracadabrantesques » sur les « espions soviétiques » infiltrant, d'après lui, le plus haut niveau des services secrets français et de l'entourage du général de Gaulle lui-même.

Mal gérée sur sa fin, se heurtant aux doutes du général de Gaulle, sceptique en matière de renseignement et désireux de ne débuter aucune chasse aux sorcières susceptible de diviser encore plus l'instable société française tout en gardant une certaine neutralité entre l'Est et l'Ouest, la défection de ce transfuge-là causera — mise à part la découverte de Georges Pâques — plus de mal que de bien. Le fossé se creusera entre les États-Unis et la France du Général alors que les services secrets français, trop émotifs et pas assez compétents, seront paralysés par une suspicion maladive. Leur situation ne s'améliorera — en apparence, hélas — qu'avec l'élimination des suspects potentiels lors de la nomination en 1971 à la tête d'un SDECE déboussolé où personne n'osait plus se regarder en face du bouillonnant Marenches. Pour autant tous les agents russes ne seront pas démasqués, comme le prouveront trente ans plus tard, les révélations de l'archiviste Mitrokhine, au sein de services français, vulnérables en raison de leur recours, sans véritable enquête, à des résistants marqués par la collaboration avec les communistes durant la croisade antinazie et l'euphorie de la Libération.

D'une efficacité irremplaçable pour la découverte — s'il les connaît ! — des « taupes » ennemies, le transfuge peut constituer, dans le cas où il est par trop instable et vantard, haineux ou franchement mégalomaniaque, une arme dangereuse à manier et qui ne peut être confiée qu'à des hommes d'expérience et de sang-froid.

VATICAN

Bien qu'il dispose de brillants centres d'études tel ce *Russicum* où, dès ma sortie de Sciences Po, j'ai effectué mes débuts d'analyste de la mystérieuse Union soviétique et de sa terrifiante mais belle nouvelle religion séculière, de réseaux d'influence formés notamment pas la Compagnie de Jésus ou par le regroupement de fidèles au sein de l'*Opus Dei*, le Saint Siège n'entretient pas, malgré la croyance généralement admise, de services secrets analogues à ceux des États-nations.

Il n'en reste pas moins que le Vatican est l'organe politique et spirituel le mieux renseigné de la planète. Les nonciatures implantées dans la plupart des États du monde, les archevêchés et évêchés parsemant leurs pays tissent des relations privilégiées avec les croyants catholiques les mieux introduits dans les sociétés dont ils font partie et à qui il peut arriver d'être regroupés dans des partis politiques, des syndicats, des associations caritatives proches de l'Église. Comme les Juifs qui se reconnaissent dans l'État d'Israël, ces « fidèles » — le mot est révélateur — sont habités par ce qu'on pourrait, malgré leur indiscutable patriotisme, appeler une « double allégeance » qui peut les pousser à partager avec le clergé ou les nonces du Pape les informations qu'ils détiennent sur leur pays — sans violer, bien entendu et pour autant, le sacro-saint « secret-défense » — ou d'essayer d'orienter leur patrie dans un sens découlant de leur Foi ou des vues de l'administration politique du Saint-Siège. « Ils étaient beaucoup mieux renseignés et beaucoup plus influents que nous », constatera, à propos de la Pologne communiste travaillée par le syndicat Solidarnosc, Alexander Haig, le secrétaire d'État d'un Ronald Reagan fasciné par l'exceptionnelle personnalité et les immenses possibilités d'action du pape Jean-Paul II qui faisait mentir la cynique exclamation de Staline : « Le Vatican ? Combien de divisions ? »

La force de cette influence et de cette collecte permanente de renseignements visant à la compréhension et à la transformation du monde est d'autant plus impressionnante qu'elle n'est pas mise au service d'intérêts spécifiques — et, hélas, souvent égoïstes — d'un État mais, telle, dans une certaine mesure, la « nouvelle religion communiste », d'une idée qui, transcendant les « égoïsmes sacrés » de nations et d'individus, s'attache, avec une subtilité diplomatique forgée par une longue tradition et un salutaire détachement des contingences temporelles, à déterminer et concrétiser l'orientation politique et spirituelle, morale et culturelle, la plus conforme, selon la « Sainte Église » au bien et au salut de l'humanité.

On peut donc aller jusqu'à se demander — mais je le fais d'autant plus volontiers que, de religion orthodoxe, j'éprouve, malgré mes liens de jeunesse avec l'Église catholique, de profondes réticences à l'égard de l'autorité papale et de son investissement dans les affaires temporelles, voire de morale individuelle — si ce n'est pas le Vatican tout entier qui constitue — c'est, le lecteur me connaît maintenant assez bien, un compliment à mes yeux — un service spécial en soi.

À la disposition et pour la gloire de Dieu ?

VENONA

Je recommande vivement à tous les amateurs de cryptographie — cohorte dont je ne fais malheureusement pas partie faute d'une culture mathématique suffisante — la lecture des ouvrages, articles et documents, consacrés aux États-Unis à l'opération dite « Venona » quand, après la Seconde Guerre mondiale, les spécialistes américains du décryptement se sont attaqués à l'énorme masse des interceptions, en apparence parfaitement inutiles et obscures, des innombrables transmissions radio que les *rezidentura* soviétiques implantées sur le territoire des États-Unis envoyaient à Moscou durant les hostilités avec Hitler.

Cet océan de chiffres paraissait absolument hermétique jusqu'au jour où les chercheurs américains découvrirent que les Russes avaient, sous la pression de la guerre — en fait, mais les Américains l'ignoraient, du gonflement des dépêches secrètes communistes en raison de la richesse de l'*agentura* atomique opérant aux États-Unis —, commis une erreur d'une gravité extrême — je crois, mais je ne suis pas un expert, l'utilisation deux fois de suite de la même clé de chiffrement — dont je suis incapable d'expliquer tant la véritable nature que la raison pour laquelle elle permettait de « casser » le code d'un ancien allié dont on sentait, remuant comme il l'était, qu'il risquait de devenir encombrant et dangereux.

Un travail de fourmi s'engagea. Grâce à des prouesses mathématiques, des « têtes d'œufs » ne ressemblant en rien à James Bond parvenaient à décrypter des bribes de messages qui, sans livrer tous leurs secrets, n'en aboutissaient pas moins — l'opération était tellement secrète que même la CIA n'en eut connaissance qu'en 1952 — à une conclusion littéralement bouleversante : le volume des transmissions radio soviétiques ne s'expliquait pas par une mobilisation particulièrement importante contre le Reich de Hitler mais par le traitement d'une masse d'agents communistes placés au cœur des États-Unis et de leurs alliés occidentaux contre le nazisme, notamment — ô stupeur, ô indignation ! — dans le saint des saints de la fabrication de la bombe atomique américaine, des services secrets et de la diplomatie des amis britanniques, voire, mais c'était beaucoup moins crucial, de la France libre du général de Gaulle.

L'intelligence et la prudence, le principe de précaution et la faculté de prévision consistant à enregistrer et à archiver — « on ne sait jamais » est, on l'a vu, une des règles d'or de l'espionnage — des messages parfaitement inutilisables dans l'immédiat —, un acharnement de savants capables d'exploiter une erreur de l'adversaire permirent ainsi aux services secrets américains, après le coup de tonnerre causé par la défection en 1945 du chiffreur de l'ambassade soviétique à Ottawa, Igor Gouzenko, non seulement de dévoiler l'*agentura* atomique de Klaus Fuchs et consorts ou des Cinq de Cambridge. Nourris des naïvetés de leur OSS, les États-Unis découvraient, ébahis et tétanisés, la nature réelle de l'espionnage moderne dans le monde émergeant des grandioses convulsions de la Seconde Guerre mondiale. La « guerre froide » fut avant tout une affaire d'espions. « Le front invisible », comme disent les Russes.

ANNEXE N° II

Les faiblesses du coq gaulois

Une sidérante absence de culture du Renseignement

« La France, constatait le méchant mais lucide Voltaire, est un pays léger et dur ».

L'une des formes de cette légèreté gauloise se traduit au niveau de la société française, de son pouvoir et de son opinion publique, par une sidérante et dramatique absence de culture du Renseignement. Le grand homme d'État qu'était le premier Premier ministre du général de Gaulle après son retour au pouvoir, Michel Debré, ne confond-il pas allègrement dans ses pesants et ennuyeux Mémoires contre-espionnage et Renseignement alors que *Le Petit Robert* s'obstine à recenser des « fausses barbes », des « indicateurs », des « mouches » et des « moutons » ? Et, catastrophe des catastrophes, n'ai-je pas connu une époque où les officiers du service, englués dans leur logique militaire, déployaient une ignorance proprement abyssale à l'égard de ce qui devrait être un métier civil hautement spécialisé ?

« Je vais vous expliquer comment et pourquoi le chef du contre-espionnage d'un service du renseignement extérieur est toujours au-dessus de tout soupçon, me disait un jour un de ses officiers de très haut rang. Mais je ne peux le faire que de vive voix. »

Excité par la perspective de découvrir une méthode imparable pour résoudre un problème apparemment insoluble, je me précipitai à l'un de ces agréables déjeuners qui semblaient — j'espère que ces temps sont révolus en notre époque de menace terroriste — constituer l'activité principale vers la fin de la « guerre froide » de nos « techniciens » de la sécurité extérieure.

« Voilà, m'expliqua entre poire et fromage mon charmant hôte, le chef du "CE"... »

C'est sous ces affectueuses initiales que le contre-espionnage est glorifié — à tort — dans les services de renseignement extérieurs français au détriment de la moins mystérieuse et exaltante Recherche pure.

« ... Le chef du "CE" ne peut pas être au service de l'ennemi car il est choisi parmi les hommes... au-dessus de tout soupçon... »

Mon brave parachutiste aux muscles d'acier et à la logique de fer n'avait jamais entendu parler de l'Anglais Kim Philby ou de l'Allemand Heinz Felfe qui, agent du KGB, avait été sélectionné pour diriger le contre-espionnage du BND du pourtant légendaire général Gehlen parce que, irréprochable ancien SS, il apparaissait effectivement « au-dessus de tout soupçon ».

Et pourtant ! Malgré toutes les déficiences du renseignement d'État français, la société civile hexagonale, guidée par des personnalités indépendantes aussi remarquables que Marie-Madeleine Fourcade ou le colonel Rémy, a réussi, durant l'Occupation, la proprement extraordinaire prouesse qui consistait à mobiliser tout un peuple afin de surveiller et détecter le moindre mouvement, la moindre implantation ou la moindre initiative du puissant ennemi nazi !

Né d'un besoin impérieux, comme en Grande-Bretagne durant le choc avec le nazisme, en Israël ou pendant la Résistance, fils de l'Histoire, le Renseignement n'est-il pas également un produit de la société ? Paysans conservateurs et soupçonneux, les Français sont particulièrement doués — d'où leur goût pour la police ou leurs relatifs succès actuels dans la lutte contre le terrorisme — pour repérer la plus légère anormalité étrangère qui, sur leur sol béni des dieux, pourrait porter atteinte à leur propriété et à leurs sacro-saints intérêts immédiats. À la différence des Anglais, créateurs, à partir de leur île, d'un Empire mondial battu par les vents du grand large et méfiants à l'égard des turbulences de l'Europe continentale pouvant nuire à leur domination et à leur commerce, ou des Russes, menacés dans leurs steppes par les invasions étrangères, toujours avides d'étendre leur instable territoire, les arrogants enfants du coq gaulois n'ont pourtant jamais considéré la connaissance du monde qui les entoure comme une nécessité littéralement primordiale.

La prodigieuse incompréhension du général de Gaulle

L'exemple du grand Charles de Gaulle nous fournit un exemple éclatant de cette limitation véritablement structurelle.

Pur génie avec tout ce que cela implique de proximité avec le dérèglement, voire la folie, et de sécrétion d'une fascination — ou d'une irritation — sans bornes chez l'homme banalement ordinaire, l'œuvre du « Général » est titanesque. Après avoir, par la seule force de sa volonté et de son talent politique, rendu à la France son honneur perdu en raison de sa passivité frileuse et petite-bourgeoise — le « prolétariat » de 1936 appartient, hélas, à cette détestable catégorie sociale — face à l'hitlérisme et lui avoir redonné le rang d'une grande puissance balayé par la lamentable débandade de mai-juin 1940, il aura, rappelé au pouvoir en mai 1958, hissé de nouveau le minuscule Hexagone à un niveau international. Pour ce faire, l'homme du 18 juin a procédé à une décolonisation d'un « Empire » périmé, apporté un terme à l'abominable guerre d'Algérie — quelle joie que d'avoir participé à cette facette de sa bénéfique intervention dans l'Histoire ! —, réformé les institutions politiques dans le sens de la solidité et de la stabilité tout en jetant les bases d'une prospérité économique corrigée par une dose appréciable de justice sociale.

Il est d'autant plus surprenant que cet immense réformateur n'ait été en panne que dans un seul domaine : le Renseignement qui constitue pourtant l'adjuvant nécessaire sinon indispensable d'une grande puissance et a fourni au Général, au cours de son superbe combat de Londres, l'une des rares armes dont il disposait dans sa pathétique solitude. Lorsque constatant, après un enclenchement des négociations avec les dirigeants nationalistes algériens auquel je crois avoir apporté une pierre non négligeable, que la fin des appauvrissantes et déshonorantes guerres coloniales était enfin en vue — « l'Empire » ou « l'Algérie française » ne pouvaient guère exciter ni l'émigré russe ni l'analyste de formation américaine proche de Raymond Aron que j'étais —, je préconisai la création en France d'un service secret de pure recherche politique et stratégique, digne d'une grande nation, mes propositions seront écartées d'une méprisante chiquenaude. « Vulgaire et subalterne », dira plus tard le général de Gaulle de l'atroce affaire Ben Barka, mais je crains qu'il exprimait ainsi toute sa vision des services secrets. Laissant échapper avec la fin de la guerre d'Algérie et son retour sur la scène internationale une occasion historique de réformer son Renseignement, la glorieuse et pourtant repeinte à neuf France gaullienne se contentera, en effet, d'un service squelettique et dépourvu de compétence, travaillé par les pires barbouzeries et des intrigues de bas étage dans une Afrique vouée non au développement et au partenariat mais, sous le couvert de relations privilégiées entre le Dieu vivant et une poignée d'oligarques locaux, à un lamentable néocolonialisme.

C'est que, sous son habit de lumière d'un génie en phase avec l'Histoire « se faisant », de Gaulle était, personnage pétri de contradictions aussi grandioses que sa personnalité d'exception, un militaire du XIXe siècle, habité par un pénible conservatisme de garnison teinté de l'insondable mépris du combattant pour « l'officier de renseignement » — le sinistre « OR » français —, pour son absence d'engagement guerrier et ses douteux « coups tordus ». Dans la France de la Libération, les généraux Leclerc, Koenig ou Massu seront — de même, hélas, que des politiciens à la René Pleven — mieux traités que Marie-Madeleine Fourcade ou les colonels Passy et Rémy des « réseaux » en France occupée alors qu'on peut légitimement prétendre que les coups effectivement portés aux nazis par les uns ou les autres ne peuvent se situer au même niveau d'efficacité.

Et à quoi pouvait bien servir « l'espionnage » à un « grand homme » — ô la fascination du Général pour la « grandeur » ! — s'appuyant, pour comprendre le monde, sur un don, à vrai dire assez unique de visionnaire ? Lorsque son aide-de-camp le réveilla pour lui annoncer l'invasion de l'Union soviétique par Hitler, n'annonça-t-il pas, serein : « Eh bien, il a eu tort » ? Qu'importaient alors les « péripéties » qui parsemaient le chemin vers un but ou un « grand dessein » gravés en lettres d'or dans le grand livre de l'Histoire, tels, plus tard, la réconciliation entre la France et l'Allemagne ou l'effondrement — inéluctable pour de Gaulle et sur lequel il n'avait donc pas à être renseigné — d'une « idéologie totalitaire et dépassée » dans une Russie éternelle qu'il considérait, elle aussi, avec les yeux d'un contemporain de « l'alliance franco-russe » ?

Quant aux moyens de modeler l'univers, le chef de la France libre et le premier président de la nouvelle Cinquième République porté, autre surprenante contradiction chez ce défenseur éperdu de la liberté — la lutte contre les nazis, la décolonisation en Afrique, l'indépendance de l'Algérie ! —, tant vers une monarchie bien peu éclairée sur le plan intérieur que vers une tolérance douteuse pour la barbouzerie illustrée par ses relations incestueuses avec le visqueux Jacques Foccart, ne disposait-il pas d'une arme plus puissante et flamboyante que toutes celles que pouvaient lui apporter les services secrets : la force de son Verbe miraculeux ?

Aucun génie n'est universel et, dans la vie courante, Einstein ne déployait-il pas la plus touchante des naïvetés ? Et, de toute façon, la France du Général avait-elle véritablement besoin, pour exister et jouer un rôle dans l'univers, de services secrets qui, même en Russie, terre d'élection du Renseignement, ne seront, après la mort de Staline dont ils auront admirablement servi l'expansion, qu'un palliatif à une décomposition certes lente mais inévitable ?

Quand les matamores se mettent à penser

La légèreté française serait donc acceptable si elle n'était pas accompagnée de son naturel adjuvant hexagonal : la dureté, tempérée, il est vrai, elle aussi par la légèreté des militaires, d'ailleurs peu appréciés, tels les espions, par le peuple « le plus intelligent de la terre. »

Les services secrets du général de Gaulle à Londres portaient, face à la guerre avec les nazis et à l'occupation du territoire, le titre ronflant — plus grandiloquent que leur efficacité puisque celle-ci provenait essentiellement du surgissement le plus souvent spontané de réseaux de renseignement de la Résistance intérieure — de « BCRA » : « Bureau Central de Renseignement et d'Action » créé *ex nihilo* sous la pression de la guerre et de l'Occupation par le remarquable colonel Passy, polytechnicien ignorant pourtant tout des problèmes subtils du Renseignement[1].

D'accord pour « Renseignement » — bien que la notion, on l'a vu, ne me satisfait pas pleinement — en raison des proprement extraordinaires succès en matière de collecte d'informations sur les nazis obtenus par des « réseaux » ne

1. Bien que j'aie éprouvé la plus grande admiration et amitié pour le colonel Paul Paillole — autant, d'ailleurs, que pour son concurrent ès-Renseignement, le gaulliste orthodoxe André Dewavrin, devenu à Londres « le colonel Passy » —, je ne suis pas en mesure de me prononcer sur les performances de la poignée d'officiers d'élite dont il faisait partie et qui étaient, avant l'apparition en Occident de l'espionnage moderne sous le choc de la Seconde Guerre mondiale, rassemblés au sein du Deuxième Bureau de l'État-major général français — poignée squelettique, coupée du pouvoir politique ou militaire et exclusivement tournée vers la menace militaire hitlérienne.
On peut pourtant porter au crédit de ce valeureux petit noyau, qui, à partir de la minuscule Armée d'armistice du maréchal Pétain, sera plus tard le premier à se lancer dans la collecte de renseignements sur l'occupant nazi, la compréhension — écartée par le pouvoir politique et l'état-major sclérosé qui en émanait — et du réarmement allemand et de la nature blindée et aérienne de la guerre que lancerait Hitler. Et comment oublier l'assez extraordinaire — mais encore assez mystérieux faute d'archives indiscutables — recrutement du chiffreur allemand, Hans Thiele Schmidt, qui contribuera à permettre aux Alliés de reconstituer la machine à coder nazie Enigma ? Cependant ce « Deuxième Bureau » — qui ne s'était guère montré efficace durant la guerre franco-prussienne de 1870 et la Première Guerre mondiale tout en se déshonorant, entre-temps, dans l'affaire Dreyfus — ne parviendra pas à s'introduire dans le secret des plans allemands de l'offensive en Belgique ou dans les Ardennes. De toute façon, sa rapide mise hors-jeu après la défaite de mai-juin 40 ne permet pas — bien qu'on puisse penser que l'apparition de l'espionnage moderne sous la pression de la lutte contre Hitler aurait entraîné la transmission de ses pouvoirs à des services extérieurs plus fournis et plus ouverts sur la société civile — d'imaginer ce qu'aurait été son rendement face au redoutable IIIe Reich.

dépendant pas, d'ailleurs tous, d'un BCRA d'obédience strictement « gaulliste ». Mais pourquoi l'abstraction pompeuse — et tellement française ! — de « l'Action » ? Les Anglais parlaient eux, plus correctement et plus concrètement, d'« opérations spéciales » imposées par la nouvelle nature de la guerre — « SOE », le « *Special Operations Executive* » créé par Churchill pour « mettre le feu à l'Europe » — et qui, une fois la paix revenue, n'occuperont aucune place dans l'Intelligence Service qui, malgré sa petitesse, jouera un rôle si dynamique durant la « guerre froide ».

En raison peut-être de son effondrement sans gloire en 1940, la France, elle, restera obnubilée par les pourtant maigres prouesses des ses rares commandos — toute autre était l'efficacité des partisans communistes et certaines unités, tels les SAS du « *Special Air Service* », dépendaient directement des Britanniques. Quant aux guerres coloniales dont elle sera, mis à part le peu glorieux Portugal, la dernière à se débarrasser en Europe — 1962 pour la fin de la guerre en Algérie ! —, ces abominables conflits contribueront à entretenir l'adoration d'une « Action » qui serait constitutive des services « spéciaux ». De nouveau, hélas : aucune réflexion n'est menée aujourd'hui à ce sujet en France car l'Action à la française, avec son puissant « service » du même nom et son unité de parachutistes spécialisés — le trop célébré « 11e Choc » —, ne représente qu'une force paramilitaire. Il est plus facile, en effet, d'entraîner des commandos de fiers-à-bras que de pratiquer le recrutement d'irremplaçables agents ou d'exercer une véritable influence politique sur l'Histoire « se faisant ».

Je ne nie pas que les services secrets doivent être prêts à lancer des opérations spéciales en temps de guerre ou dans certains cas de crises internationales aigues, telles que celles qui ont ravagé le malheureux Afghanistan. J'admets que des missions dangereuses et sophistiquées — par exemple : le rapatriement, aujourd'hui, d'otages en Irak — doivent être effectuées. Je ne vois pas, pour autant, l'utilité d'entretenir à cette fin en temps de paix un écrasant « service Action » de conception guerrière et de réduire ainsi des interventions qui devraient être conçues et exécutées au plus haut niveau stratégique, politique et diplomatique à de simples coups d'épingle militaires nimbés d'une conceptualisation aussi aveugle que réductrice. J'ai nommé « l'Action » — plus j'écris ce mot et plus il me paraît détestable — et le « concept RAP », « Recherche, Action, Protection » qui faisait florès dans les années soixante pour caractériser les missions des services « spéciaux » me paraît aussi faux, dans la militarisation d'alors de la pensée due à l'atroce guerre d'Algérie, que celui de la « guerre révolutionnaire » qui, inexistante dans un Saint-Empire soviétique ne retenant que « l'action politique » du parti communiste et le concept pratique de la « guerre des partisans », n'existait que dans l'imagination morbide des matamores d'une armée française déboussolée par sa défaite en Indochine.

En temps de paix, « l'Action » à la française ne mérite pas l'importance intellectuelle ou matérielle qu'on lui attribue ou, pis encore, risque d'aboutir à des barbouzeries du genre du lamentable attentat contre le *Rainbow Warrior*.

Quant à la volonté de « transformer le monde » qui fut l'un des rêves de la CIA américaine durant les premières décennies de la « guerre froide », il serait déraisonnable de penser que cette tâche, dont il nous a été donné de découvrir à satiété l'extrême complexité, pourrait être accomplie par une petite, fût-elle hautement sophistiquée, structure de recrutement et de mode de pensée strictement militaires, même et surtout si elle s'appuie sur une unité de parachutistes velus à souhait. Le soutien par ceux-ci des islamistes en révolte contre l'armée soviétique en Afghanistan constitue un cas d'école. Aurait-il été confié à des politiciens et diplomates de haut niveau et non à des instructeurs de tir au « Stringer » que l'on aurait peut-être réduit le risque d'apparition de Ben Ladens.

L'étrange SDECE

Que faut-il alors penser du « SDECE » français, né dans l'euphorie réformatrice de la Libération ? « Service de Documentation extérieure » — *sic*. Ah qu'en termes élégants ces choses-là sont dites ! — « et de contre-espionnage » — pourquoi « contre-espionnage » ? Cette mission-là n'est pas essentielle pour un service de collecte de renseignements secrets et de connaissance du monde —, dit « le Zduk », dit « la Boîte », dit « la Piscine » en raison de la proximité de ses vieilles et lugubres casernes avec la piscine des Tourelles.

Cet avatar du grand service de renseignement stratégique et politique dont, après la fin de la guerre, a rêvé, au vu de son osmose avec l'Intelligence britannique durant la Résistance, le chef du BCRA gaulliste à Londres, le colonel Passy, est devenu, à cause de la faiblesse institutionnelle et de l'instabilité gouvernementale de la pauvre Quatrième République, un petit organisme coupé du pouvoir politique, absent de la « guerre froide » mais plongé jusqu'au cou dans de déplorables guerres coloniales. Parallèlement à ses admirables renaissances — naissance ? — démocratique et surtout économique — les « trente glorieuses » —, la France d'alors semble, en effet, avoir, poussée par des colons avides, des « petits Blancs » conservateurs et une Armée désireuse de revanche après la débâcle de 40, perdu la tête sous son fardeau d'Outre-mer dont — c'est un de ses titres de gloire — le général de Gaulle l'a finalement débarrassée au cours de rudes convulsions que je suis fier d'avoir modestement contribué à réduire et surmonter.

Ayant hérité par hasard, à cause de ma réputation d'« analyste américain », et en raison des impératifs d'une guerre d'Algérie — la guerre a horreur du vide — que j'ai toujours, formé par Raymond Aron, considérée comme atroce et donc passagère, de la supervision — de bien haut et de bien loin —, après le retour au pouvoir du général de Gaulle en 1958 et la nomination au début de l'année suivante comme Premier ministre de mon ami d'alors, Michel Debré, de tous les grands services de sécurité de l'État — Sûreté nationale, DST, Renseignements généraux et police judiciaire, SDECE et, dans une moindre mesure, la Préfecture de police de Paris tenue par Maurice Papon —, je ne connaissais, submergé par une abondante production de renseignements en tous genres dans une époque particulièrement riche en crises, leurs opérations qu'après coup et d'une manière qui était loin d'être systématique. Les plus importantes ou les plus secrètes échappaient ainsi — telles les brutales répressions des manifestations de rues par Maurice Papon ou les interventions du « service Action » d'un Jacques Foccart qui en avait été un membre éminent — au conseiller de trente-deux ans que j'étais, jeune et tendre face à la grandiose statue du général de Gaulle, à l'autorité personnelle d'un Premier ministre exigeant à souhait et à la haute compétence des remarquables généraux et préfets qui dirigeaient déjà les services de police et de renseignement sous la Quatrième République et que, dans sa grande sagesse, le général de Gaulle avait choisi de ne pas remplacer par les aventuriers extrémistes et un tantinet voyous — les « compagnons » — qui l'avaient entouré pendant sa « traversée du désert » et les troubles complots du 13 mai 1958.

Après ces trois années de fièvre, j'ai pourtant cherché, sans jamais désirer rejoindre une vie politique et une fonction publique qui m'avaient épouvanté, à comprendre le spectacle tumultueux mais aussi mal maîtrisé, auquel j'avais, « spectateur engagé » mais isolé et débordé, assisté depuis un hôtel Matignon qui n'était pas aussi calme que de nos jours. Néanmoins, si je crois avoir effectué un important effort de réflexion, je ne me sens pas autorisé à rendre publiques toutes les confidences que j'ai alors, rendu à mes activités d'analyste et d'un homme de lettres qui deviendra plus tard éditeur, essayiste et romancier, obtenues de la plupart des acteurs et témoins. D'une part elles ne m'appartiennent pas et, d'autre part, je ne suis pas sûr, la mémoire et l'autoglorification humaines étant ce qu'elles sont, de leur véracité dans une France où n'existe pas une véritable et profonde culture du Renseignement.

Deux constatations que l'on pourrait qualifier d'« opérationnelles » paraissent cependant émerger de ce flot de souvenirs trop complaisants à mon goût. Engagé par le gouvernement du socialiste Guy Mollet dans la guerre d'Algérie, le SDECE aurait réussi — par des méthodes que je ne peux dévoiler car elles peuvent servir encore de nos jours mais dont je peux dire qu'elles s'inspiraient plus des expériences de la Résistance que des techniques de l'espionnage moderne — à entraver d'une manière significative le trafic d'armes au profit du soulèvement nationaliste en fournissant à la Marine nationale des renseignements précis et précieux sur les navires suspects qu'il s'agissait d'arraisonner avant qu'ils ne débarquent leurs meurtrières cargaisons dans les bases arrières du FLN au Maroc ou en Tunisie. Les anciens du service aiment se glorifier que leur petit SDECE aurait, épargnant ainsi des vies humaines, permis de saisir plus d'armes, avant qu'elles ne servent à tuer des innocents, que l'Armée française n'en a ramassés en Algérie même, au prix de durs combats. Je ne suis pas en mesure de me prononcer sur la véracité de cette affirmation satisfaite qui, si elle est exacte, confirmerait tant l'efficacité et l'utilité de « l'espionnage » que la contribution qu'il apporte, avec une sidérante économie de moyens, à l'instauration de la paix et à la sauvegarde de l'existence d'êtres humains.

Je connais mieux, une fois n'est pas coutume, — ce fut ma seule et unique intervention sur un service sur lequel on m'abusait trop souvent —le deuxième volet des « succès » du SDECE, tant l'affaire correspondait à la volonté profonde du général de Gaulle et à mon propre désir d'apporter un terme à une guerre aussi atroce qu'inutile. Au vu de la reconnaissance publique solennelle par le général de Gaulle de la « République algérienne » dans son discours du 4 novembre 1960, l'un des membres du service — dont je n'ai jamais compris ni le statut ni les activités réelles — a alors activé, à ma demande, les contacts qu'il n'avait jamais cessé d'entretenir avec des journalistes français et étrangers proches de la cause indépendantiste. Au cours de conversations chaleureuses et détendus, il avait alors indiqué à ceux qui étaient devenus de véritables amis au fil du déroulement interminable du conflit — il n'était pas question ici d'une « manipulation » ni, même, de ce qu'on aurait pu appeler une « opération » — que la voie des négociations était désormais ouverte avec le pouvoir du chef généreux et libéral de la France libre. Les premières réunions secrètes entre représentants du Premier ministre et ceux du FLN algérien puis avec l'ancien directeur du cabinet du général de Gaulle, Georges Pompidou, à Lucerne sont la conséquence directe de cette initiative qui permettra plus tard, à la différence de ce qui s'était passé lors des pourparlers mal préparés et mal contrôlés de

Melun, de suivre, voire de favoriser et d'enrichir, les ultérieures négociations secrètes puis publiques entre la France et le GPRA nationaliste.

Les relatifs succès obtenus dans ces deux domaines ainsi que dans l'action d'influence du correspondant du SDECE, le remarquable Me Violet que nous examinerons plus tard tant elle correspond plus à une aventure personnelle qu'au fonctionnement du « Service », joints à la loyauté globale des services secrets durant le soulèvement sanglant de l'OAS, étaient combinés, il est vrai, avec une absence de professionnalisme souvent sidérante ou de toute forme d'analyse. Et n'oublions pas — « hélas, hélas, hélas » — les relents inacceptables d'activisme parachutiste — encouragé, soyons justes, par certains éléments d'un pouvoir politique ignorant des problèmes subtils du Renseignement et ne témoignant pas, durant la première phase de la guerre marquée par la volonté du général de Gaulle d'affaiblir la « rébellion » avant de négocier avec elle, de la « réserve » qui aurait été alors nécessaire[1].

1. Si j'en crois les recherches effectuées par des journalistes d'investigation vingt ans après la fin d'une guerre d'Algérie qui me paraît de plus en plus abominable au fil du temps — recherches régulièrement relayées de nos jours par les amateurs de « révélations » croustillantes inspirées par la détestable équation française « espionnage égale scandale » — ou les bribes de confidences, imparfaites et réticentes, que je suis parvenu, près d'un quart de siècle après ces tragiques événements, à extirper de certains responsables français, le SDECE aurait — je dis bien: aurait — reçu du pouvoir politique l'ordre de tuer, comme c'était hélas habituel en temps de guerre durant ces époques lointaines que j'espère révolues à tout jamais. Le gouvernement du socialiste Guy Mollet, qui ne lésinait pas sur d'intolérables mesures d'exception pour « normaliser » la situation dans « l'Algérie française », aurait — toujours « aurait » tant les preuves indiscutables sont minces — donné, en effet, pour instruction à ses services secrets de prolonger leur effort de recherche sur le mouvement des bâtiments transportant des armes par l'élimination des « marchands de mort » qui, à l'abri à l'étranger, permettaient au conflit de s'amplifier en causant de multiples victimes civiles et militaires.
Sous la couverture d'une vague et ancienne organisation contre-terroriste des Européenns de Tunisie au nom douteusement trouble de « la Main rouge », les services auraient accepté d'exécuter cette mission, à condition toutefois que de pareilles « Actions » soient décidées au plus haut niveau de l'État et exclusivement menées à bien en temps de guerre et lors d'une nécessité absolue, à doses donc homéopathiques, en dehors du territoire national et sur des citoyens étrangers.
D'après l'historien Pascal Krop (*La Piscine, Les Services Secrets français 1944-1984*, Paris, Le Seuil, 1985) ou de mes propres et difficiles contacts avec les anciens du service après la publication de ce livre, de telles opérations, abominablement dénomées « homo », auraient — toujours le conditionnel car subsiste la possibilité d'une intervention d'éléments extérieurs aux services secrets ou mal contrôlés en leur sein — perduré sous le général de Gaulle en raison de l'extrême agitation des activistes l'ayant ramené au pouvoir. Certains témoignages — il est vrai lointains, approximatifs et portés vers la vantardise voire la mégalomanie —

La fin bienvenue des hostilités justifiait donc, voire imposait, une réorganisation totale du SDECE pour l'adapter aux tâches de paix qui attendaient la France enfin libérée du « boulet algérien ». Au vu des expériences vécues et de la miraculeuse disparition des guerres coloniales, le rêve d'après la Libération du colonel Passy pouvait être de nouveau réalisé afin de créer enfin un véritable, efficace et compétent service de pure recherche stratégique et politique. Or, confiant dans ses talents de visionnaire inspiré, entouré d'hommes pour qui le Renseignement n'était que de la barbouzerie dans une Afrique dont je ne peux parler car j'en ignore tout, le général de Gaulle ne l'a pas voulu malgré toutes mes recommandations. Et le SDECE sera donc condamné à vivre deux décennies de troubles et de douteuses aventures qui perdureront même après son remplacement en 1981 par l'actuelle DGSE.

Compromission de certains correspondants mal contrôlés du SDECE dans le sinistre enlèvement en plein Paris du leader marocain Ben Barka... Tentative

---

indiquent qu'une dérive — limitée elle aussi — se serait même produite — de la part de qui ? — vers des personnalités plus politiqes que les simples et condamnables trafiquants d'armes. Ô « l'ascension aux extrêmes » propre à toute guerre !

Je me dois de préciser ici un fait d'ordre personnel. Certes j'ai exploité à fond ces thèmes forts dans mon œuvre romanesque d'il y a une dizaine d'années. Certes je me suis alors , à ma plus grande honte, laissé emporter par la mythomanie secrétée tout naturellement par ce sujet impur lorsqu'avant mes nouvelles relations avec les anciens de la PGU, j'ai désiré magnifier la prétendue toute-puissance des « Services » ou ai eu la faiblesse d'accepter de jouer le rôle détestable d'un « Super-Espion » au petit pied afin d'assurer la « promotion » — ô horreur ! — de ma « production littéraire » du moment. Il n'en reste pas moins que, malgré ma réputation sulfureuse due tant à mon nom russe — le « Serbo-Croate de service », écrivait de moi *Le Canard enchaîné* — qu'à la profonde incompréhension de mes fonctions de conseiller de Sécurité du Premier ministre durant une époque particulièrement troublée, je ne suis en rien ni coupable ni même responsable de ces errements que je réprouve profondément. Soit ils ont été commis par des activistes isolés dont on ne connaît pas les véritables liens avec les services secrets français. Soit, il y a eu un ordre ou une tolérance de l'État gaullien, dans le but, d'après une thèse souvent avancée, mais ce n'est pas une justification, de réduire le risque d'une révolte des parachutistes des services « spéciaux » analogue à celle du putsch d'avril 1961 ou de l'OAS. Or, dans cette seconde hypothèse — encore une *terra incognita* —, une telle tolérance n'aurait pu être décidée ou de tels ordres donnés qu'à un niveau politique infiniment supérieur au mien. La « règle républicaine » définie par la Quatrième République et confirmée par la Cinquième ne prévoit-elle pas une approbation d'opérations aussi exceptionnelles au plus haut de l'État ? Bref et en dépit des fantasmes qui m'entourent, je n'ai strictement rien à voir, ni de loin ni de près, ni avec « la Main rouge » ni avec les « Templiers » ni avec la secte du « Temple solaire » auxquels une douteuse mythologie essaie de m'associer à un moment où, en nos temps calmes et bénis, « l'espion » est devenu, en Occident tout au moins, un être maléfique et, osons-le dire, franchement répugnant.

de diffamation profondément barbouzarde de la femme d'un ancien Premier ministre, soupçonné de tiédeur gaulliste, dans la sordide affaire Markovič... Découverte effarée de la pénétration du service par le KGB soviétique sans que cette catastrophe ait jamais pu être tirée au clair — « Nous avons « pénétré » la SDECE comme une vieille putain », affirmera aimablement aux Américains le chef du contre-espionnage de la PGU, Oleg Kalouguine, lors de son installation aux États-Unis après la chute du communisme... « Les services secrets français sont devenus «l'homme malade de l'Europe» », serais-je amené à écrire en 1965, en pleine gloire gaullienne, dans la préface française des *Carnets secrets du colonel Penkovsky*... Nomination à la tête du service en 1971, compte tenu de ces travers, d'Alexandre de Marenches, personnalité civile charismatique proche du président de la République, Georges Pompidou, qui, au prix de coupes sombres, rétablira la discipline et le prestige mais, tout en tournant le SDECE vers l'Afrique, poursuivra durant dix ans une politique strictement personnelle de relations privilégiées avec les dirigeants antisoviétiques les plus obtus — Nixon ou le chah de Perse dont, à la différence des spécialistes du service, le flamboyant et légèrement mégalomane Marenches, ne prévoira pas la chute... Glissement conséquent du SDECE ainsi « relooké » entre les mains du complexe militaro-industriel qui y verra une source de promotions et de décorations pour des généraux assoupis et un lieu de défense, sur le continent noir, d'une politique néocolonialiste dans le juteux « pré carré » français... Tels seront, lors des années de Gaulle, Pompidou, Giscard les tristes avatars de « l'espionnage à la française » que les commentateurs hexagonaux auront la détestable tendance de considérer comme une caractéristique essentielle du Renseignement *per se*[1].

On connaît la suite. La tentative de réforme de François Mitterrand après l'arrivée de la gauche au pouvoir en 1981 capotera en raison de toutes ces pesanteurs. La nouvelle Direction générale de la Sécurité extérieure — appellation correcte mais combien pompeuse — ressemblera comme un frère jumeau au SDECE que l'union de la gauche avait promis de supprimer. Nommé à sa tête, le dynamique industriel Pierre Marion, qui tentera d'ouvrir des fenêtres sur la

1. Bien que je les aie toujours défendus avec vigueur — nécessité du Renseignement pour un grand pays — durant mon bref passage à l'hôtel Matignon ou, plus tard après ma disgrâce, lors d'innombrables prises de position dans la presse écrite ou télévisée malgré le fait décourageant que je n'étais ni compris ni écouté — « Melnik me tient des discours incompréhensibles », note l'inénarrable mais dangereux roi de la barbouzerie, Jacques Foccart, dans ses superficiels et tendancieux « Mémoires » —, j'ai éprouvé pour eux moins les sentiments amoureux que fait éclore une femme aimée mais plutôt l'affection attristée qu'inspire un enfant chéri mais handicapé.

société civile et la lutte contre un terrorisme superbement négligé par Marenches, ne restera en place que dix-huit mois, victime tant de ses propres maladresses que de la fausseté, en matière de Renseignement, du mythe de « l'homme providentiel », pur produit de services incompétents car aucun James Bond miraculeux ne peut d'un coup de baguette magique rendre opérationnels des organismes mal compris et laissés à l'abandon par le pouvoir politique. Après son limogeage, les errements militaires reprendront bien vite, qui aboutiront au lamentable et inadmissible sabotage du *Rainbow Warrior* alors que les initiatives militantes de Greenpeace dans le Pacifique n'auraient dû relever que des seuls moyens classiques de contrôle de l'efficace Marine nationale. Désastre et cohabitation obligent, le défilé recommencera de scron-gneu-gneux le petit doigt sur la couture du pantalon, bien sympathiques mais aussi peu doués pour le Renseignement que moi pour le « politiquement correct ». Il faudra attendre 1989 — huit ans après l'élection de François Mitterand, au moment de la chute du mur de Berlin et de la fin de la « guerre froide » — pour que se produise enfin, retour aux traditions républicaines après les errements de la guerre coloniale d'Algérie, la nomination, à la tête d'une DGSE qui semblait promise à la somnolence militaire, d'un préfet de haut rang, assisté d'un spécialiste reconnu, civil lui aussi, du Renseignement, issu des remarquables polices de la République.

Aujourd'hui que la DGSE a été réorganisée de fond en comble — tout en gardant, malheureusement, ses colifichets militaires — afin de faire face à la menace terroriste et qu'elle a été confiée, intéressante innovation, à un éminent diplomate, disposons-nous donc, enfin, d'un service secret politique et stratégique à la mesure des missions essentielles posées par la dilution et l'accroissement des risques après la fin de la « guerre froide » : hégémonisme unilatéral des puissants États-Unis, montée en puissance de la Chine et de l'Inde, exacerbation des nationalismes et des extrémismes religieux au Moyen-Orient, possibilité de prolifération nucléaire au sein d'« États-voyous », surgissement de « l'hyper-terrorisme » international, cruel, aveugle, étendu à toute la planète et susceptible un jour d'utiliser des armes de destruction massive bactériologiques, chimiques, voire nucléaires ? Le caractère policier de la lutte contre le terrorisme — s'il n'existe pas en France de culture du Renseignement, ses traditions policières remontent au Moyen Âge —, la position privilégiée de l'Hexagone dans un Proche-Orient sensible à son respect du monde musulman qui n'est pas contradictoire avec sa traditionnelle amitié pour Israël, les avantages de la construction européenne et la présence dans une Afrique enfin débarrassée du néocolonialisme barbouzard, la coopération fructueuse que permet le soutien français d'un multilatéralisme ne battant pas en brèche une efficace collaboration antiterroriste avec les puissants services secrets des États-Unis constituent des atouts indubitables qui manquaient cruellement durant la « guerre froide » quand l'affrontement inexpiable entre la « République impériale » et le Saint-Empire communiste ne correspondait en rien ni aux moyens ni à la psychologie de notre chère petite nation.

La DGSE *new look* nous protège-t-elle donc assez dans le monde « littéralement terrifiant » où il nous est donné de vivre ? La France étant ce qu'elle est, je me demande, à moins de bouleversements qui ne sont pas dans sa nature, si elle peut faire mieux.

Un homme d'influence

Terminons cette plongée dans les malheurs en matière d'espionnage de la « douce » mais inconsciente France sur une note moins empreinte de pessimisme.

Bien qu'il s'agisse non comme s'en vantent les services secrets français d'une nouvelle et efficace « action politique » à la française mais de l'aventure personnelle d'un homme exprimant surtout un unique et exceptionnel talent individuel, l'extravagant parcours de l'étrange Me Violet rédige une page particulièrement originale de l'histoire de « l'espionnage » démocratique bien compris.

L'aventure commence, au début des années cinquante, lorsque Me Violet, conseiller juridique et avocat du pape Pie XII, spécialisé dans les grandes affaires internationales, se présente au Président du Conseil de droite de la Quatrième République, Antoine Pinay, en demandant, au nom, affirme-t-il, du Vatican, à la République française, « fille aînée de l'Église », d'apporter son soutien à l'Église catholique persécutée par le système communiste en Pologne.

Antoine Pinay ne peut que diriger son curieux visiteur sur ses services secrets qui, quoique confiés durant cette époque d'exacerbation de la « guerre froide », à des socialistes bon teint, se lancent, avec la coopération du BND allemand du général Gehlen — sollicité, Allen Dulles, malgré toute sa volonté de stopper l'expansion communiste, refuse de participer à une entreprise « papiste » — dans une opération clandestine visant, avec les combien faibles moyens de l'époque, d'infiltrer dans la Pologne occupée par l'Armée rouge, des objets de culte, des évangiles, des missels et des livres de prière, voire de l'argent ou des prêtres isolés.

Dans ses vieux jours et après l'élection de l'extraordinaire pape polonais Jean-Paul II, Me Violet, qui avait organisé parallèlement l'écriture et la diffusion à large échelle dans les pays catholiques d'Europe occidentale et d'Amérique latine d'un « Livre rouge » sur les persécutions de l'Église catholique derrière le rideau de fer[1], estimait que l'opération dénommée « Pax » avait joué un rôle majeur dans la survie puis le renouveau de l'Église polonaise. Je suis moins affirmatif car, à mon avis, cette survie et cette renaissance auraient eu lieu de toute façon au sein d'un peuple polonais dont le courage, la résistance héroïque à toute forme d'occupation étrangère et la foi chrétienne ne sont plus à démontrer.

Fasciné par sa découverte du Grand Jeu, le dynamique et inventif avocat du Vatican continue sa coopération avec les services secrets français, donnant naissance à une action politique plus proche désormais d'une clandestine diplomatie parallèle que de la *covert action* de la CIA ou des « mesures actives » du KGB. Avant d'exercer, en se prévalant du désir d'un Vatican dont je n'ai jamais pu établir à quel point il approuvait ou connaissait ces initiatives, une action de lobbying — d'influence ? — sur les dirigeants catholiques de l'Amérique latine en faveur de la politique algérienne du général de Gaulle — des condamnations de la France gaullienne furent ainsi évitées de justesse à l'ONU sans que les services secrets aient daigné m'expliquer comment ils étaient parvenus à ce surprenant résultat —, Me Violet interviendra, dès les premiers jours suivant le retour au pouvoir du général de Gaulle, auprès du chancelier allemand Konrad Adenauer afin de lui affirmer que la réconciliation franco-allemande, rêvée depuis toujours par le Saint-Père, pouvait désormais devenir le « grand dessein » de l'Europe naissante.

D'après Me Violet, mi-représentant des services secrets français, mi-envoyé spécial du pape, le retour aux affaires du Général ouvrait de nouvelles et enrichissantes perspectives malgré ce qu'affirmaient les démocrates-chrétiens français, hostiles à la « dictature » de De Gaulle et à ses tranchantes prises de position et déclarations anti-allemandes à l'époque tant de son opposition de principe au régime de la Quatrième République que de l'entrée de l'Allemagne — sur ce point précis, la politique du général de Gaulle correspondait à la volonté de l'Union soviétique et à la mobilisation de l'opinion française, accompagnée,

1. Bien qu'allant dans le sens de la *covert action* de la CIA dans sa lutte contre la communisation de l'Europe occidentale et proche de l'esprit des « mesures actives » du KGB, cette entreprise de collecte de renseignements rassemblés dans un instrument de propagande — d'information objective ? — fut montée grâce aux fonds et moyens propres des milieux catholiques occidentaux sans le moindre financement ou appui d'aucun service secret officiel.

sinon orchestrée, par les « mesures actives » du KGB — dans l'Armée européenne — la célèbre « CED » — patronnée et désirée par les États-Unis.

De nouveau, je pense que la bénéfique accélération de la réconciliation franco-allemande par les initiatives spectaculaires du général de Gaulle et de Konrad Adenauer se serait produite de toute façon étant données les visions historiques propres à ces deux immenses hommes d'État. Néanmoins, le poids du désir du pape, l'enthousiasme d'Adenauer face au « message » de Me Violet tout de suite rapporté au général de Gaulle par ses services secrets ont probablement accéléré et renforcé un processus naturel. Les démocrates-chrétiens français opposés au général de Gaulle étaient mis hors-jeu alors qu'était bousculée une diplomatie officielle issue de la Quatrième République et qui, attachée à la prudente démarche du remarquable Robert Schuman, manifestait plutôt de la méfiance envers le nouveau chef de la France, ressenti alors comme un opposant à la « politique allemande et européenne » de la Quatrième République — inspirée par les États-Unis — et revenu de surcroît aux affaires dans les fourgons d'une Armée chauvine à outrance.

Plus importante encore me paraît l'intervention du bouillonnant Me Violet pour transformer le monde lorsqu'il aura pourtant rompu tout contact avec des services français qui, confiés en 1971 à un Alexandre de Marenches adepte de relations privilégiées avec l'anti-soviétisme primaire de la présidence nixonienne et ses soutiens les plus réactionnaires au Proche-Orient et en Afrique du Nord, le considérait comme un dangereux homme de « gauche » à éviter[1].

C'est donc en citoyen ordinaire, certes familier des modes d'action politique des services secrets français qu'il a d'ailleurs contribué à forger et gardant des relations privilégiées dans leur mouvance, que Me Violet se lance — avec quel soutien au Saint-Siège ? Je ne suis jamais parvenu à éclaircir ce point malgré toute l'amitié qui nous a liés lorsque j'ai découvert son rôle après mon passage à l'hôtel Matignon — dans une aventure proprement extraordinaire. Devant la grande initiative diplomatique du vieillissant Leonid Brejnev qui, au zénith de

1. Cette rupture avec tout service officiel français expliquera plus tard en partie, à mon avis, la folle aventure de notre héros dans l'épisode, plus jubilatoire que scabreux, de l'affaire dite des « avions renifleurs ». Ne pouvant consulter aucune administration d'État, l'avocat, mû comme toujours par le désir — à quel point orgueilleux ? — de servir son pays, ira proposer directement à Elf, dont l'aventurisme et la barbouzerie ont éclaté au grand jour avec les pérégrinations de M. Sirven et autres Mesdames Devier-Joncour, la grotesque et prétendument scientifique possibilité de détecter des champs de pétrole cachés sous terre ou sous mer grâce à un miraculeux dispositif monté sur des avions dont lui avait parlé certains de ses amis, plus proches, comme la suite judiciaire de l'affaire le démontrera, de savants Cosinus que d'escrocs caractérisés.

la puissance du Saint-Empire communiste, désire obtenir d'un Occident qu'il estime à genoux, la reconnaissance de ses frontières et la création d'une nouvelle organisation de sécurité et de coopération où l'Union soviétique jouerait le rôle déterminant que permettaient son prestige dans le monde et la proclamation de ses bonnes intentions au nom du socialisme triomphant, l'avocat du Vatican imagina, selon sa propre expression, de lui infliger une « prise de jiu-jitsu ». Au lieu de refuser à « l'Ogre satanique » l'avantage qu'il réclame, Violet propose, trois ans avant les accords de Helsinki sur lesquels il pèsera de toute sa prodigieuse influence à Rome, à paris et même à Washington, d'imposer en échange à La Mecque du communisme, la libre circulation — mortelle pour elle — des hommes et des idées sur les immenses territoires qu'elle contrôle[1].

Cette manœuvre de déstabilisation — dont ni Brejnev ni son KGB n'ont saisi le danger —, qui précède « l'auto-déstabilisation » du Saint-Empire menée, elle, par les Grands Prêtres marxistes eux-mêmes, toujours aussi confiants dans leur Dogme et dans leur force, par le biais de la folle invasion de l'Afghanistan, du refus de toute réforme économique ou de la libéralisation imprudente de Gorbatchev, correspond-elle à la possibilité de transformer le monde par une action politique intelligemment conçue des services secrets ? N'est-elle pas plutôt l'équivalent de ce que sont, dans le domaine cette fois de la haute politique, de l'idée de l'Europe propre au grand Jean Monnet ou de la réconciliation franco-allemande de l'immense général de Gaulle ?

Oui car l'accentuation des « contradictions internes » de l'utopie communiste par le biais de la reconnaissance par le Saint-Empire de la libre circulation des hommes et des idées est bien conforme aux modes de pensée de services secrets qui, ayant acquis une « connaissance objective » du monde, utiliseraient toute occasion pour le changer en exploitant intelligemment leur compréhension de ses pulsations les plus profondes. Non car Me Violet était alors coupé de tout contact, sinon avec le Vatican, du moins avec les services français — hostiles, dans la personne de leur chef, Alexandre de Marenches, à une « capitulation » devant le Saint-Empire. De toute façon, l'action politique qu'il a imaginée et menée à bien relevait non d'un bureaucrate de l'analyse ou d'un spécialiste des « coups tordus » — souvenons-nous des *covert actions* de la CIA dans le tiers-monde —, mais, tel Allen Dulles aux débuts de la « guerre froide », d'un conseiller privilégié du Prince.

En tout cas, l'invention historique de la « troisième corbeille » d'Helsinki ne peut — quels que soient les différents acteurs qui ont pris le relais de

1. Voir ci-dessus p. 282.

Me Violet — qu'être comparée, au plan du « refoulement » de l'ordre communiste, à l'action politique, cette fois d'« endiguement », menée par Allen Dulles pour empêcher la soviétisation de l'Europe occidentale ou, de nos jours, au *soft power* des fondations démocratiques américaines en Serbie, en Géorgie ou en Ukraine. Telle la haute politique de dirigeants exceptionnellement doués comme le général de Gaulle — ils deviennent, hélas, de plus en plus rares dans notre siècle de pure gestion —, l'action politique des services secrets n'est efficace que lorsque, écartant tout rêve de barbouzerie et de recours aveugle à la force et à la subversion, elle s'inscrit, parfaitement pensée, dans un sens de l'Histoire, lui aussi bien compris et appréhendé.

ANNEXE N° III

Littérature et espionnage

Un bellâtre mythique

Rien ne ressemble moins à l'*oper* moderne que la figure flamboyante de celui qui, pour le grand public, est censé le représenter. Resplendissant de la beauté virile de Sean Connery ou de Roger Moore, doté de voitures rutilantes bourrées de gadgets meurtriers, flanqué de femmes à vous couper le souffle, James Bond ne passerait pas le premier poste de douane du pays le plus laxiste et attirerait immanquablement l'attention de l'inspecteur Clouzeau le plus maladroit. Ne disposant d'aucun renseignement digne d'intérêt, il court de pin-up en pin-up, jonchant sa route désordonnée de cadavres sanguinolents mais aseptisés alors que l'assassinat ne fait pas partie, fort heureusement, de la panoplie des services secrets contemporains. Bellâtre incompétent, James Bond relève donc moins du Renseignement tel qu'il est pratiqué dans la réalité que du conte de fées pour adultes attardés.

Né des frustrations des rouleurs de mécaniques des commandos occidentaux qui, malgré un entraînement surréaliste, n'ont porté aux terrifiantes armées nazies que de dérisoires coups d'épingle, nourri de l'ignorance qui recouvre les activités d'espionnage, James Bond est également le fils naturel de toutes les terreurs de la « guerre froide ». La découverte horrifiée de « l'espionnage atomique » ou de la profondeur de la pénétration de la société européenne par des hommes au-dessus de tout soupçon et aussi haut placés que les Cinq de Cambridge, le mythe du « bolchevik au couteau entre les dents » ont suscité une frayeur telle que seul le surgissement d'un « Super-Espion » occidental pouvait la calmer.

Une question se pose pourtant : aussi irréel et échevelé qu'il soit, le fantasme ne charrie-t-il pas une part de vérité ? Lorsque, face à une réalité ressentie comme plongée dans les ténèbres les plus insondables et obscures, vous découvrez la « source » lumineuse qui vous en éclaire soudain, comme en plein jour, toutes les riches subtilités, n'éprouvez-vous pas un envoûtant sentiment de toute-puissance ? Quand, déjouant dans une ville hostile les surveillances d'une police omnipuissante, vous relevez une boîte aux lettres morte bourrée des secrets les mieux gardés de votre ennemi et que vous déposez en échange des instructions pour obtenir encore plus de trésors, ne vous sentez-vous pas investi d'attributs surnaturels ? Et lorsque, placé au cœur d'un État, vous prenez la décision exaltante de transmettre à l'adversaire de votre société un secret connu seulement de deux ou trois personnes, n'avez-vous pas l'impression enthousiasmante d'être Dieu ?

Les jeunes et dynamiques officiers russes qui perçaient les secrets de fabrication de la bombe atomique qui allait modifier le cours du monde dans le désert de Los Alamos, les opérateurs américains qui recueillaient des renseignements uniques sur le ténébreux Saint-Empire communiste prodigués, après des années d'une terrifiante ignorance, par ces « grands agents » au sein du mystérieux GRU de l'Armée rouge que furent Oleg Penkovski ou Dmitri Poliakov, les Philby ou les Maclean transmettant à La Mecque de Moscou les joyaux les plus précieux de l'Intelligence Service ou du Foreign Office britanniques n'étaient-ils pas tous de petits James Bond, même s'ils étaient condamnés à l'anonymat et, privés de femmes et d'argent, ne disposaient pas de la moindre « *licence to kill* » ?

S'il n'y a pas, dans le cas du beau James Bond, de fumée sans feu, la palme de la distance entre les fantasmes sur « l'espionnage » et la réalité du Grand Jeu revient, en revanche, à l'infortunée Mata-Hari, mi-danseuse nue exotique malgré son ascendance purement hollandaise mi-cocotte de haut vol, fusillée durant la Première Guerre mondiale. Exécutée pour « espionnage », la malheureuse n'a-t-elle pas été, plutôt, sacrifiée sur l'autel tant de sa propre stupidité et de l'incompétence des services secrets de cette lointaine époque que de l'hystérie suscitée par toute guerre mais, surtout, des refoulements psychiques d'enquêteurs et de juges habités, comme la plupart des mâles du rigide XIXe siècle, par la haine — l'envie ? — de la « femme facile » d'avant la révolution sexuelle ?

On ne trouve pas, en effet, la moindre trace de vérité dans le fantasme, pourtant spectaculaire et toujours vivace, de la prostituée mondaine qui occuperait une place majeure dans le jeu des jeux : à l'ère moderne, aucun renseignement d'importance stratégique n'a jamais été obtenu « à l'horizontale » et « sur l'oreiller ». Quant aux officiers de renseignement allemands qui espéraient que Mata-Hari apprendrait des secrets essentiels de ses amants dans l'Armée française, ils faisaient preuve de la naïveté en matière d'espionnage de la gent germanique tout en surestimant, en bons dandys de la « Belle Époque », les effets miraculeux des plaisirs de la « chair ».

Pauvre Mata-Hari ! Si les lois sur l'espionnage sont impitoyables, sanctionnant dans le droit français, je cite de mémoire, tout « contact avec des membres des services secrets d'une puissance étrangère, susceptible de nuire à l'intérêt supérieur de la nation », l'infortuné papillon érotique méritait-il, outre les lugubres fossés de Vincennes où s'arrêtera une jeune et inconsciente vie, d'incarner pour toujours le mythe de « l'espionne », belle et désirable, omnipuissante et perverse ? Lorsque je proposai un jour à un éditeur parisien — il est vrai peu renommé pour la subtilité de son intelligence — de faire écrire un livre sur l'une des plus belles affaires de séduction montée en Allemagne de l'Ouest — sur et non par une femme — par le grand Markus Wolf, mon interlocuteur de la grande bourgeoisie française rejeta mon projet avec une indignation outrée : l'héroïne dont je lui suggérais, Gabriella Gast, de raconter l'extraordinaire pénétration des services secrets de l'Allemagne fédérale n'avait pas couché avec John Kennedy, Ronald Reagan ou le général de Gaulle…

Ô fossé entre le fantasme érotique et la réalité de l'espionnage ! L'aventure de la malheureuse Mata-Hari relève moins du Renseignement que de l'irruption, dans le domaine de la sexualité, des horribles passions des sorcières de Salem.

L'inconscient dévoilé

Lorsque, en 1996, le premier débat télévisé depuis la fin de la « guerre froide » entre les deux camps du « front invisible » plaça face à face le grand Markus Wolf, le général-lieutenant Sergueï Kondrachev, ancienne gloire du KGB, « Pete » Bagley, haut responsable jadis de la CIA et ma plus modeste personne, le brillant réalisateur Daniel Leconte, qui avait déjà, s'inspirant de James Bond, intitulé son film *Bons baisers de Berlin*, nous demanda ce que nous pensions de John Le Carré et, notamment, de son *Espion qui venait du froid* dont le principal héros aurait été copié sur Markus Wolf en personne. Le seul point d'un véritable accord entre les anciens adversaires que nous avions été éclata alors au grand jour : aucun d'entre nous n'avait lu le brillant auteur britannique qui incarne le mieux, pour le public occidental, le « roman d'espionnage ». Dans le cas du talentueux John Le Carré, il vaudrait mieux, je l'ai déjà souligné, dire : « *sur* l'espionnage ».

Si, cependant, je comprends bien ce qu'en écrit la critique, Le Carré s'efforce, après les exagérations et transcendances de James Bond, de dépeindre l'antihéros et de faire vivre l'espion « ordinaire ». Pour ma part pourtant et bien que j'ai essayé plusieurs fois de me plonger dans l'un de ses livres, je les ai toujours abandonnés tant je ne reconnais pas le monde qui me passionne et ne comprends rien aux actions des héros qui y évoluent.

D'après la formule d'Aragon, l'art du roman consisterait à « mentir vrai ». Bien qu'il ait servi un temps dans les services secrets de Sa Majesté, ce n'est pas le cas de John Le Carré même si son œuvre est romanesque à souhait, fascinant des millions de lecteurs qui doivent retrouver dans ses ouvrages l'univers opaque, onirique, ludique et quelque peu inutile auquel l'Occident identifie, de nos jours et avant le 11 septembre, les acteurs d'un Grand Jeu de plus en plus essoufflé. Si le « mentir vrai » ne s'applique chez Le Carré ni aux hommes que j'aime ni aux situations qui me bouleversent[1], ses ouvrages doivent, aussi éloignés qu'ils soient de la réalité, refléter cependant — d'une manière probablement assez parfaite en raison de leur colossal succès — l'idée que se faisait l'opinion occidentale de l'espionnage, à un moment où la « guerre froide », dont les frayeurs initiales avaient généré James Bond, commençait à se déliter.

1. Il est toujours difficile de parler de soi. Lorsque j'ai essayé, malgré toutes mes limites de romancier, de « mentir vrai » sur les services secrets français durant la guerre d'Algérie, mes livres ont rencontré un certain succès car le public, aidé, il est vrai, par les détestables impératifs de « lancement » — « Ne dites pas, ordonnait le grand Bernard Grasset à ses attachés de presse, que Radiguet a du talent mais qu'il a dix-sept ans » —, les a ressentis non comme des romans dépeignant la réalité telle qu'elle aurait pu se passer mais comme des « documents ». Certains les ont même considérés comme un témoignage ce qui n'était absolument pas le cas, même en ce qui concerne ma tentative d'« autofiction » *La diagonale du double*, riche de toutes les déformations de l'imaginaire mais tapageusement intitulée pour de basses raisons commerciales: *Un espion dans le siècle*.
En revanche, quand j'ai forcé encore plus sur le romanesque sans le limiter au seul cadre de l'abominable guerre d'Algérie — notamment dans *Une affaire de trahison* (Albin Michel, 2000, Moscou, 2005) que j'ai la faiblesse de considérer comme un bon roman —, mes lecteurs ont, sauf en Russie, fondu comme neige au soleil dans le silence d'une presse occidentale où les amateurs de prétendues « révélations » — ô l'horrible boulimie pour le scandale dissimulé ! — n'avaient plus de grain à moudre alors que les critiques « littéraires » se bouchaient, eux, le nez. En France, à la différence d'une Russie où l'on comprend mieux mon désir de donner naissance aux premiers *romans réalistes* sur une activité humaine envahie par les fantasmes, l'espionnage ne peut accoucher que de romans de gare du même nom. Marais malodorant, le Renseignement n'a pas le droit de servir, tel l'amour ou la vie de couple, de terreau à une observation réaliste, même si elle est nimbée d'imaginaire, de pourtant passionnantes vérités humaines, sociales ou psychologiques.

La littérature inspirée par l'espionnage, qu'il s'agisse de polars de gare ou des véritables romans romanesques de John Le Carré, ne révèle en rien sa réalité mais témoigne de l'état de l'inconscient de la société démocratique — en Union soviétique, le phénomène était nettement moins accentué — face aux épreuves, réelles ou imaginaires, qui lui ont été imposées au cours de son titanesque affrontement avec le Saint-Empire marxiste.

Table des matières

Première Partie

TERRA INCOGNITA

Deuxième Partie

LES VÉRITABLES ACTEURS DU GRAND JEU : L'*OPER*, L'AGENT ET LE CHASSEUR D'ESPIONS

Cinquième Partie

L'ESPIONNAGE DANS L'HISTOIRE : DES SPLENDEURS DU XXe SIÈCLE À LA DÉLITESCENCE DU JEU DES JEUX

ANNEXES

Aubin Imprimeur - *Ligugé, Poitiers* D.L. avril 2008 / Impr. : L 72142 / Imprimé en France